구원 없는
믿음이란 무엇인가

Originally published in the U. S. A
by
Zondervan Publishing House
Grand Rapids, Michigan
under the title
THE GOSPEL ACCORDING TO JESUS
Copyright © 1988 by John F. MacArthur

Translated into Korean
by
Park, Sung-ho

Published in Korea
by
JESHURUN
with
the permission
of
Zondervan Publishing House
도 JESHURUN 1989

JESHURUN
Kangdong Post Box 55
Seoul Korea

구원 얻는 믿음이란 무엇인가

존 F. 맥아더 지음
박성호 옮김

그리스도와 그의 나라를 위하여

차 례

추천의 말(J. I. 패커) ·· 7
추천의 말(J. M. 보이스) ·· 9
머리말 ··· 13
서론 ·· 19

제 1 부
오늘날 전해지는 복음의 실상
과연 좋은 소식인가 아니면 나쁜 소식인가

제 1 장 쟁점을 살핌 ·· 27

제 2 부
예수님이 선포하신 복음

제 2 장 새로운 출생을 요구하심 ······························ 49
제 3 장 참된 예배를 요구하심 ·································· 65
제 4 장 죄인은 받아 주시나 의인은 거절하심 ············ 82
제 5 장 소경의 눈을 뜨게 하심 ································ 94
제 6 장 열렬한 마음으로 찾아온 자에게 도전을 던지심 ······ 109
제 7 장 잃어버린 자를 찾아 구원하심 ······················· 127
제 8 장 완악한 마음을 책망하시는 예수님 ················· 139
제 9 장 쉬운 멍에를 주시는 예수님 ·························· 152

제 3 부
예수님이 예증(例證)하신 복음

제 10 장 마음밭 ··· 167

차 례

제 11 장 곡식과 가라지 …………………………………… 182
제 12 장 천국이라는 보화 ………………………………… 191
제 13 장 먼저 된 자와 나중 된 자 ……………………… 202
제 14 장 잃은 자와 찾은 자 ……………………………… 213
제 15 장 회개로의 부르심 ………………………………… 225
제 16 장 믿음의 본질 ……………………………………… 239
제 17 장 구원의 길 ………………………………………… 254
제 18 장 심판의 확실성 …………………………………… 266
제 19 장 제자가 치러야 할 값 …………………………… 279
제 20 장 그리스도의 주님되심 …………………………… 290

제 5 부
부 록

부록 I   사도들이 전한 복음 ……………………………… 305
부록 II 역대 기독교가 전한 복음 ……………………… 317

인명색인 …………………………………………………… 347
주제별색인 ………………………………………………… 350
성구색인 …………………………………………………… 355
참고문헌 …………………………………………………… 368

추천의 말

하나님이 합한 것을 사람이 나누지 못한다는 말씀은 결혼 이외의 영역에서도 진리이다. 하나님은 예수 그리스도의 중보적 역할 속에 선지자(교사), 제사장, 왕의 세 직무를 합해 놓으셨으며 우리를 성경으로 인도하셔서 이 세 측면 모두와 확실하게 관계를 맺게 하신다. 또한 하나님은 구세주께 반응하는 두 측면인 믿음과 회개를 합해 놓으셨으며, 그리스도께 향하는 것은 결국 죄에 대해 등을 돌리고 경건치 못한 행실을 버리는 것을 뜻한다는 사실을 분명히 보여 주셨다. 믿음에 대한 성경의 가르침은 믿음을 헌신 및 영적 교제와 합해 놓는다. 성경에 의하면, 그리스도를 믿는다는 것은 단순히 그리스도에 대한 사실들을 아는 것뿐만 아니라 그분을 개인적으로 신뢰하는 가운데 그분을 예배하고 사랑하며 섬기기 위해 그분께 나아오는 것이다. 따라서 만일 하나님께서 합해 놓으신 이런 것들을 함께 갖추지 못한다면, 그것은 기독교를 왜곡시키는 것이다.

주님되심을 인정하는 구원(Lordship Salvation : 그리스도의 주님되심을 인정하는 믿음이 구원에 이르는 참된 믿음이라는 뜻 – 역자 주)이라는 명칭은 이러한 연합을 지지한다. 이 용어는 어쩐지 난해하고 조금은 투박하게 느껴진다. 이런 낯선 느낌으로 보아 이 용어로 대표되는 개념이 최근에 만들어진 새로운 것임을 짐작할 수 있다. 그러나 이 개념이 믿음으로 의롭게 된다는 개신교의 기본 입장에 무엇을 더 보태거나 혹은 빼거나 한 것은 아니다. 새로운 점이 있다면, 이와 같은 연합을 거부하고 파괴하는 가르침을 전하는 자들에 대한 입장이다. 그들의 가르침은 2세기 전 믿음에 대해 기형적인 교리를 가르쳤던 스코틀랜드 산데마니안주의(Sandemanianism)의 전철을 밟고 있다. 산데마니안주의는 로이드 존스(D.Martyn Lloyd Jones)의 저서『청교도』(The Puritans)에 나타나 있다. 산데마니안주의가 그렇듯이 그들의 동기는 칭의로부터 행위(works)를 제외시키려는 것이다. 결국에 가서는 다시 산데마니안주의처럼 믿음을 예수님의 구속사역 교리에 대한 단순한 동의로만 규정한다. 따라서 그들은 또다시 산데마니안주의처럼 믿음을 강조하면서도 오히려 믿음을 파괴시킨다는 비난을 면할 수 없다. 살아 계신 그리스도께 대한 변화된 헌신(transforming commitment)과는 유리된 채 단순히 복음에 대해 지적인 동의만을 나타내는 것은 성경에 근거해 볼 때 모자라는(less than) 믿음, 모자라는 구원이며, 따라서 이런 류의 단순한 동의만을 요구한다면 기껏해야 거짓된 회심만 조장하게 될 뿐이다. 이와 같은 논의를 하게 될 때 비록 '주님되심을 인정하는 구원'을 반대하는 사람들이 생각하는 식으로는 아니라 하더라도, 어찌되었든 복음이 참으로 중대 국면에 처하게 되는 것만은 사실이다. 결국 문제는 믿음의 본질이 무엇이냐 하는 것이다.

    맥아더 박사는 그리스도 자신의 사역에 관한 기록 속에서 구원에 이르는 참된 믿음이 무엇인지를 보여 주기 위해 이 책을 썼다. 내가 보기에 그의 논증은 결정적인 것이며, 그래서 나는 이 점에 대해 하나님께 감사드린다. 이 책은 매우 훌륭하고 분명하며, 설득력이 있고, 교훈하는 바가 많으며, 다른 어떤 책에서도 하지 못한 일을 훌륭하게 해냈는데 그 일은 특히 이 시대에 매우 필요한 일이다. 바라기는 이 책이 널리 유포되고 사려 깊은 독자들을 만나서 기독교계에 크게 기여하기를 빈다. 나는 열렬한 마음으로 이 책을 추천한다.

패 커
(J.I.Packer)

추천의 말

나는 언제나 존 맥아더에 대해 크게 탄복하고 있다. 그는 규모가 크고 성장해가는 교회에서 목회하는 힘겨운 일에 자신을 드려 왔다. 그는 상당히 오랫동안 이 일을 해왔으며, 특별히 그의 사역은 사려 깊은 성경 강해를 바탕으로 하고 있다. 그는 성경의 많은 부분들을 한 구절 한 구절 성실하게 가르치는 가운데 가장 훌륭한 설교들을 만들어 갔다. 같은 목회자로서, 나는 그의 이러한 자질과 업적들에 대해 깊은 존경의 마음을 지니고 있다.

그러나 무엇보다도 나는 이 책을 읽으면서 존 맥아더에 대한 찬사의 심정이 훨씬 더 커졌다. 그것은, 이 책을 통해서 그의 양심이 하나님의 말씀에 온전히 사로잡혀 있음을 보았기 때문이다. 또한 이 책을 통해 (개인의 신학적 편견이나 문화적인 선입견에 따라 취사선택하는 일이 없이) 성경이 말씀하는 그대로 성경을 읽는 법을 체득한 그의 모습을 보게 된다. 그리하여 그는 사악하고 핍절한 상태에 놓여 있는 우리 세대를 향해 두려움 없이 담대하게 그 말씀을 선포한다. 더욱이 이 책에서 맥아더는 믿음에 관한 표면적인 문제가 아닌 가장 핵심적인 문제, 즉 그리스도인이 된다는 것은 무엇을 의미하는가 하는 문제를 다루고 있다. 그가 언급한 이 문제야말로 현대 미국의 복음주의적 기독교계가 안고 있는(한국 교계 역시 마찬가지일 것이다 - 역자 주) 최대 약점이라고 생각된다.

글쎄, 단지 약점이라고만 할 수 있을까? 사실은 그 정도가 아니다. 오히려 비극적인 오류라고 할 수 있다. 이 오류의 본질은 - 도대체 이런 생각이 어디에서부터 생겨났을까? - 주님되신 예수 그리스도를 따르지 않고서도 그리스도인이 될 수 있다는 데 있다. 이런 견해는 복음을 단지 그리스도께서 죄인들을 위하여 죽으셨다는 사실에만 국한시키며, 죄인들에 대해서도 단지 이 사실에 지적으로 동의할 것만을 요구한다. 그리고 그들이 진정으로 거듭났는지의 여부가 확실치 않음에도 불구하고 그들에게 영원한 안전에 대한 확신을 불어넣어 준다. 이런 견해는 믿음에 대한 극도의 왜곡이며 - 최소한 성경이 말하는 믿음을 이해하고 있는 사람들에게는 그렇다 - 단지 입으로만 복음에 동의하는 수많은 사람들에게 거짓된 평안을 약속한다. 따라서 이들은 축소된 기독교를 믿고 있을 뿐이며, 참된 하나님의 가족은 아니다.

어떻게 이런 일들이 생겨났을까? 물론 이 심각한 오류에 빠진 사람들의 동기는 순수했다. 그들은 예수 그리스도를 믿음으로 말미암아 은혜로 의롭게 된다는 복음의 순수성을 보존하고 싶었던 것이다. 그들은 믿음에 행위를 더하는 것은 거짓된 복음임을 잘 알았으며, 따라서 마땅히 그러한 이단적 사상을 피해야 한다고 생각했던 것이다. 그러나 그들의 행위는 엄밀히 말해서 복음을 수호하는 것이 아니다. 오히려 그들은 복음을 왜곡시켰으며, 심지어 어떤 면에서는 복음을 심하게 무너뜨렸다.

이런 견해를 지닌 신학자, 목사, 성경 교사들은 다음 사실들에 대해 배울 필요가 있다.

· 거듭나지 않고는 의롭게 되지 못한다. "네가 거듭나야 하겠다"(요 3:7)고 말씀하신 분은 바로 예수님이시다.

· 행위 없는 믿음은 죽은 믿음이며, 죽은 믿음으로는 그 누구도 구원받지 못할 것이다. 야고보는 "행함이 없는 믿음은 헛 것"(약 2:20)이라고 말했다.

· 참된 칭의의 표시는 의로운 중에 끝까지 인내하는 것이다. 예수님은 그의 제자들에게 이렇게 말씀하셨다. "또 너희가 내 이름을 인하여 모든 사람에게 미움을 받을 것이나 나중까지 견디는 자는 구원을 받으리라."(마

10:22)

　• 예수님을 구주로만 믿고 주님으로는 믿지 않는다면 그것은 우리가 지어낸 예수님을 믿는 것이다. 우리를 원하시는 예수님은 - 다른 존재가 아닌 - 바로 주님이시며, 그분 자신이 직접 이렇게 말씀하셨다. '너희는 나를 불러 '주여, 주여' 하면서도 어찌하여 나의 말하는 것을 행치 아니하느냐?'(눅 6:46)

　　• 누구든지 그리스도를 섬기고자 한다면, "자기를 부인하고
　　날마다 제 십자가를 지고 (그분을) 좇아야 한다."(눅 9:23)
　　• "거룩함이 없이는 아무도 주를 볼 수 없다."(히 12:14)

　이것이 바로 맥아더가 이 책에서 다루고 있는 문제이자 그가 제시한 답변이다. 그의 대답은 매우 훌륭하다. 뿐만 아니라 그는 온유한 태도로 진술해 나간다. 그러나 앞서 언급한 방식으로 복음을 왜곡하는 사람들도 그리스도의 주님되심(Lordship)을 강조하는 우리 같은 사람들에 대해 늘 온유한 태도를 취하는 것은 아니다. 우리는 '주님되심을 인정하는 구원'(Lordship Salvation)을 가르친다고 해서 비난을 받는다. 그러나 우리가 이 용어를 사용한 것은 아니다. 어쨌든 이 때문에 우리는 종종 이단시되기도 한다. 반면에 내가 알기로, 존 맥아더는 그렇게 비난하는 자들 누구에게든지 그들을 이단이라고 한 적이 없다. 그리고 그 점에서는 나도 마찬가지다. 그러나 그들은 분명 실수 - 내 생각에는 가공할 정도의 큰 실수이다. - 를 저질렀으며, 따라서 그들의 오류에 대해 성경이 어떻게 말하고 있는가를 알아야만 한다. 또한 그들의 견해가 과거부터 무기력한 현대에 이르기까지 교회 내의 어느 권위 있는 성경 교사나 신학자들의 견해와도 일치하지 않는다는 사실이 밝혀져야 한다. 맥아더는 이 책 제 5부의 아주 귀중한 두 번째 부록에서 이 사실을 잘 보여 준다.

　오늘날의 교회들은 왜 그렇게도 나약할까? 왜 우리는 많은 회심자를 얻어 많은 교인들을 등록시켰노라고 주장하면서도, 우리가 속한 문화에 대해

서는 지극히 보잘것없는 영향력 밖에 발휘하지 못할까? 왜 그리스도인들이 세상과 구별되게 드러나지 않을까? 많은 이들이 실제로는 거듭나지 못한 사람들을 그리스도인이라고 부르고 있는 것은 아닐까? 많은 사람들이 "경건의 모양은 있으나 그 능력은 부인하는"(딤후 3:5) 상태에 안주하고 있는 것은 아닐까?

만일 맥아더의 이 책이 많은 사람들을 나약한 복음과 거짓된 확신으로부터 돌이키게 할 수 있다면 - 나는 그렇게 하리라 믿는다. - 이 책은 최근 10여 년 사이에서 가장 중요한 책 중의 하나가 될 것이다.

제임스 몽고메리 보이스
(James Montgomery Boice)

머리말

"우리가 우리를 전파하는 것이 아니라 오직 그리스도 예수의 주 되신 것을 전파함이라."(고후 4:5)

나는 거의 4년 동안 이 책을 쓰는 데 몰두해 왔으며, 많은 시간을 여기에 할애해 왔다. 나는 이 책을 집필 중이라고 공개적으로 몇 번 말한 일이 있는데, 이 말이 여러 사람들에게 전해졌다. 최근 들어 많은 사람들로부터 그 책을 언제, 어디서 구입할 수 있느냐는 질문이 쇄도하고 있다. 그들은 이 책을 '주님되심을 인정하는 구원(Lordship Salvation)에 관한 책', '복음에 대한 책', 또는 '복음 전도에 관한 책'이라고 불렀다.

이 책은 그런 주제들을 모두 다루었다. 그러나 나는 처음부터 내 입장의 논증을 전개하거나 내 마음 속에 품은 것을 밝히는 데 주된 목적을 두지는 않았다. 그보다는 오히려 예수님의 복음과 그분의 복음 전도 방식을 정직하게 그리고 깊이 있게 살펴보는 데 주안점을 두었다. 이러한 주제를 연구하면서 나는 마음에 신선한 충격을 받았고, 목회 사역에도 영향을 받아 마침내 연구 내용을 책으로 발간하고 싶은 생각을 갖게 되었다. 그 생각을 실행에 옮기기는 했지만 많은 염려와 두려움이 있다. 왜냐하면 어떤 이들은 나의 의도를 오해할 것이 분명하기 때문이다.

예를 들어, 어떤 사람들은 내가 행위로 얻는 구원을 가르쳤다고 비난할 것이다. 그러나 지금 이 순간 분명히 말해두지만 구원은 하나님의 주권적인 은혜, 오직 은혜로만 가능하다. 따라서 잃어버린 바 되고 타락했으며 영적으로 죽은 죄인들이 구원 받기 위해 기여할 수 있는 길은 아무 것도 없다. 구원 얻는 믿음, 회개, 헌신, 그리고 순종은 모두 구원받은 사람들의 마음 속에 계신 성령의 사역에 의해서만 가능한 신적인 일들이다. 나는 구원받기 이전의 의로운 행위가 구원에 필요하다거나 부분적으로 역할을 담당한다고 가르친 적이 결코 없다. 그러나 내가 분명하게 믿는 것은, 참으로 구원받은 신자는 자신의 삶 속에서 반드시 의로운 행위를 나타낸다는 사실이다. 구원 사역에는 결코 인간의 행위가 개재되지 않는다. 그러나 하나님의 구원 사역은 그 사람의 뜻, 의지, 소원, 그리고 태도를 바꿔놓으며, 따라서 필연적으로 성령의 열매를 맺게 된다. 하나님의 구원 사역에서 가장 핵심적인 요소는 그의 의지가 하나님을 사랑하도록 변화된다는 점이다. 다시 말해서 구원은 **뿌리**를 만들어 주며, 이 뿌리는 반드시 **열매**를 맺게 한다.

어떤 이들은 이렇게 생각할지도 모른다. 즉 그리스도께로 회심은 하였으나 주님되심을 충분히 이해하지 못한 사람의 구원 여부에 대해 내가 의문을 제기하고 있다는 것이다. 물론 내 말뜻은 전혀 그것이 아니다. 분명히 사람에 따라 이해의 정도가 다를 수 있으며, 그 누구도 회심의 순간에 그리스도의 주님되심이 지니는 모든 의미를 완전히 이해하지는 못한다. 나도 이에 대하여 전적으로 동의한다. 그러나 그와 마찬가지로, 구원받은 신자가 그리스도께 순종하고 싶은 마음이 없거나 의식적으로 그리스도의 주님되심에 대해 반기를 드는 일도 있을 수 없다고 생각한다. 참된 구원의 표지는 마음의 변화에 있다. 즉 그리스도의 주님되심을 인식할 때마다 이에 반응해야 한다는 책임감을 느낀다는 것이다.

오늘날 복음 전도시에 전해지는 복음의 내용들을 고려해 볼 때, '주님되심을 인정하는 구원' (Lordship Salvation)이라고 알려진 이 문제를 특별히 언급하지 않고는 구원에 대해 올바로 가르칠 수 없다고 생각된다. 오늘날 교회가 직면하고 있는 문제 가운데 이것보다 더 심각한 것은 없다. 이것은 다음과 같은 여러 가지 형태의 질문으로 표현될 수 있다. 복음이란 무엇인가? 구원받기 위해서는 반드시 그리스도를 구주와 주님으로서 받아들여야만 하

머리말

는가? 구원 얻는 믿음이란 무엇인가? 어떻게 사람들을 그리스도께 초청해야 하는가? 그리고 구원이란 무엇인가?

    이처럼 가장 기본적인 주제에 대해 그토록 많은 논쟁이 전개되는 것을 보면, 오늘날 마귀의 전략이 얼마나 효과적으로 발휘되고 있는지를 알 수 있다. 나의 견해에 대한 반대자들은 이미 지면을 통해, 주님되심에 관한 논쟁은 인간의 영원한 운명에 관한 문제를 다루는 것이라고 말해 왔다. 다시 말해서 누구든지 이 문제와 관련하여 자칫 잘못하면 사람들을 지옥으로 몰아가는 메시지를 선포하게 된다는 것이다. 나도 그 점은 수긍한다. 또한 이 논쟁 전체가 어떤 오해에서 생겨났거나 단지 의미론에 관한 문제일 수도 있다는 생각마저 든다. 그러나 나는 이 문제에 대해 계속 공부해 오면서 이것이 단순히 그런 차원의 문제만은 아니라는 사실을 발견하게 되었다. 나는 반대자들과 여러 번에 걸쳐 대화를 나누고, 많은 시간 동안 그들이 한 말에 대해 연구하는 중에 다음과 같은 확신을 갖게 되었다. 즉 이 논쟁을 벌이는 양측은 구원에 대해서 제각기 분명하게 다른 견해를 지니고 있다는 사실이다. 따라서 회중석에 앉은 일반 신자들은 동일한 보수주의와 근본주의, 그리고 복음주의 진영으로부터 두 종류의 대립적인 메시지를 들을 때 혼란에 빠지게 된다.

    나는 회중석에 앉아 있는 일반 신자들을 대상으로 이 책을 썼다. 복음은 신학생이나 목사들뿐만 아니라 일반 신자들에게도 분명하게 이해되어야 하기 때문이다. 비록 많은 각주 속에서 관련 자료를 다루기는 하였으나 결코 학문적인 내용들은 아니다.

    또한 나는 많은 목회자들이 이 책을 읽고 자신의 사역에 대해 점검해 보기를 기대한다. 강단에서 하나님의 말씀을 선포하는 목회자들이 복음을 분명하고 정확하게 전하는 것은 실로 매우 중요한 일이다. 만일 목회자들이 복음 메시지를 애매하게 전한다면 그들이 어떤 말을 한다고 할지라도 피해를 주지 않을 수 없을 것이다.

    나는 성경이 가르치는 것에 대해 어떤 새로운 혹은 급진적인 해석을 제시하려는 것이 아니다. 분명히 말하지만 나는 행위로 얻는 구원에 대해 변호하려는 것이 아니다. 또한 어떤 식으로든지 은혜의 가치를 떨어뜨리거나, 참으로 구원받은 사람들의 마음에 불필요한 의심을 불러일으킬 생각이 추호도 없다. 이 점에 관한 한 나는 참된 교회가 늘 견지해 온 것을 그대로 믿으며 또한 그것을 지지한다. 그러나 우리 세대에는 이와는 다른 가르침이 인기를 얻고 있다. 만일 목회자들이 주님께서 전하신 복음으로 돌아가지 않는다면, 오늘날의 그리스도인들은 우리가 전하는 메시지의 핵심을 놓쳐 버리는, 그리하여 우리의 생명의 근원까지도 놓쳐 버리는 위험에 처하게 될 것이다.

이 문제에 대한 나의 반대자들 중의 상당수는 하나님의 신실한 종들이며, 그들은 하나님 나라를 위한 사역에 있어서 풍성한 열매를 거두어 왔다. 이 책에서 그들 중 몇 사람의 이름을 언급하고, 그들의 견해에 대해 논박할 필요가 있었는데, 그것은 그들과 그들의 사역을 비난하기 위해서가 아니라, 단지 그들과 그들의 가르침을 언급하지 않고는 현대 교회들 가운데 퍼져 있는 복음의 개념을 설명하기가 어렵기 때문이다. 우리가 어떤 복음을 믿어야 하고, 또 선포해야 하는가 하는 것보다 더 중차대한 문제는 없다. 다른 논쟁 주제들 이를테면 예언, 세례의 양식, 예배 형태 등에 대해서도 논쟁이 치열하고 발간된 책자도 많지만, 사실상 이 문제에 비하면 주변적인 것에 지나지 않는다. 그러나 복음은 주변적인 것이 아니다. 복음이야말로 가장 중대한 주제이다.

나는 어떤 사람에게 특정한 꼬리표를 붙이거나 사사로이 그를 공격하는 일 따위는 하지 않았다. 나와 견해를 달리하는 사람들 중 상당수는 나의 친구들이다. 나는 특히 제인 하지즈(Zane Hodges)의 책을 많이 인용해 왔다. 왜냐하면 그는 전통적인 구원관을 공박하는 현대 저술가들 중에서 가장 눈에 띄는 사람인데다가, 그의 저작이 학생들과 목사, 그리고 교사들에게 상당히 영향을 끼쳐 왔기 때문이다. 나는 매년 목회자 수양회에서 수백 명의 교회 지도자들을 만난다. 그때마다 그들은 하지즈의 책을 읽고 나서 갖게 된 혼동에 대하여 가장 많이 질문한다. 따라서 우선 그의 글을 이해한 다음에, 그것에 대해 성경의 가르침대로 답하는 것이 기본적으로 필요하다.

또한, 마음내키는 일은 아니었지만 찰즈 라이리(Charles C. Ryrie)의 저서도 인용했다. 나는 라이리 박사에 대해 깊은 존경심을 지니고 있으며, 그가 목회자들을 훈련시켜온 모든 노고에 대해 감사드린다. 그리고 지난 수 년 동안 나는 그의 많은 저작들을 통해 개인적으로 귀중한 것들을 많이 얻었으며, 아직도 그의 우정을 소중히 여기고 있다. 그러나 치명적으로 중요한 이 문제에 관한 그의 가르침은 성경의 교훈과 엄밀히 대조해 볼 때 오류가 드러난다.

내가 인용한 또다른 사람들 중에는 동료 목사들, 동역자들, 개인적인 친구, 존경받는 동료들도 포함되어 있다. 그들의 견해는 이미 책으로 발간되거나 방송으로 전달되었기 때문에 마땅히 하나님의 말씀에 따라 평가를 받아야 한다. 다만 독자들이, 그들에 대한 나의 비판을 그들 개인과 인격 또는 사역에 대한 비난으로 받아들일까 보아 염려스럽다.

나는 이 책을 위해서 계속 기도해 왔으며 부지런히 주님의 인도를 구했다. 많은 사람들이 나와 견해를 달리할 것이며, 어떤 이는 화를 낼 것으로 안다. 다만 나는 많은 사람들이 이 책을 통해 베뢰아 사람들처럼 관심을 가지고 스스로 성경을 상고하게 되기를 바란다(행 17:11). 나는 나의 견해에 대한 모든 반응을 환영한다. 나는 이 책을 통해 토론이 벌어지고 기도와 자기 성찰의 분위기가 생겨나며, 궁극적으로는 보수적인 복음주의 교계 내부에서 이 문제에 대한 해결책이 제시되기를 기도한다. 나는 가장 기본적인 주제인 복음에 대한 우리의 불분명한 태도야말로 오늘날의 교회 사역에 대한 가장 큰 해악이라고 확신한다.

이 책이 나오기까지 내내 도움을 주신 많은 분들께 감사를 드리고 싶다. 나의 동료 목사이자 절친한 친구인 크리스 뮬러(Chris Mueller)는 이 책의 집필을 시작하도록 격려해 주었으며, 마스터즈 신학교(The Masters Seminary)의 마크 뮬러(Marc Mueller) 박사는 이 책의 초고를 검토, 정리하면서 나의 집필 의욕을 늘 새롭게 일으켜 주었다. 또한 같은 신학교의 제임스 로스컵(James E. Rosscup) 박사의 가르침은 내게 이 문제에 대한 많은 안목과 관점을 제시해 주었으며, 그밖에도 랜스 퀸(Lance Quinn), 브라이언 몰리(Brian Morley), 카일 헨더슨(Kyle Henderson), 데이브 에

노스(Dave Enos), 리치 데리코(Rich D'Errico), 존 바네트(John Barnett), 그리고 the Grace Community Church의 많은 교우들과 Word of Grace의 간사들이 큰 격려와 도움을 주었다. 그 가운데서도 특별히 나의 절친하고 신실한 친구이자 동료이며 탁월한 일꾼인 필립 죤슨(Phillip Johnson)에게 깊은 감사를 드린다. 그는 이 책의 모든 부분에 대해 탁월한 통찰력과 편집의 아이디어를 제공해 주었다. 하나님께서 당신의 영광을 위해 이 책을 크게 들어 쓰시기를 기도드린다.

서 론

　복음이란 무엇인가? 목회를 해오는 동안 이 질문은 내내 나의 열정을 불러일으킨다. 이것은 단순히 학문적인 궁금증이 아니다. 나는 하나님의 말씀이 무엇을 가르치고 있는지를 알아서 그것을 정확하고 분명하게 선포할 수 있기를 원한다. 무엇보다도 나는 내가 가르치는 교리가 순수하게 성경에 입각한 것이 되기를 원한다. 물론 이 교리는 어떤 인기 있는 신학 체계에 근거한 것이 아니라 성경 그 자체로부터 직접 주어진 것이어야 한다. 따라서 특정 신학자의 이런저런 교리들은 부차적인 관심거리에 지나지 않는다. 실제로 가장 중요한 것은 하나님의 말씀이 말하는 바이기 때문이다.
　구원의 복음에서 성경이 말하는 내용보다 더 중요한 것은 없다.
　몇 년 전부터 나는 마태복음을 연구하고 설교하기 시작했다. 우리 주님의 생애와 사역을 연구하면서 나는 그분이 선포하신 메시지를 분명하게 이해할 수 있었으며, 그분이 사용하신 전도 방식도 선명하게 관찰할 수 있었다. 또한 예수님의 복음이 모든 신약 성경의 가르침의 기반이 된다는 것도 알게 되었다. 예수님의 복음의 조명으로 서신서를 보아나가자 어렵게 생각되었던 많은 본문들이 한층 더 분명하게 이해되었다.
　이 책은 7년에 걸친 복음서에 대한 연구를 통해 생겨났다. 예수님이 가르치신 복음에 몰입하는 중에, 나는 오늘날 대부분의 복음 전도－증거하는 일과 설교하는 일 모두에서－가 성경적이며 균형잡힌 방식으로 진행되지 못하고 있음을 분명히 알게 되었다. 예수님의 공생애 사역과 질문자들을 다루시는 방식들을 검토하면 할수록 우리 시대의 복음 전도 방식이나 내용이 더욱 염려되었다. 오늘날 선포되는 메시지는 많은 경우에 예수님이 말씀하신 복음이 아니다.

오늘날 유행하는 복음은 죄인들로 하여금 그릇된 희망을 갖게 한다. 이 복음은 그들에게 하나님께 반역하는 생활을 계속하면서도 영생을 얻을 수 있다고 약속한다. 실제로 이런 복음은 예수님을 구주로 고백하도록 사람들을 부추기는 반면에 주님이신 그분께 복종하는 것은 나중으로 미루게 한다.[1] 그것은 지옥으로부터의 구원을 약속하긴 하지만 악으로부터의 자유를 보장하지는 않는다. 또한 이런 복음은 육신의 죄를 즐기고 거룩한 삶을 저버리는 자들에게 거짓된 안전을 제시한다. 결국 믿음과 신실성을 분리함으로써,[2] 지적인 동의가 전심으로 진리에 순종하는 것과 똑같은 것이라는 그릇된 인상을 심어 준다. 이렇게 하여 그리스도의 복된 소식이 죄인들에게 도덕적인 삶을 요구하지 않는, 겉만 번지르르해서 쉽게 믿을 수 있는 나쁜 소식으로 전락해 버리고 말았다. 이것은 분명히 예수님께서 선포하신 것과 똑같은 메시지가 아니다.

이 새로운 복음 때문에 그리스도인이라고 고백은 하지만 행동에 있어서는 종종 거듭나지 않은 사람들의 반역과 다를 바 없는 자칭 그리스도인의 세대가 형성되기에 이르렀다. 최근의 통계에 따르면, 세계 인구 중 16억이 그리스도인이라고 한다.[3] 그리고 이름 있는 여론 조사에 의하면, 미국인들 중 거의 3분의 1에 해당하는 사람들이 거듭났다고 한다.[4] 이 수효는, 수백만의 사람들이 비참하게도 거짓된 복음에 속았음을 분명히 보여 준다. 그들의 확신은 지독하게 거짓된 확신이다.

세상에 대한 교회의 복음 증거 역시 값싼 은혜의 제단에서 희생을 당해 왔다. 공공연하게 자행되는 파격적인 부도덕 행위가 이제는 자칭 그리스도인들 가운데서도 비일비재하게 되었다. 왜 안 그렇겠는가? 하나님의 권위에 복종하지 않고도 영생을 얻을 수 있다는 약속이 거듭나지 못한 자들의 심령을 더욱 불행한 상태로 이끌고 말았다. 이런 이유로 새로운 복음을 받아들인 열정적인 회심자는 자신의 행위가 자신의 영적인 신분과는 전혀 관계가 없다고 생각한다. 심지어 가장 부패하고 타락한 죄와 방탕 가운데 계속 머물 때조차도 그렇게 생각한다.[5]

앞으로 우리 세대의 교회는 일련의 고약한 추문들과 함께 기억될 것 같다. 매우 유능한 T.V.설교자들의 생활 속에서 파렴치한 부패의 모습들이 드러나고 있기 때문이다. 무엇보다도 고통스러운 것은, 대부분의 그리스도인들이 그들을 늑대나 양무리 속으로 가만히 들어온 거짓된 목자(마 7:15 참조)로 보지 않고, 도리어 자신들과 같은 편으로 생각한다는 사실이다. 간음, 혼외정사, 동성연애, 사기 그리고 모든 끔찍한 추태를 일삼는 자들을 도대체 우리가 왜 진실로 거듭난 사람들이라고 생각해야 하는가?

그러나 이 시대의 그리스도인들은 바로 그렇게 생각하도록 가르침을 받아 왔다. 그들은 구원을 얻는 유일한 근거가 그리스도에 대한 몇 가지 기본적인 사실들을 알고 믿는 데 있다고 들어 왔다. 그들은 애당초 순종은 하든지 안하든지 자유라고 배운다. 이러한 생각은 논리적으로 다음과 같은 결론에 이르게 된다. 즉 어떤 사람을 참된 신자로 받아들이느냐 마느냐를 결정하는 데는 단 한 번의 신앙 고백이, 그의 생활 태도에서 지속적으로 드러나는 증거보다 더 확실한 근거가 된다는 것이다. 웬만큼 눈에 띄는 교회들은 저마다 이처럼 받아들이기 거북한 신학적 견해를 나타낸다. 목회자로서 나는, 한 때 '결정을 하고' 세례를 받았지만 변화를 경험하지는 못했던 수많은 사람들에게 다시 세례를 주어 왔다. 그들은 나중에야 참된 회심을 하게 되어, 참된 구원의 표시로서 다시 세례를 요청하였던 것이다.

무엇보다도 복음을 완전하게 재검토하는 것이 필요하다. 따라서 우리는 신약 성경 전체가 구원에 대해 말하고 있는 기본적인 사실, 즉 예수님이 선포하신 복음으로 돌아가야만 한다. 그렇게 된다면 여러분은 아마도 예수님의 메시지가 여러분이 전도 세미나에서 배운 바와 엄청나게 다르다는 사실에 놀라지 않을 수 없을 것이다.

내가 이 책을 쓴 목적은, 예수님의 주요 복음 전도 사건과 구원받는 법에 대한 예수님의 가르침을 다루고 있는 성경 본문을 충분하게 고찰하는 데 있다. 우리는 이 책에서 다음과 같은 일련의 질문들에 대해 탐구하게 될 것이다. 예수님은 누구신가? 예수님이 복음을 선포하실 때 죄인들은 그분을 어떤 존재로 이해하고 받아들였는가? 무엇이 구원 얻는 믿음인가? 영혼을 구원하는 행위에는 어떤 것들이 수반되는가? 이 질문들은 단편적인 신학 이론에 관한 것이 아니다. 오히려 그 질문들은 그리스도를 믿는 신자로서 우리가 확실히 인정하고 선언해야 할 내용과 관계되는 기본적인 물음이다. 그리스도의 복음과 '다른 복음'(갈 1:6)의 차이는 결국 축복받은 자와 저주받은 자의 차이이며, 또한 참된 교회와 이단, 그리고 진리와 거짓말의 차이이다. 우리가 전하는 복음은, 내용에 따라 사람들을 '믿음의 가정(家庭)'(갈 6:10)으로 이끌 수도 있다.(요 8:44 참조)

갈라디아서 1:6-8은 '그리스도의 복음을 왜곡하는' 자들에 대한 저주를 말하고 있다. 그것은 또한 구원의 복음을 함부로 변경하거나 어떤 형태로든 복음을 왜곡시키려는 사람들에 대한 엄중한 경고의 말씀이기도 하다. 나는 이 성경 본문을 염두에 둔 이상, 복음에 대한 연구를 가볍게 취급할 수가 없었다. 그러나 수년 동안 이 주제에 대해 생각하고, 복음에 대한 혼동들을 바라보면서 더 이상 잠자코 있을 수가 없었다. 구원의 교리야말로 우리가 가르치는 것의 기반이 되기 때문이다. 먼저 복음을 올바로 전하지 않고는, 결코 회중에게 생명의 길을 확신있게 제시할 수가 없는 것이다.

나는 이 연구가 또 하나의 혼란된 목소리로 끝나지 않게 되기를 기도한다. 또한 우리 모두가 영원한 복음(계 14:6 참조)을 분명하고 정확하게 이해하는 면에서 이 연구가 올바른 하나의 징검다리가 되기를 바란다. 나는 개인적으로 예수님이 가르치신 복음을 온전하게 깨닫기를 원하며, 그리하여 생명의 말씀(행 5:20 참조)을 더욱 충실하고 효과적으로 전달하는 사람이 되기를 바란다.

서 론

◆주(註)◆

1) 체이퍼(Lewis Sperry Chafer)는 그의 저서를 통해 오늘날 유행하는 복음을 지어내는 데 편승하고 있다. 그는 이렇게 말한다. "구원에 대한 조건으로 하나님께 순복하는 삶을 덧붙여 요구하는 것이야말로 가장 비이성적이다. 구원받지 못한 자들에 대한 하나님의 부르심은 결코 그리스도의 주님되심을 염두에 둔 것이 아니다〔Systematic Theology (Dallas:Dallas Seminary, 1948), 3:385.〕 또한, 리치 웨이저(Rich Wager)도 우리의 견해를 '소위 주님되심을 인정하는 구원'(So Called Lordship Salvation)이라고 부르면서 다음과 같은 놀라운 결론을 제시한다. "구원받지 못한 자에게 예수 그리스도를 구세주와 주님(Lord)으로 받아들이라고 요구하는 것은 복음을 왜곡시키는 짓이다. 불신자에게 주님으로서의 그리스도를 제시하는 것은 성경의 구원관에 새로운내용을 추가하는 행위이다"(*Confident Living*, Jul.-Aug. 1987), pp.54-55.도 참조할 것

2) Chafer, *Systematic Theology*, 3:385.

3) *Information Please Almanac* (Boston:Houghton Mifflin, 1988), p.400.

4) George Gallup, Jr. and David Poling, *The Search for America's Faith* (Nashville: Abingdon, 1980), p. 92.

5) 최소한 한 사람의 저술가가 그렇게 말하고 있다. 즉 고전 6:9-10과 갈 5:19-21에서 바울이 언급한 죄의 목록들은 실제로 참된 신자의 행위에 관한 것이라고 말한다. 다시 말해서 그들은 천국에 들어가기는 하지만, 다만 죄 때문에 하나님 나라의 '유업'은 받지 못한다는 것이다. Zane C. Hodges, *The Gospel Under Siege*(Dallas: Redencion Viva, 1981), pp.114-15.

제 1 부

오늘날 전해지는 복음의 실상 : 과연 좋은 소식인가 아니면 나쁜 소식인가?

제 1 장
쟁점을 살핌

    요즈음 전해지는 전형적인 복음 제시를 들어 보라. 그러면 죄인들에게 전해지는 다음과 같은 요청을 듣게 될 것이다. 즉, "예수 그리스도를 개인의 구주로 영접하십시오", "당신의 마음에 예수님을 모셔 들이십시오", "당신의 삶 속에 그리스도를 초대하십시오", 또는 "그리스도를 위한 결정을 내리십시오" 등의 요청이 그것이다. 여러분은 이런 문구에 익숙해진 나머지, 이런 문구가 모두 성경을 근거로 한 용어가 아님을 알고 나면 놀라지 않을 수 없을 것이다. 그 문구들은 희석된 복음의 산물이며 예수님이 전하신 복음이 아니다.

    예수님이 전하신 복음은 제자도에의 부르심이며, 순종하면서 그분을 따르라는 부르심이지, 단순히 결정을 내리거나 기도문대로 기도하라는 요청이 아니다. 예수님의 메시지는 사람들을 죄의 굴레로부터 자유하게 하는 한편, 위선과 대결하며 위선을 정죄한다. 그 메시지는 회개하는 죄인들에게 영생과 사죄를 제공하지만, 동시에 생활 속에 참된 의가 결여된 형식적인 종교인들을 질책한다. 또한 그 메시지는 죄인들에게 죄로부터 돌아서서 하나님의 의를 받아들여야만 함을 지적해 준다. 분명 그것은 모든 의미에서 좋은 소식이긴 하지만 안이하게 믿으라는 말은 결코 아니다.

    영생에 관한 우리 주님의 말씀에는 쉽게 구원을 얻으려는 자들에 대한 경고가 반드시 수반되었다. 그분은 가르치시기를, 그분을 따르기 위해 치러야 할 대가는 매우 크며, 그 길은 좁아서 찾는 이가 적다고 하셨다. 또한 많은 사람들이 그분을 주님이라고 부르면서도 천국에 들어가지 못할 것이라고 말씀하셨다. (마 7:13-23 참조)

그러나 요즈음의 복음 전도에서는 이런 경고들이 대부분 무시된다. 그리고 구원 얻는 믿음에 대한 견해가 갈수록 점점 더 얄팍하고 다양해지는 한편, 설교와 전도에서 그리스도에 대한 묘사는 점점 더 모호해지고 있다. 자신이 그리스도인이라고 주장하는 사람은 누구나 자신의 삶에서 그리스도께 헌신된 증거가 나타나든 나타나지 않든 간에 관계없이, 복음 전도자들이 자신의 신앙 고백을 기꺼이 받아들이고자 한다는 사실을 발견할 수 있다.

예수님의 복음을 포기함

복음 전도의 한 유파는 심지어 그리스도께 대한 회심에는 '영적인 헌신이 전혀 포함되지 않는다'는 식의 교리를 제시하기 시작했다.[1] 복음에 대해 이런 견해를 가진 사람들은, 단순히 그리스도에 대한 사실들을 믿고 영생을 원하기만 하면 성경이 누구에게나 구원을 약속한다고 가르친다. 따라서 거기에는 죄로부터 돌아서거나 회심의 결과로 생활방식이 바뀌는 일이 필요없고 헌신이나 심지어 그리스도의 주님되심에 **순종**하려는 의지도 필요없다.[2] 그들은 말하기를, 그런 것들은 인간의 업적만을 쌓고 은혜를 쓸모없게 만드는 것으로서 믿음과 아무런 관계가 없다고 한다.

이런 사고 방식의 결과로 불충분한 구원 교리가 생겨난다. 그 교리는 성화가 없는 칭의를 말하고 있는데, 이것이 이제까지 교회에 미쳐온 여파는 가히 치명적이다. 즉 신자임을 고백하는 공동체 내에 피상적이고 유명무실한 믿음을 지닌 사람들이 함께 참여하게 된 것이다. 많은 사람들이 자신은 구원을 받았다고 진정으로 믿고 있지만 그들의 삶 속에는 그 사실을 입증해 줄 만한 열매가 전혀 없다. 예수님은 이에 대해 엄중하게 경고하신다. "나더러 '주여, 주여' 하는 자마다 천국에 다 들어갈 것이 아니요 다만 하늘에 계신 내 아버지의 뜻대로 행하는 자라야 들어가리라. 그 날에 많은 사람이 나더러 이르되 '주여, 주여, 우리가 주의 이름으로 귀신을 쫓아내며 주의 이름으로

제 1 장 쟁점을 살핌

많은 권능을 행치 아니하였나이까?' 하리니 그때에 내가 저희에게 밝히 말하되 '내가 너희를 도무지 알지 못하니 **불법을 행하는 자들아** 내게서 떠나가라' 하리라"(마 7:21-23). 그러므로 분명히, 순종하는 삶을 제외한 과거의 어떠한 체험도 – 심지어 예언을 하고 귀신을 쫓아내며 표적과 기사를 행한다고 할지라도 – 구원의 증거로 간주될 수 없다.

우리 주님은 회중 가운데서 소외된 주변적인 사람들을 언급하시는 것이 아니었다. 장차 그 날에도 **많은** 사람들이 주 앞에 섰다가 자신이 천국에 참여하지 못한다는 사실에 아연실색하게 될 것이다. 나는 전도 운동의 주류 속에서 지금 교회의 자리를 가득 채운 많은 사람들이 아버지 하나님의 뜻에 순종하지 않았다는 이유로 그 날에 버림을 받지나 않을까 두려워한다.

오늘날의 그리스도인들은 그들이 기도문을 외웠고, 일정한 양식의 서류에 서명을 했고, 예배당의 복도로 걸어나갔고, 방언을 했고, 또는 여타의 체험을 했으므로 자신들은 구원을 받았으며, 자신들의 구원에 대해서 의심해서는 안된다고 믿도록 길들여져 있다. 나는 몇 차례 전도 훈련 세미나에 참석했는데, 그때 발표자들은 '회심자'(converts)의 구원 여부에 대해 의심하는 것은 마귀적인 것으로서 그런 의심은 물리쳐야만 한다고 말했다. 이처럼 자신의 구원받은 여부에 대해 묻는 것을 하나님의 말씀의 권위에 대한 도전으로 보는 그릇된 견해가 널리 만연해 있다.

이 얼마나 오도된 사고 방식인가! 성경은 우리가 믿음에 있는지를 스스로 확인하라고 말한다(고후 13:5). 베드로는 "그러므로 형제들아 더욱 힘써 너희 부르심과 택하심을 굳게 하라"(벧후 1:10)고 썼다. 이렇듯 우리의 삶을 돌아보고 우리가 맺은 열매를 평가해 보는 것은 옳은 일이다. 왜냐하면 "나무는 각각 그 열매로 알기" 때문이다.(눅 6:44)

성경은 분명하게 가르치기를 인간의 삶에 나타난 하나님의 역사의 증거로서 변화된 행동이 불가피하게 열매로 나타난다고 가르친다(요일 3:10). 의로운 생활로 귀결되지 않는 믿음은 죽은 믿음이며, 따라서 구원할 수도 없다(약 2:14-17).[3] 입으로는 그리스도인이라고 말하지만, 참된 의의 열매를 맺지 못한 사람이 구원을 받았다고 확신할 수 있게 해 주는 성경적인 근거는

어디에도 없다.(요일 2:4)

참된 구원은 단지 칭의에 그치지 않는다. 그것은 중생, 성화, 그리고 궁극적인 영화(glorification)와도 떨어질 수 없다. 구원은 과거의 한 사건인 동시에 계속적으로 진행되는 과정이다. 그것은 하나님의 사역이며, 이 사역을 통해 우리는 "그 아들의 형상을 본받게" 된다(롬 8:29;13:11 참조). 그러므로 참된 구원의 확신은, 한때의 체험을 기억 속에 붙잡고 있는 데서 생겨나는 것이 아니라, 그 사람의 삶에 나타나는 성령의 변화시키는 사역을 보는 데서 오는 것이다.

몇 가지의 역사적 배경

예수님이 전하신 복음을 연구하면서 신학적인 체계나 기존 교리에 대한 특정 신학자들의 특별한 견해를 우선적으로 취급할 필요는 없다. 그러나 제기된 문제와 관련하여, 복음에 대한 현대의 관점이 어떻게 해서 생겨나게 되었는가를 살펴볼 필요는 있다.

한 세기 전까지만 해도 진지한 신학자라면 누구도 중생의 외적 결과로서 나타나는 생활 방식과 행동의 변화 없이도 구원받을 수 있다는 생각을 받아들이지 않았다.[4] 그러던 중 1918년에 체이퍼(Lewis Sperry Chafer)가 『영적 인간』(He That Is Spiritual)을 발간하면서, 그 책에서 고린도전서 2:15~3:3의 말씀이 그리스도인을 두 부류, 즉 육적인 그리스도인과 영적인 그리스도인으로 나누어 말하고 있다고 주장하였다. 그는 "'육적인' 그리스도인은 [구원 받지] 못한 '자연인'과 같은 방식으로 '행동하는' 것이 특징이다"라고 썼다.[5] 체이퍼 박사의 세대만 하더라도 이러한 개념은 대부분의 그리스도인들에게 낯선 것이었으나,[6] 오늘날 대부분의 교회에서는 중심을 이루는 전제가 되어 버렸다. 체이퍼 박사의 영성 교리는, 그의 다른 가르침들과 더불어 복음을 완전히 새로운 방식으로 보게 하는 기반이 되었다. 체이퍼의 가르침이 현대의 복음관에 큰 영향을 끼친 만큼 그의 가르침을 직접 살펴 볼 필요가 있다.

육적인 그리스도인과 영적인 그리스도인을 나누는 체이퍼의 이분법에 대해서, 워필드 박사는 이를 '수준 높은 삶(the Higher Life)을 가르치는 자들의 주장'[7]을 반영한 것이라고 보았다. 그들은 차원 높은 승리의 삶은 그것을 믿음으로 요구하는 자들에게만 주어진다고 가르쳤다. 그러나 분명히 이러한 이분법은 체이퍼의 세대주의적 관점을 불행할 정도로 지나치게 확대 적용한 것으로서, 세대주의적인 방법론이 어느 정도까지 발전될 수 있는지를 보여 주는 전형적인 예라고 할 수 있다.

세대주의(Dispensationalism)는 각 시대에 담긴 하나님의 계획을 알려 주는 점에서 근본적으로 옳은 해석 방식이다. 세대주의의 핵심적인 주장은, 이스라엘에 대한 하나님의 계획은 결코 (신약 시대의) 교회에 대한 하나님의 계획으로 대체되거나 그 속에 흡수되지 않는다는 것이다. 이스라엘과 교회는 분리된 두 개의 실체이며, 하나님께서는 메시아이신 예수님의 지상 통치를 통해 이스라엘 민족을 회복하신다는 것이다. 나 역시, 이러한 주장이 성경에 대한 글자 그대로의 해석에서 나온 것이라고 보기 때문에 성경에 나타난 은유들을 합당하게 인식하는 한 이 원리를 확실히 인정하고 받아들인다. 이런 면에서, 나는 내 자신이 전통적인 전천년설 세대주의자라고 생각한다.[8]

체이퍼 박사는 세대주의의 웅변력 있는 초기 대변인이었으며, 그의 가르침은 세대주의가 발전해 나가는 데 기여했다. 그는 명석한 인물이며, 날카로운 분석력과 함께 의미를 명확하게 전달하는 능력을 지니고 있었다. 전통적인 세대주의의 체계적인 방법론은 부분적으로는 그의 유산인 것이다.

그런데 세대주의자들에게는 진리를 토막토막 구분짓는 일에 몰두하다가 성경에 어긋난 구분을 하게 되는 경향이 있다. 모든 것을 말끔하게 구분하려는, 거의 강박 관념에 가까운 열망 때문에 세대주의 성경 해석자들은 교회와 이스라엘뿐만 아니라 구원과 제자도, 교회와 천국, 그리스도의 가르침과 사도의 메시지, 믿음과 회개, 그리고 율법 시대와 은혜 시대 사이에 굵은 선을 긋게 된다. 이 가운데서도 특별히 율법 시대와 은혜 시대에 대한 구분은 세대주의 신학에 화근이 되었으며, 구원 교리에 대해 혼란을 일으키는 결과를 가져 왔다. 물론 율법과 은혜 사이에는 중요한 차이점이 있다. 그러나 그렇다고 해서 체이퍼처럼, 은혜와 율법이 하나님의 계획 속에서 서로 배타적인 성격을 지니는 것으로 결론짓는 것은 잘못이다.[9] 사실상, 율법과 은혜의 두 요소는 모든 시대에 걸쳐 나타나는 하나님의 계획의 일부분이다. 구원은 항상 믿음으로 말미암아 은혜로 주어져 온 것이지 율법의 행위로 말미암은 것이 아니다(갈 2:16). 분명히 모세 율법 이전이나 그 아래서 살았던 구약 시대 성도들도 믿음으로 말미암아 은혜로 구원을 받았다(롬 4:3,6-8,16). 마찬가지로 신약 시대의 성도들도 성취해야 할 율법을 가지고 있다(갈 6:2;고전 7:19;9:21). 이것은 결코 체이퍼가 말하듯 율법과 은혜를 "부주의하게 섞는"[10]것이 아니다. 오히려 이것이야말로 기본적인 성경의 진리인 것이다.

체이퍼의 성경관은, '순수한 은혜의 시대' 교회 시대)와 두 개의 '순수한 율법 시대' (모세 시대와 천년 왕국)를 분명하게 구분하려는 자신의 의도에 따라 형성되었다.[11] 예를 들어 그는 산상설교가 '그 나라의 복음' 및 "그 왕의 선언문(Manifesto of the King)"[12]의 일부라고 진술했다. 그는 산상설교의 목적이 "그 (천년) 왕국의 본질적인 성격"을 선포하는 데 있다고 믿었다. 그는 그것을 은혜가 아닌 율법으로 규정했으며, 따라서 거기에는 구원이나 은혜가 언급되지 않았다고 결론지었다. 그래서 그는 이렇게 썼다. "은혜 시대의 모습에 대한 언급이 그처럼 철저하게 배제되었다는 사실은 진지하게 강조되어야 한다."[13]

다른 세대주의 저술가들은 이러한 사상을 중시하고, 체이퍼가 단지 암시만 했던 것을 더욱 분명한 말로 나타냈다. 즉 산상설교의 가르침은 "그리스도인에게 적용되지 않으며, 단지 법 아래 있는 자들에게만 적용된다. 따라서 그 교훈은 지금이 아닌 다른 세대에 적용되어야 한다"[14]고 주장했다. 이런 통탄할 해석이 우리 주님의 다른 많은 가르침에도 폭넓게 적용되어, 복음의 메시지는 그 위력을 상실하게 되었다.[15]

이러한 체계에서 나온 복음 전도 메시지가 예수님이 말씀하신 복음과 명백하게 다르다는 사실은 그리 놀랄 만한 일이 아니다. 만일 그리스도께서 전하신 대부분의 메시지가 다른 세대를 위한 것이라는 전제를 받아들인다면, 구태여 오늘날 우리가 전하는 복음이 예수님이 당시에 전하셨던 복음과 같

제 1 장 쟁점을 살핌

아야 할 이유가 어디에 있겠는가?

　그러나 그와 같은 전제는 위험스러우며 성립될 수 없는 것이다. 예수님은 대환난이나 천년 왕국 때에야 비로소 효력을 발휘하게 될 그런 메시지를 선포하시기 위해 오신 것이 아니다. 그분은 잃어버린 자를 찾아 구원하러 오셨다(눅 19:10). 그분은 죄인을 불러 회개시키러 오신 것이다(마 9:13). 또한 그분은 자신으로 말미암아 이 세상이 구원을 얻도록 하시기 위해 오셨다(요 3:17). 그분은 단지 미래의 어떤 시기에 필요한 선언문을 낭독하신 것이 아니라, 그분의 복음이야말로 우리가 전파해야 할 유일한 메시지이다. 다른 복음은 하나님의 저주를 받을 것이다.(갈 1:6-8)

말씀을 그릇되게 나눔

　그러면 이제 진리를 합당치 못하게 나누려는 세대주의자들의 경향에 대해 좀더 자세히 살펴보자. 본질적으로 차이가 있는 성경의 원리들을 주의 깊게 구분하는 일은 매우 중요하다(딤후 2:15). 그러나 나누다 보면 도를 지나칠 수 있다. 같은 방식으로 몇몇 세대주의 사상가들의 무절제한 양분(兩分) 욕구가 불행하게도 복음의 많은 부분까지 영향을 미치게 되었다.

　예를 들어 보자. 예수님은 구주이자 주님이시다(눅 2:11). 그리고 참된 신자라면 이에 대해 이의를 제기하지 않을 것이다. '구주'와 '주'는 별개의 직분이지만, 이 둘을 구별지음으로써 그리스도를 나누는 결과를 초래하지 않도록 조심해야만 한다(고전 1:13 참조). 그럼에도 불구하고 세대주의 진영에서는, 주님으로서의 그리스도를 부인하면서도 구주로서의 그리스도를 받아들이는 것이 가능하다는 가르침을 당당하게 제시하고 있다.

　실제로 어떤 사람들은 주님이신 그분께 대한 복종 없이 단지 예수님을 구주로 받아들이는 것이 구원의 **기준**이라고 가르친다. 그들은 그것 이외에 다른 가르침은 거짓된 복음이라는 얼토당토않은 주장을 하고 있다. 그 이유인즉 "그런 가르침은 하나님의 말씀에서 분명하고 단순하게 제시된 조건에 교묘히 행위를 첨가시키기 때문"이라는 것이다.[16] 그러면서 그들은 자신들이 반대하는 견해에 대해서 '주님되심을 인정하는 구원'이라는 이름을 붙였다.

그것을 이단시하는 어떤 사람이 내린 정의에 따르면, '주님되심을 인정하는 구원'은 "구원을 얻기 위해서는 예수 그리스도를 죄로부터의 구주로 믿고 의지해야 할 뿐만 아니라 동시에 자신의 생애의 주인이신 그리스도께 자신을 의탁하여 그분의 절대 주권에 복종해야만 한다"는 견해이다.[17]

놀랍게도 어떤 이는 그러한 진리를 비성경적이고 이단적인 것으로 규정하려고 하며 그러한 비난조의 목소리가 점점 커가고 있다. 결국 그들이 암시하는 바에 따르면 그리스도의 주님됨을 인정하는 것도 인간의 행위(work)라는 것이다. 물론 이런 주장은 잘못된 것이다. 그럼에도 불구하고 이런 견해는 여러 책들에 의해 지지를 받고 있다. 그 책들은 기록하기를 사람들이 "예수 그리스도를 자신들의 생애의 주인으로 만들려고 한다"는 것이다.[18]

그러나 우리는 그리스도를 주(Lord)로 "만들지(make)" 않는다. 그분은 당연히 **주님이시기** 때문이다! 주님으로서의 그리스도를 거부하는 사람들은 그분 자신을 거부하는 죄를 짓는 것이다. 그분의 절대 주권을 거부하는 '신앙' 이야말로 진정 불신앙이다. 바꾸어 말하면 그분의 주님되심을 인정하는 것이 인간의 행위가 아닌 것은 회개(딤후 2:25 참조)나 믿음 자체(엡 2:8-9 참조)가 인간의 행위가 아닌 것과 마찬가지이다. 실제로 주님되심을 인정하는 것은 하나님이 만들어 내시는 구원에 이르는 믿음에서 가장 중요한 요소이지, 믿음에 더해지는 어떤 부가적인 것이 아니다.

성경 전체에서 구원받는 길을 가장 분명하게 진술하는 두 구절 모두 예수님의 주님되심을 강조한다. "주 예수를 믿으라. 그리하면 너와 네 집이 구원을 얻으리라"(행 16:31). "네가 만일 네 입으로 예수를 주로 시인하며 또 하나님께서 그를 죽은 자 가운데서 살리신 것을 네 마음에 믿으면 구원을 얻으리니"(롬 10:9).[19] 오순절에 행한 베드로의 설교도 이렇게 결론짓고 있다. "그런즉 이스라엘 온 집이 정녕 알지니 너희가 십자가에 못박은 이 예수를 하나님이 주와 그리스도가 되게 하셨느니라"(행 2:36). 그리스도의 주님되심을 거부하는 자들에게도 구원이 주어진다는 약속은 성경에 없다. 따라서 '주님되심'을 인정하는 구원[20] 이외의 다른 구원이란 없는 것이다.

주님되심을 인정하는 구원을 거부하는 사람들은 많은 지면을 할애하여 다음과 같은 주장을 내세웠다. 즉 위에 언급된 성경 구절 속의 '주'(Lord)는 '주인'(Master)을 의미하는 것이 아니라, 그분의 신성(神性)을 가리킨다는 것이다.[21] 그러한 논리를 받아들인다 하더라도, 구원을 얻기 위해 그리스도께 나아오는 자는 누구나 그분의 하나님되심을 인정해야 한다는 사실만은 분명하다. 그분의 하나님되심을 인정하는 것은 '주'가 다만 '주인'을 의미한다고 하는 것보다 훨씬 더 많은 것을 요구할 것이다.

사실상, 그 구절들 모두에서 '주'는 과연 '하나님'을 의미한다. 좀더 정확하게 말하면, 그 말은 '통치하시는 하나님'[22]을 뜻한다. 따라서 그러한 주장은 결국 주님되심을 인정하는 구원을 더욱 지지해 줄 뿐이다. 구원을 얻고자 참된 믿음, 즉 예수님이 영원하시며 전능하시고 통치하시는 하나님이심을 신실하게 믿는 믿음을 가지고 주님께 나아오는 자라면 누구나 그분의 주권을 고집스럽게(wilfully) 거부하지는 않을 것이다. 참된 신앙은 입술의 고백에서 끝나지 않는다. 입술로만 경배하고 삶으로는 하지 않는 자들을 주님은 친히 정죄하셨다(마 15:7-9). 그러므로 그분을 계신 그대로, 즉 만유의 주(행 10:36)로서 받아들이지 않는 한 그분은 그런 사람의 구주가 되지 않으신다.

토저(A. W. Tozer)는 이렇게 말했다. "주님은 당신이 명령할 수 없는 사람들을 구원하시지 않을 것이다. 그분은 자신의 직분을 나누시지 않을 것이다. 어느 누구도 반쪽짜리 그리스도를 믿을 수는 없다. 우리는 그분을 계신 그대로, 즉 기름부음 받으신 구주로서, 그리고 왕 중의 왕이요 만주의 주이신 주님으로서 받아들인다. 만일 그분이 우리를 택하시고 부르시며 구원하시기는 하셨으나 우리의 삶을 인도하거나 다스리지는 못하신다면, 그분은 더 이상 성경에서 말하는 그분이 아닐 것이다."[23]

믿음과 참된 제자도

순종과 복종이 구원 얻는 믿음과는 별개라고 가르치는 사람들은 흔히 구원과 제자도를 구분하려고 애쓴다. 물론 이러한 구분은 비성경적인 것이다. 이러한 이분법은, 앞에서 육적인 그리스도인과 영적인 그리스도인을 나눈 경우처럼, 단순한 신자와 참된 제자라는 두 계층을 설정한다. 이러한 입장을 취하는 많은 사람들은 예수님의 초청을 기록한 모든 구절들의 복음적인 의미를 무시해 버린다. 그들은 그런 구절들을 제자도에 적용되는 것이며 구원에는 적용되지 않는다고 말한다.[24] 어느 저술가는 이 견해에 대해 이렇게 썼다. "이러한 구분은 신학적으로 무엇보다 중요하며 신약 성경을 올바로 이해하기 위해 기본적으로 필요하고, 모든 신자의 삶과 전도에도 관련성을 갖는다."[25]

그러나 그와 같은 구분보다 예수님의 메시지의 권위를 훼손하는 것은 없다. 예수님이 무리를 향하여 자기를 부인하고(눅 14:26) 십자가를 지며(27절) 모든 것을 버리고 당신을 좇으라(33절)고 말씀하실 때, 그 말씀은 무리 중에 구원받지 못한 자들에게는 아무런 의미도 없었다고 생각할 수 있을까? 의인이 아니라 죄인을 부르러 오셨다고 하신 그분의 말씀(마 9:13)을 생각할 때, 어떻게 그런 견해를 사실로 인정할 수 있을까?

제임스 보이스(James M. Boice)는 그의 저서 『그리스도의 제자도로의 부르심』(*Christ's Call to Discipleship*)에서, 구원과 제자도를 양분하는 견해에 대해 아래와 같이 예리하게 말한다. 그는 그러한 견해를 '불완전한 신학' (defective theology)이라고 묘사한다.

> 이 신학은 제자도와 믿음을 나누며, 순종과 은혜를 갈라놓는다. 그 가르침에 의하면 우리가 예수님을 주님으로 받아들이지 않으면서도 구주로 받아들일 수 있다고 한다.
>
> 이것이 바로 번영의 시대에 공통적으로 나타나는 결함이다. 고난의 시대, 특히 핍박의 시대에는 그리스도인이 되려고 하는 사람들이 나사렛 예수의 십자가를 지기에 앞서, 제자가 되는 데 따르는 대가를 신중하게 계산한다. 그리고 설교자들도 안이한 삶을 거짓되이 약속하거나 죄를 너그럽게 보아넘기지 않는다. 그러나 안이한 시대가 되면, 치러야 할 값이 많지 않은 것처럼 생각되어, 사람들은 참된 회

심의 증표인, 완전한 삶을 살지 않으면서 단지 그리스도의 이름만을 취한다.[26]

갈보리로의 부르심은 있는 그대로 이해되어야 한다. 즉 그것은 예수 그리스도의 주님되심에 복종하는 제자도로의 부르심인 것이다. 이 부르심에 대해 반응하는 것이 신자가 되는 길이다. 따라서 이에 미치지 못한다면, 그것은 단지 불신앙일 뿐이다.[27]

예수님이 전하신 복음은 안이한 신앙주의(easy believism)를 분명하고 단호하게 배제한다. 주님의 어려운 모든 요구가 단지 수준 높은 그리스도인들에게만 적용된다는 주장은 주님의 모든 메시지의 능력을 약화시킨다. 그것은 결국 값싸고 무의미한 믿음, 즉 죄스런 육신적인 삶에 전혀 영향을 미치지 못하는 믿음을 만들어 낼 뿐이다. 그것은 구원하는 믿음이 아니다.

믿음으로 말미암아 은혜로 얻는 구원

구원은 오직 믿음으로 말미암아 은혜로 주어진다(엡 2:8). 이 진리는 성경의 모든 가르침의 분수령이다. 그러나 만일 은혜를 잘못 이해하거나 믿음에 대해 그릇된 정의를 내린다면 이 진리는 아무 것도 아닌 것이 되고 만다.

하나님의 은혜는, 마음이 완고하고 회개치 않는 죄인들도 어쩔 수 없이 받아 주어야 하는 그런 피동적인 성격의 것이 아니다. 은혜가 그 사람의 위치를 바꿔 놓기 위해서는 먼저 그의 인격이 하나님의 손길을 거쳐야 한다. 참된 은혜는 체이퍼(Chafer)가 말하듯, "자신이 선택하는 대로 행할 수 있는 그리스도인의 자유"를 가리키는 것이 아니다.[28] 성경에 따르면, 참된 은혜는 우리에게 '경건치 않은 것과 이 세상 정욕을 다 버리고 근신함과 의로움과 경건함으로 이 세상에 살 것'(딛 2:12)을 가르친다. 은혜는 새 언약에 나타난 의무들(고전 7:19 참조)을 수행할 수 있도록 해 주는 하나님의 능력이다. 비록 언제나 그렇게 순종하지는 못한다 하더라도 말이다. 분명히 은혜는 육에 속한 삶을 허락하지 않으며, 성령 안에서 살 수 있는 능력을 공급해 준다.

은혜와 마찬가지로 믿음도 피동적인 것이 아니다. 구원에 이르는 믿음은 어떤 사실들을 이해하고 지적으로 동의하는 것 이상의 것이다. 그것은 회개, 복종, 그리고 순종하려는 초자연적인 열심(a super natural eagerness) 등과 불가분의 관계에 있다. 구원에 이르는 믿음에 관한 성경적인 개념 속에는 이 모든 요소들이 들어 있다. 이 중에 어떤 것도 인간의 행위로 분류될 수 없다. 그것은 믿음 자체를 인간의 노력으로 볼 수 없는 것과 같은 이치다.

주님되심을 인정하는 구원을 거부하는 사람들의 근본적인 오류는 바로 이 핵심 사항에 대한 오해로부터 비롯된다. 그들은 생각하기를, 성경이 믿음과 행위를 대조적으로 진술하고 있으니, 행함 없는 믿음이 있을 수 있다는 것이다. 그들은 믿음의 개념에서 복종과 굴복, 그리고 죄로부터 돌이킨다는 개념을 제거하며, 그리하여 구원의 모든 실제적 요소들을 인간의 행위로 규정한다. 그러나 함께 언급되어야 할 진리, 즉 구원은 선물이지만 그 값으로 모든 것을 요구한다는 진리에 대해서는 입을 다물고 있다.

이 개념은 역설적이긴 하지만 상호 배타적이지는 않다. 마찬가지로 부조화스런 표현이 예수님의 말씀 속에도 나타난다. 즉 "내가 너희를 쉬게 하리라"는 말씀 다음에 바로 "나의 멍에를 메라"는 말씀이 나오는 것이다(마 11:28-29). 믿음에 의해 누리게 되는 안식은 활동이 정지된 안식이 아니다.

구원은 선물이지만, 진리에 대한 단순한 이해와 동의 이상의 믿음을 통해서만 얻어진다. 단순한 이해와 동의 차원의 '믿음'은 마귀도 지니고 있다(약 2:19). 반면에 참된 신자의 특징은, 그가 구주의 자비에 끌리는 만큼 죄된 삶을 싫어한다는 데 있다. 그리스도께 마음이 끌려서 다른 모든 것으로부터 돌아서게 된다. 예수님은 참된 신자를 "심령이 가난한 자"(마 5:3)로 묘사하셨다. 그들은 마치 회개하는 세리와 같아서 애통함 때문에 감히 하늘을 우러러 보지도 못한다. 그는 오직 가슴을 치면서, "하나님이여, 불쌍히 여기옵소서. 나는 죄인이로소이다" 하고 탄원할 뿐이다.(눅 18:13)

그의 절망적인 기도는, 예수님의 말씀에 따르면 결국 그의 구원으로 귀결된다(14절). 이 비유는 성경 전체에서 하나님이 역사하신 참된 회개를 가장 분명하게 보여 주는 묘사 중의 하나이다. 그의 탄원은 어떤 의미에서도 인간의 행위나 의롭다함을 얻으려는 시도가 아니다. 오히려 그의 모습은 종교적 행위의 공로에 의한 신뢰를 철저히 포기했음을 나타내 준다. 마치 그 사실을 입증이라도 하듯, 그는 기도하는 바리새인으로부터 '멀리' 서 있었다 그는 오직 하나님의 자비로운 은혜를 통해서만 구원받을 수 있음을 알았다. 그러한 근거에서 먼저 그의 자아가 죽고 나서 그는 구원을 선물로 받게 되었다.

이 비유와 관련하여 주님이 보여 주시고자 했던 요점은, 회개가 구원 얻는 믿음의 핵심을 이룬다는 사실이다. 회개에 해당하는 헬라어 metanoia는 문자적으로는 '다시 생각하다'(to think after)라는 뜻으로서, 이 말은 생각(mind)의 변화를 암시한다(이 책, 제15장 참조 - 역자 주). 그래서 주님 되심을 인정하는 구원을 반대하는 사람들은 회개의 의미를 이것에만 국한하려고 한다.[29] 그러나 회개의 정의를 유일하게 헬라어의 어원에서만 찾을 수는 없는 일이다.

앞서 말한 예수님의 비유에 나타난 회개는 자신의 철저한 죄성(罪性)을 시인하고 자아와 죄로부터 하나님께 돌이키는 것을 포함한다.(살전 1:9 참조). 이것은 결코 인간의 행위가 아니라, 하나님의 역사가 인간의 마음에 작용하여 일어난 불가피한 결과이다. 또한 이것은 인간의 노력으로 하나님의 은혜를 얻어 보겠다는 모든 인간적 시도의 종말을 나타낸다. 그것은 단순한 생각의 변화를 훨씬 초월한 어떤 것이다. 즉 거기에는 마음, 태도, 관심, 그리고 목표의 전적인 변화기 포함되어 있다. 그것은 말 그대로 모든 의미에서 전환(conversion)이다.

성경은 능동적인 회개가 결여된 믿음을 인정하지 않는다. 참된 믿음은 결코 수동적인 모습을 띠지 않는다. 그것은 늘 순종으로 나타난다. 사실상 성경은 종종 믿음을 순종과 동일한 것으로 말한다(요 3:36; 롬 1:5; 살후 1:8).[30] "믿음으로 아브라함(참된 믿음의 조상)은……순종하여"(히 11:8). 이것이 바로 위대한 믿음의 장인 히브리 11장의 중심 메시지이다.

믿음과 행위는 서로 양립할 수 없는 것이 아니다. 예수님은 심지어 믿는 행위를 일(work)이라고 표현하셨다(요 6:29). 물론 여기서 일이라 함은 단순한 인간의 행위가 아니라 우리 안에서 역사하시는 하나님의 은혜로운 행위를 말한다. 하나님은 우리에게 믿음을 주시고, 또한 믿음으로 순종에 이르도록 우리에게 능력을 주신다.(롬 16:26 참조)

중요한 구분이 있어야 할 곳은 바로 여기이다. 믿음에 의한 구원은 본질적으로 행위를 배제하지 않는다. 다만, 오직 인간의 노력의 결과인 행위들을 배제할 뿐이다(엡 2:8). 믿음에 의한 구원은 우리의 행위로 하나님의 은혜를 얻으려는 모든 시도를 무효화시킨다(9절). 그러나 하나님께서 미리 정해 놓으신 목적, 즉 우리의 신앙 생활이 선행으로 드러나도록 하신 목적은 소멸되지 않는다.(10절)

무엇보다도 먼저 기억하지 않으면 안될 것은, 구원이 하나님의 주권적인 사역이라는 사실이다. 성경에서 볼 때 구원은 그것을 얻기 위해서 사람이 무엇을 했느냐 하는 것으로 정의되지 않고, 그것이 무엇을 열매로 내어놓느냐 하는 것으로 정의된다. 구원을 얻는 데 행위가 필수적인 것은 **아니다**. 그러나 하나님께서 이루신 참된 구원은 반드시 그 열매인 선한 행위를 낳는다(마 7:17 참조). 우리는 하나님의 만드신 바이다(엡 2:10). 구원은 어떤 측면으로도 인간의 행위를 공로로 삼지 않는다(딛 3:5-7). 그러므로 구원은 어떤 면에서도 결코 불완전할 수가 없다. 하나님은 당신의 구원 사역의 한 부분으로서 회개, 믿음, 성화, 복종, 순종 그리고 궁극적인 영화를 이루어내신다. 그분은 이러한 요소들을 이루어내실 때 인간의 노력에 의존하지 않으신다. 그러므로 이런 요소들이 결여되었다면 그것은 하나님의 구원 사역일 수가 없다.

우리가 진정 하나님께로서 났다면 우리는 세상을 이길 수밖에 없는 믿음을 가진다(요일 5:4). 물론 우리도 죄를 지을 수 있으며(요일 2:1), 또 지을 것이다. 그러나 성화의 과정이 결코 완전히 중단되지는 못할 것이다. 하나님은 우리 안에서 역사하시며(빌 2:13), 그리스도의 날까지 계속해서 우리를 완성시켜 가실 것이다.(빌 1:6; 살전 5:23-24)

구원 얻는 믿음이란 무엇인가

◆ 주(註) ◆

1) Zane C. Hodges, *The Gospel Under Siege* (Dallas: Redencion Viva, 1981), p.14.

2) Charles C. Ryrie, *Balancing the Christian Life* (Chicago: Moody, 1969), pp.169-70.

3) 야고보는 다음과 같이 수사적인 질문을 던진다. "내 형제들아, 만일 사람이 믿음이 있노라 하고 행함이 없으면 무슨 이익이 있으리요. 그 믿음이 능히 자기를 구원하겠느냐?"(약 2:14). 현대 신학의 일파는 구원할 수 있다고 말한다.(Hodges, *The Gospel Under Siege*, pp.19-33). 그러나 야고보의 주장은 분명한 것 같다. 귀신들조차도 기본적인 사실들을 인정할 만한 믿음은 가지고 있다(19절). 그러나 그것은 구원하는 믿음이 아니다. '행함이 없는 믿음은 헛 것(20절)이며, 죽은 것(26절)이다.' 이 세 구절에 의거해 볼 때 이것은 효력이 없는 믿음, 즉 한 때는 살았을지언정 지금은 죽어버린 믿음을 묘사한 것이라고 결론지어야 한다.

4) 부록Ⅱ에 제시된, 믿음과 행위의 관계에 대한 각 시대 교회의 견해를 살펴보라.

5) Lewis Sperry Chafer, *He That Is Spiritual*, rev. ed. (Grand Rapids: Zondervan, 1967), p.21.

6) 세대주의 신학을 배운 사람들은, 체이퍼 박사의 책이 처음 발간되자마자 심한 논쟁에 휘말렸다는 사실에 놀랄지도 모르겠다. 그러나 워필드(B.B. Warfield) 박사는 체이퍼의 기본적인 전제에 대해 날카로운 비판과 함께 이의를 제기했다. 워필드는, 그리스도인이 육적인 방식으로 행할 수도 있다는 분명한 진리에 대해서는 반대하지 않았지만, 육적인 삶을 영적인 삶의 특정 단계로 규정한 데 대해서는 맹렬히 반대하였다. 워필드는 다음 몇 가지 탁월한 요점을 제시한다.

> 이러한 가르침은, 통상 '제2의 축복'(second blessing), '제2의 은혜 사역', '수준 높은 삶'으로 불리는 교리와 별로 다를 바가 없다.……그리스도인에게 육적인 속성이 남아 있더라도 그것이 그의 인격을 구성하지는 않는다. 그는 성령 안에 거하며, 비록 멈춰 설 때가 있을지라도 성령을 따라 행한다. "죄가 너희를 주관치 못하리라"는 위대한 약속과 "이는 너희가 법 아래 있지 아니하고 은혜 아래 있음이니라"는 확언은 일부가 아닌 모든 그리스도인들에게 해당된다. 예수 그리스도를 믿는 자는 은혜 아래 있으며, 따라서 그의 전 여정, 즉 과정과 결말이 한결같이 은

혜에 의해 결정된다. 그는 이미 하나님의 아들의 형상을 본받도
록 예정되었으며, 분명히 그 형상을 닮아간다. 그리고 하나님은
그를 부르시고 의롭다 하실 뿐만 아니라 또한 영화롭게 하시기
위해 친히 돌보신다. 우리는 이러한 각각의 과정을 지나고 있는
그리스도인들을 찾아볼 수 있다. 왜냐하면 모든 그리스도인들이
이 과정을 통과해야 하기 때문이다. 하나님이 친히 정하신 선한
때와 방법으로 이 모든 단계를 거치지 않는 그리스도인이란 있을
수 없다. 따라서 모든 그리스도인이 도달하게 될 목표를 향해 나
아가는 과정에서 각각의 단계에 놓인 그리스도인들이 있을 수는
있을지언정 두 종류의 그리스도인이란 있을 수 없다.

    Benjamin B. Warfield, *The Princeton Theological Review* (April 1919), pp. 322-27에서 다시 언급된 내용임

7) 앞의 책, p. 322.
8) 성경적인 세대주의(biblical dispensationalism)에 대한 정의는 Charles C. Ryrie가 *Dispensationalism Today* (Chicago: Moody, 1965), pp. 43-44에서 말한 것이다.
9) 체이퍼는 이렇게 진술했다.

    하나님의 통치의 성격을 고찰해 볼 때, 십자가 전까지의 시대
와 그리스도 재림 이후의 시대는 순수한 율법의 시대이며, 반면
에 그 사이에 있는 시대는 순수한 은혜의 시대이다. 따라서 당연
히 이 커다란 시대들의 특징적인 요소들이 서로 부주의하게 섞여
서는 안될 것이다. 그렇지 않으면 하나님과 인간 사이의 여러 가
지 관계에서 나타나는 가장 중요한 특징도 사라지게 되고, 이어서
그리스도의 죽음과 그분의 재림이 지니는 참된 능력도 모호해지
게 된다.

    Lewis Sperry Chafer, *Grace* (Grand Rapids: Zondervan, 1922), p. 124.
10) 앞의 책, *The New Scofield Reference Bible* 이 체이퍼보다 은혜 시대에서 율법의 중요성과 역할을 더욱 진지하게 다루고 있는 사실은 주목할 만하다.
11) 앞의 책, Chafer, *Grace*, p. 124.
12) 앞의 책, p. 138.
13) 앞의 책, p. 139. 이 말을 "산상설교는 법이 아니라 복음이다"

하는 루터의 말과 비교해 보라. John Stott의 *Christian Counter-Culture* (Downers Grove, IL: Inter-Varsity, 1978), p 37에 인용됨.

14) Clarence Larkin, *Dispensational Truth*(Philadelphia: Larkin, 1918), p.87. Larkin의 책과 도표들은 여전히 유용하여 많은 세대주의자들이 사용학고 있다. 또한 그는, 주기도문의 "나라이 임하옵시며" 하는 구절을 들어 그 기도문이 "환난의 시대(Tribulation Period)에 살게 될 사람들"에게만 의미를 지닌다고 말한다. 그러나 그의 주장은 정당화될 수 없다. 천국은 환난의 시대가 도래하기 전인 오늘을 사는 사람들에게 이미 임했기 때문이다.

15) 다음 사실에 주목할 필요가 있다. 즉 많은 세대주의자들이, 자신들이 산상설교 및 예수님의 다른 교훈들을 미래 시대를 위한 것으로 규정했다고 비판받는 것에 대해 분개한다는 것이다. 많은 세대주의자들은 산상설교가 오늘날의 교회에 적용되는 것을 본다고 말할 것이다. 그러나 그 주요 메시지가 바로 오늘날의 그리스도인을 위한 것이라는 언급은 거의 하지 않는다. 세대주의자들의 이런 면을 공박하는 찰스 라이리(Charles Ryrie)조차도 산상설교를 오늘날에 필요한 진리로 받아들이지는 않으려 한다. 그는 산상설교에 대한 전통적 세대주의자들의 견해를 한참 변호한 후, 그것이 "이 시대의 신자들에게 주된 것으로 그리고 충분하게" 적용될 수는 없다고 결론지었다(Ryrie, *Dispensationalism Today*, 109). 그러나 실상은 산상설교의 모든 세부 사항이 서신서에 다시 언급되고 있다.

16) Livingston Blauvelt, Jr., "Does the Bible Teach Lordship Salvation?" *Bibliotheca Sacra* (January- March 1986), p. 37.

17) 앞의 책.

18) 앞의 책, p.38.

19) 일부 세대주의자들은 로마서 10:9-10이 믿지 않는 유대인들에게만 적용되는 것으로 제한한다. 물론 로마서 9장에서 11장까지의 내용이 이스라엘 백성들이 메시아를 거부한 것과 하나님의 영원한 계획 속에서 그들이 차지하는 위치를 다루고 있는 것은 사실이다. 그러나 그렇다고 해서 이 중차대한 구절이 이스라엘 백성들에게만 해당될 수는 없다. 왜냐하면 뒤이어 나오는 12, 13절 말씀이 있기 때문이다. "유대인이나 헬라인이나 차별이 없음이라. 한 주께서 모든 사람의 주가 되사 저를 부르는 모든 사람에게 부요하시도다. 누구든지 주의 이름을 부르는 자는 구원을 얻으리라."

20) 나는 개인적으로 '주님되심을 인정하는 구원'이라는 용어를 좋아하지 않는다. 왜냐하면 본래 구원 얻는 믿음에서 그리스도께 대한 복

종의 개념을 제거하려는 사람들이 그 용어를 만들어 냈기 때문이다. 따라서 그들은 이 단어를 부정적인 의미, 즉 예수님의 주님되심은 복음에 더해진 그릇된 개념이라는 의미로 사용한다. 그렇지만 앞으로 살펴보겠지만, '주님되심을 인정하는 구원'은 지극히 성경적이며, 역사적인 근거를 가진 교리이다. 단지 나는 이 책에서 논의의 전개를 위해 이 단어를 사용할 뿐이다.

21) 앞의 책, pp. 38-41. G. Michael Cocoris, Lordship Salvation-Is It Biblical? (Dallas: Redencion Viva, 1983), pp. 13-15도 참조하라.

22) 성경에 나오는 어느 용어든지 그것을 바르게 이해하려면, 어원, 문맥, 그리고 역사에 근거하여 살펴보아야 한다. 먼저 어원을 살펴볼 때, kurios는 헬라어 어근에서 온 것으로 '지배, 통치 또는 권력'을 의미한다. 그리고 베드로가 kurios라는 말을 사용한 사도행전 2:36의 문맥을 살펴볼 때 그 앞의 34, 35절이 메시아의 통치와 지배를 묘사하는 시편 110편에서 인용되었다는 사실에 주목해야 한다.("주는 원수 중에서 다스리소서"(시 110: 2). 베드로는 단순히 "하나님이 그분을 ......하나님 되게 하셨다"고 말하는 것이 아니다. 그는 예수님의 통치권을 단언하고 있는 것이다. 또한 역사적인 면에서 볼 때, 베드로의 설교는 자신들의 메시아를 십자가에 못박은 유대인의 역할을 언급한다(행 2: 23). 빌라도의 법정과 유대인의 군중 앞에서 고난당하셨을 때, 문제가 된 것은 분명히 그의 **왕권**이었다. 그래서 이 말이 요한복음 18:33~19:22에 최소한 열두 번이나 언급되었다. 이상에서와 같이 사도행전 2:36을 역사적이고 문법적으로 주의 깊게 해석해 보면, 오직 다음 한 가지 결론에 이르게 된다. 즉 예수님은 당신의 친구들과 대적들 중에서 다스리시는 신적인 왕(the divine King)이시라는 사실이다. 베드로 역시 그리스도를 만유의 주(Lord)라고 하면서 복음을 전파한다. 바울이 정확히 같은 방식으로 예수님을 전파하였음을 주의 깊게 살펴보라(고후 4:3-5). 예수님은 우리를 통치하시는 주님이시며, 우리는 그분의 종이다.

23) A. W. Tozer, *I Call It Heresy!* (Harrisburg, PA: Christian Publications, 1974), pp.18-19.

24) Hodges, *The Gospel Under Siege*, 35-45; Cocoris, *Lordship Salvation-Is It Biblical?*, 15-16; Blauvelt, "Does the Bible Teach Lordship Salvation?" 41.

25) 찰스 라이리(Charles C. Ryrie)가 쓴 Zane C. Hodges, *The Hungry Inherit* (Fortland: Multnomah, 1980), p.7의 서문.

26) James M. Boice, *Christ's Call to Discipleship* (Chicago: Moody, 1986), p.14.

27) 마태복음 28:18-20에 나타난 예수님의 대위임령(Great Commission)은 제자와 신자를 구별하지 않는다. "제자를 삼아……세례를 주고"하는 말은 결국 모든 신자가 곧 제자임을 시사해 준다. 왜냐하면 세례는 단지 깊이 헌신된 일부 사람들만 아니라 모든 그리스도인들이 받아야 하는 것이기 때문이다(행 2: 38). (본서 제19장에서 더 자세한 논의 참조)

28) Chafer. *Grace*, 345. 물론 체이퍼는 그리스도인의 무법한 생활을 지지할 사람이 결코 아니다. 그러나 그는 '순수한 은혜'를 지나치게 강조한 나머지 때때로 자기가 의도하지 않았던 반율법적인 성향으로 진술하였다.

29) Cocoris, *Lordship Salvation-Is it Biblical?*, 11. 또한 라이리(Ryrie)는 주장하기를, "회개란 예수 그리스도에 대한 생각의 변화이며, 그리하여 인간은 그분을 죄로부터의 개인적인 구주로 믿고 영접하게 된다"고 한다. 이 정의에 의하면 회개는 당사자의 죄에 대한 태도나 그 결과로 나타나는 생활 양식의 변화와 아무런 관계가 없다. 그 정의는 단순히 기독론적인 관점에서만 회개를 언급한다. Ryrie, Balancing the Christian Life, 175-76.

30) 주님되심을 인정하는 구원을 거부하는 사람들은 때때로 이렇게 주장한다. 즉 로마서 1:5('믿음의 순종', 한글 개역 성경에는 '믿어 순종케 하나니'로 되어 있음-역자 주) 같은 본문들은, 믿음 자체가 곧 구원을 위해 요구되는 유일한 순종임을 시사해 준다는 것이다. 아들 되신 예수님을 믿음으로써 아버지 하나님의 뜻에 순종케 된다는 것이다(요 6: 29). 그들은 이것이 '믿음의 순종'(the obedience of faith)이라고 말한다. 그것은 아버지 하나님께 대한 순종이지 그리스도의 명령에 대한 순종이 아니라는 것이다. 그러나 다음과 같은 성경 본문들은 분명히 예수님의 명령에 대한 순종을 함께 언급한다. "아들을 순종치 아니하는 자는 영생을 보지 못하고 도리어 하나님의 진노가 그 위에 머물러 있느니라"(요 3:36), "(그리스도는) 자기를 순종하는 모든 자에게 영원한 구원의 근원이 되시고."(히 5:9)

제 2부

예수님이 선포하신 복음

제 2 장
새로운 출생을 요구하심

　자신이 그리스도인이라고 말한다고 해서 그들 모두가 다 진정한 그리스도인인 것은 아니다. 불신자들도 그리스도께 대한 거짓된 신앙 고백을 할 수 있으며, 참된 그리스도인인 것처럼 스스로에게 속아넘어갈 수 있다.

　불과 20여 년 전까지만 해도 이런 인식이 보편적으로 인정되었지만 지금에 와서는 더 이상 그렇지 않다. 왜곡된 복음으로부터 나오는 값싼 은혜와 안이한 믿음이 교회의 순수성을 파괴시키고 있다. 신약 성경의 메시지가 한결 느슨해지면서 예수님께 대해 긍정적인 반응을 보이기만 하면 무엇이든지 그것을 구원 얻는 믿음과 같은 것으로 여기는 부패된 경향들이 생겨나게 되었다. 오늘날의 그리스도인들은 그리스도를 입술로 거부하는 것 이외의 모든 것을 참된 믿음으로 받아들이려고 한다. 그리고 현대의 복음 전도는 수많은 뚜렷한 주변인들을 양산해 왔다. 심지어는 미심쩍은 교리를 신봉하거나 행동에서 분명히 하나님의 뜻에 역행하는 사람들까지 받아들인다.

　예수님이 선포하신 복음은 이런 류의 속임수를 조장하지 않았다. 공생애 사역을 시작하신 이후로 우리 주님은 사람들의 즉각적이고 안일하며 경박한 반응들을 꺼리셨다. 그분은 거짓된 희망을 안겨 주는 메시지의 선포를 거부하심으로써 그분을 따를 가능성이 있었던 무수한 사람들로부터 등을 돌리셨다. 그분의 말씀은 늘 개개인의 필요에 적합한 것이었으며, 질문자들의 자기 의(seif-righteousness)를 꿰뚫고, 그릇된 동기를 드러내며, 거짓된 믿음과 얄팍한 헌신에 대해 경고를 가했다.

요한복음 3장에 나오는 예수님과 니고데모와의 만남이 그 한 예이다. 이 사건은 복음서의 기록 가운데 주님께서 전도를 위해 일대일로 만나신 최초의 사건이다. 아이러니컬하게도 바리새인들의 불신과 공공연한 적의에 대해 종종 정면으로 맞서셨던 예수님은 자신을 찾아온 바리새인 지도자에게 열정적인 말씀을 전하심으로써 전도 사역을 시작하셨다. 예수님이 니고데모를 따뜻하게 맞으시고, 그의 긍정적인 반응을 신앙 고백으로 받아 주셨을 것이라고 기대해 볼만도 하다. 그러나 실상황은 그렇지 않았다. 니고데모를 격려하기는 커녕 니고데모의 마음 속에 있는 불신과 자기 의를 아신 예수님은 그를 불신자로 취급하셨다.

어떤 이는 이 성경 본문이, 얼마나 쉽게 예수 그리스도를 믿을 수 있는지에 대해 말해 준다고 생각한다.[1] 그러나 그것은 이 사건의 핵심을 완전히 벗어난 해석이다. 이 본문에서 복음의 단순성이 선명하게 드러나는 것은 사실이지만, 예수님이 이 자기 의에 빠져 있는 바리새인에게 안이한 메시지를 들려 주셨다는 묘사는 없다. 오히려 우리 주님은 그가 붙들고 있는 모든 것에 대해 도전하셨다.

대화를 통해 예수님은 니고데모의 잘못된 믿음과 행위에 근거한 종교 생활, 바리새적인 의, 그리고 성경에 대한 무지에 정면으로 맞서셨다. 그리고 구주께서는 그에게 완전한 중생을 요구하셨다. 그러한 영적 거듭남이 없이는 아무도 영생을 얻을 수 없다고 하셨다. 예수님의 말씀을 듣고 니고데모는 분명히 충격을 받았다. 성경 본문에는 그가 즉각적으로 긍정적인 반응을 보였다는 증거가 없다.

요한은 예수님이 하나님이심을 논증하는 과정에서 이 사건을 중간에 넣어 기술하였다. 요한복음은 예수님의 신성에 대한 선포로 시작되며, 또한 그것으로 끝을 맺는다(1:1; 20:30,31). 그밖에 거의 대부분의 내용은 사실상 이 주제에 대한 설명을 확대한 것이다. 예수님과 니고데모의 만남 역시 예외가 아니다. 요한은 그의 복음서 2:23-25에서, 예수님이 "모든 사람을 아시고……사람의 속에 있는 것을 아신다"고 기록하였다. 니고데모와의 대화 역시, 예수님이 그의 마음을 읽을 수 있는 능력이 있으심을 밝힘으로써 그리스도의 전지하심을 증명해 준다. 더 나아가 그분이 구원의 길(the way of salvation)되심을 보여 줌으로써 예수님의 신성을 더욱 확실히 해 주고 있다.(3:14-17)

 니고데모는 요한이 그의 복음서 2장 말미에 묘사했던 사람들, 즉 예수님의 기적을 보고 믿었던 사람들 중의 하나였다. 그들이 지닌 그런 류의 믿음은 구원에 이르는 믿음과 아무런 관계가 없었으며, 다음과 같은 요한의 증언을 통해서도 이 사실을 알 수 있다. "예수는 그 몸을 저희에게 의탁지 아니하셨으니 이는 친히 모든 사람을 아심이요"(2:24). 이 말씀은 인위적인 믿음(artificial faith)[2]의 무효성에 대해 분명하게 말해 준다. 따라서 니고데모는 그릇된 신앙의 한 예가 된다. 그는 머리로는 그리스도의 진리를 어느 정도 받아들였으나, 그의 마음 중심은 거듭나지 못했다.

 니고데모는 신앙 고백을 함으로써 대화를 시작했다. "랍비여, 우리가 당신은 하나님께로서 오신 선생인 줄 아나이다. 하나님이 함께하시지 아니하시면 당신의 행하시는 이 표적을 아무라도 할 수 없음이니이다"(3:2). 그는 그리스도께 대해 깊은 관심을 가지고 있었다. 종교 지도자의 한 사람으로서 니고데모는 위로부터 보냄을 받았다고 느껴지는 사람에 대해서는 늘 예민한 관심을 보여 왔을 것이다. 그러던 중에 그는 예수님이 행하시는 기적을 보고 그분이 하나님께로부터 오신 분임을 알았다. 그때로부터 과거 400년 동안 선지자가 한 사람도 나타나지 않았기 때문에 아마도 그는 자신이 선지자를 만났다고 생각했을 것이다. 그가 예수님이 메시아가 아닐까 하는 생각을 가졌을지는 모르나, 아직 그리스도를 성육신하신 하나님으로는 생각하지 못했다.

 "모든 사람을 아시는"(2:24) 예수님은 또한 니고데모의 심중도 헤아리고 계셨다. 예수님은 니고데모의 신앙 고백을 무시하셨으며, 그 대신에 니고데모가 묻지도 않은 문제에 대해 답하셨다.

 예수님은 당신이 하나님으로부터 왔다는 니고데모의 진술에 대해 동의

하거나 부인하거나 또는 논박하거나 인정함이 없이 곧 어떤 답변을 던지심으로써 자신의 전지하심을 나타내셨다. 그리고 우리 주님은 니고데모가 충분히 진리를 인식하지 못하고 있음을 지적하셨다. 니고데모는 단순히 하나님으로부터 보냄받은 어느 랍비를 상대하고 있는 것이 아니었다. 그는 육신을 입으신 하나님 앞에 서 있었던 것이다. 요한복음 3:3에서 예수님은 그에게 이렇게 말씀하셨다. "내가 진실로 진실로 네게 이르노니 사람이 거듭나지 아니하면 하나님 나라를 볼 수 없느니라."

구주의 말씀은 니고데모에게 충격을 주었다(요 3:9). 예수님이 이 사람에게 던지신 도전의 의미를 놓치거나 축소해서는 안된다. 우리 주님의 전도 전략은 치명적인 부분까지 들어가는 것이었다. 그래서 그분은 첫 번째 만남에서부터 정면으로 그리고 도전적으로 접근해 들어가셨다. 니고데모는 즉시 예수님의 답변에 끌려들었다. 그 답변 속에는 니고데모를 깜짝 놀라게 했을 네 가지 중요한 진리가 담겨 있었다.

종교로는 안됨

니고데모는 "유대인의 관원"(요 3:1)이었으며, 또한 1세기 경 이스라엘의 유력한 통치 집단이었던 산헤드린의 회원이었다. 아마도 그가 밤에 찾아온 이유는 세상 사람들이 그를 보고 그가 산헤드린 전체를 대표하여 찾아온 것이라고 생각하는 것을 원치 않았기 때문이었을 것이다. 혹은 그가 다른 바리새인들이 어떻게 생각할지에 대해 두려워했을 수도 있다. 예수를 믿는 자는 회당에서 출교당한다는 사실이 이미 알려져 있던 터였다(요 9:22). 그럼에도 불구하고 그는 다른 동료들과는 달리 배우고자 하는 진지한 열망을 가지고 주님을 찾아온 것이다.

바리새인들은 종교를 형식화했던 고도의 법률가들이었다. 그들은 경건의 모양은 있으나 그 실제는 없는 사람들(딤후 3:5)의 대표였다. 그들은 열렬하게 종교 생활을 하긴 했지만, 창녀들만큼이나 천국으로부터 멀리 떨어져 있었다. 그들의 신조는 6백여 조(條)의 율법과 밀접하게 관련되어 있었으나, 그 신조 가운데 상당수는 단지 그들 자신이 고안해낸 것이었다. 예를 들어, 안식일에 식초를 먹는 것은 괜찮지만 그것으로 양치질하는 것은 금지되었다. 양치질은 노동으로 규정되었기 때문이다. 안식일에 낳은 달걀을 먹을 수는 있지만 단 그것을 낳은 닭은 안식일을 범한 죄로 다음 날 도살되어야 했다. 이처럼 바리새인들은 율법과 그들의 종교를 열렬히 사모한 나머지 지극히 추한 죄인들에게까지 은혜와 구원을 베푸시려고 오신 그리스도를 받아들이려 하지 않았다.

신생(new birth)에 대한 그리스도의 가르침을 들은 후 니고데모의 마음은 틀림없이 괴로왔을 것이다. 그는 항상 구원이 행위에 의해 얻어진다고 믿어 왔기 때문이다. 그는 아마도 그리스도께서 자기에게 당신의 법규를 명령하실 것으로 기대했을 것이다. 그런데 오히려 예수님은 그의 종교로 될 수 없다는 사실에 직면하게 하셨다. 이런 날벼락이 어디 있겠는가? 종교적 행위와는 달리 거듭나는 것은 니고데모가 스스로 할 수 있는 것이 아니었다.

니고데모의 대답은 많은 경우에 오해되어 왔다. "사람이 늙으면 어떻게 날 수 있삽나이까? 두 번째 모태에 들어갔다가 날 수 있삽나이까?"(4절)니고데모는 글자 그대로의 의미에서 이 질문을 한 것이 아니다. 우리는 그가 최소한의 상식을 지닌 사람임을 인정해야 한다. 분명히 그는 예수님의 말씀을 곧이곧대로 생각할 만큼 지력(知力)이 둔한 사람은 아니었다. 성경을 가르치는 교사로서, 그는 영적인 진리를 상징적으로 전달하는 랍비들의 교수 방식을 익히 알고 있었다. 그래서 예수님의 말씀이 지닌 상징적 의미를 쉽게 파악했다. 사실상 그는 이렇게 말하고 있는 셈이다. "저는 도무지 그 일을 시작도 할 수 없습니다. 너무 늦었어요. 다시 시작하기엔, 제가 너무 종교적인 습성에 깊이 빠져 버렸어요. 반드시 처음부터 다시 시작해야만 한다면, 저에게는 더 이상 희망이 없습니다."

예수님은 니고데모에게 그가 의존해 왔던 모든 것을 포기하라고 요구하셨으며, 니고데모도 이 요구를 인식하였다. 그리스도께서는 그에게 손쉬운 회심을 제의하기는 커녕 오히려 가장 어려운 요구를 가지고 도전하셨다. 니고데모는 예수님의 요구가 헌금이나 금식 또는 어떤 종교 의식이었다면 기꺼이 수행했을 것이다. 그러나 영적으로 거듭나기 위해 그에게 주어진 요구는 자신의 영적인 결함을 인정하고 자신이 의존하고 있던 모든 것으로부터 돌아서는 것이었다.

예수님은 단순히 이렇게 반복하셨다. "내가 진실로 진실로 네게 이르노니 사람이 물과 성령으로 나지 아니하면 하나님 나라에 들어갈 수 없느니라" (5절). 어떤 사람은 여기에서 언급된 물이 글자 그대로의 물, 즉 H_2O라고 말한다. 그러나 실상은 그렇지가 않다. 그것은 물이나 세례와는 관계가 없다. 구원은 목욕으로 주어질 수 있는 것이 아니다. 요한복음 4:2에 의하면, 예수님은 아무에게도 세례를 주지 않으셨다. 만일 세례가 구원의 조건이라면 그분은 사람들에게 세례를 주셨을 것이다. 그러나 그분은 잃어버린 자를 찾아 구원하러 오신 것이다(눅 19:10). 예수님이 언급하신 물은 단순히 상징적인 의미를 지닌다. 즉 구약 성경이 말하는 대로 정결케 됨(purification)을 뜻하다.

니고데모는 이 물이 구약 성경에 언급된 정결케 하는 물, 즉 모든 제사 의식에서 제단과 제물에 뿌려지는 물임을 알았을 것이다. 니고데모는 학자로서 틀림없이 에스겔 36:25을 기억했을 것이고 따라서 "맑은 물로 너희에게 뿌려서"라는 새 언약의 약속을 기억하였을 것이다. 그 바로 두 구절 뒤에 "또 내 신을 너희 속에 두어"(27절)라는 약속이 나온다. 그리고 물과 성령의 개념을 전해 주는 이 두 진술 사이에 또 하나의 약속이 제시된다. "또 새 영을 너희 속에 두고 새 마음을 너희에게 주되 너희 육신에서 굳은 마음을 제하고 부드러운 마음을 줄 것이며"(26절). 이것이 바로 물과 성령으로 거듭나는 데 대한 구약 성경의 약속이다.

여기에 암시되고 있는 유일한 세례는 성령 세례이다. 세례 요한은 이렇게 말했다. "나를 보내어 물로 세례를 주라 하신 그이가 나에게 말씀하시되 '성령이 내려서 누구 위에든지 머무는 것을 보거든 그가 곧 성령으로 세례를 주는 이인 줄 알라' 하셨기에"(요 1:33). 구원과 동시에 성령 세례가 주어지며, 이 때 주님께서 성령으로 말미암아 신자를 그리스도의 지체로 삼으시고(고전 12:13), 말씀의 물로 신자를 정결케 하신다(엡 5:26; 요 15:3 참조). 바울은 이것을 "중생의 씻음과 성령의 새롭게 하심"(딛 3:5)으로 언급하면서, 요한복음 3:5의 예수님의 말씀을 그대로 반복하고 있다. "사람이 물(중생의 씻음)과 성령(그리고 성령의 새롭게 하심)으로 나지 아니하면 하나님 나라에 들어갈 수 없느니라."(요 3:5)

그러므로 예수님은 니고데모에게, '너는 영적으로 정결케 되고, 영적으로 다시 태어날 필요가 있다'고 말씀하신 것이다. 전체적인 요점은 율법과 종교적 의식 - 세례를 포함하여 - 을 통해서는 영생을 얻을 수 없다는 사실이다. 예수님의 말씀에 몹시 놀란 것으로 보아, 니고데모가 예수님의 메시지를 이해했던 것으로 짐작할 수 있다.

계시의 통일성

예수님은 충격을 받은 니고데모를 부드럽게 타이르셨다. "내가 네게 거듭나야 하겠다 하는 말을 기이히 여기지 말라."(요 3:7)

니고데모는 다음 질문을 통해 마음의 동요를 드러냈다. "어찌 이런 일이 있을 수 있나이까?"(요 3:9). 니고데모는 자기가 들은 말을 믿을 수가 없었다.

"예수께서 가라사대 '너는 이스라엘의 선생으로서 이러한 일을 알지 못하느냐?"(요 3:10). 주님의 이 책망에 니고데모는 완전히 유구무언이었다. 그는 더 이상 아무런 반응도 보이지 않았다. 아마도 그는 선 채로 예수님이 은혜롭게 설명하시는 신생(the new birth)에 대해 귀기울였을 것이다. 아니면 그는 돌아서서 화가 난 채로 떠났을 것이다. 요한은 이에 대해서 기록하지 않았다. 그러나 최종적으로는, 당시 현장에서는 아니더라도 어느 정도 후에 신자가 되었던 것 같다. 예수님이 십자가에 달리신 후에 아리마대 요셉과 더불어 그리스도의 시체를 요구하고 장사를 준비했던 사람이 바로 그였기 때문이다.(요 19:38-39)

그러나 어쨌든 니고데모가 주님과의 대화시에 더 이상의 말을 했는지에 대해서는 요한의 기록이 없다 그러나 그의 침묵이 무엇을 뜻하는지 알 만하다. 영적인 교사로서의 니고데모의 자질에 대한 예수님의 도전은 그를 통렬히 몰아세우는 것이었다. 주님이 사용하신 특별한 단어 〔'이스라엘의 그 선생'(the teacher of Israel)]는 니고데모가 당시 전 이스라엘에서 뛰어난 교사로서의 명성을 지녔음을 나타내 준다. 그러나 주님의 책망은 니고데모가 실제로 성경을 거의 이해하지 못했음을 보여 준다. 이 사실은 니고데모 자신에게 심한 모욕감을 주었을 것이다.

예수님의 도전은 교리적으로도 중요한 사실을 지적한다. 즉 구약 성경이 구원의 길을 명백하게 가르쳐 주고 있음을 시사해 준다(딤후 3:15 참조). 예수님은 구약 성경의 구원과는 다른 새로운 구원 방식을 제시하신 것이 아니었다(마 5:17 참조). 말하자면, 은혜 시대의 구원이라도 율법 시대의 구원과 결코 다르지 않다는 것이다. 하나님의 계시에는 완전한 통일성이 있으며, 구약에 나타난 구원 방식은 그리스도의 십자가 사역 이후의 구원 방식과 동일하다. 구원은 결코 인간 행위에 대한 대가가 아니다. 그것은 언제나 회개한 죄인들에게 주어지는 은혜의 선물이며, 그리스도의 사역에 의해서만 가능한 것이다.

회심-중생의 씻음과 성령의 새롭게 하심을 포함한 신생-은 태초부터 하나님의 계획 가운데 있었다. 구약 성경에도 구원이 율법을 지킨 사람들에게 주어지는 보상으로 설명되지는 않는다. 그것은 겸손과 믿음으로써 죄로부터의 구속을 구하는 자들에게 주어지는 선물이었다. 그러나 그것은 항상 새로운 출발, 거듭남, 죄로부터 하나님께로의 전환을 의미한다. 니고데모는 율법을 가르치는 교사로서 자신이 이사야 선지자를 통해 주신 주님의 말씀을 익히 알고 있어야 했음을 확실히 깨달았다.

> 너희는 스스로 씻으며 스스로 깨끗케 하여 내 목전에서 너희 악업을 버리며 행악을 그치고 선행을 배우며……오라 우리가 서로 변론하자 여호와께서 말씀하시되 너희 죄가 주홍 같을지라도 눈과 같이 희어질 것이요 진홍같이 붉을지라도 양털같이 되리라(이사야 1:16-18)

구약 성경의 중심 주제는 은혜에 의한 구속이다. 그러나 어처구니 없을 정도로 바리새인들은 이것을 전혀 포착하지 못했다. 그들은 집요하게 종교적인 행위를 강조했으며, 구약 성경 전체에 분명하게 나타나는 '죄인들에 대한 하나님의 은혜와 용서'의 진리를 소홀히 했다. 그들은 영생을 얻는 길로서, 주님께 대한 회심이 아니라 율법에 대한 순종을 강조했다. 그들은 의를 얻기 위해 너무나 분주한 나머지 하박국 2:4의 놀라운 진리, 즉 "의인은 그 믿음으로 말미암아 살리라"는 말씀을 무시해 버렸다. 그들은 아브라함을 자신들의 조상으로 여기긴 했지만, 아브라함의 생애가 보여 주는 핵심적인 교훈을 간과했다. "아브라함이 여호와를 믿으니 여호와께서 이를 그의 의로 여기시고"(창 15:6). 그들은 자신들의 목록에 추가할 율법을 찾아내기 위해 시편을 살펴보긴 했지만 가장 숭고한 진리, 즉 하나님께서 죄를 용서하시고 허물을 덮으시며 당신께 향하는 죄인들은 정죄하지 않으신다는 진리(시 32:1-2)는 무시했다. 그들은 메시아의 도래를 기대했지만, 그가 죄값을 치를 희생 제물로 죽으러 오신다는 사실(사 53:4-9)에 대해서는 눈을 감아 버렸다. 그들은 자신들이 소경들의 안내자요, 어두움에 처한 자들의 빛이요, 어리석은 자를 바로잡아 주는 사람이요, 미성숙한 자를 가르치는 교사라고 확신하였지만(롬 2:19-20), 하나님의 율법이 말하는 가장 기본적인 교훈, 즉 자신들도 구원을 필요로 하는 죄인들이라는 사실을 잊었다.

사람들은 늘 구원의 단순성 앞에서 머뭇거린다. 이단이 많이 횡행하는 이유도 여기에 있다. 그들은 구원 교리에 대해 제각기 독특한 관점을 지니고 있으며, 또한 저마다 행위에 의한 구원을 고취시킴으로써 하나님의 말씀에 드러난 복음의 단순성(고후 11:3 참조)을 퇴색시킨다. 주요 이단들은 제각기 자기들이 구원의 비밀을 여는 열쇠를 가졌노라고 주장하지만, 하나님께 이르는 길로서 자기 의를 전파한다는 점에서는 모두가 마찬가지이다.

그러나 하나님의 말씀은 시종일관 놀라울 정도의 일관성 있는 방식으로 이들의 견해가 그릇되었음을 밝혀 준다. 1500년 동안 40여 명의 저자들에 의해 기록된 66권의 성경이지만, 그 메시지는 놀라울 정도로 통일성이 있고 서로 일치한다. 그 메시지는 단순하다. 하나님은 믿음으로 당신께 나아오는 회개하는 죄인들을 은혜로 구원하신다는 것이다. 여기에는 아무런 비밀이나 신비, 모호함, 그리고 복잡함도 없다. 만일 니고데모가 진실로 하나님의 말씀을 이해했다면 그는 좀더 많은 사실들을 깨달았을 것이다. 또한 만일 그가 기록된 말씀을 신실하게 받아들이고 믿었다면, 하나님의 영원한 진리의 길(요 5:39 참조)로서 자기 앞에 서 계신 성육신하신 말씀을 거부하거나 거절하지 않았을 것이다.

중생의 필요성

교사로서의 위대한 능력과 율법에 대한 세세한 이해에도 불구하고, 니고데모는 해결점에 이르지 못했다. 예수님은 진리를 숨기지 않으셨으며, 좀더 구미에 맞도록 변모시키지도 않으셨다. 니고데모는 자기도 모르는 사이에 큰 죄, 즉 불신의 죄를 키워 온 셈이다. 니고데모가 "저는 이해하지 못하겠습니다" 한 말의 실제 의미는 "저는 믿지 못하겠습니다" 하는 것이다. 불신앙은 항상 몰이해를 유발한다.

요한복음 3:11, 12은 불신앙이 문제의 본질임을 확실히 말해 준다. 예수님은 이렇게 말씀하셨다. "진실로 진실로 네게 이르노니 우리 아는 것을 말하고 본 것을 증거하노라. 그러나 너희가 우리 증거를 받지 아니 하는도다. 내가 땅의 일을 말하여도 너희가 믿지 아니하거든 하물며 하늘 일을 말하면 어떻게 믿겠느냐?" "너희가 받지 않는다"는 말과 "너희가 믿지 않는다"는 말은 같은 뜻이다. 니고데모는 이해가 안된다고 주장했다. 그러나 예수님이 그에게 깨우쳐 주시고자 했던 것은 완전한 이해보다도 믿음이 우선이라는 사실이었다. 이것은 사도 바울이 고린도전서 2:14에서 말한 바와 같다. "육에 속한 사람은 하나님의 성령의 일을 받지 아니하나니 저에게는 미련하게 보임이요 또 깨닫지도 못하나니 이런 일은 영적으로라야 분변함이니라." 믿지 않는 자의 마음에는 영적인 진리가 새겨지지 않는다. 불신앙은 아무 것도 이해하지 못한다.

이런 사실이 니고데모의 자기 의에 얼마나 큰 타격이 되었을까! 그는 멋진 신앙 고백을 준비하여 예수님을 방문했다. "우리가 당신은 하나님께로서 오신 선생인 줄 아나이다"(2절). 그러나 예수님은 본질적인 문제를 집어내셨다. "아니다. 너는 성경을 전혀 이해하지 못하고 있다. 너는 구원에 대해서 기초적인 것도 모른다. 너는 심지어 땅의 일들도 이해하지 못한다. 그러니 내가 하늘의 진리를 설명해 준다고 한들 무슨 소용이 있겠느냐?"

많은 종교적인 사람들이 그렇듯이, 니고데모 역시 자기가 절망적인 죄인임을 고백하고 싶지 않았다. 예수님은 진리를 알고 계셨다. 그러나 니고데모는 자신을 위대한 영적 지도자로 여기고 있었다. 그래서 예수님은 그를 아무 것도 아닌 존재로 끌어내리셨다.

"하늘에서 내려온 자 곧 인자 외에는 하늘에 올라간 자가 없느니라"(요 3:13). 이 구절에서 예수님은 자신의 신적인 기원(divine origin)을 진술하심으로써 니고데모의 얕은 믿음을 꾸짖으셨으며, 또한 그가 가지고 있던 행위에 근거한 종교 체계를 무너뜨리셨다. 아무도 하늘에 오를 수 없다. 다시 말해서 아무도 하늘로 가는 자기 나름의 길을 가질 수 없다. 그래서 하나님이 하늘로부터 내려오셔서 당신의 아들을 통해 우리에게 말씀하셨다(히 1:1, 2). 우리는 결코 하늘에 오르는 권리를 가질 수 없으며, 또한 스스로 해답을 찾을 수도 없다. 하나님께 이를 수 있는 유일한 존재는 하늘로부터 내려온 분이시다. 그분은 단순히 하나님이 보내신 선생이 아니다. 그는 사실상 인간의 육신을 입으신 하나님이시다. 우리는 그분의 말씀을 받아들이든가 아니면 죄를 진 채로 남든가 해야 한다.

그러므로 이것이 바로 그분의 메시지이다. "네가 거듭나야 하겠다(You must be born again)"(요 3:7). 중생은 선택의 여지가 있는 것이 아니라 필수 불가결한 것이다. 아무도-가장 종교적인 바리새인조차도-하나님의 신생으로의 부르심에서 제외되지 않는다. 그러므로 여기에 예수님이 전하신 복음의 출발점이 있다. 즉 구원은 하나님의 역사에 의한 중생을 떠나서는 불가능하다는 것이다.

구속의 실제

니고데모가 더 이상 반응을 보이지 않자, 예수님은 그에게 신생의 단순성을 자애스러우면서도 은혜스럽게 설명해 주셨다. 14절부터 예수님은 구원의 방식을 상세하게 소개하셨다. 그분은 성경 진리를 이해하지 못한 데 대해 니고데모를 꾸짖으시려는 듯이 구약 성경에서 구원의 예증을 뽑아내셨다. "모세가 광야에서 뱀을 든 것같이 인자도 들려야 하리니 이는 저를 믿는 자마다 영생을 얻게 하려 하심이니라"(14-15절). 니고데모는 분명히 그 이야기를 알고 있었다. 그런데 왜 그 속에 있는 진리는 이해하지 못했을까?

민수기 21장은 광야에서 들린 뱀에 대해 충분히 설명해 준다. 애굽을 떠나온 이스라엘 백성들은 아직 약속된 땅에 이르지 못한 채 광야를 배회하고 있었다. 그들은 끊임없이 불평을 늘어놓았다. 음식에 대해서 투덜거리고, 모세에 대해 꿍얼거리며, 자기들의 처지가 몹시 열악하다고 울부짖었다. 하나님은 참을 만큼 참으시다가 마침내 재앙을 내리셨다. 독사들을 무수히 보내신 것이다. 뱀들은 이스라엘 진영을 누비면서 하나님께 대항하는 사람들을 물었다. 그들은 자신들이 죽게 되자 회개했다. 그리고 모세를 찾아와 자신들을 위하여 그가 하나님께 중재해 줄 것을 요청했다. 하나님은 당신의 자비로 그들을 용서하시고, 모세에게 장대를 세워 그 꼭대기에 놋뱀을 매달라고 말씀하셨다. 모세는 진의 중앙에 장대를 세웠다. 주님은 이렇게 약속하셨다. "물린 자마다 그것을 보면 살리라"(민 21:8). 하나님은 어떤 의식(a ritual)이나 찬양을 지시하지 않으셨다. 마찬가지로 구원은 종교적인 의식에 의해 이뤄지는 것이 아니다. 이것은 광야의 이스라엘 백성에게도 그러하며, 니고데모의 경우에도 그렇고, 오늘날에도 마찬가지이다.

구원얻는 믿음의 중요한 요소로서 그리스도께 순종하는 것을 거부하는 사람들은 이렇게 주장한다. 즉 예수님이 이 예를 고르신 이유는, 믿음이란 단순히 복음의 사실들을 받아들이는 것임을 보여 주시고자 함이라는 것이다. 어떤 저자는 "'바라보는' 것에는 삶의 헌신이라는 개념도 없고 마땅한 치료를 받아야 한다는 개념도 없으며, 차후의 삶을 문제삼지도 않고, 바라보는 목적물에 대해 복종하라고 할 가능성도 전혀 없다"[3]고 기록했다. 그리고 제인 하지즈(Zane Hodges)도 이렇게 덧붙였다. "과연 그 어느 것이 이것보다 더 단순하겠는가! 영생이 믿음의 눈으로 한 번 바라보는 것으로 주어지다니! 분명히 우리는 여기에서도, 원하는 사람은 누구나 얻을 수 있는 무조건적인 선물을 만나게 된다……문제는 단순히 하나님이 제공하시는 것에 대한 믿음이다."4)

과연 그것이 사실인가? 물론 그렇지 않다. 문제는 제공하신 것에 대한 믿음이 아니라 들림을 받은 자에 대한 믿음이다. 민수기 21장을 좀더 자세히 연구해 보면, 예수님이 요한복음 3장에서 안이한 믿음(easy faith)을 묘사하고 계신 것이 아님을 알게 된다. 그는 니고데모에게 회개의 필요성을 보여 주고 계셨다. 사실 예수님은 니고데모의 오만한 바리새주의에 도전하시기 위해 이 특별한 예화를 사용하신 것이다. 니고데모는 놋뱀 이야기를 잘 알고 있었다. 유대 민족의 지도자로서 틀림없이 니고데모는 자신을 모세와 동일시했을 것이다. 그러나 예수님은 오히려 그가 자신을 범죄하고 반항하는 이스라엘 백성과 동일시해야 함을 보여 주셨다.

니고데모는 놋뱀이 들려야 했던 이스라엘 백성들의 절망적인 상태를 잘 알고 있었다. 그들은 범죄했으며 하나님께 반항했다. 그들은 심판을 받아 죽어가고 있었다. 그래서 그들은 수치를 무릅쓰고 철저하게 회개하며 모세에게 나아가, "우리가 여호와 당신을 향하여 원망하므로 범죄하였사오니"(민 21:7) 하고 말했다. 장대에 달린 놋뱀을 바라보기 위해서는 아픈 몸을 이끌고 볼 수 있는 곳까지 움직여야 했다. 그들은 경박스런 태도로 장대를 한번 흘긋 보고 나서 하나님을 거역하는 삶을 계속 살아갈 수 있는 그런 처지에 있던 것이 아니다. 모세가 백성들의 심판을 초래한 그와 같은 반항에 대하여 더이상의 기록을 남기지 않은 사실에 유의할 필요가 있다. 그들은 절망 가운데 참된 회개의 마음으로 하나님께 향했다. 예수님은 니고데모에게 이와 똑같은 반응을 요구하셨다.

문제는 죄였다. 예수님은 이 위대한 율법 선생이 스스로 뱀과 사단에게 시달리고 있음을 인정하고, 구원을 얻기 위해 당신께 나아오도록 도전하셨다. 이것은 자기 의를 뿌리째 도려내는 일이기 때문에 어떤 바리새인도 이런 생각을 증오했을 것이다. 이처럼 이 예화는 안이한 믿음에 대한 예증이기는커녕 오히려 니고데모의 구원을 위해서는 고통스런 단계가 필요함을 분명히 보여 준다. 그것은 곧 죄의 인정과 회개이다. 그는 자발적으로 자신을, 죄를 짓고 뱀에게 물려 회개하는 이스라엘 백성 가운데 포함시켜야만 했다.

놋뱀 예화는 또한 구원의 대가로서 예수님의 죽음을 나타낸다. 모세가 그 뱀을 들어올렸듯이 인자도 장대, 곧 십자가에 들어올려져야 했다. 14절의 "들려야 하리니"(must)라는 단어는 매우 의미심장하다. 그리스도는 죽어야만 했다. "피흘림이 없은즉 사함이 없느니라"(히 9:22). 하나님이 정하신 희생 제도는 죽음을 요구했다. 왜냐하면 "죄의 삯은 사망"이기 때문이다(롬 6:23). 누구든지 죄의 대가를 지불하기 위해서는 죽어야만 한다.

이 진리는 성경 전체에서 가장 친숙하면서도 중대한 진술로 이어진다. "하나님이 세상을 이처럼 사랑하사 독생자를 주셨으니 이는 저를 믿는 자마다 멸망치 않고 영생을 얻게 하려 하심이니라"(요 3:16). 그리스도를 믿는다는 것은 도대체 무엇을 의미하는가? 그것은 그분이 어떤 분이신가 - 육신을 입으신 하나님 - 에 관한 진리를 받아들이고 시인하며, 그분의 말씀을 믿는 것 이상의 어떤 것을 의미한다. 참된 믿음은 순종으로 귀결된다. 요한복음 3장에서 이 진리를 제거할 수 있는 방도는 없다. 예수님은 입술로만 진리를 인정할 뿐, 계속 죄 가운데 행하는 '믿음'을 허락치 않으신다. 20, 21절을 보라. "악을 행하는 자마다 빛을 미워하여 빛으로 오지 아니하나니 이는 그 행위가 드러날까 함이요, 진리를 좇는 자는 빛으로 오나니 이는 그 행위가 하나님 안에서 행한 것임을 나타내려 함이니라 하시니라."

본문 36절은 이보다 훨씬 더 나아가 불순종을 불신앙과 동일하게 취급한다. "아들을 믿는 자는 영생이 있고 아들을 순종치 아니하는 자는 영생을 보지 못하고 도리어 하나님의 진노가 그 위에 머물러 있느니라." 그러므로 참된 믿음의 시금석은 그 믿음이 순종을 낳는가 하는 것이다. 그렇지 않다면 그것은 구원하는 믿음이 아니다. 불순종은 불신앙이다. 참된 믿음은 순종한다.

요한복음 3:17은 니고데모가 지니고 있던 종교 체계를 질책하는 또 다른 구절이다. 바리새인들은 이방인들을 멸하고 유대인들을 위해 지상낙원을 세워 줄 메시야를 고대했다. 그러나 예수님은 이렇게 말씀하신다. "하나님이 그 아들을 세상에 보내신 것은 세상을 심판하려 하심이 아니요 저로 말미암

제 2 장 새로운 출생을 요구하심

아 세상이 구원을 받게 하려 하심이라." 따라서 메시아의 도래가 이스라엘의 영광과 다른 모든 사람들의 멸망을 의미한다고 생각했던 사람들은 실망했을 것이다. 그는 이스라엘 사람들만이 아니라 모든 세상을 구원하려고 오셨다. 이것이 구속의 참된 실상이다. 그것은 바리새인이나 유대인만이 아니라 "저를 믿는 모든 자"에게 제공된다.(16절)

예수님은 죄인들에게 다음과 같은 놀라운 약속을 주셨다. "저를 믿는 자는 심판을 받지 아니하는 것이요." 또한 이와 함께 그분은 바리새인과 그리스도를 거부하는 모든 자들에게 엄중한 경고의 말씀을 주셨다. "믿지 아니하는 자는 하나님의 독생자의 이름을 믿지 아니하므로 벌써 심판을 받은 것이니라." 믿지 않는 자에 대한 정죄가 미래로 연기된 것이 아니다. 마지막 심판날에 끝마무리가 될 것이지만, 또한 그것은 이미 시작되었다. "그 정죄는 이것이니 곧 빛이 세상에 왔으되 사람들이 자기 행위가 악하므로 빛보다 어두움을 더 사랑한 것이니라"(19절). 빛을 미워하고 거부하며 악을 행하는 사람들은 영원한 어두움에 처하게 된다.

그런고로 우리 주님은 당신의 복음을 소개해 주셨다. 그 복음이 얼마나 배타적인지를 유의해 보라. 즉 예수님은 구원의 유일한 근원이시다. 그분의 이름을 믿지 않는 자는 정죄를 당하고 영생에서 제외된다. 아무리 신실하고, 종교적이며, 선행에 몰두한다고 할지라도 모든 사람은 거듭나야만 한다. 자신을 죄를 지어 죽어가는 이스라엘 백성과 동일시하고, 죄로부터 돌이켜 세상을 멸망치 않게 하시려고 들어올려지신 분께 순종하는 믿음으로 나아오지 않는 자들에게는 생명이 약속되어 있지 않으며 오직 명백한 정죄만이 있을 뿐이다.

◆주(註)◆

1) Cocoris는 믿음을 헌신(commitment)이 아니라 받는 것(appropriation)으로 정의한다. 그는 요한복음 3:14, 15에 나타난 예수님의 말씀에 근거하여 믿음은 "주님께 자신의 삶을 헌신하는 것이 아니다"라고 논증한다. G. Michael Cocoris, *Lordship Salvation - Is It*

Biblical? (Dallas: Redencion Viva, 1983), p.13.

2) Zane Hodges, "Untrustworthy Believers - John 2:23-25" *Bibliotheca Sacra* (April-June 1978), pp.139-52 참조. 놀랍게도 하지즈(Hodges)는 다음과 같은 주장을 한다. 즉 요한복음 2:24에 언급된 사람들이 비록 은밀하기는 하지만 참된 신자라는 것이다. 그러나 그러면서도 그는 요한복음 2:23-25과 니고데모의 이야기 사이의 분명한 연결성을 인정한다(앞의 책, p.150). 그러나 어쨌든 분명히 예수님은 니고데모를 불신자로 취급하셨다. 그가 요한복음 2:23-25에 묘사된 사람들 중의 하나였다면, 당시의 그는 참된 신자였을 수가 없다. 하지즈 자신도 인정하듯이, 주석가들은 요한복음 2:23-25에 묘사된 사람들의 믿음이 최소한 구원하는 믿음은 되지 못한다는 데 일치된 견해를 보이고 있다.

3) William Hogan, "The Relationship of the Lordship of Christ to Salvation" (Ph.D. dissertation [sic], Wheaton College, 1958), Cocoris의 *Lordship Salvation-Is It Biblical?*, p.13에 인용되어 있음.

4) Zane C. Hodges, *The Gospel Under Siege* (Dallas: Redencion Viva, 1981), pp.17-18.

제 3 장
참된 예배를 요구하심

그리스도의 메시지는 바리새인의 자기 의와 간음한 여인의 타락한 삶을 함께 책망한다. 요한복음 3장과 4장에 나타난 그리스도의 사역은 도덕적 양상의 양극단을 모두 다루고 있다.

요한복음 4장은 성경 전체에서 가장 친숙하면서도 아름다운 대화 중의 하나를 담고 있다. 여기에서 우리 주님은 마치 한 잔의 물을 주듯이, 버림받은 여인에게 구원을 베푸신다. 그러나 그분의 즉각적인 은혜를 얄팍한 메시지로 착각해서는 안된다.

주님되심을 인정하는 구원을 반대하는 사람들은 종종 이 본문의 이야기를 근거로 하여, 구원은 죄인의 삶에 대한 어떠한 요구와는 전혀 다른, 일종의 선물이라고 주장한다.[1] 그러나 단지 이 본문에 나타난 것에만 기초하여 구원의 교리를 세울 수는 없다. 또한 요한복음 4장에 복음의 가장 핵심적인 요소들이 생략되어 있다고 해서 그 핵심 요소들을 비본질적인 것으로 규정하는 것은 더욱 잘못이다. 무엇보다도 예수님은 그 여인의 마음을 아시고 그에게 가장 필요한 메시지는 그를 믿음으로 인도하는 메시지라고 생각하셨음을 기억해야 한다. 그분은 죄의 대가나 회개, 믿음, 속죄, 죄로 인한 당신의 죽으심 또는 부활에 대해서 언급하지 않으셨다. 이러한 요소들이 복음의 내용에서 필수 불가결한 것이 아니라고 결론지을 수 있는가? 결코 그렇지 않다.

그 여인은 그 순간 성령에 의하여 독특하게 준비되어 있었다. 그녀가 그 때까지 얼마나 많은 영적 진리를 알고 있었느냐에 대해 숙고할 필요는 없다. 니고데모의 경우와는 달리 그녀는 율법학자가 아니었으나 자신의 죄를 인정하고 그리스도를 받아들일 준비가 되어 있었다. 예수님의 메시지는 그녀를 당신에게 이끌기 위한 것이었지, 복음 전도의 전형이 될 만한 포괄적인 복음의 내용을 소개하기 위한 것은 아니었다. 우리는 주님의 방법을 배워야만 한다. 그러나 이 본문만을 떼어내어 거기에서 복음의 일반적인 전형을 만들어 낼 수는 없다.

이 여인에 대해 알 수 있는 것은 그녀의 삶이 간음과 결혼의 실패로 뒤엉켜 있다는 사실이다. 당시 그녀가 속한 사회에서 이 사실은 그녀를 버림받은 존재로 만들었을 것이며, 그녀는 사회적으로 일반 매춘부들과 다를 바가 없었을 것이다. 그녀는 결코 회심 대상자로 주목을 받을 성 싶지 않았다. 예수님은 그녀를 당신께로 이끌기 위해 스스로 자신의 무관심과 정욕, 자아 중심적 태도, 부도덕함, 그리고 종교적 편견을 직시하게 하셨다

그 여인은 니고데모와 뚜렷한 대조를 이룬다. 그들은 실제로 정반대의 입장에 있었다. 니고데모는 유대인이었고 그녀는 사마리아인이었다. 그는 남자였고 그녀는 여자였다. 그는 종교 지도자였고 그녀는 간음한 여자였다. 그는 학식이 있었으나 그녀는 무식했다. 그는 사회적으로 상류층에 속했으나 그녀는 가장 낮은 계층이었다. 그녀는 사마리아인으로서 버림받은 위치에 있었기 때문에 같은 입장에 있는 이스라엘 사람보다도 더 낮은 위치에 있었다. 또한 그는 부유했으나 그녀는 가난했다. 그는 예수님을 하나님으로부터 온 선생으로 인식했으나 그 여인은 예수님의 정체에 대해 아무 것도 알지 못했다. 이들 두 사람보다 더 차이가 나기도 어려울 것이다.

그렇지만 그 여인에게 자신을 계시하신 그리스도는 똑같이 전능하시고 전지하신 분이셨다. 이 본문의 주안점이 사마리아 여인에게 있지 않음에 유의해야 한다. 오히려 주안점은 예수님이 자신을 메시아로 계시하신 데 있다. 예수님이 자신의 정체를 알리신 경우가 많이 있지만, 그것을 첫 번째로 밝히신 대상이 바로 이 이름없는 사마리아 여인이었다. 우리는 왜 예수님이 예루

제 3 장 참된 예배를 요구하심

살렘으로 내려가 성전에 들어가서 그 곳에 모인 지도자들에게 자신을 메시아로 선포하지 않으셨는지 의아해 할지도 모른다. 왜 예수님은 이 이름없는, 간음한 여인에게 처음으로 그 사실을 알리셨을까?

분명히 예수님은 복음이 히브리 민족만이 아니라 전세계를 위한 것임과 자신의 사역이 종교적인 귀족층뿐만 아니라 불쌍하고 버림받은 자들을 대상으로 함을 드러내고자 하셨다. 유대인의 메시아가 그들을 무시하고 사마리아의 간음한 여인에게 자신을 나타내셨다는 사실은 그 자체가 유대 지도자들에 대한 책망을 뜻한다. 결국 그분이 이스라엘 지도자들에게 진리를 밝히셨을 때, 그들은 그것을 결코 믿으려 하지 않았다.

성경 본문에는 주님이 그 여인과 나눈 대화의 핵심적인 내용만 나타나 있다. 성경은 그 여인의 생각이나 감정에 대해서 상세히 말하고 있지 않다. 우리는 그 여인이 주님의 제의, 즉 생수를 주겠다는 말을 얼마나 이해했는지 혹은 과연 이해했는지 알 수가 없다. 또한 예수님이 영적인 삶에 대해서 말씀하고 있다는 것을 그가 언제 알아차렸는지도 분명치 않다. 그녀의 내적인 반응에 대해서 알 수 있는 것은 그녀의 말과 행동으로부터 추론된 것들이다.

사실 그 여인이 그리스도를 메시아로 받아들여 신자가 되었다고 가정한다고 하더라도, 최소한 본문 가운데에는 그녀에 대한 분명한 언급이 없다. 단지 그녀의 행동 – 구체적으로 말해서, 다른 사람들에게 달려가 그분에 대해서 말했고, 사람들이 그녀의 말을 믿었던 것 – 을 근거로 그렇게 판단할 뿐이다.

따라서 이 본문 자체만으로는 복음의 전체 내용이 어떠한지 단정할 수 없다는 사실을 조심스럽게 인정해야만 한다. 우리와 달리, 예수님은 그 여인의 마음을 아셨다. 그녀에게 말씀하시는 중에 예수님은 그녀의 반응을 읽으실 수 있었고 그녀가 정확히 얼마나 이해했으며, 얼마나 믿고 있는지 판단하실 수 있었다. 그분은 들을 필요가 있는 진리만 정확하게 전하실 수 있었다. 따라서 그분은 복음을 잘 압축된 형태나 또는 네 가지 개요를 모두 담은 형태로 전하시지 않았다. 그럼에도 불구하고 예수님과 사마리아 여인의 대화는 개인 전도에 관해 몇 가지 분명한 지침을 제시해 준다. 탁월한 전도자로서 예수님은 그의 영혼을 얻기 위해 대화를 능숙하게 이끌어가시면서, 물 마시는 것에 대한 단순한 대화로부터 자신이 메시아임을 계시하는 데까지 그를 이끄신다. 대화를 진행하시면서 내내 그분은, 대화를 주도하려 하고 주제를 바꾸려 하며 관련 없는 질문을 던지려 한 그 여인의 시도들을 능숙하게 피해 나가셨다. 구원의 길을 제시할 때 강조되어야 할 중요한 진리로서 다섯 가지 특별한 교훈이 여기에 제시되어 있다.

우물가의 교훈 : 그리스도는 잃어버린 자를 찾아 구원하러 오셨다

예수님과 사마리아 여인의 만남이 있게 한 일련의 배경에 유의해 볼 필요가 있다. 예수님은 유대를 떠나 갈릴리로 가시는 중이었다(요 4:3). 1절에 보면 예수님의 성공적인 사역에 대한 소문이 퍼져나가고 있음을 알 수 있다. 많은 무리들이 예수님을 만나 보고자 모여들었으며, 그에 따라 심각한 문제들이 생겨났다. 유대교 지도자들은 세례 요한이 진리를 가르침으로써 결과적으로 자신들을 정죄했기 때문에 그를 미워했다. 그런 그들이었으니 예수님을 오죽 미워했겠는가! 사람들이 예수님께로 모이면 모일수록 종교 지도자들의 마음은 더욱 불편해져만 갔다. 이때부터 예수님과 바리새인 간의 갈등은 예수님의 사역 기간 내내 계속되었다. 그러다가 마침내 그들은 예수님을 죽음으로까지 몰고갔다.

예수님이 유대를 떠나신 것은 바리새인들을 두려워했기 때문이 아니라 아직 하나님의 때가 이르지 않았기 때문이었다. 그리고 또 하나의 적극적인 이유가 있었다. "사마리아로 통행하여야 하겠는지라"(4절). 그러나 지리적인 이유 때문은 아니었다. 사실상 사마리아를 통과하는 것은 유대인들에게는 비정상적인 행위였다. 그들에게는 사마리아인이 몹시 꺼려지는 존재였으므로 유대인들은 사마리아 땅에 발을 들여놓으려 하지 않았다. 비록 가장 빠른 지름길이 사마리아를 통과하는 것이긴 했지만, 그들은 그 길로 다니지 않았다. 그들이 택했던 길은 유대 북쪽과 요단 동편을 지나 갈릴리 지방에 이르는 통로였다. 예수님도 특별한 이유가 없었다면 그 길을 통해 갈릴리로 가셨을 것이다.

제 3 장 참된 예배를 요구하심

 그러나 우리 주님은 사마리아를 통과하심으로써 죄인들에 대한 사랑을 나타내 주셨다. 사마리아인들은 주전 722년에 이스라엘 백성들이 포로로 잡혀갔을 때 그 땅에 살던 민족들과의 결혼을 통해서 생겨난 혼혈 유대인이었다(왕하 17:23-25 참조). 그들은 예루살렘을 예배의 중심지로 받아들이지 않았으며, 사마리아의 그리심 산에 자신들의 성전을 세웠다. 이같은 그들의 잡혼 행태나 우상 숭배 행위는 정통 유대인들에게는 매우 가증스러운 것이었으며, 따라서 그들은 사마리아인들과 상종하려 하지 않았다(9절). 사마리아인들은 어쩔 수 없이 분리된 또 하나의 민족이 되었으며, 유대인들은 그들을 이방인보다 더 증오했다. 유대인과 사마리아인 사이의 이러한 증오와 적개심은 수세기 동안 계속되었다. 이런 상황에서 우리 주님은 단순히 사마리아를 통과하심으로써 오랜 세월 동안의 장벽을 무너뜨리고 계셨다.

 그분이 그곳에 가셔야만 했던 이유는 야곱의 우물가에서 신성한 과업을 수행하기 위해서였다. 그분은 잃어버린 자를 찾아 구원하러 오셨다(눅 19:10). 따라서 설령 그것이 문화적인 관례를 심각하게 깨뜨리는 것일지라도, 그분은 적절한 때에 그곳에 머무셨다. 또한 그 시각 역시 중요하다. 그분이 10분만 일찍 또는 늦게 그 우물에 도착하셨더라도 그 여인을 만나지 못하셨을 것이다. 그러나 예수님의 시간 계획은 완벽했다. 그분은 이미 세상이 창조되기도 전에 친히 이 각본을 써놓으셨던 것이다.

 그리스도께서는 지정된 장소, 곧 야곱이 매입하여 요셉에게 주었던 땅에 도착하셨다. 요한복음 4:6은 "예수께서 행로에 곤하여 우물 곁에 그대로 앉으시니 때가 제육시쯤 되었더라"고 말한다. 이 구절에서 우리는 그리스도의 인성을 엿볼 수 있다. 그는 모든 면에서 인간이셨으므로 피곤을 느끼셨던 것이다. 히브리서 기자는 그분이 우리의 연약함을 체휼하셨다고 말한다.(히 4:15)

 요한은 시간을 표시하는 데 있어서 로마의 제도를 따른 것 같다. 로마에서는 정오부터 시간이 시작되었다. 따라서 본문의 6시는 그대로 6시를 말할 것이다. 그때쯤 수가 성 사람들은 자기들의 일을 마쳤을 것이며, 여인들은 물을 길을 시간이었을 것이다. 우리 주님은 긴 여행의 마지막 지점에 이르셨으며, 따가운 햇볕 아래서 다니셨기 때문에 피곤하고 목이 마르셨다. 그분은 하나님의 시간에, 지정된 장소에서 하나님의 뜻을 행하기로 결심하셨다. 그분은 바로 홀로 되어 비극적이고 불행한 삶을 살고 있던 한 여인을 찾아 구원하시고자 그곳에 계셨던 것이다.

여인에 관한 교훈 :
하나님은 외모로 사람을 취하지 않으신다

"사마리아 여자 하나가 물을 길러 왔으매"(7절). 이 여인은 도덕적으로 지탄의 대상이 되어 사회로부터 따돌림을 받았다. 그런데 예수님이 물 길을 도구도 지니지 않은 채, 자신에게 "물을 좀 달라"고 말씀하셨을 때 얼마나 놀랐을까 생각해 보라. 분명히 그녀는 깜짝 놀랐다. 그것은 그녀가 유독 사람들로부터 따돌림을 당하고 있었기 때문만이 아니라 당시의 문화로는 남자들이 여자들과 공적으로는 대화하지 않았기 때문이었다. 심지어 자신들의 아내에 대해서도 그러했다. 예수님은 또한 인종적인 장벽도 무너뜨리셨다. 그녀에게는 예수님이 자신에게 말을 건네신 것 자체가 놀라왔다. 더욱이 예수님이 그의 '깨끗치 못한' 그릇으로 물을 길어 줄 것을 요구하시자 그의 충격은 한층 더했다. 그는 이렇게 물었다. "당신은 유대인으로서 어찌하여 사마리아 여자 나에게 물을 달라 하나이까?"(9절)

하나님은 외모로 사람을 취하지 않으신다(행 10:34). 그래서 예수님은 그 여인, 즉 자신의 죽음을 통해 구원코자 하신 그녀에게 물을 달라 하신 것을 부끄러워하지 않으셨다. 아무도-이 여인이나 니고데모 같은 바리새인, 심지어 가장 저주스런 문둥병자까지도-그분의 신적인 사랑의 영역에서 제외되지 않았다.

생수에 관한 교훈 : 목마른 자는 누구나 올 수 있다

"예수께서 대답하여 가라사대 네가 만일 하나님의 선물과 또 네게 물좀 달라 하는 이가 누구인 줄 알았더면 네가 그에게 구하였을 것이요 그가 생수를 네게 주었으리라"(10절). 갑자기 상황이 돌변했다. 처음에는 예수님이 목

제 3 장 참된 예배를 요구하심

이 마르시고 그 여인이 물을 가진 입장이었다. 그러나 이제는 마치 그녀가 목마른 상태에 있고 예수님 자신이 물을 가지고 계신 것처럼 말씀하신다. 예수님은 그 여인에게 물을 요구하는 대신 오히려 그녀에게 자신의 샘물이 필요함을 역설하셨다. 문제는 더 이상 예수님의 갈증에 있지 않고 오히려 그의 영적 필요에 있었다. 비록 그녀가 분명히 이해하지는 못했지만 예수님은 그녀의 메마른 영혼을 위해 생수를 제공하고 계셨다.

앞에서 살펴본 대로, 어떤 이는 구원 얻는 믿음에는 순종이나 헌신의 개념이 포함되지 않는다고 생각한다. 그들은 그 증거로서 다음과 같은 주장을 제기한다. 즉 예수님은 그 여인에 대해 자신의 신적 권위에 대한 복종을 요구하지 않으셨다는 것이다. 어떤 이는 심지어 이렇게 말한다. "신약 성경에 기록된 '믿음'의 동의어들은 '헌신'이라는 의미를 지닐 수 없다. 그 한 예로 요한복음 4:14에서 예수님은 "내가 주는 물을 먹는 자는 영원히 목마르지 아니하리니" 하고 말씀하셨다. 또한 그 후에 다시 "내 살을 먹고 내 피를 마시는 자는 영생을 가졌다"(요 6:54)고 말씀하셨다. 분명히 이 말씀들은 헌신(commitment)이 아니라 단지 '자신의 소유로 받아들일 것'(appropriation)을 암시한다"[2]

'마신다'는 동사가 헌신이 아니라 단지 받아들인다는 개념을 갖는다는 견해에 동의할 수 있을까? 결코 그럴 수 없다. 마태복음 20:22("나의 마시려는 잔을 너희가 마실 수 있느냐?")과 요한복음 18:11("아버지께서 주신 잔을 내기 마시지 아니하겠느냐?")에서 '마신다'는 말은 두 경우 모두 온전한 순종과 복종을 의미한다. 더욱이 하나의 비유를 가지고 믿음을 정의하려는 것은 합당치 않다. 또한 요한복음 3:36("아들을 순종치 않는 자는 영생을 보지 못하고")과 히브리서 3:18-19("순종치 아니하던 자는……믿지 아니하므로 능히 들어가지 못한 것이라")이 분명히 불신앙과 불순종을 같은 것으로 취급하고 있는 사실은 어떻게 설명할 것인가?

어느 모로 보든지, 예수님이 이 여인에게 생수를 주신 사실이 믿음에서 헌신의 요소를 약화시킨다고 볼 수는 없다. 그분이 제시하신 생수는 바로 구원의 선물이었으며, 그것은 구속의 본질에 필요한 모든 것 - 죄로부터의 자유, 예수님을 따르기로 헌신하는 것, 하나님의 법에 순종할 수 있는 능력, 그리고 하나님을 영화롭게 하는 삶을 살려는 소원과 능력을 포함한다.

그러나 불행하게도 그 여인은 여전히 글자 그대로의 물만을 생각하고 있었다. "여자가 가로되 '주여, 물 길을 그릇도 없고 이 우물은 깊은데 어디서 이 생수를 얻겠삽나이까? 우리 조상 야곱이 이 우물을 우리에게 주었고 또 여기서 자기와 자기 아들들과 짐승이 다 먹었으니 당신이 야곱보다 더 크니이까?"(11-12절)

만일 그녀가 바르게 이해했다면, 그분이 야곱보다 훨씬 크며, 그분의 우물이 야곱의 우물보다 뛰어나다는 것을 알았을 것이다. 그분은 당신의 생수가 지닌 독특한 성격에 대하여 더 많은 설명을 하셨다. "예수께서 대답하여 가라사대 '이 물을 먹는 자마다 다시 목마르려니와 내가 주는 물을 먹는 자는 영원히 목마르지 아니하리니 나의 주는 물은 그 속에서 영생하도록 솟아나는 샘물이 되리라'"(13-14절). 이것은 메마른 영혼을 적셔 줄 물이었던 것이다.

그녀의 반응은 즉각적이었다. "주여, 이런 물을 내게 주사 목마르지도 않고 또 여기 물 길러 오지도 않게 하옵소서."(15절)

분명히 그녀는 예수님이 마시는 물을 말씀하시는지 아니면 영적인 것을 말씀하시는지에 대해 여전히 어느 정도 혼동하고 있었다. 어느 쪽이든지간에 하여간 그녀는 이 생수를 원했다!

어떤 이는 이에 대해 다음과 같이 말한다.

> 예수님이 이 죄 많은 사마리아 여인에게 제시하신 내용은 너무나 단순해서 놀라지 않을 수 없다. 이 내용이 위대한 이유 가운데 하나는 전혀 복잡하지 않다는 것이다. 그것은 단지 주고받는 문제일 뿐이며 거기에는 어떠한 조건도 붙어 있지 않다.……그 속에는 그 여인에게서 자신의 부도덕한 삶을 고치겠다는 약속을 받아내려고 애쓴 흔적이 전혀 없다. 그는 이 물을 원하기만 하면 가질 수 있었다. 공짜로 말이다!……이 과정에서 복종, 순종, 그리스도의 주님

제 3 장 참된 예배를 요구하심   73

되심에 대한 인정 또는 이런 유의 어떠한 것도 요구되지 않았다는 사실이 강조되어야만 한다. 선물은 하나님의 호의를 받을 만한 자격이 전혀 없는 사람에게 주어지는 것이다. 그는 그것을 얻는데 어떠한 영적 헌신도 전혀 요구받지 않았다. 그는 단지 초청을 받았을 뿐이다."[3]

그러나 이 해석은 전적으로 핵심을 놓치고 있다. 이 대목에 이르렀을 때 그녀는 진실로 생수를 원했지만 예수님은 간단하게 생수를 주시지 않았다. 그녀가 그것을 요구하였으므로 예수님이 즉시 주셨다면 아마도 곧바로 받았을 것이다. 그러나 예수님은 값싼 사이비 회심을 바라지 않으셨다. 예수님은 그녀가 아직 생수를 받을 준비가 안되었음을 알고 계셨다. 먼저 전달되어야 할 두 가지 주제가 있었다. 그것은 바로 그녀의 죄와 예수님의 참된 신분(identity)이었다.

예수님은 어떤 형태의 값싼 은혜도 인정치 않으셨다. 그분은 고백하지 않은 죄가 널려 있는 사람에게 덤으로 영생을 주시지는 않는다. 죄된 삶에 도전을 주어 변화시키지 않은 채 예수님이 누구에게 생수를 부어 주신다고 생각할 수가 없는 것이다. 그분이 이 땅에 오신 것은 자기 백성을 죄에서 구원코자 함이지(마 1:21 참조) 죄의 굴레에 매여 있는 자들에게 그냥 영생을 주시고자 함이 아니었다.

주님은 그녀로 하여금 자신의 죄를 숨길 수 없음을 알게 하심으로써 문제의 핵심으로 곧바로 진입하셨다. "가서 네 남편을 불러오라"(16절). 그것은 무거운 말씀이었다. 켐벨 몰간(G. Campbell Morgan)은 이 본문에 대해 이렇게 주석을 달았다. "그분이 어떻게 대답하셨는가를 보라 '가서 남편을 불러오라.' 왜 그런 말씀을 하셨을까? 만일 그 여인이 자기 속에서 솟아나는 샘물을 갖고자 한다면, 먼저 자신을 도덕적으로 돌아보고 바로잡는 일이 있어야 했던 것이다."[4] 자신의 죄의 실상과 그 추함을 고백하고자 하는 마음이야말로 영적 갈급함의 가장 필수적인 증표이다. 그녀의 간음 행로는 매우 복잡했으며 죄가 너무 컸던 나머지 그녀는 설명할 엄두가 나지 않았다. "나는 남편이 없나이다"(17절)하는 말이 그의 대답의 전부였다.

예수님은 모든 진실을 알고 계셨다. "예수께서 가라사대 네가 남편이 없다 하는 말이 옳도다. 네가 남편 다섯이 있었으나 지금 있는 자는 네 남편이 아니니 네 말이 참되도다"(17, 18절). 예수님이 자신의 모든 죄를 알고 계심이 드러났을 때, 그녀가 얼마나 부끄러웠을지를 상상해 보라! 분명히 그녀는 그 사실을 숨기고 싶었을 것이다. 남편이 없다고 한 대답이 거짓말은 아니었지만, 또한 참말도 아니었다. 결국 예수님은 이렇게 말씀하신 셈이다. "좋다. 만일 네가 네 죄를 고백하지 않겠다면, 내가 그것을 말해 주어 네 앞에 들이대겠다."

19절에서 그녀는 자신의 죄를 시인했다. "주여, 내가 보니 선지자로소이다" 하는 말씀은 사실상 다음과 같이 이해될 수 있다. "주여, 당신의 말씀이 옳습니다. 나는 그런 여자입니다. 내 생활도 그렇지요. 당신의 말씀은 모두 사실입니다."

여기에서 그녀는 자기 앞에 있는 사람이 누구인지는 몰라도 자신의 죄스런 삶을 속속들이 다 알고 있다는 사실은 인식하였다. 그분은 그녀의 죄된 삶을 위장하고 있던 꺼풀들을 벗겨내셨다. 그런데 그분은 그녀의 타락된 삶을 충분히 알고 계셨음에도 불구하고 생명수를 제공하였다! 만일 그녀가 성경을 잘 알고 있었다면 이사야서 55:1을 떠올렸을 것이다. "너희 목마른 자들아, 물로 나아오라." 생수는 단지 니고데모와 같은 종교적인 인물에게만 주어지는 것이 아니다. 목마른 자는 **누구나** 생수를 마시도록 초청을 받는다. 심지어 죄로 가득 찬 인생을 살았던 간음한 여인조차도 그러하였다.

또한 이사야는 죄인들에 대한 경고와 더불어 놀라운 약속을 전해 주고 있는데, 이 약속은 사마리아 여인의 마음을 기쁘게 해 줄 내용을 담고 있다.

> 악인은 그 길을
> 불의 한 자는 그 생각을 버리고
> 여호와께로 돌아오라
> 그리하면 그가 긍휼히 여기시리라

제 3 장 참된 예배를 요구하심   75

우리 하나님께로 나아오라
그가 널리 용서 하시리라(사 55:7)

참된 예배에 대한 교훈 : 지금이 바로 그때이다

예수님이 단순한 나그네 이상의 존재임을 깨달았을 때, 그 여인은 제일 먼저 머리 속에 떠오르는 영적인 질문을 던졌다. "우리 조상들은 이 산에서 예배하였는데 당신들의 말은 예배할 곳이 예루살렘에 있다 하더이다"(요 4: 20). 그가 참 선지자라면 어느 쪽이 옳은지를 알고 있어야만 했다.

예수님의 반응은 니고데모에게 답변하실 때와 같았다. 즉 그녀의 그릇된 관심거리를 지적하여, 자신의 진정한 필요 곧 죄 용서의 문제에 직면하게 하신 것이다. 요한복음 4:21에서 예수님은 "여자여, 내 말을 믿으라. 이 산에서도 말고 예루살렘에서도 말고 너희가 아버지께 예배할 때가 이르리라"고 말씀하시고 이어서 유대인들이 옳고 사마리아인들이 틀렸음을 다음과 같이 지적하셨다. "너희는 알지 못하는 것을 예배하고 우리는 아는 것을 예배하노니 이는 구원이 유대인에게서 남이니라"(22절). 만일 그 여인이 자기와 이야기하고 있는 그 유대인이 구원을 베풀기 위해서 오신 바로 그분임을 알았다면!

예배의 **장소**는 진실로 문제가 되지 않는다. 중요한 것은 **언제**, **누가**, **어떻게** 예배하느냐 하는 것이다. 예수님은 이렇게 말씀하셨다. "아버지께 참으로 예배하는 자들은 신령과 진정으로 예배할 때가 오나니 곧 이 때라. 아버지께서는 이렇게 자기에게 예배하는 자들을 찾으시느니라. 하나님은 영이시니 예배하는 자가 신령과 진정으로 예배할지니라"(23 - 24절). 참된 예배는 산이나 성전에서가 아니라 사람의 마음 속에서 이루어진다.

"예배할 때가 오나니 곧 이 때라"는 말은 사태의 긴박성과 그 여인에 대한 예수님의 개인적인 의도를 나타내 준다. 주님은 사실상 이렇게 말씀하신 셈이다. "너는 더 이상 예배를 위해 산에 오르거나 예루살렘으로 내려갈 필요가 없다. 너는 지금 여기서 예배할 수 있다." 예수님은 그 여인을 영생의 문턱으로 인도하셨으며, 바울도 말했던 구원의 긴박성을 효과적으로 강하게 언급하셨다. "보라, 지금은 은혜받을 만한 때요. 보라, 지금은 구원의 날이로다"(고전 6:2). 메시아가 임재했으며, 구원의 날이 도래했다. 이것은 메시아의 때일 뿐만 아니라 또한 그 여인의 때이기도 했다.

예수님이 구원받은 무리들을 지칭하면서 '참으로 예배하는 자들' 이란 표현을 쓰셨다는 사실은 의미 심장하다. 구원받은 모든 사람들은 참된 예배자들이다. 구원을 받았으면서도 신령과 진정으로 하나님께 예배하지 않는 경우는 있을 수 없다. 구원의 목적은 참된 예배자[5]가 되게 하는 데 있다(빌 3:3 참조). 우리 주님은 잃어버린 자를 찾아 구원하여 참된 예배자로 만듦으로써 하나님의 뜻을 성취하는 것이 구원의 목적임을 그녀에게 나타내 주셨다. 그리고 나서 그녀가 그런 존재가 되도록 초대하셨다.

하나님 아버지께서 참된 예배자들을 찾으신다는 말씀은 한번 듣고 지나칠 단순한 진술이 아니었다. 그것은 사마리아 여인을 향한 개인적인 초청이었다. 이 초청이 지니는 중요성을 놓쳐서는 안된다. 왜냐하면 이 초청을 살펴볼 때, 예수님이 영적인 헌신에 관한 어떠한 요구도 없이 영생을 주셨다는 생각의 헛점이 드러나기 때문이다. 영광의 주님께서는 "악인은 그 길을, 불의한 자는 그 생각을 버리라"는 명령없이 그냥 "물가로 나아오라"고 말씀하시지 **않는다**(사 55:1,7). 신령과 진정으로 하나님께 예배하라는 부르심은 결국 가장 깊이 있고 포괄적인 영적 복종으로의 엄중한 부르심이다.

그러나 그녀는 여전히 혼란 가운데 빠져 있었다. 우리는 그녀의 심정을 충분히 이해할 수 있다. 그녀는 단순히 물동이에 물을 담아가기 위해 우물가에 왔는데, 짧은 대화를 나누는 동안에 자신의 죄가 드러나게 되었고, 또한 살아 계신 하나님 앞에서 참된 예배자가 되라는 도전을 받은 것이다. 그녀는 마음 속으로 복잡한 상념과 감정을 바로잡아 주고 모든 것을 분명하게 해 줄 사람을 갈망하였다. 그래서 그녀는 예수님께 다음과 같이 말했다. "메시아 곧 그리스도라 하는 이가 오실 줄을 내가 아노니 그가 오시면 모든 것을 우리에게 고하시리이다."(요 4:25)

틀림없이 예수님의 대답은 그녀의 근본적인 존재를 흔들어 놓았을 것이다. "네게 말하는 내가 그로라"(26절). 얼마나 생동적인 대면인가! 그녀에게 물을 달라고 했던 바로 그 사람이 똑같은 자리에서 자신이 참 메시아라고 말하면서 생수를 주겠다고 제안했을 뿐 아니라 그녀의 죄를 용서하고, 주 하나님께 참된 예배를 드리는 사람으로 변화시켜 주겠다고 약속한 것이다.

비록 그녀가 신자가 되었다는 구체적인 언급은 없지만 그녀는 분명히 신자가 되었을 것이다. 내 견해로는, 26절과 27절 사이에서 그녀가 그분을 메시아와 구주로 영접했다고 생각된다. 구원의 때가 이르른 것이다. 그녀는 기꺼이 참된 예배자가 되었을 것이다. 그녀는 생수를 마셨을 것이다. 저항할 수 없는 메시아의 은혜가 그녀의 마음을 압도했다. 그분은 점차 그녀의 죄스런 마음의 문을 열고 자신을 드러내 보이셨으며, 그녀는 구원에 이르는 믿음으로 반응했음이 분명하다.

증거에 관한 교훈 : 예수님은 죄인을 받아들이신다

제자들은 음식을 사러 마을에 갔었는데, 요한은 "이때에"(4:27) 그들이 돌아왔다고 말한다. 헬라어 표현에 의하면 '정확히 이 때에' 하는 뜻을 지닌다. 분명히 그들은 주님께서 "네게 말하는 내가 그로라"는 말씀을 하시는 순간에 도착했던 것이다. 조금만 더 늦었더라도 그들은 예수님이 당신의 메시아됨에 대해 선포하시는 말씀을 듣지 못했을 것이다. 그들은 예수님이 이 버림받은 사마리아 여인에게 자신이 메시아라고 말씀하시는 것을 보고 충격을 받았을 것이다. 왜냐하면 예수님은 그전까지 어느 누구에게도 그런 말씀을 하지 않으셨기 때문이다. 요한은 이렇게 기록했다. "이 때에 제자들이 돌아와서 예수께서 여자와 말씀하시는 것을 이상히 여겼으나 '무엇을 구하시나이까 어찌하여 저와 말씀하시나이까' 묻는 이가 없더라."(27절)

곧이어 나타난 그 여인의 행동을 볼 때, 그녀가 신자가 되었음을 분명히 알 수 있다. 그녀는 "물동이를 버려두고 동리에 들어가서 사람들에게 '나의 행한 모든 일을 내게 말한 사람을 와 보라. 이는 그리스도가 아니냐"고 외쳤다(요 4:28-30). 그녀는 참된 회심의 모든 특징들을 나타냈다. 자신의 필요를 인식했으며, 죄를 고백했고, 예수님을 메시아로 인정했을 뿐만 아니라 이제는 다른 사람들을 그분께 데려옴으로써 변화된 삶의 열매를 보여 주었다.

　의미 심장하게도 새신자로서 그녀의 첫 번째 반응은 다른 사람들을 찾아가서 그리스도에 대해 말해 주는 것이었다. 자신의 믿음에 대해 전하고자 하는 열망은 새신자들의 일반적인 경험이다. 실제로 가장 열정적으로 그리스도를 증거하는 사람들의 일부는 갓 태어난 신자들이다. 그것은 그들이 죄책감의 기억과 그로부터 벗어난 해방의 기쁨을 아직 신선하게 간직하고 있기 때문이다. 이 여인의 경우가 바로 그러했다. 그녀가 마을 사람들에게 전해 준 첫 번째 이야기는 예수님이 그의 모든 과거를 자기에게 말씀하셨다는 사실이었다. 그분은 그녀의 죄를 밝히 드러내어 그 여인 스스로 자신의 과거의 실제 모습과 대면케 하셨다. 그리고나서 그분은 그녀를 수치로부터 벗어나게 해 주셨다. 그녀가 자신의 과거에 대하여 그처럼 자유롭게 얘기할 수 있었다는 사실은 그녀가 죄책감의 굴레로부터 해방되었음을 나타내 준다. 예수님은 그녀에게 생명수를 주셨으며, 그녀는 신령과 진정으로 하나님께 예배하기 시작했다. 그녀는 더 이상 죄를 숨길 필요가 없었다. 그는 용서를 받았던 것이다.

　그녀의 증거는 그 마을에 깊은 영향을 미쳤다. 성경은 이에 대해 "여자의 말이 그가 나의 모든 행한 것을 내게 말하였다 증거하므로 그 동리 중에 많은 사마리아인이 예수를 믿는지라"고 말한다(요 4:39). 그들에게 깊은 인상을 준 것은 다름 아니라 예수님이 그녀의 죄를 드러내셨다는 소식이었다. 그리하여 그들도 또한 예수님께 열정적인 반응을 보였다(요 4:40-42). 왜 그러한 반응을 보였을까? 이들은 사마리아인들이었다. 어떤 의미에서 그들 모두는 그녀와 같은 입장에 놓여 있었다. 그들은 메시아가 모든 일을 바로잡기 위해 온다는 것을 알고 있었으며, 아마도 그들 대부분은 메시아의 강림을 경외스런 심정으로 고대했을 것이다. 그들은 바리새인들과 정반대의 관점을 지니고 있었다. 바리새인들은 유대 지도자들로서 그들의 주장을 지지해 주고 그들의 대적을 멸망시켜 줄 정복자를 고대하였다. 하지만 사마리아인들에게는 애당초 그러한 기대가 없었다. 만일 유대인들이 옳았다면, 사마리아인들은 메시아의 진노의 표적이 되었을 것이다. 그러나 이 여인이 마침내 수

제 3 장 참된 예배를 요구하심

가성 사람들에게 달려와 메시아라 하는 이가 그녀의 모든 죄를 알리면서 자비로 대해 주셨음을 알리자 그들은 예수님을 열정적으로 받아들인 것이다.

그들의 반응을 누가복음 15:2에 기록된 바리새인들의 반응과 대조해 보라. "바리새인과 서기관들이 원망하여 가로되 이 사람이 죄인을 영접하고 음식을 같이 먹는다 하더라." 반면에 수가성 사람들에게 그 여인이 해 준 말의 요지는 이렇다. "그분은 죄인들을 받아들여 준다!" 바리새인과 서기관들에게는 혐오스러운 것이 사마리아인들에게는 기쁜 소식이었다. 왜냐하면 그들은 자신들이 죄인임을 기꺼이 인정했기 때문이었다. "내가 의인을 부르러 온 것이 아니요 죄인을 부르러 왔노라"(마 9:13)고 말씀하신 분은 바로 예수님 자신이었다. 자신의 죄를 인정치 않으려는 자들에게는 예수님이 구주가 아니라 심판자로 받아들여졌다. 예수님은 그런 사람들에게 어떠한 격려나 위로, 그리고 소망도 주시지 않았다. 그분이 제시하신 생수는 오직 자기의 죄됨과 절망적인 상태를 인정하는 자들에게만 주어졌다.

하나님은 신령과 진정으로 예배하기 위해 자신을 낮추는 사람들을 찾으신다. 그러나 누구든지 자기 죄를 감추는 자는 결코 이런 유의 예배를 드릴 수 없다. 반면에 자기의 죄를 자백하고 버리는 자들은, 그들을 받아 주고 용서하시는 구주를 발견하게 될 것이다. 그들은 우물가의 여인처럼 생수의 근원을 발견하게 될 것이며, 그 생수는 어떠한 영적 갈증도 풀어 줄 것이다.

성경의 마지막 장은 사마리아 여인의 이야기를 떠올리게 하는 이러한 초청으로 끝을 맺는다. "목마른 자도 올 것이요. 또 원하는 자는 값없이 생수를 받으라"(계 22:17). 생수는 값없이 주어지지만 싸구려가 아니다. 생수를 찾는 목마른 죄인들이 얼마든지 마실 수 있게 하시려고 구주께서 자신을 그 궁극적인 값으로 지불하셨기 때문이다.

◆주(註)◆

1) Zane C. Hodges, *The Hungry Inherit*(Portland: Multnomah, 1980). 하지즈(Hodges)는 "예수님께서……당시의 그 사마리아 여인에게 긴급히 요청되었던 생활의 정리(her repair of her life)에 대해서는 아무 말씀도 하지 않으셨다"는 사실에 큰 의의를 두었다(p.25). 그러나 이 견해는 예수님의 말씀이 그녀로 하여금 자신의 죄스런 현실에 정면으로 맞서게 했다는 자명한 진리를 놓치고 있다(요 4:7-19). 또한 그 견해는, 예수님께서 그녀에게 예배하도록 도전하신 사실(23,24절)과 그녀가 회개를 통해 분명한 반응을 보였다는 사실도 간과한다(29절). 하지만 하지즈는 오히려 "예수님은 그에게 하나님의 뜻에 의거한 어떠한 의무도 말씀하지 않으셨다. 그 이유는 매우 간단하다. 그분은 그녀에게 선물을 주셨던 것이다"(앞의 책) 하고 결론짓는다. "만일 예수님이 그녀의 삶을 교정하려는 요구와 함께 조건적으로 (구원을)제공하셨다면, 그녀는 그 놀라운 선물, 곧 고상하고 총체적인 자유를 깨닫지 못했을 것이다"(p. 26). 하지즈는 이 본문을 복음 이해의 열쇠로 규정하여 자신의 견해, 즉 복음은 죄인의 삶에 대해 어떤 도덕적인 요구도 제시하지 않는다는 주장을 뒷받침하기 위해 그 본문을 자주 언급한다.

2) G. Michael Cocoris, *Lordship Salvation-Is It Biblical?* (Dallas:Redencion Viva, 1983), pp.12-13.

3) Zane C Hodges, *The Gospel Under Siege* (Dallas: Redencion Viva,1981),p.14. 하지즈는 아울러 이러한 설명을 덧붙이고 있다. "주님께서 어떠한 영적인 헌신도 요구하지 않는다는 사실이야말로 참된 복음을 다른 모든 모조품과 잘 구별시켜 준다." 그러나 다시 말하지만, 본문에 나타난 예수님의 말씀이 복음 제시의 전형을 보여 준 것이라고 생각하는 것은 잘못이다. 본문에서 예수님은 이 여인에게 당신의 죽으심, 장사지냄, 그리고 부활에 대해 암시조차 주신 일이 없다. 그분은 또한 대속의 개념이나 심지어 믿음 자체에 대해서도 언급하지 않는다. 하지만 아무도-내 생각에 하지즈 자신도 포함하여-복음이 이 모든 진리들을 배제한다고 주장하지는 않을 것이다.

4) G. Cambell Morgan, *The Gospel According to John* (Old Tappan, New Jersey:Revell, 1931),p.75.

5) 참된 예배에 대해서는 John Mac Arthur, Jr.의 *The Ultimate Priority* (Chicago : Moody, 1983)에 잘 설명되어 있다.

제 4 장
죄인은 받아 주시나 의인은 거절하심

오늘날의 복음 전도가 실패를 거듭하는 가운데 남긴 가장 큰 해악 중의 하나는 복음을 통해서 개인들로 하여금 자신들의 죄의 실상에 직면하게 해 주지 못하고 있다는 점이다. 심지어 가장 보수적인 교회 내에도 입으로는 거듭났노라 하면서 생활은 이방인과 다름없는 사람들이 얼마나 많은지 모른다. 오늘날의 그리스도인들은 다른 사람이 구원받은 것을 결코 의심하지 않도록 길들여져 왔다. 그래서 어떤 사람이 자신은 그리스도를 구주로 믿는다고 말하기만 하면, 그의 생활이 하나님의 말씀과 얼마나 모순되는지에 관계없이, 어느 누구도 그의 주장에 이의를 제기하지 않는다.

일전에 나는 동료 목사가 태워 주는 차를 타고 그가 살고 있는 시를 통과한 일이 있었다. 우리는 주류(酒類)를 판매하는 대형 상점 앞을 지나게 되었는데, 내가 지나가는 말로 어쩐지 좀 이상해 보이는 거리라고 하자, 그는 이렇게 말하는 것이었다.

"그래, 맞아. 이 시에는 여기저기에 이런 연쇄점들이 있지. 모두 한 사람이 소유하고 있는데, 그 사람이 바로 우리 주일 성경공부 모임의 회원이라네."

"그 사람은 이런 술 가게들을 모두 가지고 있어도 아무렇지도 않은 모양이지?" 하고 내가 물었다.

"우린 몇 번 그 이야기를 한 적이 있네. 하지만 그는 사람들이 어차피 술을 살 바에야 자기한테 산들 뭐가 어떠냐고 생각하더군" 하고 그가 말했다.

"그 사람의 생활은 어떤데?" 하고 내가 물었다.

"글쎄, 부인과 헤어지고 나서 지금은 어린 딸과 함께 살고 있지" 하고 그 목사는 대답했다. 그 후 한동안 내가 당황하기도 하고 마음이 불편하기도 하여 침묵하고 있자, 그는 이렇게 덧붙였다. "하긴 나도 가끔은 그리스도인이 어떻게 그렇게 살 수 있을까 하고 이해하기 어려울 때가 있다네."

솔직히 말하자면, 나로서는 성경을 가르친다는 사람이 어떻게 그런 - 하나님을 거역하는 삶을 살면서 말로만 그리스도인입네 하는 - 사람을 그리스도인으로 생각하는지 이해하기 어려웠다.

죄로 번민하면서 나아옴

오늘날의 교회는 이런 생각을 가지고 있다. 즉 구원은 단순히 영생을 주는 것일 뿐, 반드시 죄인을 죄악의 굴레로부터 자유롭게 해 주는 것은 아니라는 것이다. 우리는 사람들에게 하나님은 당신을 사랑하시며, 당신을 위한 놀라운 계획을 가지고 계신다고 말한다. 하지만 그것은 반쪽짜리 진리에 불과하다. 하나님은 또한 죄를 미워하시며, 회개치 않는 죄인들을 벌하여 영원한 고통 가운데 처하게 하신다. 그러므로 이러한 사실을 피하거나 숨기는 복음 제시는 그 어떤 것도 완전한 복음 제시가 아니다. 그가 지은 죄의 심각성이 어떠함을 가르쳐 주어 그것에 직면하게 해 주지 못하는 메시지는 불충분한 복음이다. 그리고 죄된 삶을 변화시키고 죄인의 마음을 변화시키지 못하는 '구원'은 무슨 구원이든지 참된 구원이 아니다.

구원과 관계되는 한 죄는 결코 주변적인 문제가 아니다. 죄야말로 문제의 핵심이다. 실로 그리스도인의 메시지의 특징적인 요소는 우리의 죄를 용서하고 정복하는 예수 그리스도의 능력이다. 복음의 여러 가지 요소들 가운데, 우리를 사로잡아 종 노릇하게 하는 죄의 권세가 깨뜨려졌다는 소식보다 더 놀라운 것은 없다. 이 진리야말로 그리스도인의 메시지의 핵심이자 활력소이다. 이것이 결여된 메시지는 예수님께서 말씀하신 복음이라고 할 수 없다.

어느 누구도 자신이 지은 가증스러운 죄악으로 인해 고민한 나머지 마침내 그 죄악으로부터 돌아서기를 갈망하지도 않으면서, 성경에서 말씀하는 거룩하신 하나님을 만나 구원 받을 수는 없다. 성경을 보면, 하나님을 만난 사람은 언제든지 압도적인 죄의식을 경험했다. 베드로는 예수님이 누구신지 알게 되자 이렇게 고백했다. "주여, 나를 떠나소서. 나는 죄인이로소이다" (눅 5:8). 바울은 디모데전서 1:15에서 이렇게 기록했다. "미쁘다, 모든 사람이 받을 만한 이 말이여. 그리스도 예수께서 죄인을 구원하시려고 세상에 임하셨다 하였도다. 죄인 중에 내가 괴수니라." 구약을 보면 하나님께서 친히 의인이라고 인정해 주셨던 욥(욥1:1, 8)까지도 하나님을 대면한 뒤에는 이렇게 말했다. "내가 스스로 한(恨)하고 티끌과 재 가운데서 회개하나이다" (욥 42:6). 이사야는 하나님을 뵈었을 때 이렇게 부르짖었다. "화로다 나여, 망하게 되었도다. 나는 입술이 부정한 사람이요, 입술이 부정한 백성 중에 거하면서 만군의 여호와이신 왕을 뵈었음이로다." (사 6:5)

이 밖에도 성경에는 이러한 예들이 많이 있다. 하나님을 뵈었던 사람들은 언제나 자신들의 죄의 무게가 엄습해와서 두려움에 떨었다. 그러므로 마태가 자기 자신의 회심 경험을 이야기할 때, 거기에서 부각된 핵심적인 진리가 죄인들을 향한 그리스도의 자비하심인 것은 참으로 적절한 것이다.

마태복음 9:9-13에 그 사건이 나오는데, 이어서 논쟁을 주고받는 모습이 묘사되고 있다. 그때 주님은 이렇게 말씀하셨으며, 이것은 성경에 나오는 가장 유명한 진술들 중의 하나이다. "내가 의인을 부르러 온 것이 아니요 죄인을 부르러 왔노라"(13절). 이 진술은 예수님의 사역을 총체적으로 포괄할 수 있는 관점을 담고 있으며, 기독교 메시지의 요약이자 복음의 핵심이며, 성육신하신 근본적인 이유가 된다.

왜 예수님이 이 세상에 오셨는가? 자신들이 불치병에 걸렸음을 인식하

제 4 장 죄인은 받아 주시나 의인은 거절하심

고 아무런 희망이 없으며, 상처받고 주리고 목마를 뿐 아니라 약하고 지치고 깨어진 나머지 삶이 엉망이 되어 절망적인 죄인들을 부르기 위해, 다시 말하면, 자신이 무가치함을 알지만 동시에 용서받기를 갈구하는 죄인들을 부르기 위해 오셨다.

예수님의 이 말씀은 자기 의로 가득 찬 바리새인들을 겨냥하신 말씀이었다. 그런 사람들은 오늘날에도 많이 있는데, 그들은 자신들을 의롭다고 **여기고** 자신들에게는 영적인 곤경이 조금도 없다고 생각한다. 사람은 자신에게 죄 문제가 있음을 깨닫지 못하면 해결을 위해 그리스도께 나아오지 않는다. 또한 자신에게 질병이 있는 것을 알지 못하면 고침받기 위해 나아오지 않으며, 자신이 죽음의 형벌 아래 있는 것을 알지 못하면 생명을 얻으려고 나아오지 않고, 죄의 굴레에 매여 곤해지지 않으면 구원을 얻으려고 나아오지 않는다.

그러므로 예수님은 우리 모두가 죄인임을 드러내기 위해 오셨다. 그분의 메시지가 그토록 강력하면서 심금을 울리는 것은 바로 그 때문이다. 그 메시지는 우리의 자기 의를 사정없이 벗겨내고 우리의 악한 마음을 드러내 주기 때문에 우리는 우리가 죄인들인 것을 알게 된다.

죄인을 받아 주심

마태는 그의 복음서 전편에 걸쳐 그 그리스도께서 이스라엘의 메시아이심을 역설하고 있다. 그는 그분이 메시아이신 것을 보여 주기 위해 8장과 9장에서 예수님이 행하신 일련의 기적들을 유형별로 기술한다. 거기에는 아홉 가지의 기적이 나오는데, 질병을 다스리시는 예수님의 권세(8:1-17), 자연계를 통치하시는 권세(8:23-27), 귀신들을 제어하시는 권세(8:28-34), 죽음을 다스리시는 권세(9:18-26), 소경을 고치시는 권세(9:27-31), 벙어리를 고치시는 권세(9:32-34) 등이 소개된다.

마태의 회심 사건은 이러한 기적들 사이에 나오며, 예수님께서 죄 사하는 권세를 가지셨음을 보여 주는 극적인 기적(9:1-8) 바로 다음에 나온다. 그리스도께서는 중풍병자의 죄를 사해 주심으로써 당신의 신적인 권위를 뚜렷이 행사하신 뒤에, 바리새인들 앞에서 그 병자를 명하여 그의 침상을 가지고 걸어가도록 하심으로써 당신의 신성을 확증하셨다. 이어 9절에는 마태를 부르시고 구원하신 일이 기술되어 있다. "예수께서 거기서 떠나 지나가시다가 마태라 하는 사람이 세관에 앉은 것을 보시고 이르시되 '나를 좇으라' 하시니 일어나 좇으니라."

본문에 의하면, 예수님은 마태에게 "나를 좇으라"는 한마디 말씀만 하셨고 마태는 일어나 좇았는데, 마가복음과 누가복음도 그렇게 묘사하고 있다. 그런데 누가복음에서는 아래와 같은 의미 심장한 진술을 덧붙인다. "저가 모든 것을 버려두고 일어나 좇으니라"(5:28). 그는 그리스도를 따르기 위해 모든 것을 버렸다. 마태는 자신이 그렇게 했노라고 굳이 말하지 않았지만 누가는 그 사실을 밝혔는데, 그 내용은 마태의 회심이 얼마나 무게 있는 것인가를 말해 준다. 그는 참으로 큰 값을 치렀으며, 모르긴 해도 다른 제자들보다 더 많은 값을 치렀을 것이다. 어부의 경우에는 예수님을 따르다가도 여차하면 언제라도 다시 고기잡는 일로 돌아갈 수 있었다. 하지만 세리의 경우에는 한번 직업을 놓으면 그것으로 그만이었다. 왜냐하면 로마에서는 바로 그 다음 날로 그 자리에 다른 사람을 앉힐 것이기 때문이다. 하지만 마태는 그 즉시 모든 것을 포기했다. 그는 이렇게 말하지 않았다. "좋습니다. 지금 갑니다, 주님. 하지만 저, 이 돈가방들을 계속 쥐고 있게만 해 주신다면, 필요한 모든 비용을 제가 다 댈 수 있겠는데요." 그는 거기에 있는 모든 것으로부터 등을 돌렸으며, 그가 가진 모든 것을 포기했다.

마태는 중죄인이었으며, 모두가 그 사실을 알고 있었다. 당시의 기준으로 볼 때, 그가 가버나움에서 제일 파렴치하고 더러운 죄인이었다는 사실은 의심할 여지가 없다. 일례를 들어, 그는 세리로서 로마 당국의 앞잡이가 되어 자기 동족으로부터 세금을 짜내는 추악한 일을 담당하고 있었다. 아마도 세리들은 로마 당국에 돈을 내고 어떤 마을이나 지역에서 세금을 징수할 수 있는 권리를 매입했을 것이다. 돈을 지불하고 로마의 체제 속으로 들어간 사

제 4 장 죄인은 받아 주시나 의인은 거절하심

람이었으므로 마태는 이스라엘에게는 매국노였다. 유대인들에게는 그보다 더 비위에 거슬리는 존재가 없었다. 그는 자기 동포를 압제의 사슬로 묶은 이방 정복자들에게 고용되어 그들과 똑같은 짓을 하였으므로 배신자요, 이단자이며, 배교자라는 최악의 오명을 달고 살았다.

로마는 모든 세리들에게 일정액의 세금을 징수해 들이라고 요구했다. 그 이상으로 징수한 것은 무엇이나 세리들의 차지였다. 로마 당국은 세리들을 고무하여 더욱더 많은 세금을 걷어들이게 하기 위해 거칠기 이를 데 없는 탄압과 난폭한 행위로 그들을 지원했다. 그리하여 그들은 얼마든지 과다한 세금을 부과하여 동족을 착취할 수 있었다. 기민한 세리라면 단시일에 막대한 부를 축적할 수 있었는데, 그것은 모두 압박받는 동족의 희생을 바탕으로 한 것이었다. 그러므로 그들이 모든 이스라엘 사람에게 최대의 증오의 대상이 되었다는 것을 쉽게 알 수 있다.

세리들은 유대인들의 멸시를 받아 회당에도 출입할 수 없었다. 그들은 불결한 짐승들로 간주되었으며, 돼지처럼 취급되었다. 인격을 신뢰받지 못했으므로 법정에 증인으로 설 수도 없었다. 그들은 악독한 사기꾼으로 알려져 있었고, 강도나 살인자와 같은 부류로 취급되었다.

대부분 유대인들은 로마에 세금을 바치는 것이 부정당하다고 믿고 있었다. 구약의 신정정치(神政政治)를 회고해 볼 때 오직 하나님만이 그들의 재물을 받으실 수 있었다. 그래서 바리새인들은 이 문제를 가지고 예수님을 시험하였던 것이다. 그들은 세금을 바치는 것이 옳은가 그른가 하는 질문을 예수님께 던짐으로써 사람들이 예수님께 실망하게 만들려고 했다. (마 22: 15-22)

마태는 거의 모든 물건에 대해 세금을 부과할 수 있는 권한을 가지고 있었다. 수입 수출에 대한 세금은 물론이고 다리 통행세, 항구세, 도로 사용료 등을 부과할 수 있었다. 그는 또한 길을 지나는 모든 짐들을 열어 볼 수 있었으며, 심지어는 개인적인 편지까지 뜯어 보아 혹시 사업상의 거래 내용이

기재되지는 않았는지 조사할 수도 있었다. 만일 그것이 사실로 드러나면 그것에 대해서도 세금을 매길 수 있었다. 그의 사무소는 두 길이 합류하는 지점에 있었는데, 아마도 그 곳은 갈릴리 호수의 북쪽 항구가 있는 지점이었을 것이다. 그 지점은 다메섹이나 동방으로 이어지는 전략적 요충지였으므로 그는 그 곳에서 동쪽으로 가거나 서쪽으로 가는 모든 사람에게 세금을 부과할 수 있었다. 물론 그는 높은 수익을 올리는 그 지역 내의 어업 종사자들에게도 세금을 부과할 수 있었다.

한편 마태가 세관에 앉았다는 말에 유의할 필요가 있다. 어떤 세리들은 자신들의 나쁜 평판에 신경이 쓰여 사람들 눈에 뜨이지 않으려고 다른 사람을 고용하여 대신 세금을 징수했다. 그러나 정말로 철면피인 세리들-다른 사람이 어떻게 생각하든 전혀 개의치 않는 세리들은-타인을 고용하여 그 일을 하게 하지 않고 자신들이 직접 세관에 앉아 세금을 징수했다. 세리가 되는 것도 나쁜 짓인 터에, 의기양양한 태도로 그 일을 하는 것은 더더욱 괘씸한 짓이었다. 랍비의 전통에 의하면, 마태와 같은 처지에 있는 인간이 회개한다는 것은 불가능한 일이었다. 그러므로 예수님이 마태 앞에 멈추어 서서 "나를 좇으라"고 말씀하셨을 때, 따르던 무리가 얼마나 놀랐겠는지 쉽게 상상할 수 있을 것이다.

마태는 유죄 판결을 받은 사람일 것임에 틀림없었다. 그는 마음 속 깊이 자신의 죄된 삶에서 벗어나게 되기를 갈망해 왔을 것이며, 바로 그것이 그가 그리스도께로 달려가 그분과 함께하게 된 이유였을 것이다. 그는 일시적인 기분에 따라 예수님을 좇은 것이 결코 아니었다. 그는 너무나 많은 것들을 포기했던 것이다. 그는 자신이 무엇을 버려야 하는지를 잘 알고 있었다. 예수님은 그 지역을 두루 다니시며 공개적으로 활동하셨으므로 가버나움 부근에 사는 사람이면 누구나 그분이 누구시며, 무엇을 가르치시는지를 잘 알고 있었다. 그들은 그분이 행하시는 기적과 표적과 기사들을 보았다. 마태는 당신을 따르려는 자들에 대한 예수님의 요구가 얼마나 엄격한지를 잘 알고 있었다(마 8:18-22). 그는 그 값을 치렀으며, 기꺼이 예수님을 좇을 각오가 되어 있었다.

제 4 장 죄인은 받아 주시나 의인은 거절하심

세리와 죄인들과 함께 잡수심

　마태는 자기 친구들에게 예수님을 소개하기 위해 잔치를 마련하기로 마음먹었다. 대부분의 초신자들처럼, 그도 자기 친구들을 예수님께 데려오고 싶어 했다. 누가복음 5:29을 보면, (레위라고도 하는) 마태가 자기 집에서 잔치를 했는데, 예수님이 그 자리의 주빈이신 것을 알 수 있다. 이 모임은 잔치의 역사상 가장 악명 높고 비열하며 질 낮은 사람들이 모인 자리였다. 마태가 알고 지냈던 사람들이란 이렇게 비열한 사람들밖에 없었는데, 그 이유는 아무도 그와 사귀려 들지 않았기 때문이다. 존경받는 인물들은 그들을 경멸하였다. 그리하여 그의 친구들은 도둑, 불경건한 자, 매춘부, 사기꾼, 협잡꾼 및 다른 세리들로서, 말하자면 그 사회의 인간 쓰레기 같은 사람들이었다.

　도도하고 종교적인 사람들이라면 당연히 예수님이 그런 잔치에 가서 그 따위 타락한 인간들과 어울려서는 안된다고 말했을 것이다. 그것이 바로 바리새인들의 생각이었다. 하지만 주님의 방식은 그것이 아니었다. 마태복음 11:19은 예수님이 "세리와 죄인의 친구"로 알려져 있었다는 사실을 지적하는데, 모르긴 해도 바로 이 잔치가 그러한 생각을 불러일으켰을 것이다. 바리새인들은 조롱삼아 이 말을 하였지만, 그럼에도 불구하고 사실 그것은 인자(人子)에게 어울리는 명칭이었다.

　마태복음 9:10은 그 광경을 이렇게 묘사한다. "예수께서 마태의 집에서 앉아 음식을 잡수실 때에 많은 세리와 죄인들이 와서 예수와 그 제자들과 함께 앉았더니." 이것은 자기를 의롭다고 여기는 바리새인들에게는 일대 추문이었으므로 그들은 충격을 감출 수 없었다. 그들의 생각으로는, 만일 그가 정말 메시아라면, 자기들과 함께 식사를 해야 했던 것이다!

　바리새인들은 그 잔치가 끝날 때까지 주변을 서성거렸을 것임에 틀림없다. 그들은 예수님과의 정면 충돌을 피하고 대신 제자들에게 그들을 궁지에 몰아넣을 질문을 던졌다. "어찌하여 너희 선생은 세리와 죄인들과 함께 잡수시느냐"(11절). 이것은 정말 몰라서 묻는 말이 아니라 비난의 의미를 내포한 일종의 비꼬는 말이었다.

　귀너머로 그 대화를 들으신 예수님은 그러한 비난을 당신의 몫으로 받아들이셨다. "예수께서 들으시고 이르시되 '건강한 자에게는 의원이 쓸데없고 병든 자에게라야 쓸데 있느니라. 너희는 가서 '내가 긍휼을 원하고 제사를 원치 아니하노라' 하신 뜻이 무엇인지 배우라. 내가 의인을 부르러 온 것이 아니요 죄인을 부르러 왔노라' 하시니라"(12-13절). 예수님의 대답은 세 가지 측면에서 아주 권세 있는 말씀인데, 첫째는 경험에 입각한 것이고, 둘째는 성경의 논증에 의거한 것이며, 셋째는 당신의 고유한 신적 권위에 근거한 것이다.

　경험적인 측면에서 예수님은 죄인을 의사가 필요한 병자에 비유하셨다. 이 비유의 의미는 간단 명료하다. 의사는 아픈 사람을 찾아가기 마련이며(적어도 예수님의 시대에는 그랬다), 마찬가지로 용서해 주시는 분은 죄 지은 사람을 찾아가기 마련이다. 이것은 마음이 완악한 바리새인들에게 일침을 가하는 책망의 말씀이었다. "너희들이 그들을 죄인으로 진단할 만큼 예민하다면, 너희들은 그에 대해 무엇을 해 주려느냐? 너희는 진단만 하고 처방은 해 주지 않는 의사들이냐?" 예수님은, 바리새인들이란 다른 사람들을 제멋대로 죄인으로 규정하면서도 그들의 곤경에 대해서는 완전히 냉담한, 위선적인 비판자들인 것을 폭로하신 것이다.

　성경의 논증에 입각한 예수님의 말씀은 바리새인들의 자존심을 맹타하는 말씀이었다. "가서……배우라"(13절). 이런 표현은 랍비들의 문서에 보이는데, 마땅히 알아야 할 것을 모르는 생도들을 꾸짖을 때 쓰는 말이었다. 그 말의 참 뜻은 이런 것이다. "돌아가서 성경을 읽어 보고 기초적인 지식을 습득한 후에 다시 오너라." 예수님은 호세아 6:6을 인용하셨다. "다른 말로 하면, 하나님은 의식(儀式)이 아니라 긍휼, 자비, 인자와 같은 성품에 관심을 두신다는 것이다. 바리새인들은 의식에는 뛰어났으나 죄인들에 대한 사랑은 없었다. 하나님은 제사 제도를 제정하셨고 이스라엘에게 그러한 의식을 준수하도록 명하셨지만, 그러나 그것은 상하고 통회하는 마음의 표현일 때라야만 하나님을 기쁘시게 하였다(시 51:16-17). 마음이 올바르지 못할 때,

제 4 장 죄인은 받아 주시나 의인은 거절하심

의식은 혐오스런 행위가 되었다. 하나님은 인격적인 의로움이 없는 종교적인 형식을 결코 기뻐하지 않으신다.

세 번째 논증은 당신의 신적 권위에 근거한 것으로서, 그들을 겨냥하신 말씀이었다. "내가 의인을 부르러 온 것이 아니요 죄인을 부르러 왔노라" (13절). 누가복음 5:32은 "회개시키러"라는 말씀을 덧붙인다. 누가복음 18:9은 바리새인들을 "자기를 의롭다고 믿고 다른 사람을 멸시하는 자들"이라고 묘사하고 있다. 그러므로 예수님은 사실상 이렇게 말씀하신다. "너희들은 스스로 의롭다고 말한다. 나는 너희들이 자신들에 대해 내린 평가를 받아들이겠다. 하지만 그것이 사실이라면, 나는 너희에게 할 말이 아무 것도 없다. 왜냐하면 나는 죄인을 불러 회개시키러 왔기 때문이다."

여기에서 "불러"(call)로 번역된 말의 헬라어는 *kaleo* 인데, 이 말은 손님을 자기 집으로 초대할 때 종종 쓰는 말이다. 이와 같은 초대가 마태복음 22:1-14에 나오는데, 이 비유는 바리새인들에게 하신 예수님의 말씀과 정확히 일치된다. 거기에서 예수님은 천국을 하나의 잔치로 묘사하셨다. 어떤 임금이 자기 아들을 위하여 혼인 잔치를 베풀고 모든 친구들을 초대했으나, 초대받은 사람들은 아무도 오려 하지 않았다. 이에 그 왕은 종들에게 사람을 만나는 대로 초대해 데려 오라고 일렀다. 위선적이고, 마음이 차갑고, 자기를 의롭다고 여기는 이 바리새인들은 잔치에 오기를 거절한 사람들과 다름없었다. 그들은 자신들의 죄를 인식하지 못했으므로 예수님의 부르심에 응답할 수 없었다.

예수님이 전하신 복음의 핵심은 그분이 죄인을 불러 회개시키러 오셨다는 것이다. 그러므로 이 사실로부터 추론할 수 있는 당연한 결론은, 어떤 사람이 자신이 죄인임을 깨닫고 목마름을 느끼며 죄의 짐에 시달려 그것으로부터 벗어나기를 갈구하기 전에는, 주님께서 그에게 구원을 베풀지 않으신다는 것이다.

의인은 거절하심

하나님은 죄인을 받아 주신다. 그 이면에 있는 진리는 하나님께서 의인

을 거절하신다는 것이다. 물론 진정으로 의로운 사람은 아무도 없다(롬 3:
10). 그러나 스스로 선하다고 생각하고 죄의 심각성을 깨닫지 못하는 사람
들은 복음에 응답할 수 없다. 그들은 구원받을 수 없다. 왜냐하면 복음은 죄
인을 불러 회개시켜서 용서함을 받게 하는 것이기 때문이다. "내가 의인을
부르러 온 것이 아니요" 하는 말씀은 무서운 말씀이다. 그리스도의 은혜로운
구원의 부르심은 스스로 자신을 의롭게 여기는 자들에게는 해당되지 않는다
는 것이 분명한 메시지이다.

예수님에 따르면, 복음은 일차적으로 회개하라는 명령이다. 앞에서 언급
한 바와 같이, 마태의 회심과 관련하여 누가는 마태가 생략하고 언급하지 않
는 두 가지 말을 언급했다. "내가 의인을 부르러 온 것이 아니요 죄인을 불
러 회개시키러 왔노라"(눅 5:32). 사역 초기부터 예수님의 메시지의 핵심은
회개로의 부르심이었다. 실로 우리 주님께서 메시지를 전파하기 시작하셨을
때, 제일 처음 하신 말씀이 "회개하라"였다(마 4:17). 그것은 또한 세례 요
한이 전한 메시지의 서두였으며(마 3:2), 사도들이 전한 복음의 핵심이었다
(행 3:19;20:21; 26:20). 그러므로 죄인을 불러 회개케 하는 일을 소홀히
한다면, 어느 누구도 예수님이 전파하신 그 복음을 전할 수 없다.

때로 어떤 설교자들은 점잔을 빼며, 죄에 대한 것은 너무 부정적이기 때
문에 자신은 그것에 관해서는 설교하지 않겠노라고 말할 것이다. 몇 년 전에
전국적으로 유명한 어느 설교자가 내게 자신이 쓴 책을 보내 주었는데, 그
책에서 그는 죄를 빈약한 자아관과 다름없는 것으로 재정의하고 있다. 그는
주장하기를, 사람들에게 접근하는 길은 그들의 자기 존중심을 강화시켜 주
는 것이지, 그들이 스스로를 죄인이라고 생각하게 만드는 것이 아니라는 것
이다. 하지만 그런 메시지 속에는 복음이 들어 있지 않다! 그런 메시지는 사
람들에게 구원을 가져다 주는 대신 자아에 대한 허영심만 길러 준다.

예수님이 말씀하신 복음의 진리에 의거하면, 구원 받기에 합당한 사람은
오직 자신이 죄인임을 깨닫고 기꺼이 회개하고자 하는 사람이다. 그리스도

의 부르심은 다만 절망 속에서 자신의 곤경을 인식하고 변화를 갈망하는 죄인에게만 해당된다. 우리 주님께서는 죄인을 구원하러 오셨다. 그러므로 주님께서는 자신의 죄를 시인하지 않는 자들에게는 심판만을 선언하실 따름이다.

제 5 장
소경의 눈을 뜨게 하심

최근 어느 기독교 잡지에, 믿지 않는 사람들에게 복음을 전할 때 예수님의 주님되심은 적절한 주제가 아니라는 기사가 실렸다. '그리스도를 주님으로 모시겠다'는 결심은 이미 그분을 구주로 믿은 사람에게나 가능한 일이므로, 복음을 제시할 때는 개인의 삶을 그리스도의 주인되심에 굴복시킨다는 따위의 내용은 포함되지 않는다는 것이다. 그래서 우리 교회의 교인 한 분이 상당히 신뢰성 있는 잡지에 그런 기사가 실린 것을 보고 실망한 나머지 편집자에게 걱정스럽다는 내용의 편지를 보냈다.

편집자는 답장에서 이렇게 말했다. "저희가 낸 그 기사는 예수님이 주(主) 곧 여호와 하나님이시라는 사실에 의문을 제기한 것이 아닙니다. 그 기사는 잃어버린 바 된 죄인이 그리스도인이 되기 전에 반드시 신학자가 되어야만 하는가를 묻고 있는 것입니다."[1]

과연 그런가? 주님되심에 관한 논의가 과연 '사람들이 구원 받기 위해서는 신학자가 되어야 하는가 아닌가' 하는 문제인가?

결코 그렇지 않다. 하지만 그와 같은 말은 다소 도움이 되는 면도 있다. 주님되심을 인정하는 구원에 반대하는 사람들은 대체로 믿음을 성경적 사실들에 대한 단순한 지적인 동의로 보려 한다. 그들에게 복음이란 궁극적으로 이론적인 문제이다. 즉 그리스도의 죽음, 장사지냄 및 부활에 관해 역사적이고 교리적인 기본적 사실들의 목록만 알고 있으면 된다는 것이다. 그러한 사

제 5 장 소경의 눈을 뜨게 하심   95

실들을 믿는 것이 구원하는 믿음을 이룬다. 나머지 모든 것은 부수적인 것이다. 순종, 복종 또는 그리스도의 주님되심에 관해 말하는 것은 복음에 무엇인가를 덧붙이려는 것으로서 이방인을 신학자로 만들려는 부당한 처사이므로 물리쳐야 한다고 한다.

나는 지금 불공정한 자세로 다른 사람의 견해를 소개하고 있는 것이 아니다. 그것은 주님되심을 인정하는 구원이 복음을 손상하는 것이라고 주장하는 어느 글을 인용해 보면 금방 알 수 있다. "이것은 (고린도전서 15:3-4을 언급하면서) 구원을 위해서 반드시 믿어야 할 복음의 핵심적 메시지이다. 그것은 다음과 같은 사실들을 포함하고 있다. (1)인간은 죄인이다. (2)그리스도는 구주이시다. (3)그리스도는 죽은 자 가운데서 부활하셨다."[2] 글쓴이는 계속해서 주장하기를, 그리스도의 권위에 복종하는 것은 복음 메시지 속에 포함되지 않는다고 한다. "복음을 믿는 사람이면 누구나 예수님이 구주이심을 믿는다(고전 12:3). 하지만 복음을 믿는 사람 모두가 구주께서 자신의 삶을 다스릴 권세를 가지셨다고 인식하는 것은 아니다.……구원을 위해서는 복음 메시지를 믿기만 하면 된다. 그것이 전부이다."[3]

그러므로 아무 것도 모르는 불신자에게 "구주께서 그의 삶을 다스릴 권세를 가지셨다"고 말해 주는 것은 복음에다 기타 사실들을 덧붙이는 것으로서 본래의 교리가 아니므로 거부되어야 한다. 그것은 불신자를 신학자로 만들려는 것과 같다는 것이다.

나는 그러한 논리에 찬동힐 수 없다. 어느 누구도 단순히 몇 가지 사실들을 알고 믿는 것만으로는 구원 받지 못한다. 그리스도의 신성(神性)을 부인하는 이교도들도 고린도전서 15:3-4에서 나온 위의 네 가지 진리를 진심으로 믿을 수 있다. 하지만 그것이 그들을 진정한 신자로 만들어 주지는 못한다. 구주의 주님되심을 거부하는 사람은 어느 누구든-그가 아무리 복음적인 교리의 요점들을 받아들인다 해도-여전히 불신자이다. 구원에 이르는 믿음의 대상은 교리가 아니라 그리스도 자신이다. 진정한 믿음은 그리스도라는 인격을 받아들이는 것이지 복음의 자료들을 받아들이는 것이 아니다. 진정한 믿음은 예수님이 죽으시고 부활하셨다는 진리를 이해할 뿐 아니라 그 사실에 대응되는 함축적인 의미, 곧 그분이 그렇게 하신 이유가 우리를 죄에서 건져내어 우리 삶의 주인이 되시고자 함이라는 것을 이해하는 것이다.(롬 14:9)

복음은 무미건조한 일련의 사실들이 아니다. 복음은 역동적이다. 하나님은 복음으로 말미암아 죄인들을 죄의 속박에서 구속해 내신다(롬 1:16). 복음은 단순히 이성의 순종이 아니라 마음과 목숨과 뜻과 힘을 다하는 온전한 복종을 요구한다(막 12:30 참조). 복음의 임무는 이방인 가운데 신학자를 만들어 내는 것이 아니라 영적인 소경들의 눈을 뜨게 하는 것이다.

요한복음 9장이 그 사실을 잘 보여 준다. 예수님은 거기에서 날 때부터 소경된 사람을 고쳐 주셨고, 그들 두 번째로 만나셨을 때는 그의 영적인 눈을 뜨게 해 주셨다. 그 사이에 적대적인 바리새인들과 대면하게 된 그는 - 분명 신학자가 아니었음에도 불구하고 - 그리스도를 강력하고도 정확하게 증거하였다. 하지만 그때 그는 아직 그리스도를 믿는 거듭난 상태는 아니었다. 사실 예수님이 육체적으로 앞 못보는 그의 눈을 고쳐 주셨음에도 불구하고 그는 여전히 예수님이 누구신지 모르고 있었다(9:25). 그러나 예수님이 마침내 그의 영적인 눈을 뜨게 해 주셨을 때, 그는 예수님을 주님으로 경배하였다(38절). 이러한 변화를 가져다 준 것은 어떤 신학적 교훈이 아니라 하나님의 은혜로 말미암은 이적이었다.

육체적인 기적

요한복음 9장에 나오는 사람은 날 때부터 소경이었다. 주목할 만한 점은 이것이 복음서의 기록 중에서 예수님이 선천적인 질병을 고쳐 주신 이적으로는 유일한 것이라는 사실이다. 이 이적에 관한 한 회의론자들이 이것을 가리켜 무슨 심리적인 치료에 불과하다든지 혹은 예수님이 행하신 일종의 속임수에 지나지 않는다고 매도해 버릴 수 있는 근거가 전혀 없다. 이 사람을 알고 있는 사람은 누구나 그가 날 때부터 소경이었다는 것을 알고 있었다. 그가 소경이 된 것은 선천적인 결함이었지, 회복을 기대할 수 있는 일시적인 장애 현상이 아니었다. 마치 인류의 죄처럼 말이다.

제 5 장 소경의 눈을 뜨게 하심

이러한 이적을 목도한 사람이라면 아마도 이렇게 말했을 것이다. "소경의 눈을 뜨게 하다니! 이분은 그리스도이심에 틀림이 없다." 하지만 사람들은 그렇지 않았다. 그들의 마음은 불신으로 닫혀 있었다. 이 사건은 도리어 예수님의 사역에서 한 전환점이 되었다. 그후로부터 예수님은 유대 군중과 믿지 않는 그들의 지도자들을 떠나 당신의 관심을 이방인에게로 돌리셨다.

이 이적이 일어난 배경에 주목해 볼 필요가 있다. 요한복음 8장 끝부분을 보면 예수님이 성전에서 유대의 종교 지도자들과 심각한 논쟁을 벌이시는 내용이 나온다. 거기에서 예수님은 당신의 신성에 대해 극적인 선언을 하셨다. "아브라함이 나기 전부터 내가 있느니라"(요 8:58). 그 다음 구절은 유대인들이 격분한 나머지 그분을 돌로 치려 했다고 말한다. 그 혼란의 와중에서 예수님은 성전을 빠져나오실 수 있었다.

요한복음 9장은 예수님이 성전을 떠나신 직후의 이야기를 서술한다. "예수께서 길 가실 때에 날 때부터 소경 된 사람을 보신지라"(1절). 예수님은 당신의 생명이 위험에 처해 있고, 아마도 성전을 나온 무리들이 틀림없이 그분을 찾고 있었을 것임에도 불구하고 가던 길을 멈추고 이 소경 된 사람을 상대하셨다. 그분은 당신이 지금 피에 굶주린 자들을 피하여 숨는 중임에도 불구하고 멈추어 소경 된 죄인을 돌보실 시간을 내신 것이다. 그 사람은 거지였다(8절). 그 편에서 먼저 예수님을 만나려고 한 것도 아니었다. 그는 예수님께 자기를 고쳐 주십사고 부탁하지도 않았다. 심지어 그는 그리스도가 누구신 줄도 모르는 것 같았다. 그러나 주님이 그를 보셨다(1절). 주권적인 은혜가 이적을 베풀 대상으로 그를 선택한 것이다.

제자들은 흥미로운 신학적 질문을 던졌다. "랍비여, 이 사람이 소경으로 난 것이 뉘 죄로 인함이오니까? 자기오니이까, 그 부모오니이까?"(2절). 그들이 이해하는 범위 내에서는, 그 두 가지밖에 생각할 수 없었다. 그것이 전형적인 랍비의 가르침이었다. 욥의 시대까지 거슬러 올라가더라도, 고통이나 질병은 언제나 개인의 특정한 죄악에서 연유된다는 것이 통념이었다. 실제로 어떤 랍비들은 어린 아이도 어머니의 뱃속에서 죄를 지을 수 있으며 대가를 받게 된다고 가르쳤다.

예수님은 죄와 고난의 관계에 대해 장황한 논의가 오고가는 것을 피하시고 간단하게 대답하셨다. "이 사람이나 그 부모가 죄를 범한 것이 아니라 그에게서 하나님의 하시는 일을 나타내고자 하심이니라. 때가 아직 낮이매 나를 보내신 이의 일을 우리가 하여야 하리라. 밤이 오리니 그때는 아무도 일할 수 없느니라"(요 9:3-4). 불과 몇 달 후에는 예수님이 십자가에 달리실 것이었다. 신학적인 문제를 놓고 토론할 시기는 벌써 지난 것이다. 이 사람을 고치시는 우리 주님의 능력의 행동은 죄와 고통에 관한 신학적인 논의보다 훨씬 더 많은 것을 말해 줄 것이었다. 그 소경된 사람이야말로 이제 막 벌어질 이적 그 자체였던 것이다. 그는 영원 전부터 선택되어, 예수님이 그 곁을 지나가시다가 당신의 영광을 드러내시기로 특별히 예비된 사람이었다.

예수님과 제자들이 그에 관해 논의를 주고 받을 때에도, 주님은 아직 그 소경된 사람에게 아무 말씀도 하지 않으셨다. 그는 다만 그곳에 앉아 있었을 따름이었다. 그 거지는 어떤 도움도 구하지 않았고, 예수님의 능력을 힘입게 해 주십사고 요청하지도 않았다. 아마도 그는 그때까지도 이분이 누구신지 그리고 예수님이 지금 무엇을 하시려는지 깨닫지 못했을 것이다. 한 마디 말씀도 없이 예수님은 "땅에 침을 뱉아 진흙에 이겨 그의 눈에 바르셨다."(요 9:6)

예수님이 이 사람을 고치시는 데 사용하신 방법에 대해 어떤 특별한 의미를 부여할 수는 없다. 그것은 예수님이 다른 소경을 고치셨던 방식과 달랐다. 하지만 그분이 이 특별한 사람을 위해 선택하신 방식은 놀랍도록 단순한 이적이었다. 번쩍이는 불빛도 없었고, 천사들의 노래도 없었으며, 나팔 소리도 없었다. 고작해야 침으로 이긴 조그만 진흙이 있었을 뿐이다.

예수님은 그에게 간단히 말씀하셨다. "실로암 못에 가서 씻으라"(7절). 이로 인해 소경이 눈에 진흙을 붙이고 예루살렘을 걸어가는 진기한 광경이 벌어졌다. 하지만 무엇인가가, 아마도 예수님의 말씀에 실린 권위가 그 사람으로 하여금 순종하게 했을 것이다. 그는 주저없는 순종으로 응답했다. 성경은 이렇게 말한다. "이에 가서 씻고 밝은 눈으로 왔더라"(7절). 이 순종의

제 5 장 소경의 눈을 뜨게 하심

행위를 통해서 하나님은 그의 육체적인 눈을 뜨게 해 주셨다. 그리하여 이 사람은 마침내 구원에 이르는 믿음이 될, 예수님께 올바로 응답하는 첫 걸음을 내디딘 것이었다.

바리새인들의 심문

그 이적은 일대 소동을 일으켰다. 그가 돌아와서 사람들이 그가 전에 누구였으며 그에게 무슨 일이 일어났는가를 알게 되었을 때, 그들이 얼마나 놀랐겠는지는 넉넉히 짐작할 수 있는 일이다. 혹자는 물었다. "이는 앉아서 구걸하던 자가 아니냐?" 이에 대해 어떤 이들은 "그 사람이라" 하고, 다른 이들은 "아니라, 그와 비슷하다"고 했다. 당사자인 그는 계속하여 "내가 그로라"(8-9절)고 말했다. 이 말은 거의 믿을 수 없었다. 그들은 "그러면 네 눈이 어떻게 떠졌느냐?"(10절)고 물었다. 아무도 전에 이와 같은 이적을 본 일이 없었던 것이다.

그 사람은 신학적인 지식이 거의 없었다. 그들은 설명을 원했지만, 그가 할 수 있는 것은 그 사건을 되풀이하여 말해 주는 것뿐이었다. "예수라 하는 그 사람이 진흙을 이겨 내 눈에 바르고 '나더러 실로암에 가서 씻으라' 하기에 가서 씻었더니 보게 되었노라"(11절). 그는 예수님이 누구시며 어디에 계신지도 몰랐고, 자신에게 일어난 일에 대해 논리적으로나 신학적으로 설명을 할 수도 없었다. 한동안 그에게 질문을 퍼부은 뒤에 이웃들은 그를 데리고 바리새인들에게로 갔다.

순식간에 그 이야기는 역겨운 것으로 변했다. 전에 소경이었던 그가 바리새인들에게 "그 사람이 진흙을 내 눈에 바르매 내가 씻고 보나이다"(15절)하고 말하자, 그들은 분개하여 마지 않았다. 예수님이 그들의 유월절 전례를 깨뜨리셨던 것이다. "이 사람이 안식일을 지키지 아니하니 하나님께로서 온 자가 아니라"(16절)고 그들은 결론 지었다.

몇몇 바리새인들은 좀더 합리적으로 생각해 보려고 했다. "죄인으로서 어떻게 이러한 표적을 행하겠느냐?"(16절)고 의문을 제기했던 것이다. 그리하여 그들은 피차간에 논쟁하기 시작했다. 바리새인들 중에서도 호전적인 불신자들은 거기에서 그치려 하지 않았다. 요한복음 9장의 대부분은, 그들이 가능한 대로 이 사람 저 사람을 찾아다니며 예수님이 안식일을 범했으니 죄를 지었다는 것을 필사적으로 주장함으로써 자신들의 불신을 뒷받침해 줄 증거를 찾기에 얼마나 혈안이 되어 있었는지를 기술하고 있다. 그것은 실로 애처러운 광경이다. 형식주의적이고 불신의 열기로 가득한 자들이, 그 이적을 보거나 믿을 수 있는 능력이 결여된 채 떼를 지어 몰려다니며 그 이적을 조사했던 것이다.

하지만 그와는 완전히 대조적으로 그 거지는, 비록 일어난 일에 대해 신학적으로나 합리적으로 설명을 하지는 못했지만, 단순한 마음으로 예수님이 이루어 놓으신 일을 즐거워했다. 신학적인 지식으로 가득 차 있던 바리새인들은 명백히 벌어진 일을 한사코 부인하려고만 했다. 왜냐하면 그들은 자신들의 기존의 신학 체계와 그 일을 조화시킬 수 없었기 때문이다.

그들은 다시 그 소경에게 물었다. "그 사람이 네 눈을 뜨게 하였으니 너는 그를 어떠한 사람이라고 하느냐?"(17절). 그것은 몰라서 하는 질문이 아니라 일종의 도전이었다. 그는 신학적으로 거의 무지했음에도 불구하고 바리새인들의 집단적인 위협에 굴하지 않았다. 그는 거리낌 없이 예수님에 대해 이렇게 평했다. "선지자니이다."

그 이적의 타당성을 반박하기 위해 혈안이 되어 있던 바리새인들은 그의 부모를 불러 물었다. "이는 너희 말에 '소경으로 났다' 하는 아들이냐? 그러면 지금은 어떻게 되어 보느냐?"(19절). 그들은 똑같은 질문을 수없이 되물었다. 그것은 그들이 진정으로 대답을 듣고자 했기 때문이 아니라 안간힘을 다해 달갑지 않은 그 이적을 무산시켜 버릴 방도를 구하고 있었기 때문이었다.

그의 부모는 그가 자신들의 아들이며, 과연 날 때부터 소경이었다는 것은 시인했으나 두 번째 질문에 대해서는 교묘하게 얼버무렸다. 22절은 그들이 바리새인들을 무서워했다고 말해 준다. 왜냐하면 바리새인들이 누구든지 예수를 그리스도로 시인하는 자는 회당에서 쫓아내겠다고 위협했기 때문이다. 출교(黜敎)는 두려운 일이었다. 회당은 유대 사회의 중심이었다. 출교된 사람은 모든 것으로부터 단절되었다. 그런 사람은 물건을 사고 팔 수도 없었고 예배에서도 제외되었다. 완전히 버림받은 사람이 되는 것이었다. 그런 사람은 죽어도 묘지에 묻힐 수 없었다.

그의 부모는 모험을 하지 않았다. 그들은 바리새인들에게 이렇게 대답했다. "저에게 물어 보시오. 저가 장성하였으니 자기 일을 말하리이다"(21절). 이 바리새인들은 호전적인 불신자들이었다. 그들은 또다시 그에게로 가서 말했다. "너는 영광을 하나님께 돌리라. 우리는 저 사람[예수님]이 죄인인 줄 아노라"(24절). 물론 그들에게는 그분이 죄를 지었다는 아무런 증거도 없었다. 하지만 그들은 그렇게 단정하기로 작심했으며, 자기들이 만든 기준을 내세워 이미 내린 결론을 정당화하려 했다. 모든 증거가 남김없이 제시된다 해도, 불신은 언제든지 완고하게 남아 있기 마련이다. 그들의 결심은 이미 굳어졌으며, 따라서 이제는 드러난 사실들로 인해 혼란을 느끼지도 않을 것이다.

소경은 비꼬듯이 이렇게 대답했다. "그가 죄인인지 내가 알지 못하나 한 가지 아는 것은 내가 소경으로 있다가 지금 보는 그것이니이다"(25절). 그는 예수님을 죄인이라고 하는 그들의 단정에 의문을 제기했다. 사실상 그는 이렇게 말한 셈이었다. "나는 그분이 죄인이라고 단언할 수 없습니다. 나는 그것에 관해서는 아는 바 없습니다. 하지만 이것만은 압니다. 나는 그분이 오시기 전까지는 볼 수 없었지만 지금은 볼 수 있습니다."

이 말에 대해 그들이 무어라고 대답했는가? 아무 대답도 하지 않았다. 그처럼 명백하고 단순한 말에 이의를 제기하는 것은 쉬운 일이 아닌 것이다. 그들은 거의 광적으로 그가 이미 대답한 질문을 되물었다. "그 사람이 네게 무엇을 하였느냐, 어떻게 네 눈을 뜨게 하였느냐?"(26절)

그러자 그는 이렇게 일침을 가했다. "내가 이미 일렀어도 듣지 아니하고 어찌하여 다시 듣고자 하나이까, 당신들도 그 제자가 되려 하나이까?"(27절)

그 말을 들은 바리새인들은 분격해 마지 않았다. 그들은 그에게 욕설을 퍼붓고 저주하기 시작했다. "너는 그의 제자나 우리는 모세의 제자라. 하나

님이 모세에게는 말씀하신 줄을 우리가 알거니와 이 사람은 어디서 왔는지 알지 못하노라."(28-29절)

이 소경의 차분하고, 단순하고, 분명한 논리는 그들의 공격을 압도하였다. 확실히 그는 이 논쟁을 주도하고 있었다. "이상하다. 이 사람이 내 눈을 뜨게 하였으되 당신들이 그가 어디서 왔는지 알지 못하는도다. 하나님이 죄인을 듣지 아니하시고 경건하여 그의 뜻대로 행하는 자는 들으시는 줄을 우리가 아나이다. 창세 이후로 소경으로 난 자의 눈을 뜨게 하였다 함을 듣지 못하였으니 이 사람이 하나님으로부터 오지 아니하였으면 아무 일도 할 수 없으리이다"(30-33절). 그들이 점점 더 적대적이 되어갈수록, 그는 예수님이 하나님으로부터 오셨다는 사실을 점점 더 확신했다. 그들이 그에게 도전해올수록 그의 증거는 점점 더 명료해졌다.

마침내 바리새인들에게 더 이상 할 말이 없어지자 그들은 조롱으로 돌아섰다. "네가 온전히 죄 가운데서 나서 우리를 가르치느냐?" 성경은 이렇게 덧붙인다. "이에 쫓아내어 보내니라"(34절). 그것은 그들이 그를 그 건물에서 몰아냈을 뿐만 아니라 회당으로부터도 쫓아냈다는 것을 의미한다. 그리하여 한 때 소경이었던 이 거지는 그리스도를 위해 회당에서 쫓겨난 첫 번째 인물로 성경에 기록되었다. 이 사건은 장래의 변화를 예고하는 한 조짐이었으며, 그 변화는 결국 교회와 이스라엘의 분리로 귀결되었다.

바리새인들의 심문은 끝났다. 그들은 증언을 들었으며, 그 이적을 보았다. 그러나 그들은 변함이 없었다. 그들의 불신은 완고하고, 악의가 가득하며, 요지부동한 것이었다. 결국 그리스도에 대한 그들의 적대감은 자신들의 영혼을 팔아 그분을 죽음에 이르게 할 극도의 광기에 이르기까지 그들을 몰아갔다.

한편, 그 거지의 믿음도 아직 충분한 것은 아니었다. 그는 그리스도께 적극적으로 응답했으며, 바리새인들을 상대로 그분을 변호하기까지 했다. 하지만 그는 여전히 거듭나지 못한 상태였다. 그의 육적인 눈은 뜨였으나, 그의 영적인 눈은 아직 치유되지 않은 채 감겨 있었던 것이다.

영적인 이적

제 5 장 소경의 눈을 뜨게 하심

예수님은 그가 회당에서 쫓겨났다는 말을 들으시고는 그를 찾아가 만나셨다. 그 거지가 주님을 찾아온 것이 아니라, 다시금 주님이 먼저 그를 찾으신 것이다. 그는 본래 구걸을 업으로 하는 거지였으나, 그가 그리스도로부터 받은 이적들은-육체적으로 고침을 받은 것이든 혹은 나중에 구원받은 것이든-어느 것 하나도 그가 구해서 얻은 것이 아니었다.

이 사건은 하나님의 주권이 역사하는 방식을 완벽하게 보여 준다. 구원은 언제나 하나님께서 먼저 죄인들을 찾으시기 때문에 그 결과로 주어지는 것이지, 죄인들이 먼저 하나님을 찾기 때문에 오는 것이 아니다. 요한복음 15:16에서 예수님은 제자들에게 이렇게 말씀하셨다. "너희가 나를 택한 것이 아니요 내가 너희를 택하여 세웠나니." 누가복음 19:10은 이렇게 말씀한다. "인자의 온 것은 잃어버린 자를 찾아 구원하려 함이니라." 성경에 묘사된 그리스도는 언제나 죄인을 찾으시는 구주이시다. 그분의 거룩한 주도권이 구속을 가능케 한다. 그분의 주도권으로 말미암아 개인들이 발견되어 구원을 받는 것이다.

하나님께서 먼저 그를 찾으시기 전에는 어느 누구도 하나님을 찾지 않는다(롬 3:11 참조). 구원은 하나님의 역사이지, 인간의 구상이나 개인적인 바람의 결과가 전혀 아니다. 소경은 스스로 시력을 회복할 수가 없다. 영적인 시력도 거룩하고 주권적인 은혜 가운데 주어진 하나님의 주도권과 능력에 달려 있다.

여기에 중요한 교훈이 있다. 요한복음 9장에 나오는 소경은 빛에 비췸을 얻었기 때문에 볼 수 있게 된 것이 아니었다. 빛의 양(量)은 앞못보는 데는 아무런 영향도 끼치지 못한다. 소경에게는 낮이든 밤이든 매한가지이다. 이 세상에 있는 모든 빛이 비췬다 해도 소경의 눈이 볼 수 있게 되지는 않는다. 육체적으로 눈먼 것을 고칠 수 있는 유일한 길은 수술을 받거나 이적이 일어나는 것뿐이다. 그와 마찬가지로 영적으로 눈먼 것을 고칠 수 있는 유일한 길은 거룩한 이적뿐이다. 단순히 빛을 비추는 것만으로는 안된다.

이방인에게 신학을 가르친다 해서 그것이 그를 그리스도를 믿는 믿음으로 이끄는 것은 아니다. 복음에 관련된 어휘들을 익힐 수도 있고 말로는 그 진리를 확신한다고 할 수도 있다. 복음을 구성하는 일련의 사실들을 진리로 받아들일 수도 있다. 하지만 거룩한 이적이 그의 닫힌 눈을 뜨게 하고 그에게 새 마음을 주지 않는다면, 그는 신학적인 지식을 가진 이방인이 될 수는 있을지언정 그리스도인은 될 수 없다.

반면에 구원이 과연 하나님의 역사라면, 그것은 불완전한 것일 리가 없다. 개인의 행동에 영향을 미치지 않을 수가 없다. 소원이나 행동이 변화되지 않은 채로 남아 있을 수가 없다. 열매 없는 삶으로 귀결될 리가 없다. 하나님의 역사는 처음부터 궁극적인 완성에 이를 때까지 끊임없이 계속될 것이다.(빌 1:6)

분명히 하나님은 이 소경의 마음에 역사하기 시작하셨다. 그는 바리새인들 앞에서 그리스도를 옹호했으며, 그로 인해 막대한 대가를 치렀다. 회당으로부터 출교 당했으며 그 결과, 이스라엘에서 살아가는 데 필요한 거의 모든 사회적 관계들로부터 단절되었다. 아직 그리스도가 누구신지 충분히 알지도 못하는 상태에서 그는 전적으로 그분께 헌신되어 있었던 것이다.

그리스도께서 그에게 물으셨다. "네가 인자를 믿느냐?"(요 9:35).[4] 그 거지는 기꺼이 응답했다. 그의 마음은 완전히 열려 있었다. "주여, 그가 누구시오니이까? 내가 믿고자 하나이다"(36절). 예수님에 대한 그의 확신은 너무도 강렬했으므로 예수님이 누구를 인자로 지목했든 그는 즉각 그분께 반응했을 것이다. 그의 태도와는 대조적으로, 바리새인들은 모든 것을 다 알고 있다고 자부했지만 예수님께로 향하지 않았다. 그들은 하나님의 말씀에 익숙했고, 신학적 지식에도 통달하였으나 그들의 마음은 고의적인 불신으로 눈멀어 있었다. 그러나 그 거지는 비록 아직 믿는 상태는 아니었지만 그의 마음은 열려 있었다.

바로 그러한 믿음이 하나님의 주권에 올바로 반응하는 믿음이다. 비록 궁극적으로는 하나님의 주도권이 구원을 가능케 하지만, 그러나 그와 동시에 우리 편에서도 순종하는 자세로 예수 그리스도를 믿는 개인적인 반응을 보여야 한다.

이 사람의 단순한 믿음의 반응은 교훈하는 바가 크다. "예수께서 가라사대 '네가 그를 보았거니와 지금 너와 말하는 자가 그이니라'. 가로되 '주여, 내가 믿나이다'"(37, 38절). 그는 주저하지 않았다. 증거를 요구하지도 않았다. 그리스도께서 그에게 영적인 시력을 내려 주셨던 것이다. 그리하여 영적인 눈이 뜨이자마자 그는 그리스도를 알아보았고 그분께 믿음으로 반응하였다.

육체적인 치유와 마찬가지로 이것은 하나님께서 베푸신 이적이었다. 누구든지 그리스도에 관한 진리를 이해할 때는, 그것은 언제든지 하나님께서 베푸신 이적이다. 베드로의 위대한 신앙 고백을 상기해 보라. 예수님이 물으셨다. "너희는 나를 누구라 하느냐?" 그러자 베드로가 대답했다. "주는 그리스도시요 살아 계신 하나님의 아들이시니이다"(마 16:15-16). 그가 이것을 어떻게 알았겠는가? 예수님은 이렇게 말씀하셨다. "이를 네게 알게 한 이는 혈육이 아니요 하늘에 계신 내 아버지시니라"(17절). 하나님께서 이적을 베푸셔서 영적으로 소경된 눈을 뜨게 하지 않고서는 어느 누구라도 예수 그리스도가 누구신지 알 수 없다. 그러나 그리스도께서 일단 영혼의 눈을 뜨게 해 주시면 즉시 진리를 인식하게 된다.

이 가련하고 눈먼 거지는, 평생토록 아무 것도 보지 못했으나, 이제 분명하게 하나님의 아들을 알아보았다. 반면에 모든 것을 알고 있다고 자부하던 종교 지도자들은 자신들의 메시아를 알아보지도 못했다. 영적인 시력은 하나님의 선물이며, 그것이 사람으로 하여금 기꺼이 믿을 수 있게 해 준다.

이 사람이 새롭게 뜨인 믿음의 눈을 가지고 제일 처음에 본 것은 무엇이었는가? 그가 본 것은 통치하시는 주님이신 그리스도였다. 38절은 이렇게 말한다. "예수님께 경배하였다"(현대인의 성경). 그는 그 자리에서 무릎을 꿇고 경배했다. 이것이 그 이야기의 아름다운 절정이다. 그것은 그리스도를 그의 주님으로 '삼는다'는 따위의 문제가 아니었다. 영적인 눈에서 비늘이 벗겨져 그분이 어떤 분이신지를 알아보았을 때에 할 수 있는 유일한 반응은 무릎 꿇는 것이다.

요한복음 9장은 이 말로 끝을 맺는다. "예수께서 가라사대 '내가 심판하러 이 세상에 왔으니 보지 못하는 자들은 보게 하고 보는 자들은 소경되게 하려 함이라' 하시니 바리새인 중에 예수와 함께 있던 자들이 말씀을 듣고 가로되 '우리도 소경인가?' 예수께서 가라사대 '너희가 소경 되었더면 죄가 없으려니와 본다고 하니 너희 죄가 그저 있느니라'"(39-41절)

영적으로 소경 된 것도 비극이지만, 소경 되었으면서도 그 사실을 알지 못하는 것은 더더욱 비극이다. 바리새인들은 자기들이 볼 수 있다고 생각했다. 신학적인 지식면에서 보자면 그들은 거지에 비할 수 없을 만큼 뛰어났다. 그러나 그와는 달리 그들의 영적 눈은 뜨이지 않았으며, 그래서 그들은 예수 그리스도가 누구신지 알 수 없었다. 교리에는 밝았으나 메시아는 알아보지 못하였다. 심지어 그들은 소경이 되었으면서도 그 사실을 알지도 못했다.

영적인 시력을 가진 결과로 나타나는 것은 복종과 경배하는 마음이다. 영적으로 소경된 결과로 나타나는 것은 죄와 필연적인 파멸이다. 단순히 교리만 가지고는 영적으로 소경 된 것을 치유하는 데 별 도움이 안된다. 빛은 소경의 눈을 치유하지 못한다. 영적으로 소경 되어 어둠 속에 갇혀 있는 자들에 대한 유일한 소망은 하나님의 이적이 그들의 눈을 뜨게 해 주는 것뿐이다. 그것이 바로 하나님께서 성령님을 통해 구원을 베푸실 때 취하시는 방식이다(고전 2:9-10). 구원받은 사람들은 그리스도께서 주님이시라는 사실에 대해 신학적으로 심오한 가르침을 받지 않아도 순종하게 되어 있다. 영적으로 소경 되었던 눈이 열릴 때 그 사실이 분명해지기 때문이다.

구원은 초자연적인 것이며, 하나님께서 만드시는 변화로서 한 마디로 영혼에 일어나는 이적이다. 그것은 진정 하나님의 역사이며, 그렇기 때문에 눈을 뜨게 된 사람의 삶 속에 반드시 변화를 일으킨다. 그 사람은 그리스도께서 어떤 분이신가를-모든 것을 통치하시는 주님이신 것을-알게 될 것이며, 그러한 계시는 이전에는 주님의 주님되심을 보지 못했던 사람에게 필연적으로 경배와 찬양과 하나님의 뜻을 행하려는 마음을 불러일으킬 것이다. 이러한 것은 신학적인 강습의 결과가 아니다. 그것은 구속함을 받은 사람의 마음 속에서 일하시는 성령님의 역사이다.

제 5 장 소경의 눈을 뜨게 하심

◆ 주(註) ◆

1) 그 편집자는 편지 말미에 이렇게 썼다. "분명히 죄인은 예수 그리스도께서 하나님 - 주 여호와 - 이시라는 것을 알아야만 합니다. 왜냐하면 오직 하나님만이 잃어버린 바 된 죄인을 구원하실 수 있기 때문입니다." 이것을 보면 그는 개인이 구원받기 전에 반드시 알고 확신해야 할 핵심적인 신학적 진리가 있음을 시인한 셈인데 그것은 올바른 생각이다. 내가 묻고 싶은 것은, 개인으로 하여금 예수 그리스도를 여호와 하나님으로 믿으면서도 전과 다름 없이 죄와 반역의 삶을 계속 살 수 있게 해 주는 믿음이란 도대체 어떤 믿음인가 하는 것이다. 그런 믿음은 정통적이기는 하지만 아무런 효력도 없는, 귀신들도 가지고 있는 믿음(약 2: 19)이 아닐까?

2) Thomas L. Constable, "The Gospel Message" *Walvoord: A Tribute,* (Chicago Moody, 1982), pp. 203 - 4.

3) 앞의 책, p.209.

4) King James Version 에는 "네가 하나님의 아들을 믿느냐?"로 되어 있다. '인자'나 '하나님의 아들'은 둘 다 예수님이 당신의 성육신하신 신성(神性)을 강조하기 위해 사용하신 용어이다. 소경은 분명히 예수님이 당신을 가리켜 하나님이라고 주장하고 계시다는 사실을 인식했다. 왜냐하면 그의 반응이 경배로 나타났기 때문이다.

제 6 장
열렬한 마음으로 찾아온 자에게 도전을 던지심

오래 전, 사역 초기에 나는 비행기를 타고 대륙 횡단 여행을 한 일이 있었다. 그때 옆 자리에 앉은 사람이 내가 성경을 읽고 있는 것을 보고는 자기 자신을 소개한 다음에 놀랍게도 이렇게 묻는 것이었다. "실례합니다만, 제가 어떻게 해야 예수 그리스도와 개인적인 관계를 맺을 수 있는지 선생님께서 알고 계십니까?"

이토록 확실하게 준비된 사람을 만나기란 물론 흔치 않은 일이었으므로 나는 그 사람을 놓치고 싶지 않았다. 나는 이렇게 말했다. "물론입니다. 선생님은 단지 주 예수 그리스도를 믿고 그분을 자신의 구주로 영접하시기만 하면 됩니다." 계속해서 나는 우리가 영원한 생명을 얻을 수 있도록 하기 위해 예수님이 죽으시고 부활하셨다는 것을 설명했다. 나는 그가 그리스도를 자신의 개인적인 구주로 영접하는 데 필요한 모든 것을 말해 주었다.

"그렇게 하기를 원합니다" 하고 그는 말했다. 그래서 나는 그가 기도할 수 있도록 인도해 주었으며, 그는 주님께서 자신의 구주가 되어 주시기를 기도했다. 나는 이런 일을 경험하게 되어 몹시 기뻤으며, 열심히 그를 제자로 양육했다. 하지만 얼마 지나지 않아서 그는 나를 만나려 하지 않았다. 최근에 나는 그가 그리스도와 관련된 것에 대해 더 이상 관심을 보이지 않는다는 사실을 발견했다.

무엇이 문제인가? 왜 이와 같은 일들이 종종 일어나는가? 정규적으로 그리스도를 증거하는 사람들은 대부분 사람들로 하여금 신앙을 고백하게 하는 일은 상대적으로 쉽다는 사실을 시인한다. 그들로 하여금 주님을 따르게 하는 일은 그보다 훨씬 더 어려워, 그 일에는 실패한 경험들이 많이 있다. 우리 모두는, 순간적으로 열정에 싸여 구원이라는 개념을 받아들인 것처럼 보였으나 주님을 따르지는 않는 '회심자'들이 있는 것을 알고 있다. 무엇 때문인가?

나는 마태복음 19장에 나오는 부자 관원에 관한 내용을 연구하기 전까지는 그 이유를 도무지 알지 못했다. 그 청년은 더할 나위 없이 분명한 언어로 자기가 어떻게 하여야 영생을 얻을 수 있는지 여쭈어 보았다. 그러므로 만일 예수님이 아주 분명하게 복음을 제시하신 곳이 있다면 바로 이곳일 것이다. 여기에는 깜짝 놀랄 만한 대화가 나온다.

> 어떤 사람이 주께 와서 가로되 선생이여 내가 무슨 선한 일을 하여야 영생을 얻으리이까 예수께서 가라사대 어찌하여 선한 일을 내게 묻느냐 선한 이는 오직 한 분이시니라 네가 생명에 들어가려면 계명들을 지키라 가로되 어느 계명이오니까 예수께서 가라사대 살인하지 말라 간음하지 말라 도적질하지 말라 거짓 증거하지 말라 네 부모를 공경하라 네 이웃을 네 몸과 같이 사랑하라 하신 것이니라 그 청년이 가로되 이 모든 것을 내가 지키었사오니 아직도 무엇이 부족하니이까 그 청년이 가로되 이 모든 것을 내가 지키었사오니 아직도 무엇이 부족하오니이까 예수께서 가라사대 네가 온전하고자 할진대 가서 네 소유를 팔아 가난한 자들을 주라 그리하면 하늘에서 보화가 네게 있으리라 그리고 와서 나를 좇으라 하시니 그 청년이 재물이 많으므로 이 말씀을 듣고 근심하며 가니라(16-22절)

언뜻 보면, 예수님이 이 사람에게 주시려고 했던 메시지가 무엇인지 애매해 보이기도 하지만, 자세히 살펴보면 그것이 무엇인지 알 수 있다. 만일 위의 구절들에서 말하는 진리를 한 마디로 요약할 수 있다면, 그것은 누가복음 14:33이 될 것이다. "이와같이 너희 중에 누구든지 자기의 모든 소유를 버리지 아니하면 능히 내 제자가 되지 못하리라."

우리 주님께서는 이 청년에게 한 가지 문제를 내셨다. 그것은 그가 자신의 소유와 예수 그리스도 중에서 하나를 선택해야 한다는 것이었다. 그는 그 시험에 통과하지 못했다. 그가 무엇을 믿든지간에, 기꺼이 모든 것을 버리지 않는 한 그는 그리스도의 제자가 될 수 없었다. 구원은 기꺼이 모든 것을 포기하는 사람들을 위한 것이었다.

그리고 여기에서의 논점은 명백히 이 사람의 구원이지, 회심 이후의 더욱 높은 수준의 제자 훈련 같은 것이 아니다. 그의 질문은 어떻게 하여야 영생을 얻느냐 하는 것이었다.

'영생'이라는 말은 성경에 대략 50차례 정도 쓰였다. 그 말은 언제나 회심, 복음, 신생(the new birth), 즉 완전한 구원의 경험 등과 관련되어 있다. 실제로 복음과 관련하여 가장 낯익은 구절인 요한복음 3:16에서도 그 말을 쓰고 있다. "하나님이 세상을 이처럼 사랑하사 독생자를 주셨으니 이는 저를 믿는 자마다 멸망치 않고 영생을 얻게 하려 하심이니라."

전도에서 우리가 하는 일의 대부분은 사람들을 인도하여 그들이 스스로 구원이 필요하다고 느낄 수 있는 지점까지 이끌고 가는 것이다. 그런데 이 청년은 예수님께 그 질문을 하기 전에 이미 그 지점에 도달해 있었다. 그는 최상의 전도 대상이었다. 그는 결신자 카드에 이름을 기입하거나, 손을 들어 표시하거나, 교회의 복도를 걸어 나올 준비가 된 사람이었다. 그는 정상적인 복음 전도의 준비 단계를 다 거쳤다. 그에게는 어떻게 하나님이 계시다는 사실을 알 수 있는지, 왜 성경을 믿어야 하는지, 무엇 때문에 영원에 대해 관심을 가져야 하는지에 관해 설명해 줄 필요가 없었다. 비행기 안에서 내게 다가온 그 젊은이와 마찬가지로 그는 잘 준비된 것처럼 보였다. 인간적인 눈으로 본다면 그는 그때까지 주님께서 만나신 사람들 중에 가장 잘 준비된 사람이었을 것이다. 그는 무르익은 열매였으며, 열정적이었다. 그는 영생을 얻지 못한 채로 순순히 돌아갈 것 같지 않았다.

하지만 그는 그렇게 돌아갔다. 그가 떠나간 이유는 그릇된 메시지를 들었기 때문도 아니고, 심지어는 믿지 않았기 때문도 아니었다. 그 이유는 바로 그가 기꺼이 자신의 모든 것을 포기하고서, 자신을 드려 순종하려 하지 않았기 때문이었다. 예수님은 그의 말을 액면 그대로 받아들이시고 그에게 '결단'을 촉구하신 것이 아니라, 도리어 그가 쉽사리 승복하지 않을 말씀을 하셨다. 어떤 의미에서는 예수님이 그를 쫓아내신 것이었다.

이런 전도가 어디 있겠는가? 내 생각에, 예수님은 거의 모든 성경 대학이나 신학교의 개인 전도 과목에서 낙제를 면치 못하셨을 것이다. 그분은 행위에 관한 메시지를 전하셨으며, 그 말씀을 하실 때 믿음이나 구원의 실상에 대해서는 언급조차 하지 않으셨고, 그에게 믿으라고 도전하시지도 않았다. 그분은 끝맺음을 잘 하시지도 못했고, 그물을 던지는 것도 낙제였으며, 그 청년을 결신자로 얻지도 못하셨다. 잘라 말해서, 어떤 사람이 영생을 얻기 원한다고 말하면서 나아왔을 때, 우리는 그를 그대로 돌려보낼 수 없다. 그것이 옳지 않겠는가?

아니다. 그 반대이다. 전도에 관한 우리의 개념들을 가지고 예수님을 고소할 수는 없다. 도리어 예수님이 오늘날의 전도 방법을 판단하실 것이다. 오늘날의 전도가 골몰하고 있는 것은 결단이나 통계 수치, 교회 복도로 걸어 나오기, 요령, 잘 짜맞추어진 복음 제시, 선전물, 감정의 조작, 그리고 심지어는 위협 등이다. 그 메시지는 안이한 신앙주의와 지나치게 단순한 호소로 버무려진 불협화음을 내고 있다. 불신자들은 만일 그들이 예수님을 마음 속에 모셔들여, 그분을 자신의 구주로 받아들이거나 혹은 복음을 구성하는 사실들을 믿기만 하면 그것으로 족하다는 말을 듣는다. 그 결과는 엄청난 실패이다. 그것은 그리스도를 믿는다고 고백하면서도 행동에는 전혀 변화가 없는 수많은 사람들의 삶에서 여실히 드러난다. 실제로는 그렇지 않은데도 불구하고 자신들이 구원받았다고 믿고 있는 사람들이 얼마나 많은지 모른다.

이 청년은 무엇이 잘못되었는가? 그는 출발을 아주 잘 한 것처럼 보였지만 결국은 영생을 얻지 못한 채 슬픈 기색을 띠고 그리스도로부터 돌아섰다. 그는 올바른 동기와 올바른 태도를 지닌 것처럼 보였고, 영생의 근원이신 분께 잘 나아왔으며, 올바른 질문을 했다. 하지만 그는 구원받지 못한 채 돌아갔다.

그는 올바른 동기를 가졌다

이 사람은 영생을 찾기 위해 왔다. 그는 자신이 무엇을 원하는지 알고 있었으며, 자신에게는 그것이 없다는 사실도 알고 있었다. 그에게는 거의 모든 것이 있었으나 영생만은 없었다.

그의 동기에는 아무런 잘못이 없었다. 영생을 갈망하는 것은 좋은 일이다. 확실히 그는 영적인 생명이 자신의 모든 소유보다 더 귀하다는 사실을 깨닫고 있었다. 예수님은 이렇게 말씀하셨다. "너희는 먼저 그의 나라와 그의 의를 구하라. 그리하면 이 모든 것을 너희에게 더하시리라."(마 6:33)

이 사람은 청년이었고(마 19:20), 부자였다(22절). 누가복음 18:18에 보면, 그가 또한 관원(헬라어 성경에는 archon으로 되어 있음)이었음을 알 수 있다. 이것은 그가 회당장이었을 가능성이 매우 높다는 점을 시사한다(참고. 마 9:18에도 동일한 어휘가 나온다). 이렇게 볼 때 그는 경건하고 정직하며, 젊고 부유할 뿐 아니라 유명하고 매우 존경을 받으며, 영향력이 있는 유대의 종교 지도자였던 것으로 보인다. 그는 모든 것을 가지고 있었다. 16절의 "보라"(and behold;한글 개역 성경에는 나타나 있지 않음 - 역자주)는 말은 놀라움과 경이를 표시하는 일종의 감탄사이다. 그것이 의미하는 바는 이 사람이 예수님을 찾아와 자신에게 영생이 필요하다는 사실을 시인하는 것을 보고 마태가 놀랐다는 것이다.

그는 틀림없이 혼란에 빠져 있었다. 종교와 재산을 다 가지고 있었지만, 그는 거기에서 확신과 평화와 기쁨과 든든한 소망을 얻지 못했다. 영혼은 불안했으며, 마음 속에 확실한 것이 없다는 것을 느끼고 있었다. 그는 자신에게 결여된 것이 영생이라고 판단했다.

성경에서 영생이라고 할 때는 내세에서의 생명뿐 아니라 현세를 살아가는 삶의 질을 아울러 가리킨다. 영생은 기간 만큼이나 질이 중요한 의미를 지닌다(요 17:3 참조). 영생은 그냥 영원히 사는 것이 아니고 하나님이 계신 곳에서 사는 것이다. 영생은 살아 계신 하나님과 동행하면서 영원한 교제를 나누는 것이다.

　부자 청년은 바로 이런 것을 원했을 것이다. 그는 하나님과 동행하면서 교제를 나눌 필요를 인식했음이 틀림없다. 아마도 그는 하나님께 온전히 반응하는 일에 자신이 무력하다는 것을 자각했는지도 모른다. 그는 하나님의 사랑과 안식과 평화와 소망과 기쁨과 보호를 경험하지 못했다. 한마디로, 그는 자신에게 영적인 생명이나 영원히 하나님께 속했다는 확신이 없다는 사실을 알고 있었다.

　이런 점에서 보면 그는 매우 분별력이 있는 사람이었다. 영적인 면에서 볼 때, 그는 자신들의 세계에 안주했던 바리새인보다 훨씬 나은 사람이었다. 그는 그들과 달랐다. 그는 영생을 사모했고 그것을 얻고자 했다. 어느 누구도 그가 그리스도께 나아온 동기를 가지고 그를 책잡을 수 없다.

그는 올바른 태도를 지녔다

　그는 올바른 동기를 가졌을 뿐 아니라 그의 태도 또한 칭찬할 만한 것이었다. 그는 거만하거나 불손하지 않았고, 자신의 곤궁을 깊이 인식한 것처럼 보였다. 자신에게 영생이 없다는 것을 알면서도 그에 대해 아무런 필요를 느끼지 못하는 사람들도 많이 있다. 그들은 자신들이 영적인 세계를 이해하지 못한다는 사실을 알고 있지만, 그런 일에 관심을 기울이지 않아도 전혀 불편함을 느끼지 않고 살아간다. 하지만 이 청년은 그렇지 않았다. 그는 절박했다. 그의 물음에서 그러한 절박성을 감지할 수 있다. "선생님이여, 내가 무슨 선한 일을 하여야 영생을 얻으리이까?" 그는 무슨 서론적인 말도 없이 단도직입적으로 그렇게 여쭈어 본 것이었다.

　마가복음 10:17에는 그가 달려왔다고 기록되어 있다. 그는 또한 공개적으로 찾아왔다. 밤에 왔던 니고데모와는 달리 이 사람은 대낮에, 그것도 다른 사람이 보는 앞에서 찾아왔다. 마가는 주님께서 그때 막 어디로 가시던 참이라 길에 계셨다고 말한다. 주님의 주위에 평상시와 같이 군중이 모여 있었음은 의심할 나위도 없다. 그는 그 사람들이 자기가 누구인지 알고 있다는 사실에도 아랑곳 없이 군중을 헤치고 곧바로 달려나왔다. 그리고는 대담하

제 6 장 열렬한 마음으로 찾아온 자에게 도전을 던지심

게도 자기에게는 영생이 없다는 사실을 공개적으로, 드러내놓고 고백했다. 그와 같은 지위에 있는 사람이 그러한 질문을 하는 데는 상당한 용기가 필요하다. 그는 자신에게 영생이 필요하다는 사실을 공개적으로 시인하게 되면, 손해볼 것이 많은 사람이었다.

마가는 또한 이 부자 관원이 예수님 발 앞에 무릎을 꿇었다고 말한다. 그는 그렇게 주님 앞에서 스스로를 낮추는 것이 사회적으로 자신에게 별로 득될 것이 없다는 사실을 알고 있었다. 하지만 그는 그런 불리를 마다하지 않을 정도의 정직성을 지닌 사람이었다. 그는 너무도 강렬하게 영생을 원했던 나머지, 일찍이 자신을 영적인 거인으로 알고 있었던 사람들 앞에서 체면이 깎일 위험을 무릅썼던 것이다. 그럼에도 불구하고 마음의 평안을 얻지 못한 그는 낭패감에 젖어 이렇게 묻는다. "아직도 무엇이 부족하니이까?" 여기서 우리는 그가 근심하고 있다는 것과 목적을 이루지 못한 나머지 크게 당혹스러워하고 있음을 감지할 수 있다. 그의 삶은 온통 종교적이었음에도 불구하고, 그는 무엇인가가 잘못되었다는 사실을 알고 있었다. 이것은 깊은 절망에 빠진 마음의 부르짖음이었던 것이다.

우리는 모든 율법을 다 지켰노라는 그의 주장을 어떻게 받아들여야 할 것인가? 물론 그의 말은 과장이었다. 하지만 외적으로 본다면 그는 분명히 모범적인 삶을 살았다. 그는 도덕적인 사람이었으며, 파렴치한 죄인은 아니었다. 그는 그가 믿는 종교의 엄격한 기준에 맞추어 살았다. 그러나 그는 깊은 허무를 느꼈고, 그 허무를 해결하고자 예수님께 나아왔던 것이다. 만일 어떤 사람이 그에게 다가가서 "당신은 평화와 기쁨과 행복과 사랑을 원하십니까?" 하고 묻는다면, 그는 틀림없이 긍정적으로 반응했을 것이다. 만일 다가간 사람이 전도 단체에 소속된 사람이었다면, 그는 이 청년을 위해서는 "저를 따라하세요" 하는 식의 후렴구를 되뇌일 필요조차 없었을 것이다. 이 청년은 준비되어 있었다. 그는 열정적으로 영생을 추구하였으며, 그런 점에서 볼 때 올바른 태도를 가진 것임에 틀림 없었다.

이처럼 좋은 기회가 어디 있겠는가! 이 사람은 열심이 있고 갈급해 하는 놓칠 수 없는 전도 대상자였다. 그는 젊고 부유하며, 지성적이고 영향력 있는 사람이었다. 그가 예수님께 속한 사람이 되었을 경우 어떠한 일을 할 수 있을지를 생각해 보라! 그는 증인의 삶을 살 수도 있고, 책을 저술할 수도 있으며, 기독교 운동에 거액을 기부할 수도 있다. 그러므로 이와 같은 기회를 놓칠 어리석은 전도자는 없을 것이다.

그는 올바른 근원으로 나아왔다

이 젊은 관원은 단지 어느 전도자에게 나아온 것이 아니라 영생의 근원이신 분께 나아왔다. 그곳은 그가 원하는 것을 추구하기에 걸맞은 정당한 자리였다. 사람들은 아주 엉뚱한 곳에서 영생을 찾는다. 사단은 그릇된 확신을 가지게 하는 데는 으뜸가는 사기꾼이며, 사람들이 그릇된 곳에서 영생을 찾느라 일생을 허비하는 한 결단코 영생을 발견할 수 없다는 사실을 잘 알고 있다. 요한일서 5:11은 "또 증거는 이것이니 하나님이 우리에게 영생을 주신 것과 이 생명이 그의 아들 안에 있는 그것이니라"고 했고 20절에서는 예수님을 가리켜 "그는 참 하나님이시요 영생이시라"고 했다. 예수님은 영생의 근원이실 뿐 아니라 **그분 자신**이 영생이시다. 이 젊은 부자 관원은 올바른 곳에 와서 영생을 찾은 것이다.

이 사람이 예수님의 능력에 대해 소문을 들었다는 것은 의심할 여지가 없다. 그는 주님을 *didaskalos*라고 불렀는데, 그 말은 '주님' 또는 '선생님'이라는 뜻이다. 그런 호칭을 사용한 것으로 보아, 그는 예수님을 거룩한 진리를 가르치는 교사로 인식하고 있었던 것 같다. 마가와 누가는 그가 예수님을 '선한' 선생님이라고 불렀다고 가르쳐 준다. *agathos*라는 어휘를 사용한 것은 그가 주님을 본질상 선한 분으로 또는 본성이 선한 분으로 여겼다는 사실을 나타내 준다. 만일 그가 외적인 선함이나 선한 모습을 들어 이야기하려 했다면, 그는 *kalos*라는 단어를 사용했을 것이다. 그러므로 그가 "선한 선생님이여" 하고 부른 것은 단지 예수님을 유능하신 선생님이라고 부른 것이 아니라 주님의 내재적인 선함을 믿었기 때문에 그렇게 부른 것이었다.

그렇다고 하여 그가 예수님이 하나님이시라고 믿었다는 말은 아니다. 그는 예수님께서 인간의 몸을 입으신 하나님이시라는 사실은 고사하고, 아마 예수님께서 메시아시라는 사실도 몰랐을 것이다. 아마도 그는 예수님의 권위 있는 가르침이나 고결한 삶의 능력에 매료되었을 것이다. 그는 영생이라는 문제에 대해 이 선생님의 가르침을 얻고자 했다. 왜냐하면 이분은 해답을 가지고 계시리라고 믿었기 때문이다. 그런데 예수님께서 "네가 어찌하여 나를 선하다 일컫느냐 하나님 한 분 외에는 선한 이가 없느니라"(17절)고 말씀하신 까닭은 그로 하여금 당신이 진정 어떤 분이신지를 깨닫게 하시기 위함이었을 것이다.

비록 그가 그리스도를 메시아나 육체를 입으신 하나님으로 인식하지는 못했을지라도, 어찌되었든 그가 올바른 자리로 나아왔다는 것만은 틀림없는 사실이다. "다른 이로서는 구원을 얻을 수 없나니 천하 인간에 구원을 얻을 만한 다른 이름을 우리에게 주신 일이 없음이니라."(행 4:12)

그는 올바른 질문을 던졌다

마태복음 19장의 이 부분을 읽을 때, 많은 사람들은 그가 이런 질문을 했다고 그를 비난한다. "내가 무슨 선한 일을 **하여야** 영생을 얻으리이까?" 하고 물은 것이 잘못이었다는 것이다. 다시 말해서 그는 행위 지향적인 마음 자세를 지니고 있었다는 것이다. 물론 그가 행위에 근거한 종교에 길들여져 있었던 것은 사실이다. 그는 바리새적인 전통 속에서 자랐다. 그는 종교를 하나님의 은혜를 획득하기 위한 일종의 체계로 생각하도록 교육을 받았다. 그러나 그의 배경이 그에게 잘못된 영향을 미쳤을지라도 그의 질문은 올바른 것이었다. 그 질문은 예수님으로 하여금 인간의 자기 의를 인정하게 함으로써 함정에 빠지게 하려는 계산된 술수가 아니었다. 그것은 진리를 모색 중인 한 사람이 던진 순수하고 정직한 질문이었다. "내가 무슨 선한 일을 하여야 영생을 얻으리이까?"

궁극적인 의미로 볼 때, 구원을 얻기 위해 우리가 해야 할 일이 있다. 그것은 우리가 믿어야 한다는 것이다. 이 사람의 질문은 요한복음 6:28에서 군중이 던진 질문과 크게 다를 바 없다. "우리가 어떻게 하여야 하나님의 일을 하오리이까?" 예수님은 그 무리들에게 단순 명료하면서도 단도직입적으로 대답하셨다. "하나님의 보내신 자를 믿는 것이 하나님의 일이니라."(29절)

하지만 이 이야기가 예기치 못한 방향으로 흘러가는 것은 여기서부터이다. 예수님께서 이 청년에게 대답하신 말씀은 얼핏 생각하면 터무니없어 보인다. "네가 생명에 들어가려면 계명들을 지키라"(마 19:17). 우리 주님은 그에게 자신을 계시하시거나 복음의 사실들을 드러내 보이지 않으셨다. 그분은 그를 믿음으로 초대하지 않으셨다. 그분은 그에게 결단을 촉구하지도 않으셨다. 그대신 그분은 그 청년 앞에 일종의 장벽을 들이대심으로써 그를 급작스레 멈추게 하셨다.

곧이곧대로 말하자면, 그 대답은 옳은 것이다. 만일 사람이 평생 살 동안 율법을 온전히 지키고 일점일획이라도 어긋나지 않는다면, 그는 완전할 것이고 죄가 없을 것이다. 하지만 구주를 제외하고는 어느 누구도 그렇게 될 수 없다. 사람은 죄악 중에서 태어난다(시 51:5). 그러므로 영생을 얻기 위한 방법으로 율법을 제시한다는 것은 믿음의 문제를 희석시키는 처사이다. 그런데 도대체 왜 예수님께서 그에게 그렇게 말씀하셨단 말인가? 그가 올바른 동기와 올바른 태도를 가지고 올바른 근원께 나아와 올바른 질문을 했다면, 왜 예수님께서는 그에게 구원의 길을 속시원히 일러 주시지 않았단 말인가?

그는 교만했기 때문에 실패했다

비록 모든 면에서 그 청년의 태도가 정당했다 하더라도, 그는 한 가지 중요한 자질을 결여하고 있었다. 예수님은 그에게 자신이 죄인이라는 의식이 조금도 없다는 사실을 아셨다. 구원을 얻고자 하는 그의 갈망은 영혼의 공허에서 비롯된 것이었다. 생각컨대 그것은 불안과 좌절에서 벗어나 기쁨과 사랑과 평안과 희망을 얻고자 하는 갈망일 수도 있었다. 그러한 것들은 좋은 갈망임에는 틀림이 없지만, 그것만으로는 자신을 그리스도께 위탁할

제 6 장 열렬한 마음으로 찾아온 자에게 도전을 던지심

만한 충분한 동인은 되지 못한다.

 오늘날 행해지는 대부분의 복음 전도는 사람들로 하여금 자신의 죄의 실상에 직면하게 하지 못하는, 치명적인 결함을 안고 있다. 전도자들은 사람들에게 행복과 기쁨과 성취와 모든 긍정적인 것들을 제공한다. 오늘날의 그리스도인들이 듣는 소리는 그들이 해야 할 유일한 일은 개인의 심리적인 필요들을 발견하는 것이라는 이야기뿐이며, 그에 따라 어떤 문제든지 해결해 줄 수 있는 만병통치약으로서 예수님이 제시된다. 그렇게 하여 사람들의 대답을 얻어내기란 식은 죽 먹기다. 왜냐하면 사람들은 자신들의 절실한 문제를 순식간에 처리해 줄 해결책을 찾고 있기 때문이다. 하지만 그것이 우리가 하는 일의 전부라면, 그것은 정당한 복음 전도가 아니다.

 우리 주님은 그 젊은 부자 관원의 절실한 문제에 대해 어떠한 해결책도 제시하지 않으셨다. 그 대신, 주님의 대답은 그로 하여금 자신이 지금 하나님께 반역하고 있는 존재라는 사실에 직면하게 했다. 그가 자신의 죄인됨을 인식하는 것이야말로 긴요한 일이었다. 자신의 죄를 깨닫는 것은 구원의 진리를 이해하는 데 필수적인 요소이다. 심리적인 필요나 불안, 평안의 결여, 절망감, 기쁨이 없음, 행복을 소원하는 마음 등 – 단지 이런 것들이 있다고 하여 사람이 구원을 얻으려고 예수 그리스도께 나아올 수는 없다. 구원은 자신의 죄를 미워하고 이생에 속한 것들로부터 돌아서기를 원하는 사람들을 위해 있는 것이다. 구원은 자신들이 거룩하신 하나님을 거역하면서 살아 왔다는 사실을 깨달은 사람들을 위한 것이다. 구원은 그러한 삶에서 돌이켜 하나님의 영광을 위해 살기를 원하는 사람들을 위한 것이다. 구원은 단순히 심리적인 현상이 아니다.

 예수님의 대답으로 인해 문제의 핵심이 그 청년의 절박한 필요에서부터 하나님께로 옮겨졌다. "선한 이는 오직 한 분이시니라." 그리고나서 주님은 그를 일깨워 하나님의 표준과 대면하게 하셨다. 그 이유는 율법을 지키는 것이 영생을 얻게 하기 때문이 아니라 그로 하여금 자신이 얼마나 부족한지를 볼 수 있게 하시기 위함이었다. "네가 생명에 들어가려면 계명들을 지키라." 그러나 그 청년은 요점이 무엇인지 몰랐으며, 그것을 인정하려 하지 않았다.

그는 자신이 죄인임을 고백할 의사가 전혀 없었다.

지난 번, 비행기에서 만난 그 사람과의 대화를 돌이켜 생각해 볼 때, 나는 바로 이것이 내 실수였음을 깨달았다. 너무 서두른 나머지, 나는 그의 심리적인 필요들을 위해 그리스도를 제공한 셈이 되었고, 그로하여금 자신의 죄인됨을 알게 하지는 못했던 것이다.[1] 내가 그에게 설명해 준 구원은 하나님께 초점을 맞추었다기보다는 인간 편에 초점을 맞춘 것이었다.

복음 전도는 죄인으로 하여금 자신을 하나님의 온전한 율법에 비추어 평가하여 자신의 불완전함을 보게 해 주어야만 한다. 사람의 필요나 사람의 감정이나 사람의 문제만을 다루는 복음은 올바른 균형을 잃은 것이다. 오늘날 교회에 회심했다고 여겨진 이후에도 본질적으로는 변화되지 않은 삶을 사는 사람들이 가득한 이유는 바로 그것이다. 내가 믿기로는, 이들 중 대부분은 거듭나지 못했으며, 심각하게 잘못 인도되고 있는 것이다.

하나님의 말씀을 보면 어디에서든지 자신의 죄인됨을 깨닫는 것이 얼마나 중요한지를 역설하고 있다. 로마서에서 바울은 구원의 도리를 논술하기에 앞서 세 장에 걸쳐 인간의 죄인됨을 선언하고 있다. 요한복음 1:17에서는 "율법은 모세로 말미암아 주신 것이요 은혜와 진리는 예수 그리스도로 말미암아 온 것이라"고 말한다. 율법이 언제든지 은혜보다 앞에 나온다. 율법은 우리를 그리스도께 인도하는 몽학선생(蒙學先生)이다(갈 3:24). 하나님께서 세우신 율법과 그것이 우리에게 미치는 효과가 전혀 없는 상태라면 은혜는 무의미하다. 그리고 죄의 본질과 심각성에 대한 이해가 없다면, 구원도 있을 수 없다.

우리는 기존의 복음 제시를 재조정할 필요가 있다. 하나님께서는 죄를 미워하시며 죄인들을 벌하여 영원한 형벌 가운데 처하게 하신다는 사실을 간과해서는 안된다. 어떻게 지옥으로 가고 있는 사람들을 향해 하나님께서 당신의 삶을 위한 놀라운 계획을 가지고 계시다는 말로 복음 제시의 말문을 열 수 있겠는가? 성경은 말하기를, "하나님은 악인을 향해 매일 분노하신다" (시 7:11, KJV)고 한다. 의로우시고 거룩하시며 순결하신 하나님께서는 죄악을 참으실 수 없다 그분은 죄악을 숨긴 채 그분께 나아오려 하는 자들을 구원하시지 않는다.

그 젊은 부자 관원은 예수님께 어느 계명을 지켜야 하느냐고 물었다. 주님께서는 그에 대한 대답으로 십계명의 후반부를 말씀하셨다. "살인하지 말라, 간음하지 말라, 도적질하지 말라, 거짓 증거하지 말라, 네 부모를 공경하라" 하시면서 덧붙여서, "네 이웃을 네 몸과 같이 사랑하라"고 말씀하셨다 (마 19:18-20). 우리로서는 왜 주님께서 이와같이 특정한 계명들을 꼽으셨는지 알 수 없다. 혹시 주님께서 그 청년이 부모를 공경하지 않는다는 사실을 아셨는지도 모를 일이다. 하지만 중요한 것은 예수님께서 그에게 율법을 말씀하셨다는 사실이다.

우리는 하나님의 율법의 의미도 모르는 사람에게 은혜를 전해서는 안된다. 의에 대한 하나님의 요구가 무엇인지 모르는 사람에게 은혜를 설명한다는 것은 무의미한 일이다. 긍휼은 그와 상응하는 죄에 대한 인식 없이는 이해될 수 없다. 하나님께서는 순종을 요구하시고 불순종은 벌하신다는 사실을 듣지 못한 사람에게 은혜의 복음을 전해서는 안된다. 예수님의 말씀은 그 젊은 부자 관원의 마음 속에 그의 부족이 무엇인지를 일깨워 주시려는 것이었다. 그것이 전체적인 요점이었다. 하지만 그는 그것을 완전히 부인했던 것이다.

그는 자신의 죄인됨을 실토하지 않았다

성경에는 "그 청년이 가로되 이 모든 것을 내가 지키었사오니 아직도 무엇이 부족하니이까?"(마 19:20) 하고 기록되어 있다. 이 말을 통해 그가 율법을 어떻게 인식하고 있는지를 알 수 있다. 아마 그는 사람을 죽인 일이 없을 것이다. 그는 간음죄를 범하지도 않았을 것이다. 필시 그는 도둑질을 하거나 거짓말을 하지도 않았을 것이다. 그는 부모를 공경해 왔다고 자부했던 것 같다. 겉으로 본다면 그가 그 모든 율법들을 다 지켰다고 할 수도 있을 것이다. 하지만 처음부터 예수님의 가르침의 강조점은 어느 누구도-제아무리 율법의 표면적인 요구에 완전히 부합되는 사람이라 해도-계명을 바라보면서 의롭다고 느낄 수 없다는 것이다.(마 5:20-48;롬 3:20 참조)

그는 하나님의 표준이 요구하는 것에서 벗어날 수가 없었다. '네 이웃을 네 몸과 같이 사랑하라' 는 계명은 마음으로부터 지켜야 하는 영적인 요구이다. 그는 정직한 마음으로 자신이 언제나 그 율법을 지켰노라고 말할 수가 전혀 없었다. 그는 진실을 말할 수 없었다. 만약 그가 거짓말을 하고 있는 것이 아니라면 그는 자신을 속이고 있었음이 분명하다.

바리새인들은 율법을 외형화하는 데 익숙하여, 의식(儀式)이나 행위와 같은 외면적 형식에는 민첩했으나 마음은 전혀 상관하지 않았다. 반면에 예수님은 미움이 도덕적으로 보면 살인과 다름없으며, 음욕은 간음과 같고, 원수를 미워하는 것은 이웃을 미워하는 것 만큼이나 잘못되었다고 가르치심으로써 마음을 다루셨다(마 5:21-47). 그 청년은 예수님의 가르침의 의미를 깨닫지 못했다. 그는 당돌하게도 군중 앞에서 자신이 율법을 지켰다고 주장했다. 그는 자신이 참으로 의로운 사람이라는 사실에 그들이 동의해 주리라고 생각했을 것이다. 왜냐하면 적어도 그들이 알고 있는 한 그는 그러한 사람이었기 때문이다. 외형적으로 보면 그는 분명히 율법을 지켰다.

이것은 그가 원한 것이 마음의 공허를 채워 줄 어떤 것이었다는 사실을 뒷받침해 준다. 그는 자신이 하나님을 거역했다는 것을 도무지 느끼지 못했다. 사실상 그는 이렇게 말한 셈이었다. "나는 어떤 죄도 없습니다. 나는 모든 율법을 지켰습니다. 내 자신을 바라볼 때 아무런 죄도 발견하지 못합니다." 자기 의로 가득 찬 종교는 거짓이다. 이 사람은 실제로 자신이 의로우며 율법에 순종했다고 믿고 있다. 그는 자신이 계명을 지켰다고 생각했기 때문에 자신에게 부족이 있다고 생각하지 않았다.

그가 자기 의에 매달리는 태도를 고집하는 한 그는 구원받을 도리가 없다. 구원은 감정적인 고양을 원하는 사람을 위한 것이 아니라 용서받으려고 하나님께 나아오는 죄인들을 위한 것이다. 사람이 자신의 죄를 부끄러워하지 않는 한 구원은 없다.

이 시점에서 마가복음 10:21은 이렇게 말한다. "예수께서 그를 보시고 사랑하사." 이 말씀은 감동적인 장면을 묘사한다. 이 청년은 진지했다. 그의 영적인 추구도 참된 것이었다. 그는 진실로 종교적인 사람이었다. 그리하여 주님은 그를 사랑하셨다. 우리 주님은 머지않아 이 사람과 같은 죄인들을 위해 돌아가실 것이었다. 그분은 아무도 멸망치 않고 모두 회개에 이르기를 원하셨다. 그러나 이 사람이 하지 않으려 했던 한 가지 일이 그 회개였다. 주 예수님은 죄인들을 그들의 상태 그대로는 받으시지 않는다. 그분은 이 청년을 사랑하셨지만 그럼에도 불구하고 그가 원하는 대로 그에게 영생을 주시지는 않았다.

그는 그리스도께 굴복하려 하지 않았다

결국 예수님은 그에게 최종적인 시금석을 제시하셨다. "네가 온전하고자 할진대 가서 네 소유를 팔아 가난한 자들에게 주라. 그리하면 하늘에서 보화가 네게 있으리라. 그리고 와서 나를 좇으라"(마 19:21). 이것은 율법을 지켰다는 그의 주장이 과연 그러한지를 묻는 말씀이었다. 사실상 그리스도께서는 이 청년에게 이렇게 말씀하신 셈이었다. "너는 네 이웃을 네 몸과 같이 사랑한다고 말했다. 좋다, 그러면 네가 가진 모든 것을 그들에게 주어라. 만약 네가 진정으로 네 자신을 사랑하는 것처럼 그들을 사랑한다면, 네가 가진 모든 것을 주는 일이 아무런 문제도 안 될 것이다."

여기에 최종적인 시금석이 있다. 이 사람이 주님께 순종했는가? 예수님은 자선 행위에 의한 구원을 말씀하시는 것이 아니다. 그분은 자선 행위로 영생을 살 수 있다고 말씀하시는 것이 아니다. 오히려 그분은 이렇게 말씀하시는 것이다. "너는 내가 네게 바라는 일을 하겠느냐? 너와 나 둘 중에 네 인생을 경영하는 사람은 누구냐?" 주님은 이 사람의 존재의 급소를 찌르셨다. 그의 마음이 어디에 있는지를 아신 그분은 이렇게 말씀하신 것이다. "내가 네 인생의 으뜸가는 자리에 있을 수 없다면, 네게 구원은 없다." 우리 주님은 자기 자신을 그 사람의 재산과 나란히 놓으시고, 그가 둘 중 하나를 선택하게 하심으로써 그 청년의 진정한 마음 상태가 어떠한지를 드러내셨다.

우리는 그리스도인이 되기 위해 문자 그대로 우리가 가진 모든 것을 버려야 하는가? 그렇지 않다. 하지만 우리는 그리스도보다 집착할 것은 아무것도 없다는 의미에서 모든 것을 기꺼이 버릴 마음 자세를 갖추어야 한다(눅

14:33). 우리는 그분이 요구하시는 것이라면 무엇이나 즐거운 마음으로 해야 한다. 예수님이 이 사람에게 재산을 모두 버릴 것을 요구하신 이유는 오로지 그가 자신의 인생에 대한 예수님의 절대권에 기꺼이 굴복할 것인지 아닌지를 확인하시기 위함이었다. 성경의 다른 아무 곳에서도 누구에게 모든 것을 팔아 주어 버리라고 요구한 기록은 전혀 없다. 주님은 그의 약점, 곧 탐욕과 탐닉과 물질주의라는 죄를 정면으로 공박하셨다. 그는 가난한 사람들에게 무관심했다. 그는 자신의 소유를 사랑했다. 주님은 그것에 대해 도전하신 것이다.

그 젊은 부자 관원은 이 시험에서 낙제했다. 그는 자신의 인생에 대한 예수님의 절대권을 인정할 생각이 없었다. 마태복음 19:22은 "그 청년이 재물이 많으므로 이 말씀을 듣고 근심하며 가니라"고 말한다. 그에게는 그리스도보다도 자신의 재물이 더 소중했다. 그래서 예수님께 오는 것이 그 재물을 다 버리는 것을 의미한다면, 그는 예수님께 올 수 없었다. 그가 근심하며 갔다는 사실은 흥미롭다. 그는 진정으로 영생을 원했다. 그러나 그는 예수님이 구체적으로 지적하신 길, 곧 자신의 죄를 고백하고 예수님의 주님되심에 복종하는 길로 오려 하지 않았다.

이 사람의 반응을 누가복음 19장에 나오는 삭개오의 반응과 대조해 보라. 삭개오는 자신의 죄에 대해 깊이 애통하는 심정을 가졌다. 그는 예수 그리스도께 가기 위해서라면 기꺼이 어떤 일이라도-자신의 전 재산을 없애는 일까지 포함하여-하려 했다. 그리고 예수님이 삭개오에게 주신 말씀은 이러하다. "오늘 구원이 이 집에 이르렀으니 ……인자의 온 것은 잃어버린 자를 찾아 구원하려 함이니라(눅 19:9-10)." 그 젊은 부자 관원은 영생을 얻으려고 왔지만 얻지 못하고 떠나갔다. 이것은 비극적이고 가슴아픈 이야기이다. 잠언 13:7은 이렇게 말한다. "스스로 부한 체 하여도 아무 것도 없는 자가 있고 스스로 가난한 체하여도 재물이 많은 자가 있느니라." 이 청년은 자신이 부유하다고 생각했지만 아무 것도 없이 예수님에게서 돌아섰다.

구원은 은혜를 인하여 믿음으로 말미암아 얻는다(엡 2:8). 그것이 성경의 일관되고 분명한 가르침이다. 그러나 참 믿음을 가진 사람은 자신의 죄인

제 6 장 열렬한 마음으로 찾아온 자에게 도전을 던지심

됨을 인정하기를 거절하지 않는다. 그들은 자신들이 하나님의 거룩하심을 침해했다고 느끼는 동시에 그리스도의 주님되심을 거부하지 않는다. 그들은 이 세상 것에 집착하지 않는다. 진정한 믿음은 이러한 요소 중 어떤 것도 빠뜨리지 않는다. 구원하는 믿음은 죄에서 떠나 모든 값을 치르고서라도 예수 그리스도를 따르겠다는 헌신이다. 예수님은 이러한 자세로 나아오지 않는 사람들은 받아 주시지 않는다.

나는 그리스도께 나아오는 사람이 죄나 회개나 그리스도의 주님되심의 의미를 충분히 모두 알아야만 한다고 생각하지는 않으며, 또 그렇게 가르친 일도 없다. 심지어 그리스도인으로서 수년 간 지식이 성장한 후에도 위의 내용들 모두를 그 충분한 깊이까지 알지 못할 수도 있다. 그러나 순종하려는 자발적인 의사만은 반드시 있어야 한다. 한걸음 더 나아가 회개와 복종은 인간의 행위가 아니라 믿음 그 자체이다. 회개와 복종은 어느 모로 보나 하나님의 역사이다. 그 두 가지는 믿음에 덧붙여진 요소가 아니라 인간의 마음에 믿음이 생기도록 하시는 하나님의 역사의 본질적인 측면이다.

심리적인 안정만을 제공하고 죄로부터 돌아서는 일이나 그리스도의 주님되심을 인정할 것을 요구하지 않는 메시지는 구원하지 못하는 거짓 복음이다. 예수 그리스도께 오려는 사람은 반드시 그분의 말씀에 순종해야 한다. 그것은 그분이 첫째가는 우선권을 차지하셔야 하며 우리 삶의 으뜸가는 주인이 되셔야 한다는 의미이다.

우리가 이 젊은 부자 관원의 이야기에서 배우는 것이 있다면, 그것은 구원은 하나님으로부터 오는 복된 선물이지만 그리스도께서는 두 손에 다른 것이 가득한 사람에게는 구원을 베푸시지 않는다는 사실이다. 죄와 소유와 거짓 종교와 이기심으로부터 기꺼이 돌이키지 않는 사람은 자신이 믿음으로 그리스도께 향할 수 없다는 사실을 발견할 것이다.

◆ 주(註) ◆

1) 만일 성령께서 구원을 베푸시기 위해 진정으로 그의 마음을 준비

시키셨다면, 그는 막중한 죄책감 아래 있었을 것이다.(요 16: 9-11). 나는 구원을 위한 영접 기도로 그를 인도하기에 앞서서 그러한 죄책감이 있는지를 감지했어야만 했던 것이다

제 7 장
잃어버린 자를 찾아 구원하심

　성경에서 누가복음 19:10에 있는 말씀보다 더 영광스러운 진리는 없다. "인자의 온 것은 잃어버린 자를 찾아 구원하려 함이니라." 이 구절은 분명히 모든 사람에게 적용된다는 측면에서 볼 때 그리스도의 사역을 요약하고 있다. 인간적인 관점에서 본다면 이 구절은 성경에 기록된 진리 가운데 가장 중요한 진리일 것이다. 불행히도 전통적인 세대주의자들은 이 단순한 요점을 놓치고 있다. 몇몇 세대주의자들은 예수님이 선포하신 '그 나라의 복음'(마 4:23)을 '하나님의 은혜의 복음'과 구별되는 별개의 것으로 본다.[1] 어느 유명한 자료에서는 말하기를, '그 나라의 복음'의 요점은 "다윗 언약을 성취하시려고……하나님이 지상에 그리스도의 나라를 세우시려는 것"이라고 한다.[2] 체이퍼(Lewis Sperry Chafer)는 말하기를, 그 나라의 복음은 이스라엘 민족만을 위한 것이므로 "결코 구원하는 은혜의 복음과 혼동해서는 안된다"고 했다.[3] 또다른 초기의 세대주의 저술가는 선언하기를, 예수님이 전파하신 복음은 구원과는 아무런 상관도 없으며, 그 복음은 단지 지상에 그리스도의 나라가 수립될 때가 가까왔다는 것을 선언하신 것뿐이라고 했다.[4] 이 이야기들은 세대주의의 특정한 구도에 교묘하게 맞추어진 것이나, 성경은 그것을 지지하지 않는다. 우리는 예수님이 잃어버린 자를 찾아 구원하러 오셨지 단순히 지상의 나라를 선언하러 오신 것이 아니라는 사실을 기억해야 한다.

예수님이 하나님 나라를 선포하실 때, 사실상 그분은 구원을 전파하고 계신 것이다. 마태복음 19장에 나오는 그분과 젊은 부자 관원과의 대화는 그분이 사용하신 용어를 이해하는 데 도움을 준다. 그 청년은 예수님께 자신이 무엇을 하여야 영생을 얻겠느냐고 여쭈어 보았다. 그가 영생을 얻지 못한 채 떠나가고 나서 예수님은 제자들에게 이렇게 말씀하셨다. "내가 진실로 너희에게 이르노니 부자는 천국에 들어가기가 어려우니라"(23절). 그러므로 천국에 들어가는 것과 영생을 얻는 것은 같은 말이다. 다음 절에서 주님은 이렇게 말씀하셨다. "약대가 바늘귀로 들어가는 것이 부자가 하나님 나라에 들어가는 것보다 쉬우니라"(24절). 분명히 하나님 나라나 천국이나 영생은 모두 구원을 가리키고 있다. 제자들은 확실히 이 사실을 이해하고 있었으므로 즉각 이렇게 여쭈어 본 것이다. "그런즉 누가 구원을 얻을 수 있으리이까."(25절)

예수님이 사용하신 용어가 무엇이든 간에 - 영생을 얻는 것이든, 그 나라에 들어가는 것이든, 구원받는 것이든 - 그분 메시지의 본질은 언제나 구원의 복음이었다. 그분은 자신의 사역에 대해 말씀하시기를, "내가 의인을 부르러 온 것이 아니요 죄인을 불러 회개시키러 왔노라"(눅 5:32)고 하셨다. 사도 바울은 디모데전서 1:15에서, "미쁘다, 모든 사람이 받을 만한 이 말이여, '그리스도 예수께서 죄인을 구원하시려고 세상에 임하셨다' 하였도다. 죄인 중에 내가 괴수니라"고 했다.

찾아 구원하심

하나님의 속성은 죄인들을 찾아 구원하는 것이다. 인류 역사의 첫 장에서부터, 에덴 동산에서 타락한 남녀를 찾으신 분은 하나님이셨다. 에스겔 34:16에서 하나님은, "그 잃어버린 자를 내가 찾으며 쫓긴 자를 내가 돌아오게 하며 상한 자를 내가 싸매어 주며 병든 자를 내가 강하게 하려니와" 하고 말씀하신다. 전능하신 하나님은 구약 성경 전체를 통해 구원자로 묘사된다(시 106:21;사 43:11;호 13:4). 그래서 그리스도께서 인간의 몸을 입으신 하나님으로서 인간 세상에 오실 때 맨 먼저 구원자로 알려지신 것은 매우 합당한 일이다.

하나님은 심지어 예수님의 이름까지도 '구원자'라고 정하셨다. 한 천사가 꿈에 요셉에게 이렇게 말했다. "이름을 예수라 하라. 이는 그가 자기 백성을 저희 죄에서 구원할 자이심이라(마 1:21)." 구속의 가르침의 핵심은 예수님이 죄인들을 찾아 구원하시기 위해 이 세상에 오셨다는 것이다. 복음을 기쁜 소식으로 특징짓는 것은 바로 그 진리 때문이다.

그러나 그것은 자신을 죄인으로 인식한 사람들에게만 기쁜 소식이다. 자신이 죄인임을 인정하고 그 죄를 회개하지 않는 사람은 구원의 은혜를 받을 수 없다는 것이 예수님의 명백한 가르침이다. 모든 사람이 죄인이지만, 모두가 자신의 타락을 시인하는 것은 아니다. 사람이 자신의 죄를 시인하면 그분은 그의 친구가 되신다(마 11:19 참조) 자신의 죄를 시인하지 않는 사람은 그분을 심판자로 알 수밖에 없다.(마 7:22 참조)

다시 말하자면, 누가복음 18:10-13의 주님의 비유는 이 진리를 강조하고 있다. 그분은 "자기를 의롭다고 믿고 다른 사람을 멸시하는 자들"(9절)을 가리켜 이 말씀을 하신다. "두 사람이 기도하러 성전에 올라가니 하나는 바리새인이요 하나는 세리라. 바리새인은 서서 따로 기도하여 가로되 '하나님이여, 나는 다른 사람들 곧 토색(討索), 불의, 간음을 하는 자들과 같지 아니하고 이 세리와도 같지 아니함을 감사하나이다. 나는 이레에 두 번씩 금식하고 또 소득의 십일조를 드리나이다' 하고, 세리는 멀리 서서 감히 눈을 들어 하늘을 우러러 보지도 못하고 다만 가슴을 치며 기로되 '하나님이여, 불쌍히 여기옵소서. 나는 죄인이로소이다' 하였느니라." 이 두 사람에 대한 우리 주님의 평가는 자기를 의롭게 여기는 바리새인들을 격분시켰을 것임에 틀림없다. "내가 너희에게 이르노니 이 사람(세리)이 저보다 의롭다 하심을 받고 집에 내려갔느니라. 무릇 자기를 높이는 자는 낮아지고 자기를 낮추는 자는 높아지리라."(14절)

겸비한 회개야말로 예수님이 말씀하신 복음에 합당한 유일한 반응이다. 예수님은 그 젊은 부자 관원처럼 자신의 죄를 고백하지 않는 사람들에게서 돌아서신다. 그러나 그분은 마태나 사마리아 여인처럼 자신의 죄를 시인하고 구원을 찾는 사람에게는 은혜의 팔을 펴신다. 더 나쁜 죄인일수록 그 죄인의 구원을 통해 그분의 은혜와 영광은 더욱더 놀랍게 드러난다.

예수님이 지상에서 사역하시는 동안 수많은 회개한 죄인들이 응답했다. 그분은 계속해서 세리들과 다른 버림받은 사람들을 대상으로 사역하셨다. 누가복음 15:1은 그런 사람들이 끊임없이 무리를 지어 그분께 나아왔다고 말한다. 실제로 그분의 사역에 대한 바리새인들의 가장 심한 불만은 "이 사람이 죄인을 영접하고 음식을 같이 먹는다"(눅 15:2)는 것이었다. 그들은 그리스도와 자기들을 비교했으며, 그들 스스로의 비교로 인해 정죄받았다. 그들에게는 버림받은 사람들을 위한 마음이나 죄인들에 대한 사랑이나 잃어버린 바 된 사람들에 대한 동정심이 없었다. 더욱 나쁜 것은 그들에게 자신들의 죄인됨에 대한 의식이 없었다는 점이었다. 그리스도께서는 그들을 위해 아무 것도 하실 수 없었다.

이적의 배경

삭개오도 마태처럼 하나님의 뜻에 따라 그의 마음이 그리스도를 영접하고 따르도록 준비된 세리였다. 그가 예수님을 만난 곳은 여리고였는데, 그때는 주님이 돌아가시기 위해 그곳을 거쳐 예루살렘으로 가시던 중이었다. 예수님은 그전에 한동안 갈릴리에서 사역하셨다. 그분의 고향인 나사렛도 갈릴리에 있었다. 그분은 이제 마지막 유월절을 보내기 위해 예루살렘으로 가시는 길이었다. 그 기간 중에 그분은 세상의 죄를 위해 십자가에서 자신의 생명을 내어 주는 유월절 어린 양이 되실 것이었다. 그리고 마치 자신이 왜 돌아가셔야 하는지를 정확히 보여 주시려는듯이, 그분은 비참한 세리에게 손을 내밀기 위해 여리고에서 잠시 지체하신 것이다.

여행 기간 동안 주님 곁에는 유월절을 지키기 위해 예루살렘으로 올라가던 참배객들이 모여들었다. 그분의 명성은 유대 전역에 두루 퍼져 있었다. 얼마 전에 그분은 나사로를 죽은 자 가운데서 일으키셨다. 그 일은 베다니에서 일어났는데, 베다니는 여리고에서 멀지 않았다. 소문이 퍼졌고, 사람들은 예수님이 누구신지 알고 싶어 했다. 여리고에 사는 사람들은 너나 할 것 없이 그분이 지나가시는 것을 맞이하기 위해 길에 줄지어 서 있었다. 여리고는 떠들썩했다. 그분이 메시아인가? 그분은 기존의 권세를 이어받기 위해 오신 것인가? 그분은 로마를 물리치고 당신의 나라를 세우실 것인가?

여리고는 예루살렘의 동북쪽 방향에 있다. 그곳은 국제적인 교차로로서, 동서남북으로 통하는 모든 주요 도로가 서로 만나는 곳이었다. 그곳에서 세금을 징수하는 세관은 아주 분주했을 것이다. 삭개오는 여리고의 세관을 맡고 있는 세리였다.

구주를 찾음

삭개오는 모든 사람에게 멸시를 당했다. 누가복음 19:7은 모든 사람이 그를 가리켜 죄인이라고 했다고 말한다. 그는 세리이자 나라에 대한 매국노였을 뿐 아니라 사람들이 그를 가리켜 죄인이라고 한 것으로 보아 그의 인격도 형편없었는지도 모른다. 대부분의 세리들은 인격이 형편없었다.

주 예수님은 세리들에 대해 특별한 사랑을 가지고 계셨다. 누가는 특히 아주 여러 차례에 걸쳐 예수님이 그들을 만나신 사실에 초점을 맞춘다. 그의 주제는 잃어버린 자들을 향한 구주의 사랑이므로, 그는 예수님이 세리와 같은 사회의 천민들을 향해 손을 내미시는 모습을 반복적으로 묘사한다. 누가는 세리를 언급할 때마다(3:12;5:27;7:29;15:1;18:10;19:2) 긍정적인 관점을 보인다. 그들은 악명 높은 공개적인 죄인들로서 종교 사회에서 추방된 자들이었으므로, 예수님이 구원하러 오신 바로 그런 사람들이었다.

겉으로 보면 예수님을 찾은 것은 삭개오였으나, 사실은 예수님이 먼저 그를 찾지 않으셨다면 그는 구주께로 올 수 없었을 것이다. 스스로 하나님을 찾는 자는 없다(롬 3:11). 우리가 타고난 타락한 상태에서 우리는 허물과 죄로 죽어 있으며(엡 2:1) 하나님의 생명에서 떠나 있으므로(엡 4:18) 하나님을 찾는 것이 전혀 불가능하며 전혀 그렇게 하려고 하지도 않는다. 오직 주권적이고 설득력 있는 하나님의 능력이 우리를 감동시키실 때라야 우리는 하나님께 향하게 된다. 그러므로 하나님이 한 영혼을 찾기 시작하시기 전까지는 그 영혼이 하나님을 찾음으로써 하나님께 응답하는 일이 일어나지 않는다. 이름이 알려지지 않은 어느 찬송가 작사자는 이렇게 썼다.

> 나는 주님을 찾았네, 그러다가 나중에 알게 되었네.
> 그분이 나를 찾으사, 내 영혼 감동시켜
> 그분을 찾게 하셨다는 것을.
> 찾은 것은 내가 아니라, 진실로 오, 주님이셨네.
> 그분이 나를 찾은 것이라네.

누군가가 하나님을 찾으면, 그것은 하나님을 찾으라는 보이지 않는 격려에 응답하여 그렇게 한 것임에 틀림없다. 하나님이 먼저 우리를 사랑하시지 않았다면, 우리가 하나님을 사랑할 수 없기 때문이다.(요일 4:19 참조)

그럼에도 불구하고 하나님은 죄인들에게 찾으라고 요청하신다. 이사야 55:6은 "너희는 여호와를 만날 만한 때에 찾으라. 가까이 계실 때에 그를 부르라"고 말하며, 예레미야 29:13은 "너희가 전심으로 나를 찾고 찾으면 나를 만나리라"고 말한다. 하나님은 아모스 5:4에서 "너희는 나를 찾으라. 그리하면 살리라"고 말씀하시며, 예수님은 "너희는 먼저 그의 나라와 그의 의를 구하라"(마 6:33), "찾으라 그리하면 찾을 것이요"(마 7:7) 라고 말씀하신다. 하나님이 그를 찾으셨으므로 삭개오는 하나님을 찾은 것이다.

삭개오는 예수님에 대해 들은 적은 있었으나 분명히 그분을 본 적은 없었다. 누가복음 19:3은 "저가 예수께서 어떠한 사람인가 보고자 하되"라고 말한다. 이 구절에 나온 동사의 시제(was trying to see)는 그가 예수님을 보려고 계속 노력했다는 사실을 암시한다. 왜 그랬을까? 호기심 때문에? 그랬을 가능성도 있다. 양심에 찔려서? 확실히 그랬을 것이다. 죄에서 벗어나고 싶은 바람으로? 그랬을 가능성도 충분하다. 하지만 이 모든 요소를 인정하더라도 그가 구원받았다는 사실에 비추어 볼 때 그를 그리스도께로 데려간 주요한 힘은 저항할 수 없는 성령님의 설득력이었다. 하나님의 영이 이전에 이미 삭개오의 마음 속에서 그를 그리스도께로 이끄는 작업을 시작하셨던 것임에 틀림없다. 삭개오가 먼저 하나님을 찾은 것이 아니라 하나님의 영

제 7 장 잃어버린 자를 찾아 구원하심

이 그의 마음을 감동시키신 것이었다. 그에 대한 응답으로 그는 예수님을 보려고 애쓴 것이다.

여기에 버림을 당하고 증오의 대상이 된 사람이 있었다. 그의 양손에는 가난한 사람들을 착취해서 번 돈이 가득했다. 그는 엄청난 죄를 지은 사람이었다. 하지만 그는 도망치거나 숨는 대신 필사적으로 예수님을 보고자 했다. 예수님을 보기 위해서는 넘어야 할 장벽이 많았다. 하나는 군중이었다. 여리고에 사는 사람들이 이미 길에 줄지어 있었던 것이다. 그뿐 아니라 그는 키도 작았다. 삭개오가 군중을 피한 것은 아마도 현명한 일이었을 것이다. 우선 키가 작은 사람은 군중 속에 들어가면 어려움을 겪기 마련이다. 게다가 키가 작은 사람이 세리장이고 보니 교묘하게 팔꿈치로 턱을 얻어맞을 수도 있고 묵직한 신발에 엄지 발가락을 밟힐 수도 있으며 심지어는 등에 칼을 맞을 위험도 있었다.

그러나 이 날, 삭개오는 그런 걱정거리들에는 신경을 쓰지 않았다. 심지어 체면에도 신경을 쓰지 않았다. 그는 예수님을 보기로 굳게 결심한 나머지 군중 앞으로 달려가서 뽕나무에 올라가 구주를 기다렸다(눅19:4). 그 뽕나무는 가지들이 뻗어 있는, 작고 통통한 나무였다. 그래서 작달막한 사람이 급히 그 나무를 오르다가는 이러지도 저러지도 못할 처지가 되어 길 위에 대롱대롱 매달리게 될 수도 있었다. 삭개오가 바로 그런 일을 한 것이었다. 그 나무는 예수님이 지나가시는 행렬을 바라보기에는 안성맞춤이었다. 그 자리는 사람이 앉을 만한 품위 있는 자리는 아니었으나, 이 시점에서 그런 것은 그에게 중요하지 않았다. 삭개오는 오로지 예수님을 보고자 했을 따름이다.

찾으시는 구주

그 다음에 일어난 일은 삭개오를 깜짝 놀라게 했을 것임에 틀림없다. 예수님은 전에 한 번도 삭개오를 보신 적이 없지만, 수많은 무리 가운데 멈춰 서서 그 나무를 올려다보시고는 "삭개오야, 속히 내려오라. 내가 오늘 네 집에 유하여야 하겠다"고 말씀하셨다(5절). 이것이 복음 전도에서는 직접적인 접근으로 알려져 있다. 예수님의 접근에는 섬세함이라고는 없었다.

우리는 예수님이 어떻게 삭개오의 이름을 아셨는지 모른다. 무리 속에서 사람들이 그를 가리켰을 수도 있고, 그분이 자신의 전지하심을 통해 아셨을 수도 있다. 그러나 분명한 것은 그분이 하나님의 권위로 그의 집에 유하실 것을 그에게 명하셨다는 사실이다. 왜냐하면 그분이 "내가 오늘 네 집에 유하여야 하겠다"고 말씀하셨을 때, 그것은 명령이지 요청이 아니었기 때문이다. 그분은 부탁하고 계신 것이 아니고, "내가 갈 것이다", "내가 가야 하겠다"고 말씀하고 계신 것이었다. 삭개오의 마음은 하나님의 시간표에 맞추어 준비되어 있었다.

삭개오는 예수님을 보고자 하였지만, 예수님도 그를 보시고자 한다는 사실은 몰랐다. "급히 내려와 즐거워하며 영접하거늘"(6절). 어떤 사람은 완전하고 죄 없는 하나님의 아들이 "내가 네 집에 가려 한다"고 말씀하시는 것을 들으면 그처럼 비열한 죄인은 괴로와할 것이라고 생각할 것이다. 하지만 그는 즐거워했다. 그의 마음은 준비되어 있었던 것이다.

군중의 반응은 예측할 만한 것이었다. 종교 지도자나 일반 백성들은 삭개오를 경멸했다. "뭇사람이 보고 수군거려 가로되 저가 죄인의 집에 유하러 들어갔도다"(7절). 우리가 아는 대로, 그들은 버림받은 자의 집에 들어가는 것은 자신을 부정하게 만드는 것이라고 믿었다. 삭개오와 같은 사람과 함께 먹는 것은 최악의 부정이었다. 그들은 삭개오의 영혼에는 전혀 가치를 두지 않았으며, 그의 영적인 행복에도 관심이 없었다. 자기 의로 가득한 그들의 눈으로는 오직 그의 죄 밖에는 볼 수 없었다. 그들은 눈먼 교만으로 인해 예수님이 죄인을 찾아 구원하기 위해 오셨다는 사실을 이해할 수 없었고, 이해하려고 하지도 않았으며 도리어 그 일로 예수님을 정죄했다. 그렇게 함으로써 그들은 자기 자신을 정죄했던 것이다.

삭개오의 집에서 무슨 일이 일어났는지 우리는 모른다. 그가 무슨 요리를 대접했는지, 예수님이 얼마나 오래 머무셨는지, 서로 무슨 이야기를 나누었는지 성경은 말하지 않는다. 또한 삭개오를 구원으로 이끄시기 위해 예수님이 그에게 무슨 말씀을 하셨는지도 우리는 모른다. 예수님이 전도하신 내용을 담은 다른 내용을 보더라도 그분의 방법론은 적절하지 않다. 회심은 하나님이 일으키시는 기적이며, 그렇기 때문에 회심을 하게 하거나 회심을 설명할 수 있는 공식은 없다. 구원의 네 단계 계획이나 영혼의 구원을 보장하는 미리 준비된 기도 같은 것은 없다. 하지만 우리는 예수님이 그의 죄를 정면으로 다루셨다고 생각할 수는 있다. 삭개오는 틀림없이 자신이 얼마나 큰 죄인인지를 이미 알고 있었다. 분명히 그리스도께서는 자신이 과연 누구신가를, 즉 육체를 입으신 하나님이시라는 것을 그에게 계시하셨을 것이다. 그분이 무슨 말씀을 하시든 삭개오는 열린 마음으로 경청했을 것이다.

구원의 열매

예수님과 삭개오의 대화가 거의 끝나갈 무렵인 누가복음 19:8에서 막이 오르는 것 같다. "삭개오가 서서 주께 여짜오되 '주여, 보시옵소서. 제 소유의 절반을 가난한 자들에게 주겠사오며, 만일 뉘 것을 토색(討索)한 일이 있으면 사 배나 갚겠나이다.' 예수께서 이르시되 '오늘 구원이 이 집에 이르렀으니 이 사람도 아브라함의 자손임이로다."(8-9절)

삭개오가 예수님을 '주'라고 부른 사실에 주목해 보라. '주'라는 단어는 단지 '귀하' 또는 '선생님'을 의미하기도 한다. 하지만 여기에서는 분명히 그 이상을 의미한다. 9절에서 예수님은 삭개오가 구원받았다고 말씀하셨다. 그렇다면 삭개오는 예수님이 하나님이시라는 의미에서 그분을 주님으로 인식한 것이며, 그리하여 그분을 자신의 주님으로 고백한 것이다. 주님이라는 말은 그리스도께서 그의 삶에 역사하시기 전에는 그가 할 수 없던 말이었으며, 그 후로 그는 그 말을 부인할 수 없었다.(고전 12:3 참조)

여기에 순식간에 변화된 사람이 있다. 자기 소유의 절반을 가난한 사람들에게 주기로 결심했다는 것은 이전과는 정반대의 행동이었으며 동시에 그의 마음이 변화되었다는 명백한 증거였다. 받는 자가 주는 자가 되었으며, 착취자가 자선가가 된 것이다. 그는 자기가 토색한 사람들에게 갚되 네 배로 갚겠다고 했다. 그의 생각이 바뀌었고 그의 마음이 바뀌었는데, 그의 분명한 의도는 자신의 행동까지도 바꾸는 것이었다. 사람들에 대해 그의 마음이 변한 것도 사실이지만, 우선적으로 변한 것은 하나님께 대한 마음이었다. 왜냐하면 이제 그는 참되고 의로운 일을 행함으로써 하나님께 순종하기를 원했기 때문이다.

그가 네 배까지 갚을 필요는 없었다. 민수기 5:7은 잘못에 대한 보상으로 오분의 일의 벌금을 요구한다. 그러나 삭개오의 후한 보상은 그의 영혼이 변화되었다는 사실과 새로 구원받은 사람의 전형적인 반응을 보여 준다. 그것은 구원의 복된 열매이다. 그는 "구원은 놀라운 것이지만 내 삶에 어떤 요구도 하지 않는다"고 말하지 않았다. 새로 태어난 신자들의 마음 속에는 누구나 순종하고자 하는 그 무엇이 있다. 그것은 열정적이고 아낌 없는 순종의 마음이며, 변화된 생각이고 변화된 행동이다. 모든 증거는 삭개오가 참된 신자임을 가리킨다. 예수님은 이것을 보시고 마음의 믿음을 인정하셨다. 누가복음 19:9을 다시 보면, "이 사람도 아브라함의 자손임이로다" 하셨다. 이것은 그의 믿음에 대한 말씀이다.

삭개오가 아브라함의 자손이라고 인정받은 것은 그가 유대인이었기 때문이 아니라 그가 믿었기 때문이다. 로마서 2:28에서는 "대저 표면적 유대인이 유대인이 아니요"라고 말한다. 로마서 4:11은 아브라함이 믿는 모든 자의 조상이라고 말한다. 갈라디아서 3:7은 "믿음으로 말미암은 자들은 아브라함의 아들"이라고 말한다. 누구든지 그리스도를 믿으면 아브라함의 자손이다. 따라서 참된 아브라함의 아들은 신자와 같다. 구원이 삭개오에게 이르른 것은 그가 돈을 거져 주었기 때문이 아니라 그가 진정한 아브라함의 자손, 즉 신자였기 때문이다. 그는 믿음으로 구원받은 것이지 행위로 구원받은 것이 아니다. 그러나 행위는 그의 믿음이 참되다는 중요한 증거였다. 그의 경험은 에베소서 2:8-10과 완벽한 조화를 이룬다. "너희가 그 은혜를 인하여 믿음으로 말미암아 구원을 얻었나니, 이것이 너희에게서 난 것이 아니요 하나님의 선물이라. 행위에서 난 것이 아니니 이는, 누구든지 자랑치 못하게 함이니라."(약 2:14-26 참조)

구원의 목적은 개인을 완전히 변화시키는 데 있다. 구원에 이르는 참된 믿음은 개인의 행동을 변화시키고 사고 방식을 바꾸어 놓으며 그 사람 속에 새 마음을 가져다 준다. 고린도후서 5:17은 "누구든지 그리스도 안에 있으면 새로운 피조물이라. 이전 것은 지나갔으니 보라, 새 것이 되었도다" 라고 말한다. 그리스도께 대한 삭개오의 반응은 이 말씀이 진리임을 뒷받침한다. 삭개오는, 입으로는 자신이 거듭났다고 말하면서도 생활로는 그리스도께서 인정하시는 모든 것에 의문을 제기하는 현대인들을 이해하기 힘들 것이다.

누가복음 3장에서 세례 요한은 세례 받으러 나오는 무리들을 질책했다. "회개에 합당한 열매를 맺으라"(8절). 이것은 놀라운 광경이다. 하나님의 선지자가 자신의 사역에 반응을 보인 사람들을 꾸짖고, 그들을 독사의 자식이라고 불렀다. 사실상 그는 그들을 쫓아내려고 한 것이다.

우리는 세례 요한의 본을 따라야 할 것이다. 오늘날의 그리스도인들은 너무나도 쉽게 아무런 열매도 맺지 못하는 얄팍한 회개를 인정한다. 삭개오의 회심은 그러한 피상적인 반응을 반대한다. 그의 즉각적이고 극적인 변화는 참된 믿음에 기대되는 결과였다. 이러한 변화를 일으키시려고 그리스도께서 오셨다.

"인자의 온 것은 잃어버린 자를 찾아 구원하려 함이니라"(눅 19:10). 삭개오의 회심에서 보는 것처럼 하나님의 구원 사역의 결과는 변화된 사람이다. 한 영혼이 구원받았을 때, 그리스도께서는 새 마음을 주신다(겔 36:26 참조). 변화된 마음 속에 내포된 것은 새로운 경향의 소원, 즉 하나님을 기쁘시게 하려는 소원, 순종하려는 소원, 그분의 의를 반영하려는 소원이다. 만약 그러한 변화가 일어나지 않았다면, 참된 구원이 있었다고 생각할 아무런 이유가 없다. 만일 삭개오의 경우처럼 믿음의 증거인 순종하려는 소원이 있다면, 그것은 아브라함의 참된 아들이라는 표시이다.

◆ 주(註) ◆

1) E. Schuyler English, et al., *The New Scofield Reference Bible* (New York: Oxford, 1967), p.1366.
2) 앞의 책.
3) Lewis Sperry Chafer, *Grace* (Grand Rapids : Zondervan, 1922), p.132.
4) Clarence Larkin, *Rightly Dividing the Word* (Philadelphia:Larkin, 1918), p.61.

제 8 장
완악한 마음을 책망하시는 예수님

주님되심을 인정하는 구원을 반대하는 사람들은 이렇게 생각한다. 즉 자기들이 구원하는 믿음의 개념에서 순종을 배제하는 이유는, 신자라고 말하면서도 생활은 죄로 가득 찬 사람들도 천국에 들어갈 수 있는 여지를 제공하기 위해서라는 것이다. 주님되심을 반대하는 입장에 있는 사람들 가운데 어느 주도적인 인사는 이렇게 항변한다. "만일 헌신된 사람들만 구원받는다면 육에 속한 그리스도인들이 설 자리는 어디인가?"[1]

오늘날 어느 교사들은 이른바 육에 속한 그리스도인[2]을 수용하려는 열심 때문에 구원이라는 말을 아주 느슨하게 정의한 나머지, 사실상 누구나 그리스도를 믿는다고 고백하기만 하면 진정으로 구원받은 것으로 간주되게 되었다.[3] 어느 누구나 자기가 "그리스도를 영접했다"고 하기만 하면 열렬하게 그리스도인으로 받아들여지는데, 심지어 그에게 있는 줄 알았던 믿음이 나중에는 계속되는 불순종과 극심한 죄 또는 적대적인 불신으로 변질되는 경우에도 그러하다. 주님되심에 반대하는 어떤 저술가는 도무지 얼토당토않은 자신의 견해를 완전히 간추려 이렇게 말했다. "동료 가운데 어떤 신자가 특정한 사상에 빠져서-만약 그가 논리적인 사색가라면-'믿지 않는 신자'가 될 수도 있으며, 그런 일은 이론적으로 뿐 아니라 과연 현실에서도 일어날 수 있다. 하지만 회의론자가 된 신자들도 여전히 구원받으며, 그들은 여전히 거듭난 상태이다. 당신은 심지어 무신론자가 될 수도 있다. 그러나 만일 당신이 한때 그리스도를 주님으로 영접했다면, 심지어 당신이 하나님을 부인한다고 해도, 당신은 당신의 구원을 잃어버릴 수 없다."[4] 이것은 파멸에 이르게 할 거짓말이다. 하나님을 부인하는 사람은 어느 누구도 자신이 한때 그리스도께 대한 믿음을 고백했다고 해서 자신이 영원히 안전하다는 생각에 속아서는 안된다.(마 10:33-"누구든지······나를 부인하면 나도······저를 부인하리라"와 딤후 2:12-"우리가 주를 부인하면 주도 우리를 부인하실 것이라" 참조)

나는 구원은 영원하다는 성경의 진리를 믿는다.[5] 오늘날의 그리스도인들은 이것을 영원한 안전의 교리라고 한다. 아마도 청교도들의 용어가 더 적절할 듯한데, 그들은 그것을 성도의 견인(堅忍)이라고 했다. 이 교리의 요점은 하나님께서 자신이 그리스도를 영접했다고 말하는 모든 사람의 안전을 보장하신다는 것이 아니라 참된 믿음을 가진 사람들은 끝까지 의의 길에서 벗어나지 않음으로써 자신들의 구원이 안전하다는 사실을 입증하리라는 것이다. 아더 핑크(A. W. Pink)는 이 주제에 대해 글을 쓰면서 이렇게 말했다. "(하나님은 신자들을) 아무 책임이 없는 인형처럼 대우하시는 것이 아니라 도덕적인 행위자로 대우하신다. 그들이 여러 가지 수단을 사용하고, 자신들의 복지에 불리한 것을 피함으로써 그들의 자연적인 생명이 유지되는 것과 마찬가지로, 그들의 영적인 생명을 유지하고 보전하는 것도 그와 같은 이치이다. 하나님은 이 세상에서 당신의 백성을 보전하실 때, 그들 자신의 보전을 통해서 그렇게 하신다."[6]

참된 신자는 보전될 것이다. 만일 누가 그리스도에게서 돌아선다면 그것은 그가 구원받지 못했다는 증거이다. 사도 요한도 그렇게 말했다. "저희가 우리에게서 나갔으나 우리에게 속하지 아니하였나니 만일 우리에게 속하였더면 우리와 함께 거하였으려니와 저희가 나간 것은 다 우리에게 속하지 아니함을 나타내려 함이니라"(요일 2:19). 어느 누구의 신앙 고백이 제아무리 믿음직했다고 해도 일단 그가 배교자가 되었다면, 그것은 필연적으로 자신이 구원받지 못했음을 드러내는 것이다.[7]

유다는 입으로 신앙을 고백한 신자가 완전한 배교에 빠진 것을 보여 주

제 8 장 완악한 마음을 책망하시는 예수님

는 중요한 예이다. 3년 동안 그는 다른 제자들과 함께 주님을 따라다녔다. 그는 제자 중의 하나인 것처럼 보였다. 아마도 그는 최소한 처음에는 자신을 신자라고 생각했을 것이다. 그가 그분을 배반할 목적을 가지고 그리스도의 일행에 가담했는지에 대해서는 의문의 여지가 있다. 제자의 길을 걷던 중 언젠가부터 탐욕스러워진 것이지, 처음부터 그런 의도가 있었다고 보기는 힘들다. 예수님과 제자들에게는 물질적인 재산이랄 것이 없었다(마 8:20). 유다는 분명 처음에는 그리스도의 왕국에 대한 희망을 가졌을 것이고, 예수님이 메시아이신 것을 믿었을 것이다. 결국 그도 또한 모든 것을 버리고 주님을 따랐다. 오늘날의 용어로 하자면, 그는 예수님을 "영접한" 것이다.

3년 동안을 날이면 날마다 그는 예수 그리스도를 섬겼다. 그는 주님의 이적을 보았고, 그분의 말씀을 들었으며, 심지어는 그분의 사역에도 동참했다. 그 기간 동안 내내 아무도 그의 믿음을 의심하지 않았다. 그는 다른 제자들과 똑같은 위치에 있었다. 유다의 마음의 생각을 아셨던 주님 자신 외에는 아무도 이 사람이 그리스도를 배반하리라고 의심한 적이 없다.

그러나 다른 제자들이 사도로 자라가는 동안에 유다는 은밀히 사단의 야비하고도 빈틈없는 도구가 되어갔다. 처음에 그의 특성이 어떻게 보였든지 간에, 그의 믿음은 참된 것이 아니었다(요 13:10-11). 그는 거듭나지 않았으며, 그의 마음은 점차 완악해져서 마침내 그는 한 줌의 돈을 위해 구주를 팔아먹은 배신자가 되었다. 결국 그는 사단의 명령을 수행하기 위해 너무나 잘 준비된 나머지 마귀 가 그를 완전히 사로잡고 말았다.(요 13:27)

유다는 얼마나 위선에 능숙했던지, 마지막 순간까지 이 편에 머물러 있었다. 영광의 주님을 배반했던 바로 그 밤에 그는 그 다락방에서 예수님 곁에 앉아 있었던 것이다. 그는 심지어 구주께서 자기 발을 씻으시도록 허용하기도 했다. 그리고 그 후에 그는 은 삼십에 예수님을 배반하여 팔았다!

예수님은 내내 그 사실을 알고 계셨다. 요한복음 13:18에서 그분은 말씀하시기를 '내가 나의 택한 자들이 누구인지 앎이라. 그러나 '내 떡을 먹는 자가 내게 발꿈치를 들었다' 한 성경을 응하게 하려는 것이니라"고 하셨다. 왜 주님은 유다를 택하셨는가? 성경을 응하게 하려 하셨기 때문이다. 예수님은 시편 41:9을 인용하셔서 그 말씀을 하셨다. 유다에 대해 예언한 또다른 시편은 55:12-14이다.

> 나를 책망한 자가 원수가 아니라
> 원수일진대 내가 참았으리라
> 나를 대하여 자기를 높이는 자가
> 나를 미워하는 자가 아니라
> 미워하는 자일진대 내가 그를 피하여 숨었으리라
> 그가 곧 너로다 나의 동류
> 나의 동무요 나의 가까운 친우(親友)로다
> 우리가 같이 재미롭게 의논하며
> 무리와 함께하여 하나님의 집 안에서 다녔도다

이것은 유다에 대한 완벽한 그림이다. 그는 구주께 가까이 나아갈 수 있었으나 구원과는 가장 거리가 멀었다. 그는 차라리 태어나지 않았더라면 자신에게 더 좋을 뻔했다.(마 26:24 참조)

유다와 그의 배반의 삶은 별 생각없이 그리스도께 대한 믿음을 고백하는 사람들에게 엄숙한 경고가 된다. 우리는 그의 이야기에서 예수 그리스도께 가까이 가는 것만으로는 충분치 않다는 사실을 배운다. 어느 사람이 그분을 '영접' 할 수 있지만 그것만으로는 여전히 부족하다. 긍정적으로 반응하지만 전심으로 하지 않는 사람은 잃어버린 바 되어 영원히 저주받을 위험이 있다. 유다는, 예수님께 호의를 보이는 사람이 돌이켜 그분을 배반하여 결국 자신을 정죄하게 될 수도 있다는 사실에 대한 증거이다.

유다가 그리스도를 배반한 것은 그 자신의 선택이지 하나님의 뜻은 아니었다. 기회 있을 때마다 예수님은 유다에게 주의를 주셨고, 그가 회개하여 구원받기를 간절히 바라셨지만 그때마다 유다는 등을 돌렸다. 유다는 예수님으로부터 복음을 들었지만 자신의 죄와 이기심에서 돌아서기를 거부했다. 요한복음 13장에 있는 예수님의 말씀은 이 사람에 대한 그분의 마지막 애정

어린 충고를 보여 준다. 그러나 결국에는 구주의 자비로운 호소가 유다의 마음이 완악한 것에 대해 그를 책망하신다.

요한복음 13:21은 주님이 배반당하시던 밤, 그분의 최후의 만찬 동안에 있었던 극적인 순간을 묘사한다. "예수께서……심령에 민망하여 증거하여 가라사대 '내가 진실로 진실로 너희에게 이르노니 너희 중 하나가 나를 팔리라.'" 유다를 제외한 그 무리의 나머지 모든 사람들이 받았을 충격을 상상해 보라.

너희 중 하나가 나를 팔리라

무엇이 예수님을 민망하시게(troubled) 했을까? 아마도 여러 가지 요인들이 있었을 것이다. 그분은 유다에 대한 당신의 일방적인 사랑 때문에 민망하셨을 수도 있도 있고, 아니면 유다의 마음 속에 있는 배은망덕 때문에, 혹은 죄에 대해 깊은 증오를 가진 그분이셨기에 모든 죄된 것의 화신과도 같은 유다가 바로 당신 곁에 앉아 있다는 사실 때문에 민망하셨을 수도 있다. 아마도 그분은 유다의 냉담한 위선과 곧이어 일어날 배반으로 인해 민망하셨거나 또는 사단이 유다 속에서 움직이고 있다는 것을 아셨기 때문에 민망하셨을 것이다. 유다는 죄, 곧 주님이 다음 날 당신의 몸으로 담당하실 죄의 비열함에 대한 고전적인 예증이다. 틀림없이 이 모든 것들이 그분을 민망하게 했을 것이다. 그러나 생각컨대 그중에서도 가장 중요한 것으로서 그분은 유다가 내리려는 결정-또는 이미 내린 결정-이 그에게 영원한 고통을 언도할 것이라는 사실을 아셨기 때문에 민망하셨을 것이다. 유다는 예수님 자신의 제자 중의 하나였으나 참으로 구원받지 못하고(13:10-11 참조) 이제 곧 영원히 잃어버린 바 될 것이었다.

예수님이 그들 중 하나가 그분을 팔리라고 하셨을 때, 제자들의 마음은 틀림없이 마구 뛰었을 것이다. 그들은 그분이 누구를 가리켜 말씀하시는지 몰랐다. 마태복음 26:22은 그들이 제마다 "주여, 내니이까?" 하고 여쭈었다고 말한다. 심지어 유다까지도 언제나 제 역할을 하느라고 "랍비여 내니이까?" 하고 여쭈었다. 예수님은 "네가 말하였도다"(25절) 라고 대답하심으로써 유다에게 주님이 그의 마음을 알고 계시다는 사실을 말씀하셨다.

누구오니이까?

제자들이 당황했다는 사실은 흥미롭다. 분명 예수님은 유다를 다른 제자들과 다름없이 대우하셨다. 3년 동안 주님은 다른 열한 제자들과 똑같이 유다에게도 부드러우셨고 애정을 보이셨고 친절하셨다. 예수님이 유다의 불신을 책망하신 것은 언제나 사적(私的)이고 개인적이었다. 공적(公的)으로는 유다를 열두 제자들 중의 한 사람처럼 대하셨다. 만약 예수님이 조금이라도 다른 방식으로 유다를 대우하셨다면 모든 제자들이 그 사실을 알았을 것이다. 그래서 유다가 어떤 식으로든 그 무리 중의 검은 양으로 생각되었다면, 누군가 틀림없이 배반자로 그의 이름을 지목했을 것이다. 하지만 아무도 그렇게 한 사람이 없다. 사실 유다는 그 집단의 회계였으므로 제자들은 그를 믿었다.

유다가 예수님에 대해 품었던 적의와 요한이 구주께 대해 품었던 사랑을 대조해 보라. 요한은 예수님 곁에서 상에 기대어 누웠다. 이것은 연회에서의 정상적인 자세였다. 상은 낮게 되어 있으며, 손님들은 왼쪽 팔꿈치를 의지하여 바닥에 기대어 눕고 오른손으로 음식을 먹는다. 요한은 예수님의 오른쪽에 기대어 누워, 그의 머리가 예수님의 가슴께에 왔다. 그가 그분께 말씀드리려고 돌이켰을 때, 예수님의 머리는 그의 머리 바로 위에 있었을 것이다. 구주께 대한 그의 극진한 사랑 때문에 그는 거기, 예수님의 품 가까이에 있기를 좋아했다.

베드로가 요한에게 고갯짓을 하여 예수님께 누가 그분을 배반할 것인지 여쭈어 보게 했다. "그가 예수의 가슴에 그대로 의지하여 말하되 주여 누구오니이까?"(요 13:24-25). 베드로와 요한은 그 대답을 들은 유일한 사람들이었을 것이다. 26절은 이렇게 말한다. "예수께서 대답하시되 '내가 한 조각을 찍어다가 주는 자가 그니라' 하시고 곧 한 조각을 찍으셔다가 가룟 시몬의 아들 유다를 주시니."

영예로운 손님

제 8 장 완악한 마음을 책망하시는 예수님

이것은 요한의 질문에 대한 대답이었을 뿐만 아니라 유다를 향한 또다른 사랑의 표시였다. 그 조각은 무교병(無酵餠)의 한 조각이었으며, 그 식사를 위해 준비된 떡에서 떼어낸 것이었다. 유월절 기간 동안에는 식탁에 쓴 나물, 식초, 소금, 대추야자, 무화과와 건포도가 접시 가득 올라왔다. 이 재료들을 물을 조금 넣고 짓이겨 반죽으로 만든 다음, 떼낼 수 있는 형태로 만들었다. 주인은 그 무교병 중의 한 조각을 집어서 영예로운 손님에게 주었다. 예수님은 마치 유다가 영예로운 손님인 것처럼 그를 향한 사랑의 표시로서 한 조각을 찍어다가 왼편에 있는 유다에게 주셨다. 예수님은 이미 그의 발을 씻겨 주신 터에 이제는 그를 영예로운 친구처럼 대접하신 것이었다. 이것은 유다의 마음에 충격을 주었을 법하지만 사실은 그렇지 않았다. 그의 마음은 완고하기 이를 데 없었고, 그의 마지막 결정은 이미 내려졌다.

요한복음 13:27은 유다가 마지막으로 배반한 그 배반의 사악한 본질을 이렇게 묘사한다. "조각을 받은 후 곧 사단이 그 속에 들어간지라." 이 구절에 한 영원한 존재가 나타난다. 유다는 그리스도를 따르는 것처럼 보였던 동안에도 악을 즐기면서 사단의 미혹을 받아 왔던 것이다. 이제 사단은 그의 마음에 들어가 그를 완전히 지배했다. 그처럼 경외심을 불러일으키는 순간에 유다의 악한 의지는 예수님이 사랑의 마음에서 마지막으로 주신 것을 뿌리쳤던 것이다. 그에게 있어서 구원의 날은 끝났다. 그의 운명은 자기 자신의 선택에 의해 저주를 받아 지옥에 떨어지기로 결정되었다.

네 하는 일을 속히 하라

예수님은 유다와 결별하셨다. 이제 그분이 원하시는 것은 오직 그를 그 곳에서 나가게 하는 것이었다. "이에 예수께서 유다에게 이르시되 '네 하는 일을 속히 하라' 하시니"(요 13:27). 유다의 불신은 확고했으므로 예수님은 더 이상 그에게 하실 말씀이 없었다. 그 배반자는 당신의 제자들과만 함께 있고자 하는 예수님의 시간을 방해하고 있었다.

성경은 이렇게 말한다. "이 말씀을 무슨 뜻으로 하셨는지 그 앉은 자 중에 아는 이가 없고 어떤 이들은 유다가 돈궤를 맡았으므로 명절에 우리의 쓸

물건을 사라 하시는지 혹 가난한 자들에게 무엇을 주라 하시는 줄로 생각하더라"(28-29절). 아마도 베드로와 요한을 제외하고는, 그들 중에 아무도 유다가 배반자라는 사실을 알지 못했을 것이다. 그의 신앙 고백은 너무나 분명했고 그의 위선은 너무도 교묘했으므로, 그들 중 아무도 그가 그렇게 배반할 가능성이 있다는 사실을 깨닫지 못했다. 하지만 그는 사단에게 완전히 사로잡혀 있었다. 겉모습은 얼마나 오해의 여지가 있는 것인지! 육에 속한 사람의 신앙 고백은 얼마나 속이기 쉬운 것인지!

나가서 어둠 속으로

유다는 나가서 어둠(밤) 속으로 들어갔다(30절). 그것은 그의 영혼에도 영원한 밤의 시작이었다. 유다는 어느 누구에게 주어진 것보다 더 큰 영적인 특권을 누린 사람이었으나 그처럼 놀라운 기회를 그저 자신의 불의한 욕망을 채우는 데 허비했다. 왜 그랬겠는가? 그것은 그의 믿음이 참되지 못했기 때문이다. 그는 처음에는 그리스도께 적극적으로 반응했으나 결코 전심으로 하지는 않았다. 그의 삶은, 구름 한 점 없는 예수님의 임재의 빛 가운데 살았음에도 불구하고 절망의 밤으로 끝났다. 전적으로 헌신된 마음이 없이 그리스도께 나아오는 사람에게는 누구나 그렇게 될 수 있는 가능성이 있다.

죽음의 입맞춤

유다가 예수님과 마지막으로 접촉한 것이 입맞춤이었다는 사실은 쓰라린 역설이다. 그것은 죽음의 입맞춤이었는데, 예수님께 그러했던 것이 아니라 유다에게 그러했다. 그 일은 그날 밤, 구주께서 기도하시러 가신 동산에서 일어났다. 이 입맞춤은 유다가 예수님이 누구인지 가르쳐 주기 위해 미리 짜둔 신호였다.

여러 가지 입맞춤은 예수님의 시대에는 문화의 일부였다. 노예들은 자기 주인의 발에 입맞추었다. 성난 군주에게 자비를 구하는 사람들도 용서를 빌기 위해 그 발에 입맞추었다. 옷의 가장자리에 입맞추는 것은 지극한 존경을 나타냈다. 존경의 표시로 생도들은 스승의 손에 입맞추었다. 하지만 껴안고

뺨에 입맞추는 것은 친밀한 애정과 따뜻한 사랑과 친숙함을 나타냈다. 그런 몸짓은 가장 가까운 친구들끼리 하는 것이었다.

유다의 입맞춤은 비열한 행위였다. 그는 예수님의 손이나 옷의 가장자리에 입맞출 수도 있었지만, 그대신 그는 그리스도께 대한 애정을 가장하는 쪽을 선택한 것이다. 그렇게 함으로써 그는 그의 공모자들에게 신호를 보낼 뿐만 아니라 자신의 행위를 가장 구역질나게 만들었다. 아마도 그는 자신이 여전히 그리스도와 제자들을 속일 수 있을 것이라고 생각했을 것이다. 그러나 누가복음 22:48은 예수님이 이렇게 말씀하셨다고 기록하고 있다. "유다야, 네가 입맞춤으로 인자를 파느냐?" 심지어 이 말씀조차도 이 광기 어린 사람을 제지할 수 없었다. 마가복음 14:45은 유다가 단지 "랍비여!" 하고 계속하여 그분께 입맞추고 있었다고 말한다.

주 예수님은 이 비열한 입맞춤을 견디셔야만 했다. 그분의 마지막 대답이 마태복음 26:50에 기록되어 있다. "친구여, 네가 무엇을 하려고 왔는지 행하라." 이 구절에서 '친구'(friend)로 번역된 말의 헬라어는 *hetairos* 인데, 그 말은 문자적으로는 '동료'(comrade) 또는 '동업자'(fellow)를 뜻한다. 예수님은 이 때 유다를 친구라고 부르시지 않은 것이다. '친구'는 그분이 그분께 순종하는 사람들에게 주신 칭호이다(요 15:14). 그 말씀은 예수님이 그 멸망의 자식에게 하신 작별의 말씀이었다. 유다는 아직도 그의 귀에 쟁쟁한 그 말씀을 듣고 있을 것이고 또한 영원토록 들을 것이다. "유다야, 네가 입맞춤으로 인자를 파느냐?"(눅 22:48). "네가 무엇을 하려고 왔는지 행하라."(마 26:50)

그들이 다 그분을 버리고 도망함

나머지 제자들의 행동은 그들이 과연 유다와 무슨 차이가 있는지 의문을 불러일으킨다. 마태복음 26:56은 "제자들이 다 예수를 버리고 도망하니라"고 말한다. 예수님은 앞서 "오늘 밤에 너희가 다 나를 버리리라"(마 26:31)고 말씀하심으로써 이렇게 될 것을 예언하신 바 있다. 그들은 예수님으로부터 등을 돌렸다. 베드로는 심지어 그리스도를 세 번이나 부인했고 저주까지

하면서 그 말을 확증했다. 그런 행동이 유다의 배반과 무슨 차이가 있는가?

한 가지 대답은 동기가 다르다는 것이다. 제자들이 도망친 것은 두려움 때문이었고 순간적인 절박함 때문이었지만, 유다의 배반은 고의적인 배신 행위였다. 제자들은 큰 시험 앞에서 넘어진 것이었지만, 유다의 배신 행위는 탐욕스런 마음에 이끌려 의도적으로 한 일이었다. 제자들은 나중에 자신들의 죄에서 돌이켜 겸손히 예수님의 용서를 받아들였지만, 유다는 불신과 적대감으로 굳어 있었고 심지어 자살하는 행위로써 그 사실을 확증했다(마 27:5). 제자들이 부인한 것은 평상시에는 믿음의 행위를 보이다가 한 번 실수한 것이지만, 유다가 죄를 범한 것은 그가 완전히 타락한 영혼이었음을 드러내는 것이었다.

참된 제자의 표지(標識)는 결단코 죄를 짓지 않는 것이라기보다는 죄를 지었을 때 반드시 주님께 돌아와 용서와 깨끗게 하심을 받는 것이다. 거짓 제자와 달리, 참된 제자는 결코 완전히 돌아서지는 않을 것이다. 참된 제자는 때로 자신의 고기잡던 그물로 돌아갈 수도 있을 것이나, 궁극적으로는 주님께로 다시 이끌리게 된다. 그리스도께서 그의 앞에 서실 때, 그는 구주를 섬기는 삶으로 돌아올 것이다.

거짓 제자의 표지(標識)

유다는 거짓 제자가 어떠한지를 보여 준다. 그의 위선의 특징을 주의 깊게 살펴볼 필요가 있다. 첫째로, 그는 영원한 부요보다 현세의 이익을 더 사랑했다. 그는 명예를 원했고, 성공을 원했고, 세상의 재물을 원했다. 아마도 그는 그리스도께서 메시아에 대한 자신의 모든 기대를 채워 주시지 않는 데 대해 실망했을 것이다. 그는 아마도 자신의 마음을 그리스도의 지상 왕국 가운데 높은 위치에 두고 있었을 것이다. 거짓 제자들의 전형적인 특징은 자기들이 원하는 것을 얻기 위해 예수님과 함께하다가, 그분이 주시는 대신에 그들에게 무엇을 요구하시면 돌아서 버린다는 것이다. 이런 사람들은 애초부터 자신들에게 참된 믿음이 없었다는 것을 드러낸다. 그들은 돌밭에 뿌리운 씨와 같다. 얼마 동안은 잘 자라지만 해가 돋은 후에는 말라 죽는다(마 13:

20-21 참조). 그들은 얼마 동안은 그리스도를 따르지만 결국에 가서는 이기적인 욕심, 돈, 명성 또는 권력 때문에 그분을 팔고 만다.

둘째로, 유다의 특징은 속임수였다. 그가 보여 준 믿음은 한갓 가식이었을 따름이다. 거짓 제자들은 다른 사람을 속이는 데 능숙한, 교묘한 속임수의 선수들이다. 그들은 주님을 사랑하는 것처럼 가장하지만 그들의 입맞춤은 배반의 입맞춤이다.

마지막으로, 유다와 모든 거짓 제자들은 그들이 무엇을 받느냐로 판별된다. 그들은 느슨한 양심, 마음의 평안, 좋은 평판 또는 영적인 자기 만족으로 만족해 한다. 그들 중 어떤 이들이 그리스도를 믿노라고 고백하는 이유는 사업에 도움이 되기 때문이며, 또는 자기들 생각에 그리스도를 믿으면 건강해지고 부유해지거나 번창한다고 생각하기 때문이다. 그러나 그들은 팥죽 한 그릇에 장자의 명분을 판 에서처럼 구주를 팔 것이다. 유다와 마찬가지로 그들은 세상을 사랑하며 어두움을 사랑한다. 그들의 반쪽 마음뿐인 믿음은 필연적으로 굳은 마음의 불신으로 바뀔 것이다.

나는 현대 교회에 유다와 같은 사람들이 많은 것을 두려워한다. 그들은 예수님께 호의적이다. 그들은 제자인 것처럼 보이고 그렇게 말도 한다. 그러나 그들은 그분께 헌신되어 있지 않으며 따라서 그분을 배반할 최악의 가능성이 있다.

그와 달리 참 제자는 예수님을 실망시킬 수는 있을지언정 결코 그분을 대적하지는 않는다. 참된 그리스도인은 일시적으로 주님을 옹호하기를 두려워할 수는 있을지라도 결코 그분을 팔아 넘기지는 않는다. 참된 제자도 불가피하게 비틀거릴 수가 있다. 하지만 죄에 빠졌을 때, 그들은 깨끗케 해 주실 것을 구하지 더러운 구덩이에 도로 눕지는 않는다(벧후 2:22 참조). 그들의 믿음은 부서지기 쉬운 것도 아니며 일시적이지도 않다. 그들의 믿음은 구주께 대한, 역동적이면서도 계속 자라가는 헌신이다.

◆ 주(註) ◆

1) Charles C.Ryrie, *Balancing the Christian Life* (Chicago: Moody, 1969), p.170.

2) 바울이 고린도 교회에게 "어찌 육신에 속하여 사람을 따라 행함이 아니리요?"(고전 3:3) 라고 한 말은 그리스도인의 특정한 계층을 만들려는 의미가 아니었다. 그들은 계속적인 불순종의 삶을 사는 사람들이 아니었다. 바울은 육욕과 반역이 그들 삶의 고질이라고 주장하지 않는다. 실은 바울이 같은 사람들을 가리켜 "너희가 모든 은사에 부족함이 없이 우리 주 예수 그리스도의 나타나심을 기다림이라. 주께서 너희를 우리 주 예수 그리스도의 날에 책망할 것이 없는 자로 끝까지 견고케 하시리라"고 했다(1:7-8). 그럼에도 불구하고 그들은 그리스도에게서 눈을 떼고 종교적인 유명 인사들을 만들어 냄으로써(3:4-5) 육신적인 방식으로 행동했던 것이다. 이것을 바울이 5장에서 근친상간한 사람에 대해 했던 말과 대조해 보라. 바울은 그를 가리켜 '형제라 일컫는 자'(so-called brother:1절)라고 말한다. 바울은 그가 그리스도인이 아니라고 말하지는 않았지만, 그 극악한 죄로 인해 그를 형제라고 할 수가 없었다.

3) 위트머(J.A.Witmer)는 하지즈(Zane Hodges)의 *The Gospel Under Siege*에 대해 다른 각도에서 적극적인 논평을 하면서, 특히 하지즈가 "신앙 고백이 구원에 이르는 믿음이 전혀 아닐 수도 있다는 사실을 깨닫지 못했다"는 점을 지적했다. *Bibliotheca Sacra* (January-March 1983), pp.81-82.

4) R. B. Thieme, *Apes and Peacocks or the Pursuit of Happiness* (Houston: Thieme,1973), p.23.

5) 신자의 안전이라는 주제에 관한 충분한 논의를 위해서는 John MacArthur, Jr., *Security in the Spirit* (Panorama City, CA: Word of Grace, 1985)와 The Security of Salvation (Panorama City, CA:Word of Grace, 1983)을 보시오.

6) A. W. Pink, *Eternal Security* (Grand Rapids: Guardian,1974), p.15.

7) Zane C. Hodges, *The Gospel Under Siege* (Dallas: Redencion Viva,1981), p.68-69 참조. 하지즈는 기록하기를, "현대의 기독교계에는 참된 그리스도인의 믿음은 폐하여질 수 없다는 주장이 널리 퍼져 있다. 그러나 이 주장은 신약 성경의 지지를 받을 수 있는 주장이 아니다"고 했다. 그리고 나서 그는 자신이 "인간의 믿음이 변절할 수 있는 가능성을 언급한 중요한 본문"이라고 부른 디모데후서 2:17,18

제 8 장 완악한 마음을 책망하시는 예수님

에 근거하여 주장하기를, 성경은 참된 신자들도 참으로 배교에 굴복할 수도 있다고 가르친다고 했다. 그러나 사도 바울은, 있는 줄 알았던 믿음이 결국 허물어져 버린 사람도 참된 신자라는 의미로 말한 것은 아니었다. 믿음이 파선해 버린 후메내오(딤전 1:19-20)가 영지주의(靈智主義)와 같은 이단에 의해 더럽혀졌다는 사실이야말로 그들이 거듭나지 못했다는 것을 입증하는 것이다. 그들이 가진 믿음이 무슨 믿음이었든지 간에 그것은 - 하지즈의 표현을 빌자면 - "인간의 믿음"이지 구원얻는 믿음은 아니다. 그 다음 구절인 "그러나 하나님의 견고한 터는 섰으니 인침이 있어 일렀으되 주께서 자기 백성을 아신다 하며"(딤후 2:19) 라는 말씀은, 하나님께서 역사하신 구원얻는 믿음은 폐하여질 수 없다는 진리를 강조한다. 우리는 누구의 믿음이 참되고 누구의 믿음이 엉터리인지 항상 알 수는 없지만, 주님은 다 아신다.

제 9 장
쉬운 멍에를 주시는 예수님

　죄인들에게 "그리스도를 받아들이라"(accept Christ)고 권하는 말이 성경에 한 번도 나오지 않는다는 사실을 알게 된다면 우리는 아마 놀랄 것이다.[1] 20세기의 복음 전도자들이 흔히 전해 왔던 그와 유사한 모든 호소들[2] – "그리스도를 향하여 결단을 내리십시오", "당신 마음 속에 예수님을 모셔 들이십시오", "그리스도를 한번 믿어 보십시오", "예수 그리스도를 당신의 개인적인 구주로 받아들이십시오" – 은 성경적인 전도의 정신과 용어에 모두 위배된다.

　복음으로 초대한다는 것은 죄인들에게 그들의 삶 속에 구주를 모셔들이라고 애원하는 것을 의미하지 않는다. 올바른 초대는 그들에게 회개하고 구주를 따르라고 호소하는 동시에 명령한다. 그것은 단지 그리스도를 긍정적으로 받아들이는 것만이 아니라 적극적으로 그분께 복종하는 것까지 요구하는 것이다. 그리스도께 기꺼이 복종하지 않는 사람들은 이것저것으로 꽉 차 있는 자신들의 삶 속에 그분을 필수불가결한 요소로 새로 받아 들일 수가 없다. 그분은 마음에 죄를 품고 있는 사람의 부름에는 응답하시지 않으며, '육신의 정욕' 채우기를 즐기는 사람과 동반자가 되기를 원하시지 않는다. 그분은, 단순히 그리스도께서 마음에 들어오시기를 원하면서 그분의 임재에도 불구하고 불순종의 삶을 지속하는 것을 정당화하려는 반역자의 간청에는 귀를 기울이시지 않는다.

제 9 장 쉬운 멍에를 주시는 예수님

　구속(救贖)이 위대한 기적인 것은 우리가 그리스도를 받아들인 사실에 있는 것이 아니라 그분이 우리를 받아들인 데 있다. 사실상 우리 스스로는 결코 그분을 사랑하지 않는다(요일 4:19). 구원은 하나님이 불신자의 마음을 변화시키셔서 그가 죄로부터 그리스도께로 돌이킬 때 이루어진다. 하나님은 죄인을 흑암의 권세에서 빛의 나라로 옮기시며(골 1:13), 이때 믿음으로 말미암아 그리스도께서 그의 마음에 들어가 거하신다(엡 3:17 참조). 그러므로 회심은 단순히 죄인이 그리스도를 향해 결단하는 것만 의미하지는 않는다. 우선적으로 회심은 개인을 변화시키시는 하나님의 주권적인 역사(役事)이다.

　복음서에 드러난 예수님의 모습은 현대의 복음 전도자들이 흔히 상상하고 있는 모습과는 판이하다. 신약 성경에서 묘사된 구주의 모습은 거듭나지 않은 삶 속으로 초대해 주기를 애타게 기다리면서 그냥 문 밖에 서 있기만 하는 사이비 구속자의 모습이 아니라, 죄 많은 인간 세상에 내려오셔서 죄인들로 하여금 죄악으로부터 돌이키도록 도전하시는 육신을 입으신 하나님이시다.[3] 그분은 초대를 기다리시기는 것이 아니라 회개하고 복종의 멍에를 지도록 명하심으로써 친히 사람들을 초대하신다.

　죄인들에 대한 예수님의 개인적인 초대가 우리가 흔히 들어 왔던 많은 복음 전도의 메시지와 뚜렷한 대조를 이룬다는 사실은 그리 놀라운 일이 아니다. 마태복음 11:25-30에는 주님이 회개하지 않은 갈릴리 고을들을 책망하신 직후에 하신 말씀이 다음과 같이 기록되어 있다. "그 때에 예수께서 대답하여 가라사대, '천지의 주재이신 아버지여, 이것을 지혜롭고 슬기 있는 자들에게는 숨기시고 어린 아이들에게는 나타내심을 감사하나이다. 옳소이다. 이렇게 된 것이 아버지의 뜻이니이다.' 내 아버지께서 모든 것을 내게 주셨으니 아버지 외에는 아들을 아는 자가 없고 아들과 또 아들의 소원대로 계시를 받는 자 외에는 아버지를 아는 자가 없느니라. 수고하고 무거운 짐진 자들아, 다 내게로 오라. 내가 너희를 쉬게 하리라. 나는 마음이 온유하고 겸손하니 나의 멍에를 메고 내게 배우라. 그러면 너희 마음이 쉼을 얻으리니 이는, 내 멍에는 쉽고 내 짐은 가벼움이라 하시니라." 이 구절들은 믿는 자들을 감동시켜 제자도라는 더 심오한 체험으로 나아가도록 이끄는 호소만이 아니라, 바로 구원으로의 초대를 의미한다. 주님의 말씀을 듣는 사람들은 자기 자신의 힘으로 안식을 찾으려 애쓰면서 죄와 율법주의로 인해 괴로워하는 사람들이었다.

주님이 하나님의 주권을 인정하는 기도를 통해 이러한 초대를 시작하셨다는 사실은 의미 심장한 일이다. 그분은 이 기도를 사람들의 면전에서 큰 소리로 드리신 것이다. 이로 미루어 볼 때, 이 기도가 지니고 있는 진리는 그들을 향한 메시지 가운데 중차대한 부분임을 알 수 있다. 그것은 듣는 모든 사람들을 향해, 혹시 많은 무리가 그들의 구주를 거부한다 할지라도 모든 일이 하나님의 계획에 따라 진행되고 있다는 사실을 확연히 깨우쳐 주는 말씀이었다.

우리 주님은 하나님 자신이 구원에서 결정적인 요인이심을 강조하셨다. 그리스도를 증거하는 우리는 사람들이 그 복음에 어떤 반응을 보이는가에 대해서 궁극적인 책임을 지지 않는다. 우리에게는 단지 복음을 분명하고 정확하게 전하며, 사랑 안에서 진리를 전파해야 할 책임만 있는 것이다. 어떤 이들은 등을 돌릴 것이다. 그러나 당신의 기쁘신 뜻에 따라 진리를 드러내기도 하고 숨기기도 하시는 분은 바로 하나님이시다. 하나님의 계획은 결코 축소되지 않을 것이다. 혹 예수님이 말씀하신 것과 같은 복음이 사람들의 귀에는 거슬릴지라도, 그 내용을 희석시키거나 엄중한 요구 사항들을 줄임으로써 사람들의 구미에 맞게 각색해서는 안된다. 하나님의 계획 아래 이미 선택받은 사람들은 대중의 부정적인 반응에도 불구하고 믿을 것이다.

예수님이 이 말씀들을 하셨을 때 받으셨던 압도적인 거부 반응을 고려한다면, 그분의 사역 성과는 저조한 편이었다고 결론지어도 좋을 듯 하다. 갈릴리에서의 사역은 막바지에 이르고 있었다. 그분은 자신이 구주라고 분명하게 밝혔지만 대다수의 사람들은 반응이 없었다. 그럼에도 불구하고 예수님은 모든 일들이 하나님 아버지의 주관 아래 있다는 확신 때문에 흔들리지 않으셨다. 그분은 계속해서 아버지의 뜻을 좇아 거듭나지 않은 사람들에게 다가가셨다. 왜냐하면 그분은 잃어버린 자를 찾아 구원하려고 오셨기 때문이다. 그분은 부정적인 상황 속에서도 결코 이러한 목적을 단념하지 않으셨다.

수고하는 자들에게 안식을 주시겠다는 예수님의 말씀은 전적인 회심으로의 도전이며, 그 도전이야말로 예수님이 전하신 복음의 알맹이라고 할 수 있는 구속적 진리의 핵심이다. 그 가르침은 진정한 회심이 담고 있는 다섯 가지 필수 요소들을 개괄하고 있는데, 이 다섯 가지는 너무나 긴밀히 연결되어 있으므로 그 중 어느 하나라도 구원에 이르는 믿음이라는 성경적 개념에서 빼뜨릴 수 없다.

겸손

첫째는 겸손이다. 예수님은 "아버지여, 이것을 지혜롭고 슬기 있는 자들에게는 숨기시고 어린 아이들에게는 나타내심을 감사하나이다"(마 11:25)라고 기도하셨다. 예수님은 '이것' – 하나님 나라의 신령한 것들 – 이 현명한 사람들에게는 반드시 감추어지게 되어 있다는 뜻으로 말씀하신 것이 아니다. 영적인 이해는 인간의 정신적 능력과는 무관하다. 예수님이 책망하신 사람들은 그들 자신의 지식으로 발견할 수 있는 한도 내에서만 영적인 진리를 파악하는 사람들, 즉 궁극적으로 인간의 지혜에만 의존하는 사람들이었다. 그들의 죄는 총명에 있는 것이 아니라 지적인 자만에 있다.

이러한 경고는 특히 바리새인들과 랍비들 그리고 서기관들에게 해당될 수 있었다. 이들은 그리스도 안에 나타난 하나님의 계시와 단절되어 있었다. 왜냐하면 그들은 이미 인간의 지혜를 통해 영적인 깨달음을 얻었다고 생각했기 때문이다. 그들은 영적으로 눈멀어 있음을 깨닫지 못했고, 인간의 이성으로 영적인 진리들을 해석했다. 그들은 진리를 발견하는 대신, 그릇된 신학 체계만 수립했을 따름이었다.

인간의 지혜로는 영적인 진리를 이해하거나 받아들일 수 없다. 하나님의 영이 하시는 일은 인간의 지혜나 명석한 추론으로는 접근할 수가 없다. 이것은 사도 바울이 고린도전서 2:9에서 언급한 것과 동일한 진리이다. 사람의 눈이나 귀로는 영적인 진리를 볼 수도 들을 수도 없다. 그것은 경험으로나

직관으로 식별할 수 있는 성질의 것이 아니다. 그것은 인간의 마음으로도 감지할 수 없고, 직관으로도 인식할 수 없다.

마태복음 11장에서 예수님이 지적하신 점은 하나님이 지혜로운 사람들에게서 진리를 거두어 들이신다는 것이 아니라, 오히려 자신의 현명함에 의존하는 사람들이 스스로를 진리로부터 격리시킨다는 것이다. 그들의 지혜와 총명은 자만으로 인해 타락한다. 그들이 하나님의 진리를 거부했으므로, 하나님은 그들이 마음으로 영적인 진리를 분별하지 못하도록 단호하게 막으심으로써 그들의 거부를 더욱 확고하게 하신다. 하나님은 오만하고 교활한 사람이 아닌 '어린 아이와 같은 사람'에게 진리를 보여 주신다. 이러한 점은 마태복음 18:3에서 예수님이 하신 말씀과 일치한다. "너희가 돌이켜 어린 아이들과 같이 되지 아니하면 결단코 천국에 들어가지 못하리라." 어린 아이와 같은 반응이란 인간의 지혜나 완고한 자만과는 정반대의 것으로서, 무능하고 무식하며 재능이 별로 없는 사람이 지니는 겸손을 요구하는 것이다.

그러면 누가 구원에 이를 수 있는가? 어린 아이와 같이 독립적이지 못하고 의존인 사람들, 교만하지 않고 겸비한 사람들, 그리고 자신이 무기력하고 하찮다는 것을 깨달아 아는 사람들이 구원에 이르는 사람들이다. 자신이 아무 것도 아니라는 것을 깨닫게 되면 돌이켜 철저히 그리스도를 의지하게 될 것이다. 시편 138:6은 이렇게 말한다. "여호와께서 높이 계셔도 낮은 자를 하감하시며 멀리서도 교만한 자를 아시나이다." 진실로 겸손한 사람들, 곧 '어린 아이와 같은 사람들'은 하나님과 그분의 진리에 가까이 나아간다. 그러나 교만한 사람들, 곧 '지혜롭고 슬기 있는 자들'은 절대로 하나님과 친교를 나눌 수 없다.

지혜로운 자들과 어린 아이와 같은 자들 사이의 대조는 사실상 행위와 은혜와의 대조이다. 그리스도를 거부한 갈릴리 사람들은 행위로 말미암아 의에 이른다는 생각에 치우쳐 있었다. 그들은 유복했고, 자기 만족적이었으며, 자기 중심적이었다. 그러나 교활하지 않은 사람들, 곧 자신의 보잘것없음으로 인해 깊이 절망하고, 겸비하며 상한 심령을 가진 사람들은 그리스도께 마음을 열었다. 그들에게는 의지할 만한 자기 의가 없었다. 그리고 하나님이 보시기에는 이러한 마음 상태가 진리를 보여 주시기에 적합한 상태이다. 이사야 57:15에는 "지존무상(至尊無上)하며 영원히 거하며 거룩하다 이름하는 자가 이같이 말씀하시되 내가 높고 거룩한 곳에 거하며" 라고 기록되어 있다. 이 말씀은 우리가 상상할 수 있는 최고 수준으로 하나님을 모셔 올린다. 그러나 그 뒤에 하나님은 이렇게 덧붙이신다. "내가 또한 통회하고 마음이 겸손한 자와 함께 거하나니 이는 겸손한 자의 영을 소성케 하며 통회하는 자의 마음을 소성케 하려 함이라." 이 구절에서 **소성케 한다**는 말은 70인역 [히브리어 성경의 헬라어 역]에서 마태복음 11:28의 "내가 너희를 쉬게 하리라"를 번역할 때 사용한 헬라어와 같은 단어로 되어 있다. 하나님은 겸비한 사람들, 통회함과 상함과 의지하는 마음으로 가득 찬 사람들에게 안식 곧 구원을 베푸신다.

고린도전서 1:26-28은 "형제들아 저희를 부르심을 보라. 육체를 따라 지혜 있는 자가 많지 아니하며 능한 자가 많지 아니하며 문벌 좋은 자가 많지 아니하도다. 그러나 하나님께서 세상의 미련한 것들과……약한 것들과……천한 것들을 택하사" 라고 말하고 있다. 그들은 자신들의 부족함을 느끼고 교만하지 않은 사람들이다. 교만은 "나는 스스로 할 수 있다. 나는 스스로 부요하다"고 말한다. 그러한 태도를 취하는 지혜롭고 현명한 사람들은 하나님의 나라로부터 내쫓김을 당할 것이다.

계시

둘째로, 필수적인 회심의 요소는 계시이다. 구원은 어린 아이와 같은 사람에게 온다. 하지만 그리스도로 말미암아 하나님으로부터 오는 계시에 근거할 때만 그러하다. 예수님은 "내 아버지께서 모든 것을 내게 주셨으니 아버지 외에는 아들을 아는 자가 없고 아들과 또 아들의 소원대로 계시를 받은 자 외에는 아버지를 아는 자가 없느니라"(마 11:27)고 말씀하셨다. 계시된 것은 아버지와 아들에 대한 인격적인 지식이다. 그런 지식을 받은 사람들만이 유효하게 선택을 받은 자들이다.

이것은 모든 성경 가운데 가장 심오한 구절들 중의 하나이다. 이 말씀은 예수님의 신성을 다음과 같이 선언함으로써 시작된다. "내 아버지께서 모든 것을 내게 주셨으니." 이 주장은 두 가지 점에서 바리새인의 교훈에 물들어 있는 사람들을 특히 분노하게 했을 것이다. 첫째로, 예수님은 하나님을 '내 아버지'라고 부르셨다. 성경에 기록된 바로는 예수님이 공생애 기간 중에 이러한 호칭을 사용하신 것은 이번이 처음이다. 그분은 종종 하나님을 '아버지' 혹은 '우리 아버지'라고 부르셨다. 예전에는 한 번도 공적인 자리에서 '내 아버지'라고 말씀하신 적이 없었다. '내 아버지'라는 말은 하나님의 독생자로서의 아들의 유일무이함을 강조한 것이고, 예수님을 하나님 아버지와 완전히 동일한 위치에 놓은 것이다. 이 말씀에 대해 그들이 분노를 일으킨 또 한 가지 이유는 "모든 것을 내게 주셨으니" 하는 그분의 주장 때문이다. 그것은 그분의 주권에 대한 확언이고, 신성에 대한 또 한번의 분명한 주장이었던 것이다. 이와 유사한 주장이 마태복음 28:18에도 있는데, 거기서 예수님은 "하늘과 땅의 모든 권세를 내게 주셨으니"라고 말씀하셨다.

예수님은 일찍이 사단, 귀신들, 질병, 자연, 육신, 영혼, 삶, 죽음, 심지어는 당신의 제자들까지도 통치하시는 스스로의 권위를 증거해 오셨다. 그분은 당신에게 구원을 베풀고 죄를 용서하거나 심판을 내리는 권세가 있음을 보여 주셨다. 그분은 인간, 땅, 하늘, 지옥, 심지어는 시간에 대해서도 권위를 가지고 있음을 입증하셨다. 그분의 사역은 우주의 모든 것이 그분의 주권 아래 놓여 있음을 보여 주는 극적인 증거였다.

마태복음 11:27은 계속해서 "아버지 외에는 아들을 아는 자가 없다"고 말하고 있다. 모든 면에서 제한적일 수밖에 없는 인간은 도무지 아들처럼 아버지를 알 수가 없다. 신령한 지식은 유한한 존재들이 얻을 수 있는 것이 아니다. 이런 까닭에 철학이나 인간이 만든 종교는 헛되고 공허할 따름이다. 그러면 우리는 어떻게 하나님을 알 수 있는가? 오직 하나님의 아들로부터 계시를 받음으로써만 가능하다. "아들과 또 아들의 소원대로 계시를 받은 자 외에는 아버지를 아는 자가 없느니라." 하나님은 어린 아이와 같은 자들을 택하시고 그들에게 진리를 계시하신다. 완전히 의존적이며, 인간적인 지혜를 모두 버린 자들이 신령한 진리에 대한 그분의 계시를 받는다.

제 9 장 쉬운 멍에를 주시는 예수님

회개

하나님의 주권적인 은혜가 구원에 이르는 계시를 받는 자들을 결정한다는 사실 때문에 어려움을 겪는 사람이 있다면, 이러한 말씀에 뒤이어 모든 사람들을 포함하는 다음과 같은 초대가 나오는 사실에 주목하기 바란다. "수고하고 무거운 짐진 자들아, 다 내게로 오라. 내가 너희를 쉬게 하리라"(마 11:28). 이와 같은 긴장은 요한복음 6:37에도 드러나 있다. 거기서 주님은 "아버지께서 내게 주시는 자는 다 내게로 올 것이요"라고 말씀하시고, 곧 이어서 "내게 오는 자는 내가 결코 내어쫓지 아니하리라"고 말씀하신다. 하나님은 누구를 선택하느냐 하는 문제에서 주권을 가지고 계신다. 그러나 또한 하나님의 초대는 모든 사람에게 열려 있다. 우리는 이 두 가지 사실을 조화시키는 데 어려움을 느끼지만, 두 가지 모두가 진리임을 인정해야만 한다. 진정한 회심을 수반하는 신령한 계시는 하나님께서 담당하시는 부분이다. 그와 동시에 인간 편에서 해야 할 일은 회개이다. "수고하다"는 말의 헬라어는 *kopiao*이다. 이 말의 뜻은 땀이 넘쳐 흐르고 기진맥진해질 때까지 노동하는 것이다. 예수님이 이 단어를 여기에 사용하신 까닭은, 진리를 찾으려고 노력하다가 기진맥진해서 구원을 얻는 데 절망해 버린 인간을 묘사하심으로써 인간의 노력으로 하나님을 기쁘시게 하려는 것이 얼마나 헛된 일인가를 가르쳐 주시기 위함이었다.

"무거운 짐진"이라는 구절은 점점 더 무거워지는 짐을 등에 지고 힘들여 일하고 있는 가련한 인간의 모습을 떠올리게 한다. 랍비들은 말하기를, 안식을 얻는 비결은 율법의 세부 사항을 지키는 것이라고 했다. 그러나 그 율법은 너무 무거워서 도저히 질 수 없는 멍에가 되고 말았다(행 15:10 참조). 랍비의 교훈이 남긴 유전으로 인해 그 나라의 모든 백성은 완전히 지쳐 버렸으며, 그리하여 죄와 죄책감으로 괴로워하는 양심의 무거운 짐으로부터 벗어나기를 필사적으로 갈구하는 상태였다.

회개라는 말이 여기에 특별히 사용되지는 않았지만, 우리 주님이 요구하신 것은 바로 그것이다. "내게로 오라" 할 때는 완전한 선회, 180도의 방향 전환을 요구하는 것이다. 이 초대는 자신들에게는 해답이 없음을 자각하고 있는 사람들을 위한 것이다. 그들은 죄에 압도당했고, 그 무게에 눌려 왔으므로 스스로의 노력으로는 하나님 나라에 들어갈 수가 없었다. 그들은 길을 잃었다. 이때 예수님은 "돌이켜서 헛된 절망을 버리고 내게 오라. 내가 하나님의 은혜의 선물을 주겠다"고 말씀하신다. 그 짐을 진 채로 거기에 예수님을 덧붙이기만 하려는 사람은 초대받지 못한다. 이 초대는 더 이상 자신에게 있는 것을 의지하지 않고, 혼신의 힘을 다해 자아와 죄로부터 돌이켜 구주께 나아오는 사람들을 위한 것이다. 이것은 죄를 즐기는 사람들을 위한 초대가 아니다.

예수님이 고라신, 벳새다, 그리고 가버나움 고을을 책망하신(마 11:20-24) 이유는 그 고을들이 회개하기를 거절했기 때문이었다. 그 직후에 이제 그분은 죄와 자기 의, 그리고 행위에 근거한 종교로 인해 기진맥진한 사람들이 그분께로 돌이켜, 지고 있는 짐을 내려 놓도록 초대하시는 것이다.

믿음

진정한 회심을 하는 데 필요한 또다른 필수적 요소는 믿음이다. 예수님은 "수고하고 무거운 짐진 자들아, 다 내게로 오라. 내가 너희를 쉬게 하리라"고 말씀하셨다. "내게로 오라"는 말씀은 "나를 믿으라"는 말과 같은 뜻이다. 요한복음 6:35에서 예수님은 "내가 곧 생명의 떡이니 내게 오는 자는 결코 주리지 아니할 터이요 나를 믿는 자는 영원히 목마르지 아니하리라"고 말씀하셨다. 예수님께로 온다는 의미는 그분을 믿는다는 것과 같은 뜻이다.

믿음은 회개의 뒷면이다. 회개가 죄로부터 돌이키는 것을 뜻한다면, 믿음은 구주께로 돌이키는 것을 말한다. 구원에 이르는 믿음의 대상은 교리나 교회나 목사나 예배 의식 등이 될 수 없다. 예수님만이 구원에 이르는 믿음의 대상이시다.

마음이 겸비해졌을 때, 하나님이 주권적으로 진리를 계시하심으로써 구원이 온다. 이 때 절망 속에 있던 그 영혼은 죄의 짐에서 벗어나 그리스도를 받아들이게 된다. 그것은 '지혜롭고 슬기 있는 자들'이 흥미있어 하는 지적 활동이 아니라, 전심으로 그리스도께 돌이키는 것이다.

순종

구원은 거기서 끝나지 않는다. 순종은 진정한 회심의 또다른 요소이다. 예수님의 초대는 "내가 너희를 쉬게 하리라"는 말씀으로 끝나지 않는다. 그분은 계속해서 "나는 마음이 온유하고 겸손하니 나의 멍에를 메고 내게 배우라. 그러면 너희 마음이 쉼을 얻으리니 이는 내 멍에는 쉽고 내 짐은 가벼움이라"고 말씀하신다(29절). 예수님의 주님되심에 복종하라는 요구는 그분의 구원으로의 초대에서 중요한 부분을 차지한다. 그분의 멍에를 메려 하지 않는 사람들은 그분이 베푸시는 구원의 안식에 들어갈 수 없다.

예수님의 말씀을 들은 사람들은 멍에가 순종을 의미한다는 사실을 알고 있었다. 이스라엘 지역에서 멍에는 나무로 만들어졌는데, 목수들이 그것을 쓰게 될 동물들의 목에 꼭 맞도록 정성들여 만들었다. 의심할 바 없이 예수님도 어린 시절 나사렛에 있는 요셉의 목공소에서 많은 멍에들을 만드셨다. 이것은 구원에 대한 완벽한 예증이었다. 고삐를 당길 수 있도록 동물에게 씌우는 멍에는 주인이 동물들을 인도하기 위해 사용하는 것이다.

멍에는 또한 제자 훈련을 상징한다. 우리 주님이 "내게 배우라"는 말씀을 덧붙이셨을 때, 유대인들은 이 말씀의 의미를 훨씬 친숙하게 이해했을 것이다. 고대의 저술에서 보면, 어떤 선생에게 복종하는 학생은 그 선생의 멍에를 썼다고도 표현되었다. 한 저술가는 이러한 격언을 기록하고 있다. "네 목에 멍에를 씌워라. 그리하여 네 영혼이 가르침을 받도록 하여라." 랍비는 교훈의 멍에, 토라(Torah)의 멍에, 그리고 율법의 멍에에 대해 이야기했다.

그것은 또한 복종을 함축하고 있는 멍에이다. 그러므로 죄인들에게 "나의 멍에를 메라"고 말씀하신 예수님의 초대는, 예수님을 구주로는 받아들이되 주님으로는 받아들일 수 없다는 관념과는 상반되는 것이다. 예수님은 당신의 멍에를 받아들이거나 당신에게 복종하기를 기뻐하지 않는 사람들에게 가까이 오라고 명령하시지 않는다. 진정한 구원은 절망 가운데 있는 죄인이 그리스도께서 자신을 다스려 주시기를 바라면서 자신의 죄로부터 그리스도께 돌이킬 때 이루어진다.

구원은 오직 은혜로 말미암으며, 인간의 행위와는 아무 상관도 없다. 하나님의 은혜에 대한 가능한 유일한 반응은 죄인으로 하여금 옛 생활을 버리고 그리스도께로 돌이키게 만드는 상한 심령의 겸비함뿐이다. 그러한 회심의 증거는 복종과 순종을 기쁘게 여기는 심정이다. 불복종과 반역이 줄지 않고 계속된다면, 그것은 그의 믿음이 참된 것인지 의심해 볼 만한 이유가 된다.

율법의 멍에, 인간의 노력이라는 멍에, 행위의 멍에, 그리고 죄의 멍에는 모두 무겁고, 괴롭고, 고통스러운 멍에들이다. 그런 것들은 육신에 가해진 크고 견디기 어려운 짐들을 나타낸다. 그것들은 절망과 좌절과 근심을 가져 온다. 예수님은 우리가 감당할 수 있는 멍에를 주시며, 또한 그것을 질 수 있는 힘을 주신다(빌 4:13 참조). 바로 그 안에 진정한 안식이 있다.

그분이 지우는 멍에는 쉽고, 그분이 주시는 짐은 가볍다. 왜냐하면 그분은 마음이 온유하고 겸손하시기 때문이다. 바리새인들이나 서기관들과는 달리, 예수님은 우리를 압제하기를 원하시지 않는다. 그분은 우리가 감당할 수 없는 짐을 우리 위에 쌓기를 원치 않으시며, 의롭게 되기가 얼마나 힘겨운 일인가를 보여 주시려 애쓰시지 않는다. 그분은 온유하시다. 그분은 부드러우시다. 그래서 그분은 가볍게 질 수 있는 짐을 주신다. 그분의 멍에 아래 순종하는 것은 기쁨이다. 우리가 불순종할 때만 그 멍에가 우리의 목을 조일 뿐이다.

그리스도께 대한 복종의 멍에는 고통스럽지 않다. 오히려 즐겁다. 그것은 죄와 죄짐으로부터의 해방, 곧 '심령의 평강'을 뜻한다. 이 말은 예레미야 6:16을 반복한 것이다. 예레미야 선지자는 이렇게 말한다. "너희는 길에 서서 보며 옛적 길, 곧 선한 길이 어디인지 알아보고 그리로 행하라. 너희 심령이 평강을 얻으리라' 하나, 그들의 대답이 '우리는 그리로 행치 않겠노라' 하였도다."

예수님은 그와 똑같은 반응을 받으셨다. 그후에 그분의 사역 가운데 일어난 여러 사건들은 예수님께 대한 증오가 한층 강화되었을 뿐임을 보여 주고 있고, 그 증오는 결국 적대적인 군중이 예수님을 십자가에 못박는 데까지 이르렀다. 그분의 멍에는 쉬운 것이었다. 그러나 불순종하고 완고하고 죄 많

제 9 장 쉬운 멍에를 주시는 예수님

은 심령들에게는 그분께 오라는 요구가 너무나 감당하기 어려운 짐이었다. 예수님의 초대는 거절당했다. 그분의 구원도 거부당했다. 사람들은 예수님의 영광의 빛보다 자신들의 죄의 어두움을 더 사랑한 것이다. 그 결과 예수님의 주님되심을 불신하고 거절한 까닭에 그들은 스스로를 정죄하는 자리로 떨어지고 말았다.

◆ 주(註) ◆

1) 그리스도를 영접한다(receiving Christ)는 말의 성경적인 의미는 단순히 그분을 '받아들인다'(accepting)거나 그분께 대해 긍정적으로 반응하는 것 이상을 의미한다. 요한복음 1:11-12은 그분을 '영접한' 사람들과 메시아이신 그분을 거절한 사람들을 대조하고 있다. 그리스도를 영접한 사람들은 그분과 그분의 모든 요구들을 지체하지 않고 받아들였던 사람들이었다. 그들은 "그 이름을 믿었다."(12절;골 2:6 참조)

2) The Institute for American Church Growth의 윈 안(Win Arn) 박사는 현대 복음 전도 방법들의 실패에 대해 언급하면서 "성경 어느 곳에서도 '결단'(decisions)이라는 개념은 찾아볼 수 없다. 가장 중요한 것은 변화된 삶과 활기 있는 그리스도인 - 그리스도를 따르는 사람이 된……제자이다" 라고 말했다. *Eternity*, September 1987, p. 34에서 인용.

3) 요한계시록 3:20의 "볼지어다 내가 문 밖에 서서 두드리노니……" 라는 메시지의 바로 앞에는 19절의 "그러므로 네가 열심을 내라 회개하라"는 명령이 나온다는 사실에 주목할 필요가 있다.

제 3 부
예수님이 예증하신 복음

제 10 장
마음밭

"내게로 오라……나의 멍에를 메라……그러면 너희 마음이 쉼을 얻으리니"(마 11:28-30)라는 예수님의 초대는 공개적으로 가르치는 사역의 한 국면이 일단락되었음을 알리는 동시에 가르침의 범위가 더욱 넓어지면서도 훨씬 개인에게 집중되기 시작했음을 알리는 신호였다.

마태복음 12장은 그분이 이 말씀들을 하신 직후에 무슨 일들이 일어났는지 상세히 기록하고 있다. 예수님께 대한 종교 지도자들의 끈질긴 증오는 그 안식일에 마침내 폭발했다. 바리새인들은 그들의 메시아에 대한 이스라엘 민족의 반응을 요약이라도 하듯, 예수님이 사단의 힘을 빌어 귀신을 쫓아낸다고 힐난하였다(마 12:24). 이스라엘은 그들의 왕을 거절했으며, 그분이 주시는 하나님 나라를 거부했다. 그것은 최종적인 거부였다. 그날부터 예수님의 사역 방향이 바뀌었다. 그분은 더 이상 이스라엘에게 하나님 나라가 가까왔다고 선포하시지 않았다. 이제 그분의 부르심은 -이방인뿐 아니라 유대인들에게도- 믿음 안에서 그분의 주인되심에 복종하라는 개인적인 것이었다.

심지어는 가르치시는 방식도 바뀌었다. 그날부터(마 13:1) 그분은 비유-영적인 진리들을 설명하는 일상적인 이야기-로 가르치셨다. 공개적으로 메시지를 선포하는 대신, 그분은 그 메시지를 이미 거부했던 자들에게 진리를 감추시고(11-15절) 깨닫기를 갈구하는 참된 신자들에게는 열심으로 자세히 설명해 주셨다(막 4:34 참조). 진리를 미워하는 자들은 굳이 성가시게 묻지도 않았다.

마태복음 13장에 나오는 비유들은 '천국의 비밀'(11절)을 말해 준다. 심지어는 거기에 쓰인 용어들조차 방향이 변화되었음을 보여 준다. 유대인들이 마음에 그리고 있던 천국은 알기 힘든 수수께끼가 아니었다. 천국은 온 세상을 이스라엘 메시아의 통치 아래 두는 영원하고 지상적(地上的)인 정치 제도였다. 결국 그들은 구약 성경에서 말한 천국을 그렇게 보았다.[1] 그때까지 예수님은 특별히 다른 무엇을 가르치신 일이 없었다.

그러나 이스라엘이 그들의 메시아의 통치를 거부했을 때, 그들은 자기 세대 뿐만 아니라 자손 대대에 이르기까지 영원하고 지상적인 차원의 천국을 잃어버리게 된 것이었다. 그리스도의 지상 통치는 그분이 천년 왕국을 세우러 오실 미래의 어느 때로 미루어졌다. 이제 천국 - 이 땅과 사람의 마음을 다스리시는 하나님의 통치[2] - 은 신비한 모습으로 존재한다. 이제 그리스도는, 비록 그분이 궁극적인 주권을 가지고 계시기는 하지만, 왕으로서 당신의 거룩한 뜻을 남김없이 온 땅에 행사하시지는 않는다. 그분은 믿는 자들 가운데에서만 왕으로서 다스리신다. 그분의 나라는 구속함을 받은 모든 사람들을 포함하고 있지만, 안 믿는 세상이 볼 수 있는 형태는 아니다. 이러한 하나님 나라의 모습은 정치적인 군주국을 바라고 있던 자들에게는 수수께끼였다. 마태복음 13장에서 시작되는 비유들은 하나님 나라의 비밀을 드러내 준다(막 4:11 참조). 다시 말해서, 그 비유들은 이스라엘이 그리스도를 거절했던 때와 지상적인 천년 왕국이 완전히 이루어질 때 사이의 하나님의 통치의 성격을 묘사한다. 우리가 지금 그 안에서 살고 있는 하나님 나라의 이러한 측면은 하나의 신비이다. 왜냐하면 구약 성경에는 이러한 측면이 드러나지 않았기 때문이다.

언제나 그랬던 것처럼 예수님의 가장 큰 관심사는 잃어버린 자를 찾아 구원하는 데 있었으며, 이것은 또한 그 신비한 나라에서 하는 주요 활동들 중의 하나이다. 그래서 그분이 말씀하신 첫 번째 비유가 복음을 전파하는 일에 초점을 맞추었다는 것은 그리 놀라운 일이 아니다. "씨를 뿌리는 자가 뿌

제 10 장 마음밭

리러 나가서 뿌릴쌔 더러는 길가에 떨어지매 새들이 와서 먹어버렸고, 더러는 흙이 얇은 돌밭에 떨어지매 흙이 깊지 아니하므로 곧 싹이 나오나 해가 돋은 후에 타져서 뿌리가 없으므로 말랐고, 더러는 가시떨기 위에 떨어지매 가시가 자라서 기운을 막았고, 더러는 좋은 땅에 떨어지매 혹 백 배, 혹 육십 배, 혹 삼십 배의 결실을 하였느니라. 귀 있는 자는 들으라."(마 13:3-9)

주님은 잘 아는 비유를 드셨다. 농업은 유대인 생활의 핵심이었으며, 유대인이라면 누구나 씨 뿌리는 일과 곡식이 자라는 과정을 알고 있었다. 심지어는 예수님이 가르치시는 곳에서 씨 뿌리고 있는 사람을 볼 수 있었는지도 모른다. 아마도 그 씨 뿌리는 사람은 씨를 담은 바구니를 어깨에 걸치고, 밭고랑을 오르락내리락 하면서, 씨를 한 줌씩 집어 뿌렸을 것이다. 그 씨는 다음과 같은 네 가지 땅에 떨어졌을 것이다.

길가에 있는 땅

첫째는 밭의 주변에 있는 길가의 단단한 땅이다. "뿌릴쌔 더러는 길가에 떨어지매 새들이 와서 먹어버렸고"(마 13:4). 팔레스타인은 밭으로 덮여 있다. 밭을 두르는 울타리나 담장은 전혀 없고, 경계를 이룰 만한 것이라고는 좁은 길뿐이다. 어느 곳에서 오는 나그네든지 이 길들을 이용하게 되어 있다. 마태복음 12:1에는 예수님과 제자들이 밀밭 사이로 가다가 이삭을 잘라 먹은 이야기가 나오는데, 틀림없이 이런 길들 중의 하나였을 것이다.

흩뿌리는 방식으로 씨를 뿌리기 때문에, 어떤 씨는 길에 떨어지게 된다. 길에 있는 땅은 단단하게 밟혀서 다져지기 마련이며, 개간되는 일이 없고 파헤치거나 흙이 부서지는 일이 없기 마련이다. 건조한 날씨뿐만 아니라 끊임없이 나그네들이 밟고 다니기 때문에, 이런 길에 있는 땅은 굳어진 나머지 포장도로처럼 단단하게 된다. 농부가 뿌린 씨 가운데 이런 단단한 땅에 떨어진 것은 지면을 뚫고 들어갈 수가 없다. 그런 씨는 날아다니는 새들이 먹어버릴 때까지 그 곳에 있게 된다. 새들이 먹지 않으면, 누가복음 8:5에서 말한 것처럼, 밟히게 된다. 결국 새들이나 나그네들이 길가에 떨어진 씨들을 없애버리는 것이다.

흙이 얇은 땅

5절은 흙이 얇은 땅을 묘사한다. "더러는 흙이 얇은 돌밭에 떨어지매 흙이 깊지 아니하므로 곧 싹이 나오나 해가 돋은 후에 타져서 뿌리가 없으므로 말랐고."

'돌밭'은 흙 속에 잔돌들이 있는 땅을 가리키는 말이 아니다. 밭가는 농부라면 누구나 할 수 있는 한 모든 돌들을 치울 것이기 때문이다. 이스라엘은 석회석 암반층이 땅을 관통하고 있다. 곳에 따라 그 암반층은 지면 가까이 솟아올라 표토(表土)에서 불과 몇 인치 안되는 곳에 자리잡기도 한다. 씨가 이런 흙이 얇은 곳에 떨어져 자라기 시작할 때는, 아래로 뻗던 뿌리가 곧 바위에 다다라 더 이상 갈 곳이 없게 된다. 더 깊이 뿌리를 내릴 수 없게 되면, 이 어린 싹은 무성한 잎을 만들어 스스로를 주위에 있는 농작물보다 두드러지게 한다. 그러나 해가 뜨면, 이런 싹들이 제일 먼저 죽는다. 그 싹들의 뿌리가 수분을 흡수하러 깊은 곳으로 갈 수 없기 때문이다. 이런 곳에 있는 농작물은 열매를 맺기 전에 속절없이 시들어 버린다.

잡초가 무성한 땅

7절은 잡초가 무성한 땅에 대해서 말한다. "더러는 가시떨기 위에 떨어지매 가시가 자라서 기운을 막았고." 이 땅은 좋은 땅인 것으로 보인다. 이 땅은 깊고 기름지며, 개간이 잘 되었고 비옥하다. 씨 뿌릴 때는 깨끗하고 잘 준비된 것처럼 보였다. 하지만 그 곳에 뿌려진 씨가 자라기 시작했을 때, 흙 속에 숨어 있던 잡초의 뿌리도 함께 자라 급기야는 농작물을 시들게 하고 만다.

어느 땅에 본래부터 있던 잡초는 경작하는 농작물보다 언제나 생명력이 강하기 마련이다. 잡초는 저절로 잘 자라는 데 반해서, 심겨진 농작물은 외부에서 온 것이므로 경작과 관심을 필요로 한다. 만일 잡초가 뿌리를 내리게 되면 그 땅을 휩쓸어 버린다. 잡초는 빨리 자라므로 무성한 잎들이 농작물을 덮어 햇빛을 가린다. 잡초의 억센 뿌리는 또한 모든 수분을 빨아들인다. 결국 좋은 식물은 시들어 버리고 만다.

좋은 땅

마지막으로, 8절은 좋은 땅을 묘사한다. "더러는 좋은 땅에 떨어지매 혹 백 배, 혹 육십 배, 혹 삼십 배의 결실을 하였느니라." 이 땅은 부드러워, 길가에 있는 단단한 땅과 다르다. 이 땅은 깊어서, 흙이 얕은 땅과 다르다. 그리고 이 땅은 깨끗하여, 잡초가 가득한 땅과 다르다. 여기에서 씨는 생명을 틔우고 백 배, 육십 배, 삼십 배의 풍성한 수확을 거두게 된다.

비유

겉으로 보면, 씨 뿌리는 자와 씨에 대한 이 이야기는 단순하다. 이 이야기가 깊은 의미를 지니고 있음을 알 수 있는 유일한 실마리는 9절에 기록된 예수님의 훈계이다. "귀 있는 자는 들으라." 다시 말해서, 이 말을 깨달을 수 있다면 그 메시지에 주의를 기울이라는 것이다. 누가 이 말씀을 깨달을 수 있는가? 오직 자신들을 가르쳐 주실 왕을 모시고 있는 사람들뿐이다. 제자들은 곡식을 심고 거두는 것에 관한 이 단순한 이야기가 무언가 풍부한 영적 진리를 담고 있다는 사실을 알아차렸던 것이 분명하다. 마가복음 4:10은 예수님이 홀로 계실 때, 함께한 제자들이 예수님께 나아와 그 비유를 설명해 주십사고 부탁드린 사실을 기록하고 있다. 그리고 예수님은 그 비유를 설명해 주셨다.

마태복음 13:9의 "귀 있는 자는 들으라"고 하신 말씀과 나중에 16절에서 "너희 귀는 들음으로 복이 있도다" 하신 말씀 사이의 관련성에 주목해 보라. 이것은 메시아의 입에서 나온 영광스런 진리인 것이다. "내가 진실로 너희에게 이르노니 많은 선지자와 의인이 너희 보는 것들을 보고자 하여도 보지 못하였고 너희 듣는 것들을 듣고자 하여도 듣지 못하였느니라."(17-18절)

씨와 씨 뿌리는 자

이제 주님은 제자들 및 배우기 원하는 다른 신자들과 따로 계실 때(막 4:10), 단순하고 명백한 이야기처럼 보이는 그 비유로 하나님 나라의 중요한 속성을 드러내셨다. 그분이 말씀하신 씨는 말 그대로의 씨가 아니라 바로 복음이었다. "아무나 천국 말씀을 듣고……"(19절). 씨는 왕과 그분의 나라에 관한 메시지이다. 병행 구절인 누가복음 8:11은 더욱 분명하다. "씨는 하나님의 말씀이요." 따라서 씨 뿌리는 자는 개개인의 마음 속에 하나님의 말씀으로 복음의 씨를 심는 사람이다(벧전 1:23). 모든 씨 뿌리는 사람의 전형은 주님 자신이시다.

씨는 복음에 대한 적절한 예증이다. 씨는 창조될 수 없고, 다만 재생산될 뿐이다. 복음을 전파하는 것은 씨를 뿌려서 재생산된 것을 거두고, 그것을 다시 뿌리는 일련의 과정이다. 하나님은 우리에게 우리 자신의 씨나 메시지를 창조하라고 요구하시지 않는다. 그분의 말씀이 유일한 좋은 씨이다. 하나님의 말씀을 떠나서는 어떠한 복음 전도도 없다.

땅의 상태

이 비유의 핵심은 씨 뿌리는 자나 씨 뿌리는 방식에 문제가 있는 것이 아니다. 씨에 문제가 있는 것도 아니다. 근본적으로는 땅의 성질에 문제가 있는 것도 아니다. 문제는 땅의 상태이다.

땅은 사람의 마음을 상징한다. 마태복음 13:19이 그 사실을 뒷받침한다. "아무나 천국 말씀을 듣고 깨닫지 못할 때는 악한 자가 와서 그 **마음**에 뿌리운 것을 빼앗나니 이는 곧 길가에 뿌리운 자요"(고딕체는 필자의 표기임) 영적으로 볼 때에는 듣는 사람의 마음이 농부의 씨를 받아들이는 땅과 똑같은 역할을 한다.

본질적인 성질에서는 이 비유에 나오는 모든 땅이 똑같다. 밭 가운데 있는 땅이든지 그 주변에 있는 땅이든지, 단단하거나 부드럽거나 흙이 얕거나 잡초가 있거나 간에 똑같은 땅이다. 땅의 차이는 환경의 영향과 관련된 것이다. 어느 땅이나 제대로 준비만 되어 있으면 씨를 받아들일 수 있다. 그러나 제대로 준비가 안된 땅은 열매를 맺을 수 없다.

사람의 마음도 그와 마찬가지이다. 우리 모두는 본질적으로는 똑같지만, 우리를 형성하는 영향들에 따라 다르게 된다. 이것이야말로 이 비유가 가르쳐 주는 영적인 교훈의 핵심이다. 즉 사람의 복음에 대한 반응은 주로 그 사람의 마음 준비에 따라 결정된다는 것이다. 올바르게 준비되지 않은 마음은 결코 영적인 열매를 맺지 못할 것이다.

냉담한 마음

길가에 있는 땅은 완고하고 냉담한 마음을 묘사한다. "아무나 천국 말씀을 듣고 깨닫지 못할 때는 악한 자가 와서 그 마음에 뿌리운 것을 빼앗나니 이는 곧 길가에 뿌리운 자요"(마 13:19). 여기에 단단한 마음을 가진 사람이 있다. 구약 성경은 그런 사람을 '목이 곧다'고 했다. 그는 냉담하고, 무관심하고, 부주의하고, 무감각하고, 둔한하며, 때로는 적대적이다. 그는 복음과 관련된 것은 무엇이든지 원치 않는다. 복음은 그에게서 튕겨 나올 뿐이다. 사단은 새로 묘사되었는데, 그 새는 단단한 땅 위를 빙빙 돌다가 씨가 땅에 뿌려지는 순간 가로채 버린다. 누가복음 8:12은 그 의미를 명백하게 보여 준다. 이들은 구원받지 못한 사람들이다. "마귀가 와서 그들로 믿어 구원을 얻지 못하게 하려고 말씀을 그 마음에서 빼앗는 것이요."

여기에서 우리 주님이 경고하시는 것은, 사람의 마음이 거듭된 죄악으로 여러 차례 공격을 받아 다져지게 되면, 복음에 대해 완전히 무감각하게 된다는 것이다. 이것은 회개나 죄에 대한 애통함이나 죄책감이나 하나님과 관련된 것들에 대해 아무런 관심도 없는 마음이다. 그 마음은 끊임없이 일어나는 악한 생각과 애지중지하는 죄들과 불경건한 행위들이 자기 자신을 짓밟도록 방임한다. 그 마음은 부주의하고, 냉담하고, 무관심하며, 죄를 뉘우치거나 그릇된 행위를 슬퍼함으로 인해 낙담하거나 부드러워지는 법이 없다. 이것은 잠언에서 묘사한 어리석은 자의 마음이다. 어리석은 자는 지식을 미워하며 훈계를 거절한다. 어리석은 자는 지혜를 멸시하며 자기 마음에 이르기를 "하나님이 없다 한다". 그는 들으려고 하지 않는다. 그의 마음은 닫혀 있다. 그리고 그는 복음의 초대로 인해 성가시게 되는 것을 원치 않는다.

많은 사람들의 마음이 그와 같다. 그들에게는 씨를 쏟아붓더라도 그냥 그 자리에 있을 뿐이다. 씨가 뚫고 들어가지 못한다. 그리고 얼마 지나지 않아 사단이 와서 그 씨를 깨끗이 가져가 버린다. 그런 사람에게 전도하려 할 때는 언제나 처음부터 다시 시작해야 한다.

밭의 가장자리에 있는 메마르고 굳은 땅이 반드시 종교를 반대하는 사람을 의미하는 것은 아니다. 세상에서 가장 단단한 마음을 가진 사람들의 일부는 참된 종교의 주변에 남아 있기 마련이다. 하지만 죄가 그들의 마음을 너무나 단단하게 해 놓은 나머지 그들은 하나님께 대해 아무런 열매도 내어놓지 못하며 냉담하다. 그들은 진리와 매우 가까운 곳에 있고, 좋은 땅과 매우 가까운 곳에 있으며, 때로 한 웅큼씩 씨를 받기도 하지만, 그 씨들은 그들의 삶 속에서 싹트지 않는다.

피상적인 마음

흙이 얇은 땅은 피상적이고 성급한 마음을 가리킨다. "돌밭에 뿌리웠다는 것은 말씀을 듣고 즉시 기쁨으로 받되 그 속에 뿌리가 없어 잠시 견디다가 말씀을 인하여 환난이나 핍박이 일어나는 때에는 곧 넘어지는 자요"(마 13:20-21). 이런 마음은 열렬하기는 하지만 깊이가 없다. 긍정적인 반응이 있기는 하지만 그것이 구원얻는 믿음을 나타내는 것은 아니다. 신중한 생각이 없으며, 값을 계산하는 것이 없다. 제자도가 실제로 얼마나 중요한지를 전혀 이해하지 못한 채 빠르고, 감정적이고, 자아도취적이고, 즉각적인 열광을 나타낸다. 그것은 참된 믿음이 아니다.

피상적인 반응이 20세기 기독교에 유행하고 있다. 그 이유가 무엇이겠는가? 그 이유는 보통 복음이 기쁨, 따스함, 친교와 좋은 느낌을 약속하면서 함께 제시되기는 해도, 자기 십자가를 지고 그리스도를 따르라는 엄격한 요구와 함께 제시되지는 않기 때문이다. '회심자'들은 죄와 회개라는 진정한 문제와 직면하게 되지 않는다. 대신에 그들은 그들이 약속받은 좋은 것들을 얻기 위해 껑충 뛰어 예수께로 가도록 부추겨진다. 그러나 겉으로 비옥하게 보이는 얇은 표토(表土) 바로 밑에는 하나님께 반역하고 저항하는 암반(岩盤)이 놓여 있다. 거기에는 참된 회개도 없고, 비탄도 없으며, 뉘우침도 없

제 10 장 마음밭   175

다. 부드러운 표면 밑에 있는 그 완강한 반항과 거절은 사실상 길가에 있는 땅보다도 더 단단하다. 그리고 그 영원한 결과는 둘 다 똑같이 비극적이다. 처음에 보인 열심은 단지 감정적인 것이었고, 자라던 씨는 갑자기 죽어 버린다. 이런 사람들은 사실상 구원받지 못한다. (요일 2:19 참조)

이와같이 피상적인 반응을 보이는 사람들은 사역에서 가장 큰 실망을 안겨 주는 사람들 중의 하나이다. 나는 그런 사람들을 훈련시키느라 많은 시간을 허비해 왔다. 겉으로 보기에 그들의 믿음은 매우 고무적이다. 아닌 게 아니라 밭에서 본다면, 이런 사람들이야말로 다른 어떤 사람들보다도 더 크고 더 튼튼하게 자랄 것이라고 생각할 것이다. 하지만 그들에게는 그처럼 왕성한 성장을 뒷받침해 줄 뿌리가 없기 때문에 환난이나 핍박이 오는 즉시 그들은 말라 죽는다.[3]

회개나 겸비함은 알지 못한 채, 늘 미소만 띠고 활기에 차 있는 회심자들을 주의해야 한다. 그것이 피상적인 마음의 표시이다. 그런 마음을 지니고 있는 사람에게는 사나운 날씨를 견디는 데 필요한 뿌리가 없다. 만일 그리스도께 대한 신앙고백이 깊은 상실감에서 자라나온 것이 아니고, 내적으로 죄를 뉘우치는 마음과 병행하지 않으며, 주님께서 깨끗하고 정결하게 해 주시고 인도해 주시기를 바라는 간절한 소원을 포함하지 않고, 그분을 위해 기꺼이 자기를 부인하고 희생을 당하며 손해를 보겠다는 마음을 담고 있지 않다면, 그런 신앙고백은 정당한 뿌리가 없는 것이다. 그 무성한 싹이 말라 죽는 것은 시간 문제일 뿐이다.

세상적인 마음

잡초가 무성한 땅은 세상 일들에 몰두해 있는 마음을 나타낸다. 마태복음 13:22은 이렇게 말한다. "가시떨기에 뿌리웠다는 것은 말씀을 들으나 세상의 염려와 재리의 유혹에 말씀이 막혀 결실치 못하는 자요."[4] 이것은 세상적인 사람, 즉 이 세상에 있는 것들을 위해 사는 사람에 대한 완벽한 묘사이다. 그는 이생의 염려에 사로잡혀 있다. 그가 추구하는 주된 것은 경력, 저택, 자가용, 취미, 또는 의상이다. 그에게는 명성, 외모, 또는 재산이 모든 것이다.

당신은 그와 같은 사람을 알고 있지 않은가? 그들은 얼마 동안은 밭의 나머지 부분과 다를 바 없어 보인다. 그들은 교회에 나오며, 하나님의 백성과 어울리고, 심지어 성장의 증거들을 보이기도 한다. 그러나 그들은 결코 신령한 열매를 맺지 않는다. 그들은 헌신되지 않으며, 언제나 세상의 즐거움, 돈, 경력, 명예, 성공이나 육신의 정욕에 사로잡혀 있다. 그들은 자신들이 그리스도인이라고 말한다. 그러나 그들은 경건한 생활에 대해서는 아무런 관심도 기울이지 않는다. 이것이 잡초가 무성한 땅의 반응이다. 싹튼 씨는 참 좋게 보이지만 결국에 가서는 세상의 가시떨기에 압도될 것이며, 궁극적으로 이 잡초가 무성한 마음은 일찍이 좋은 씨가 뿌려졌다는 데 대해 아무런 증거도 보여 주지 못할 것이다.

한 때 그처럼 전망이 밝아 보이던 씨가 막히게 되면 무슨 일이 일어나는가? 그런 사람 자신은 구원을 잃는가? 아니다. 그는 구원을 얻은 일도 없는 것이다. 하나님의 말씀이, 악성 잡초로 가득하여 준비되지 않은 마음에 떨어진 것이다. 그런 사람은 복음의 씨앗은 받았으나 그 씨가 깨끗한 땅 속으로 들어가지 않았다. 복음은 싹은 트지만 열매를 맺기 전에 막히고 만다. 잡초 같은 마음을 가진 사람은 구원받지 못한다. 잡초가 무성한 마음도 예수님을 기꺼이 구주로 받아들이고자 할지 모른다. 그러나 그것이 세상에서 손을 떼는 것을 의미하지는 않는다. 그것은 구원이 아니다. 예수님은 "너희가 하나님과 재물을 겸하여 섬기지 못하느니라"고 말씀하셨다(마 6:24). 그리고 사도 요한은 "누구든지 세상을 사랑하면 아버지의 사랑이 그 속에 있지 아니하니"라고 썼다(요일 2:15). 땅이 열매를 맺기 위해서는 반드시 잡초와 가시떨기가 제거되어야 한다.

원수들

이 비유에 나오는 잡초, 해(太陽), 그리고 새들은 우리의 원수를 표시한다. 잡초는 "세상의 염려와 재리의 유혹"이다(22절). 제대로 뿌리내리지 못한 식물을 시들게 하는 해는 육신에게 너무나 매력적인 안락함을 위협하는

"환난이나 핍박이다"(6, 21절 참조). 새들은 "악한 자"(4, 19절 참조), 즉 사단을 나타내는데, 그는 복음의 씨앗이 발아하기도 전에 그것을 훔치려고 할 수 있는 모든 짓을 다 한다. 세상, 육신, 그리고 마귀, 이것이 늘 있는 복음의 세 원수들이다.

여기에 씨 뿌리는 사람에 대한 중요한 교훈이 있다. 당신은 저항과 적대에 직면할 것이다. 피상적인, 일시적인 회심자들이 있을 것이다. 그리고 당신은 그리스도를 원하면서도 세상에서 손을 떼기를 원치 않는 두 마음을 품은 사람도 만나게 될 것이다. 길의 단단함, 흙의 얕음, 그리고 잡초의 공격이 좋은 씨앗을 뿌리려는 당신의 노력을 좌절시킬 것이다.

그럼에도 불구하고 용기를 내야 한다. 추수하시는 주인은 가장 단단한 땅도 깨뜨리실 수 있으며, 가장 뻣뻣한 잡초도 제거하실 수 있다. 단단한 땅, 얕은 흙, 잡초가 무성한 땅은 언제까지나 그런 식으로 있지는 않을 것이다. 하나님은 가장 완고한 마음밭도 갈아엎으실 수 있다. 고대 팔레스타인의 농경 방식 가운데 하나는 먼저 씨를 뿌리고 나중에 그것을 땅 속으로 엎는 것이었다. 그런 일이 때로 복음 전도에도 일어난다. 우리는 씨앗을 뿌린다. 그리고 공중을 빙빙 도는 새가 그것을 낚아채려고 할 때, 성령께서 그 씨를 땅 속으로 엎으시며, 그리하여 그 씨는 싹이 나서 풍성한 열매를 맺을 수 있게 된다.

받아들이려는 마음

바람직하지 못한 결과를 내는 세 가지 나쁜 땅을 바라보면 실망할지도 모른다. 그러나 아직 좋은 땅이 남아 있는데, 그 땅은 받아들이려는 마음을 나타낸다. "좋은 땅에 뿌리웠다는 것은 말씀을 듣고 깨닫는 자니 결실하여 혹 백 배, 혹 육십 배, 혹 삼십 배가 되느니라"(마 13:23). 이것이 이 비유의 절정으로서 실망한 제자들에게 밭에 좋은 땅이 있음을 약속한다. 예수님은 제자들이 사람들의 부정적인 반응에 흔들리지 않기 위해, 잘 갈아져 씨앗을 받을 준비가 되어 있는 거대한 밭이 있다는 것을 그들이 알기를 원하셨다. 그 밭은 풍성한 열매를 맺을 것이다.

열매

　열매를 맺는 것이 농업의 전(全) 목적이다. 그것은 또한 구원의 궁극적인 시금석이기도 하다. 예수님은 "좋은 나무마다 아름다운 열매를 맺고 못된 나무가 나쁜 열매를 맺나니, 좋은 나무가 나쁜 열매를 맺을 수 없고 못된 나무가 아름다운 열매를 맺을 수 없느니라. 아름다운 열매를 맺지 아니하는 나무마다 찍혀 불에 던지우느니라. 이러므로 그의 열매로 그들을 알리라"고 말씀하셨다(마 7:17-20). 만약 신령한 열매가 없거나 열매가 나쁘다면, 그 나무는 틀림없이 못된 나무이다. 그 이미지를 땅의 비유로 바꾸어 본다면, 만일 땅이 곡식을 맺지 않으면 그것은 쓸모없는 땅으로서 구원받지 못한 마음을 상징한다.

　액면 그대로 받아들이면, 땅의 비유의 메시지는 분명하다. 네 가지 땅 중에서 오직 하나만 좋은 땅이다. 오직 하나만 열매를 내었으며, 그래서 그 땅 하나만 농부에게 가치가 있다. 이 좋은 땅은 신자를 묘사한다. 잡초가 무성한 땅이나 흙이 얇은 땅은 신자인 체하는 사람들이다. 길가에 있는 땅은 완전한 반대자이다.

　잎이 아니라 열매가 참된 구원의 표지(標識)이다. 이 요점을 놓치는 사람은 이 비유의 의미를 혼동한다. 최근 몇 년 간 쓰인 많은 글들이 흙이 얇은 땅이나 잡초가 무성한 땅이 비록 열매를 맺지 못하는 땅들이라 해도 참된 신자를 가리킨다는 점을 논증하려고 해 왔다. 예를 들어, 제인 하지즈(Zane Hodges)는 "길가에서만 – 오직 길가에서만 – 하나님의 말씀이 회수되었다. 구주 자신의 명시적인 의견에 따르면, 이 회수는 구원이 일어나지 않게 하는 것이 목적이었다. 여기에서, **그러나 오직 여기에서만** 사단이 완전히 승리했다……여기에서 비롯되는 추론은 명백하다. **새 생명은 그들의 땅의 성질과는 관계없이 말씀이 남아 있는 모든 마음들 속에 임한다.**"[5]

　그런 주장은 요점을 완전히 놓치고 있다. 비유에 나오는 씨는 영생의 상징이 아니다. 그것은 복음 메시지이다. 흙이 얇은 땅과 잡초가 무성한 땅에서 싹튼 씨는 단지 말씀이 받아들여져서 작동하기 시작했다는 것을 의미하지, 영생이 주어졌다는 것을 의미하지는 않는다. 워렌 위어스비(Warren Wiersbe)는 핵심을 분명히 이해했다. "이들 앞의 세 마음들은 (길가에 있는 땅, 흙이 얇은 땅, 잡초가 무성한 땅) 구원을 경험하지 못했다는 사실을 아는 것이 중요하다. 구원의 증거는 말씀을 듣는 것도 아니고, 말씀에 대해 금방 감정적인 반응을 보이는 것도 아니며, 심지어는 삶 속에서 말씀이 자라도록 말씀에 몰두하는 것도 아니다. 구원의 증거는 **열매**이다. 왜냐하면 그리스도께서 말씀하신 대로 '그의 열매로 그들을 알' 것이기 때문이다."(마 7:16)[6]

실로 열매는 진정한 구원의 궁극적인 시금석이다. 추수할 것이 없다는 면에서는 잡초가 무성한 땅이 딱딱한 길이나 흙이 얇은 땅보다 나을 것이 없다. 무가치하기는 매한가지인 것이다. 그곳에 뿌려진 씨는 낭비된 것이며, 그 땅은 불사르는 것 외에는 쓸데가 없다(히 6:8 참조). 그것은 구원을 묘사할 수 없다.

모든 좋은 땅이 똑같이 생산물을 내는 것은 아니라는 점에 주목해야 한다. 어떤 땅은 백 배의 결실을 하고, 어떤 것은 육십 배, 그리고 어떤 것은 삼십 배를 맺는다. 모든 그리스도인이 언제나 그가 마땅히 맺어야 하거나 맺을 수 있는 열매를 내는 것은 아니다. 그러나 모든 그리스도인은 어느 정도는 열매를 맺고 있다. 그리스도인들은 때로 불순종하며, 물론 여전히 죄를 짓기도 한다. 그러나 궁극적으로 신자들은 그들의 열매로 구별될 수 있다. 그 열매가 백 배이든, 육십 배이든, 삼십 배이든, 진정한 신자의 신령한 열매는 그들을 길가의 단단한 땅이나 잡초가 무성한 쓸모없는 땅과 구별짓는다. 그들의 열매는 몇 배로 늘어난 것이며 풍성한 것이어서, 빽빽한 잡초 속에서 찾으려고 뒤지고 다녀야 하는 그런 것이 아니다. 그들은 바위가 많거나 가시떨기로 덮였거나 메마른 땅과는 확연히 구별된다.

씨 뿌리는 자로서 우리는 설령 그 중 일부는 준비되지 않은 땅에 떨어진다 해도 순수한 복음의 씨앗을 뿌리도록 부름받았다. 길가와 같은 땅과 흙이 얇은 땅과 잡초가 무성한 땅은 언제나 있을 것이다. 그러나 또한 삼십 배, 육십 배, 백 배의 결실을 맺는 좋은 땅도 있을 것이다. 그런 준비된 땅이 필요로 하는 것은 오직 올바른 씨가 그 위에 떨어지는 것뿐이다.

제 10 장 마음밭

◆ 주(註) ◆

1) 천국에 대한 유대인의 개념은 다니엘 2:44과 같은 구약 성경에 뿌리를 두고 있다. "하늘의 하나님이 한 나라를 세우시리니 이것은 영원히 망하지도 아니할 것이요 도리어 이 모든 나라를 쳐서 멸하고 영원히 설 것이라."

2) 성경은 천국(하늘 나라)과 하나님 나라를 구별된 실재로 보는 그러한 가르침을 지지하지 않는다. '천국'이라는 말은 복음서 가운데 오직 마태만이 사용했는데, 그는 이 말을 22회 사용했다. 마태복음 13:11과 마가복음 4:11 및 누가복음 8:10과 같은 관련 구절들을 비교해 보면, 그 용어들을 서로 바꿔 쓸 수 있다는 사실을 알 수 있다. 유대인들은 '천국'이라는 용어를 하나님의 이름을 대신하는 완곡 어구로 사용했다. 그러므로 그런 (용어의) 차이는 마태복음의 대상이었던 유대인 독자의 민감성을 반영한 것으로 보인다.

3) 여기에서 얻을 수 있는 부수적인 교훈은 환난과 핍박이 하나님 나라에서 중요한 이중의 역할을 담당한다는 고무적인 확신이다. 첫째, 그러한 시련들은 거짓 신자들을 드러내 주며, 둘째, 시련은 참된 신자들을 단련시켜 준다. 베드로전서 5:10은 이렇게 말한다. "모든 은혜의 하나님 곧……하신 이가 잠깐 고난을 받은 너희를 친히 온전케 하시며 굳게 하시며 강하게 하시며 터를 견고케 하시리라."

4) "결실치 못하는"이라는 말은 이 땅이 한 때 열매를 맺었다는 것을 의미하지는 않는다. 마가복음 4:7은 그 곳에 전혀 열매가 없었다는 것을 보여 준다. "가시가 자라 기운을 막으므로 결실치 못하였고."

5) Zane C. Hodges, *The Hungry Inherit* (Portland: Multnomah, 1980), pp.68-69. 강조 첨가.

6) Warren W. Wiersbe, *Meet Yourself in the Parables* (Wheaton: Victor, 1979), p.27.

제 11 장
곡식과 가라지

그리스도인들은 구원받지 못한 사람들과 똑같이 살아서는 안된다.

이 말은 특별히 의미 심장하게 들리지 않을 수도 있지만, 현대의 많은 복음주의적 교회들이 이 말을 잘 이해하지 못하고 있는 것 같다. 나는 그리스도인들이 말도 안 되는 죄들을 그들 가운데 받아들이는 사실을 매우 유감으로 생각한다. 고린도 교회가 교만한 마음으로 뻔뻔스러운 음행자를 그들의 교제 가운데 받아들였던 것과 마찬가지로(고전 5:1-2),[1] 오늘날의 그리스도인들도 그릇된 자만심에 빠져, 신자라고 자처하는 사람들의 생활 태도에 대해서 결코 이의를 제기하지 않는 것처럼 보인다.

한 세대 전까지만 해도 교회 안에서 들을 수 없었던 죄악들이 지금은 다반사가 되었다. 이혼과 부도덕함이 그리스도인들 사이에 유행처럼 퍼져 있다. 복음적이라고 주장하는 교회들이, 미혼이면서도 공개적으로 동거 생활을 하고 있는 남녀들에게 점잖게 교제의 악수를 청하고 있다. 급속히 성장하고 있는 한 교파는 거의 전부가 동성 연애를 하는 사람들로 구성되어 있다. 그 교회에 속한 많은 사람들은 예수님께 대한 믿음을 확고히 가지고 있으므로 자신들은 틀림없는 그리스도인이라고 믿고 있다. 가장 나쁜 것은 교회의 가장 두드러진 계층인 지도자들의 상태라는 것이 가련하기 그지없다는 것이다. 최근 뉴스의 머리 기사들은 그 사실을 이 세상에 환히 드러냈다.[2]

나는 20세기의 교회에 만연해 있는 복음 내용이 이 모든 일들을 가능하게 했고, 심지어는 필연적으로 일어날 수밖에 없게끔 만들었다고 확신한다. 신앙은 성경에 쓰여 있는 몇몇 사실들을 믿는 것에 지나지 않는다는 그릇된 개념이 인간의 부패 행위와 영합한 것이다. 회개, 거룩한 생활 그리고 그리스도의 주님되심에 대한 복종이 모두 해도 좋고 안 해도 좋은 것이라면, 구원받은 사람들이 이방인들과 다를 것을 어떻게 기대할 수 있겠는가? 단지 하나님께 완고히 반역하며 산다는 이유만으로 그들이 신자가 아닐 수도 있다고 누가 말할 수 있겠는가? 누구든지 신자라고 자처하기만 하면 그의 말을 액면 그대로 받아들이지 않을 이유가 어디 있단 말인가?

이런 비극적인 결과로 말미암아 많은 사람들은 그리스도인들이 불신자들과 똑같이 사는 것을 아주 정상적인 일로 생각하게 되었다. 제1장에서 지적한 대로, 현대의 신학자들은 이런 유형의 사람들을 위해 '육에 속한 그리스도인'이라는 하나의 그럴듯한 범주를 만들어 냈다. 얼마나 많은 거듭나지 않은 사람들이 자신들은 단지 육에 속한 그리스도인일 뿐이라고 생각하면서 그릇된 영적 안도감에 빠져 있는지 모른다. 그리스도인들도 육적으로 행동할 수 있고 실지로 그렇게 행동하기도 한다. 그러나 진정한 그리스도인이 하나님께 속한 것들에 지속적으로 냉담하거나 적대적인 유형의 삶을 추구할 수도 있다는 말은 성경 어디에도 없다. 그리스도인들은 마귀의 자녀로 가장하지 않는다. 오히려 사실은 그 반대이다. 사단은 광명의 천사로 가장하며, 사단의 일꾼들도 의의 자녀인 체한다(고후 11:14-15). 성경에서 양과 염소를 구분하는 일이 어렵다고 인정할 때, 그 요점은 그리스도인들이 불경건하게 보인다는 것이 아니라 오히려 불경건한 자들이 종종 의롭게 보인다는 것이다. 달리 말하면, 교회는 양의 탈을 쓴 이리를 경계해야 하는 것이지, 이리처럼 행동하는 양을 관용하도록 되어 있는 것이 아니다. 이런 점에 있어서 곡식과 가라지에 대한 예수님의 비유(마 13:24-30)는 자주 잘못 이해되고 있다.

곡식 틈에 끼어 있는 가라지 이야기는 씨 뿌리는 자의 비유와 비슷한 이미지를 사용하고 있다. 그러나 주님은 이 둘을 전혀 다른 관점을 가지고 말씀하셨다. "예수께서 그들 앞에 또 비유를 베풀어 가라사대 천국은 좋은 씨를 제 밭에 뿌린 사람과 같으니 사람들이 잘 때에 그 원수가 와서 곡식 가운데 가라지를 덧뿌리고 갔더니 싹이 나고 결실할 때에 가라지도 보이거늘 집 주인의 종들이 와서 말하되 '주여, 밭에 좋은 씨를 심지 아니하였나이까? 그러면 가라지가 어디서 생겼나이까?' 주인이 가로되 '원수가 이렇게 하였구나.' 종들이 말하되 '그러면 우리가 가서 이것을 뽑기를 원하시나이까?' 주인이 가로되 '가만 두어라. 가라지를 뽑다가 곡식까지 뽑을까 염려하노라. 둘 다 추수 때까지 함께 자라게 두어라. 추수 때에 내가 추수꾼들에게 말하기를 가라지는 먼저 거두어 불사르게 단으로 묶고 곡식은 모아 내 곳간에 넣으라 하리라.'(마 13:24-30)

다른 사람의 곡식 밭에 잡초를 덧뿌리는 행위는 아주 흔했던 일로서, 로마는 이를 금지하는 법까지 제정했을 정도였다. 이런 행위는 이웃을 망하게 하는 가장 확실한 방법이었는데, 그 이유는 이런 일이 곡물을 아주 못쓰게 만들어서 주요 수입원을 잃어버리게 했기 때문이다. 이 비유에 나오는 원수는 이웃의 밭에 가라지를 뿌린다. '가라지'는 독보리를 말하는 것으로, 생김새는 곡식과 비슷하게 생겼으나 곡식대신 쓸모없는 씨만 만들어낸다. 이것은 겉모습이 곡식과 너무 비슷해서 곡식의 잡종으로 알려져 있을 정도이다. 이 씨의 머리 부분이 무르익기 전까지는 아무리 자세히 살펴보아도 곡식과 거의 구분할 수 없다.

예수님의 비유에 나오는 밭의 주인은 가라지를 뽑으려다가 곡식 전체를 망치게 되는 위험한 일을 무릅쓰지 않았다. 그 대신 그는 곡식과 가라지를 추수 때까지 함께 자라도록 내버려 두고, 차이가 분명하게 드러나게 될 추수 때에 가서 종들에게 좋은 곡식과 쓸모없는 것들을 나누게 하기로 결정했다.

이 비유가 의미하는 바는 무엇일까? 듣고 있던 무리가 그 의미를 묻지 않은 것은 놀라운 일이다. 그들은 진리를 아는 것보다는 기적을 보고 배부른 것에 더 관심이 있었다(요 6:26). 그러나 제자들은 진정으로 진리를 알고자 했다. 마태복음 13:36을 보면, 주님이 무리를 떠나 집에 들어가신 뒤에 - 아마도 그 집은 가버나움에 있는 시몬 베드로의 집이었을 텐데 - 제자들은 "밭의 가라지의 비유를 우리에게 설명하여 주소서" 하고 요청했다.

이 비유에 나오는 인물들

예수님의 설명은 간명하게 시작된다. "좋은 씨를 뿌리는 자는 인자요." 인자는 주님이 스스로를 가리켜 말씀하셨던 이름들 가운데 어느 것보다도 더 많이 사용하셨던 이름이다. 신약 성경에서 예수님 이외의 사람이 '인자' 라는 말로 예수님을 호칭한 경우는 단 한 번뿐이다. 그 외의 모든 경우는 예수님이 스스로를 가리키실 때 사용하셨다. 이 이름은 인간이 지닌 모든 면들을 예수님이 완벽하게 다 갖추시고 성육신하셨다는 사실을 증거한다. 이는 예수님이 둘째 아담 곧 죄 없는 인류의 대표자라는 사실을 말해 주는 것이다. 이것은 또한 메시아 예언과도 관련이 있다.(단 7:13)

마태복음 13:38에 따르면, "밭은 세상"이다. 여기에는 씨 뿌리는 자, 곧 인자가 그 밭의 주인이라는 의미가 내포되어 있다. 그의 손 안에는 그 밭에 대한 권리 증서가 있다. 그는 그곳에 대해 주권을 행사하는 주인이고, 그곳에서 자신의 작물을 경작한다. 그는 무슨 씨를 뿌리는가? "좋은 씨는 천국의 아들들이요"(38절). 천국의 자녀들이란 믿는 사람들 곧 왕께 복종하는 자들을 가리킨다. 그리고 그분은 자신의 밭, 즉 세상에 그들을 두루 뿌리신다.

"가라지는 악한 자의 아들들이요 가라지를 심은 원수는 마귀요"(38-39절). 가라지는 불신자들이다. "악한 자의 아들들"이라는 말은 예수님이 요한복음 8:44에서 "너희는 너희 아비 마귀에게서 났으니"라고 말씀하시면서 종교 지도자들을 책망하실 때 사용하셨던 용어와 비슷하다. 요한일서 3:10에서는 하나님의 자녀가 아닌 모든 사람은 마귀의 자녀임을 지적한다.

이 비유의 의미는 전혀 복잡하지 않다. 인자이신 예수님은 천국의 자녀들을 세상에 뿌리셨다. 원수인 사단은 그의 자녀들을 인자가 뿌린 사람들 속에 섞어 놓음으로써 작물의 순수성을 훼손했다. 악한 자의 자녀인 불신자들은 세상에서 신자들과 함께 살아간다. 최후 심판 날에 하나님은 잡초와 곡식을 나누실 것이다.

이 비유의 의미가 간단한 것만큼이나 성경을 연구하는 많은 사람들은 이 비유의 요점을 쉽사리 놓치고 있다. 밭은 세상을 나타낸다고 분명하게 말하고 있음에도 불구하고, 놀라우리 만큼 많은 주석가들이 밭은 교회라고 보고

비유의 줄거리

있다. 그들에 따르면, 이 비유가 가르치는 바는 교회 안에 거짓 신자들이 있기 마련이고 하나님도 주님과 천사들이 최후 심판 날에 참 신자와 거짓 신자를 가려내실 때까지 그들이 그대로 남아 있는 것을 허용하신다는 사실이라는 것이다.

그러나 분명히 그것은 이 비유의 요지가 아니다. 그 가르침은 신약 성경이 교회의 권징에 대해 가르친 모든 것에 위배된다. 사단은 가능한 한 곡식과 가장 비슷한 가라지를 뿌리려 하고, 그 중 얼마는 교회 안에도 떨어뜨린다. 그러나 이 비유가 그리스도인들은 교제 속에 불신자들이 있더라도 관용해야 한다고 가르치는 것은 아니다. 우리는 거짓 선생들이나 거짓 신자들과 교제해서는 안된다(요이 9:11). 우리는 그런 세력들을 교회에서 내어쫓으라는 분명한 명령을 이미 받은 바 있다.(고전 5:2,7)

이 비유는 교회가 세상 속에 있다는 가르침을 줄지언정, 세상이 마음대로 교회 속으로 들어와도 좋다고 가르치지는 않는다. 사단은 그의 사람들을 어느 곳이나 뿌려놓는다. 천국에 속한 우리들도 불신자들과 같은 세상에서 살아간다. 우리는 같은 공기를 숨쉬고, 같은 음식을 먹고, 같은 고속도로를 달리고, 같은 이웃으로 살아가고, 같은 일터에서 일하고, 같은 학교에 다니고, 같은 의사를 찾아가고, 같은 상점에서 물건을 사고, 같은 따뜻한 햇볕을 쬐며, 같은 비를 맞는다. 그러나 그들과 우리는 결코 영적인 교제를 나눌 수 없다(고후 6:14-16). 이 비유는 그럴 수도 있다고 가르치는 것이 아니다.

곡식과 가라지의 비유가 가르치는 것은, 하나님은 단순히 힘으로 불신자들의 세계를 없애려는 어떠한 노력도 허락하시지 않는다는 것이다. 제자들은 낫을 휘둘러서 마귀의 자녀들을 없앨 준비가 되어 있었고, 그들의 감정을 이해할 수 없는 것은 아니다. 우리는 모두 시편 기자처럼 "악인이 하나님 앞에서 망하게 하소서" 하고 기도해 왔다(시 68:2). 우리는 우뢰의 아들이라는 별명을 가진 야고보와 요한이 예수님께 "주여, 우리가 불을 명하여 하늘로 좇아 내려 저희를 멸하라 하기를 원하시나이까" 하고 말씀드렸을 때와 비슷한 심정을 지닐 수도 있다(눅 9:54). 본질적으로 이것은 집 주인의 종들이 "그러면 우리가 가서 이것을 (가라지를) 뽑기를 원하시나이까"(28절) 하고 말했을 때 마음 속에 원했던 것과 같다. 그러나 현명하게도 집주인은 그들에게 그것들을 뽑지 말라고 했다. 가라지를 뽑다가 곡식까지 망칠 수도 있었기 때문이다.

이러한 지혜는 전 세계 역사를 통해 거듭거듭 확인되어 왔다. 이교 세계를 없애려는 종교 운동이 일어날 때마다 가장 큰 고통을 당했던 것은 다름 아닌 참 교회였다. 『폭스의 순교자 연구서』(Foxe's Books of Martyrs)는 교회의 전(全) 역사에서 신앙 때문에 학살된 대부분의 사람들은 스스로 하나님의 대리인이라고 잘못 인식한 광신자들에 의해 처형되었다고 기록하고 있다. 종교 재판은 교회 지도자들의 가르침보다 하나님의 말씀을 더 높은 권위로 받아들였다는 이유만으로 처형당해야 했던, 이루 말할 수 없이 많은 그리스도인들의 죽음에 책임을 져야 한다. 내 친구 중 하나는 단순히 성경을 가지고 있었다는 이유만으로 처형된 어느 순교자의 피가 얼룩져 있는 16세기 때 성경을 가지고 있다. 종교적 광신자들은 항상 참된 신자들을 적으로 생각한다.

하나님은 당신의 백성을 종교 재판소에서 일하도록 부르시지 않는다. 지금은 가라지를 뽑을 때가 아니다. 우리의 사명은 정치적 혹은 군사적 학살이 아니다. 심판 날에는 우리도 징벌에 참여하게 될 터이지만 아직은 그 때가 아니다. 우리는 오히려 그리스도의 사자(使者)로서 그분의 긍휼과 은혜를 선포하는 자로서 보내심을 받았다. 우리는 우연히 현재의 위치에 있게 된 것이 아니다. 주님께서 친히 우리를 세상에 심으신 것이다. 우리는 결코 이곳에서 도피하려고 해서는 안된다. 우리는 수도원에 은둔하거나 다른 신자들과 함께 거룩한 공동체 속으로 도피하도록 부르심을 받지 않았다. 우리는 주님이 우리를 심으신 곳에 머물면서 열매를 맺어야 한다. 심지어 우리는 가라지들에게도 긍정적인 영향을 미칠 수 있다.

비유에서 상징하는 것들이 곧이곧대로 모든 일에 적용되는 것은 아니다. 진짜 가라지는 곡식이 될 수 없지만, 악한 자의 아들이 천국의 자녀로 변화

될 수는 있다. 이것이야말로 구원의 모든 핵심이다. 에베소서 2장에서 바울은 "우리도······다른 이들과 같이 본질상 진노의 자녀이었더니"(3절) 하고 말한다. 구원은 우리에게 새로운 본성을 부여하고 "불순종의 아들들"(2절) 되었던 데에서 하나님의 권속(眷屬, 19절)으로 돌이키게 하며, 가라지에서 곡식으로 변화하게 한다. 바울은 같은 장 10절에서 다음과 같이 기록했다. "우리는 그의 만드신 바라. 그리스도 예수 안에서 선한 일을 위하여 지으심을 받은 자니, 이 일은 하나님이 전에 예비하사 우리로 그 가운데서 행하게 하려 하심이니라." 영적인 의미로 볼 때, 모든 곡식은 가라지에서 시작된다.

우리는 가라지들을 뽑으려 해서도 안되고, 그들에게 천국의 영적인 원리들을 지키라고 요구해서도 안된다. 가라지들로 하여금 좋은 열매를 맺으라고 해 보아야 아무 소용도 없다. 신령한 거듭남이 없이는 어떤 가라지도 결코 곡식이 될 수 없다. 곡식처럼 보이는 잡초를 아무리 잘 돌볼지라도 그것이 좋은 낟알을 맺도록 할 수는 없다. 마태복음 7:6의 산상 설교에서 예수님은 "너희 진주를 돼지 앞에 던지지 말라"고 말씀하셨다. 달리 말해서 천국 밖에서 살아가는 사회에게 천국 원리들을 강요하지 말라는 것이다.

그리스도인들은 세상의 죄악에 반대하는 설교를 해야 하지만, 세상을 정죄하거나 세상에 대해 외적인 변화를 이루도록 강요해서는 안된다. 우리는 복음을 전파하고(마 28:19-20 참조) 의의 모범으로 살아가도록 명령받았다. 하지만 우리는 하나님이 임명하신 사형 집행인은 아니다.

계획

추수 때에는 곡식들과 가라지들이 나뉘게 될 것이다. "추수꾼은 천사들이니"(마 13:39)라고 하신 대로 천사들이 마지막 때에 심판을 수행할 것이다. 가라지들-악한 자의 아들들은 모아져 불사름을 당할 것이다(40절). 지옥이 그들의 영원한 거주지가 될 것이다. 추수꾼들이 "그들을 풀무불에 던져 넣을 것이다"(42절). 그 장면은 매우 두렵다. "거기서 울며 이를 갊이 있으리라." 말 그대로 "이를 부득부득 갈며 비명이 날카롭게 울리는" 곳이다. 천국의 아들들, 즉 '의인들'(43절)은 영원히 천국에 거하게 될 것이다.

제 11 장 곡식과 가라지

추수꾼들은 어떻게 곡식과 가라지를 구별할 것인가? 언제나 그렇듯이 문제의 핵심은 그들이 맺는 영적인 열매이다. 가라지들은 곡식과 비슷하게 생겼는지는 모르지만 결코 곡식 낱알을 만들어 낼 수는 없다. 잘 익은 낱알은 곡식과 가라지를 분명하게 구별해 준다. 영적인 세계에서도 마찬가지이다. 악한 자의 아들들이 천국의 자녀들을 모방할 수는 있지만 진정한 의를 이루어 낼 수는 없다. "못된 나무가 아름다운 열매를 맺을 수 없다"(마 7:18). 가라지는 "넘어지게 하는 것······불법을 행하는 자"라고 한다(마 13:41). 곡식은 '의인들'(43절)이다. 곡식과 가라지를 구분하는 것은 분명히 성품과 행실이다. 최후 심판 때에는 그 차이가 완전히 드러날 것이다.

하지만 이 비유가 최후 심판 때까지는 곡식과 가라지의 차이에 관심을 갖지 말아야 한다고 가르치는 것은 아니다. 이 비유는 우리에게 가라지를 곡식과 같이 받아들이라고 권하지 않는다. 이 비유는 잃어버린 바된 자들의 죄에 대해서는 무관심해도 좋다고 인정하는 것이 아니다. 또한 이 비유는 들판에 잡초가 있다는 사실일랑은 잊어 버리고, 그 잡초들이 퍼뜨릴 위험에 대해서 무심하라고 권하지 않는다. 이 비유는 오직 우리에게 최후 심판과 징벌은 주님과 그분의 천사들의 손에 맡기라고 말할 뿐이다.

끝으로, 참된 곡식은 그가 맺는 열매에 따라 필연적으로 구분된다. 곡식은 결코 서양 민들레의 솜털 같은 머리를 만들어 내지 않는다. 곡식은 미국 사막 지대의 잡초인 회전초처럼 자라지 않는다. 비록 잡초가 무성한 들판에서 재배된다 해도, 곡식은 내재적인 속성 때문에 알곡을 내어 놓을 것이다. 천국의 자녀들도 그와 같다. 그들은 악한 자의 자녀들이 많이 있는 이 세상에서 산다. 그러나 천국의 자녀들은 하늘에 속한 속성을 가지고 있다. 그들이 맺는 열매는 악한 자의 자녀들이 맺는 열매와 다르다. 우리는 그것을 식별할 수 있다.

◆ 주(註) ◆

1) 바울은 고린도 교회의 회중 가운데 있는 죄와 관련하여 그들의 교만을 꾸짖었다(5:2). 그는 근친상간 죄를 범한 음행자를 참된 신자로 여길 권한이 그들에게 없다는 뜻으로 말한 것이다. 그 사람의 죄는 너무 사악하여 심지어는 이방인조차도 공개적으로 그런 행각을 벌이지는 않았다(1절). 그는 고린도 교회에게 그 사람을 내어쫓으라고 명했으며(2, 5, 13절), 그 사람을 가리켜 "어떤 형제라 일컫는 자"(so-called brother)라고 말했다(11절). 분명히 바울은 거듭난 사람이 그처럼 욕되게 살 수 있는 것인지 의아해 했던 것이다.

2) 난감하게도 80년대의 추문들은 세속 정계(政界)에 있는 것보다도 더 나쁜 죄를 이른바 교회라고 하는 데서 드러냈다. 그러나 아이러니칼하게도 많은 그리스도인들이 세상 사람들보다 더 앞장 서서 자격을 상실한 그들의 지도자들을 저명한 지위로 복귀시켜 주고 싶어 했다. 그리스도인 지도자들은 책망할 것이 없어야 한다는 가장 우선되는 요구를 위반하면서까지 말이다.(딤전 3:2,7,10; 딛 1:6)

제 12 장
천국이라는 보화

언젠가 칼빈주의자인 친구가 말하기를, 오늘날의 교회는 복음을 선택하지 않는 사람들이 충분한 이유로 거부할 수 있도록 명확하게 복음을 전하지 않는 경우가 종종 있다고 했다. 그는 중요한 점을 지적한 것이다. 우리 시대가 유행시킨 복음은 죄인들을 회심시키기보다는 오히려 그들의 비위를 맞추기 위해 고안된 사탕발림 약과 같다. 이것은 예수님이 가르치신 복음과는 정반대되는 것이다. 우리 주님은 종종 가장 열정적인 탐문자들을 돌려보내시곤 했다. 앞에서 젊은 부자 관원에 대한 그분의 요구를 살펴보았거니와, 이런 일은 그분의 복음 전도 사역에서 특이한 일이 아니었다. 예를 들어, 누가복음 9:57-62을 보면, 예수님이 열성적인 세 명의 유망주를 어떻게 돌려보내셨는지 알 수 있다. 또한 예수님의 사역 초기에 그분을 따랐던 수많은 무리들을 생각해 보라. 그들 중에 그렇게 많은 사람들이 왜 떠나갔는가?(요 6:66 참조) 그 이유는 예수님이 거듭거듭 어려운 요구를 하셨기 때문이다. 그분은 영생을 찾는 사람들에게 스스로를 부인하고, 모든 것을 버리며, 당신을 따르라고 명령하셨다. 그분은 당신의 주권적인 주인되심에 복종하기를 거부한 사람들에게는 결코 구원의 희망을 제시하시지 않았다. 마태복음 8:34-37에서 무리에게 하신 말씀에는 이 사실이 더할 나위 없이 직설적으로

쏨에는 이 사실이 더할 나위 없이 직설적으로 표현되어 있다. "아무든지 나를 따라오려거든 자기를 부인하고 자기 십자가를 지고 나를 좇을 것이니라. 누구든지 제 목숨을 구원코자 하면 잃을 것이요 누구든지 나와 복음을 위하여 제 목숨을 잃으면 구원하리라. 사람이 만일 온 천하를 얻고도 제 목숨을 잃으면 무엇이 유익하리요. 사람이 무엇을 주고 제 목숨을 바꾸겠느냐."

어떤 사람들은 이 말씀의 의미를 구원받은 사람들이 더 높은 헌신의 단계로 나아가도록 권고하는 뜻이라고 해석함으로써 그 요구를 약화시키려고 해 왔다.[1] 그러나 요한복음 12:24-25에 기록된 이와 비슷한 주님의 말씀을 살펴보면, 그분의 의도가 너무도 명백함을 알 수 있다. 여기에 명시된 주제는 영생과 구원이다. "내가 진실로 진실로 너희에게 이르노니 한 알의 밀이 땅에 떨어져 죽지 아니하면 한 알 그대로 있고 죽으면 많은 열매를 맺느니라. 자기 생명을 사랑하는 자는 잃어버릴 것이요 이 세상에서 자기 생명을 미워하는 자는 영생하도록 보존하리라" 그리스도를 위해 자기를 버리는 것은 회심 이후의 제자도에서 요구되는 선택 사항이 아니다. 그것은 구원에 이르는 믿음에 없어서는 안될 필수 요소이다.

구주께서는 일관되게 이런 말씀으로 복음을 전하셨다. 그분이 특징적으로 묘사하신 믿음은 우리의 모든 것과 그분의 모든 것을 남김 없이 서로 맞바꾸는 것이다. 마태복음 13:44-46에 기록된 짤막한 두 비유는 이 진리를 정확하게 입증한다. 이 비유들은 천국이 비교할 수 없을 정도로 귀하다는 것과 거기에 들어가고자 하는 사람들에게는 자기 희생적인 헌신이 요구된다는 사실을 보여 준다. "천국은 마치 밭에 감추인 보화와 같으니 사람이 이를 발견한 후 숨겨 두고 기뻐하여 돌아가서 자기의 소유를 다 팔아 그 밭을 샀느니라. 또 천국은 마치 좋은 진주를 구하는 장사와 같으니 극히 값진 진주 하나를 만나매 가서 자기의 소유를 다 팔아 그 진주를 샀느니라." 이 두 비유는 천국의 비할 데 없는 가치를 알게 된 죄인이 그것을 얻기 위해 자기가 소중히 여기는 모든 것을 기쁘게 포기한다는 사실을 강조하고 있다. 또한 이 비유를 통해 암시적으로 다음과 같은 분명한 진리를 유추해 낼 수도 있다. 곧 세상의 보화에 매달려 있는 사람들은 천국이라는 훨씬 더 귀중한 부(富)

제 12 장 천국이라는 보화

를 잃게 될 것이라는 점이다.

몇몇 성경 학자들은 이 비유들에 대한 이와 같은 해석을 거부한다. 그들은 모든 것을 팔아 값진 보화와 진주를 사는 사람은 죄인이 아니라 그리스도인이라고 본다. 예를 들어, 스코필드(C. I. Scofield)는 다음과 같이 썼다. "밭에 감추인 보화의 비유를 해석함에 있어서, 밭을 사는 사람을 그리스도를 찾는 죄인으로 보는 견해는 비유 그 자체를 살펴볼 때 근거가 없다. 밭은 세상이라고 분명히 명시되어 있다(38절). 주를 찾는 죄인은 그리스도를 얻기 위해 세상을 버리는 것이지 사는 것이 아니다. 더욱이 죄인은 팔 만한 것이 전혀 아무 것도 없으며, 그리스도는 사고 팔 수 있는 분도 아니고, 그분은 밭에 감추어져 있지도 않으며, 만일 죄인이 그리스도를 만났다면 그분을 다시 숨겨 놓을 수도 없다(막 7:24 ; 행 4:20 참조). 모든 면에서 그런 해석은 그릇되다. 우리 주님은 당신의 피로 엄청난 대가를 치르신 구입자이며(벧전 1:18), 이스라엘은……세상이라는 '밭' (38절)에 숨겨진 보화이다."[2] 이와 비슷한 논리로써 스코필드는 "교회는 값비싼 진주이다"라고 썼다.[3]

주님이 특별히 풀어 주시지 않은 비유들에 대해서 독단적으로 해석하기는 어렵지만, 나는 몇 가지 이유에서 위의 견해를 반대한다. 첫째, 이 비유에는 기록된 밭이 세상이라고 명시되어 있지 않다. 38절("밭은 세상이요")은 가라지 비유에 적용된다. 거기에 뿌려진 씨는 천국의 아들들을 가리킨다. 씨 뿌리는 자의 비유에 나오는 밭은 마음을 뜻하는 것이고, 씨는 하나님의 말씀을 가리킨다. 표상이 언제나 같은 것은 아니다. 한 비유를 해석하기 위해 다른 비유를 끌어들이는 일은 온당치 않은 태도이다.

둘째, 스코필드가 이들 비유에 대한 전통적인 해석을 거부한 이유는 비유 속에서 너무나 많은 것을 찾으려고 했기 때문이다. 한 비유의 상징적인 뜻을 가능한 한 최대한으로 풀어 낼 필요는 없다. 대부분의 비유들은 한 가지 주된 교훈만을 담고 있기 때문에, 그것을 풍유화하여 상징을 지나치게 확대 해석한다든지, 주변적인 세부 사항들에서 의미를 짜내려고 하면 비유의 원래 의미를 해칠 수가 있다. 사실 스코필드가 제시한 해석을 면밀히 검토해 보면, 은혜의 교리를 억지로 적용하려는 데서 해석 자체에 일관성이 없음을 알 수 있다. 예를 들어, 그리스도는 우연히 이스라엘과 마주친 것이 아니며, 오랫동안 찾아다니고 나서야 교회를 발견한 것이 아니다. 더욱이 주님은 이스라엘과 교회가 큰 희생을 치를 만큼 값진 보배였기 때문에 그들을 산 것이 아니었다. 그들은 그리스도가 그들을 구속하시기 전까지는, 모든 죄인이 그러하듯이, 아무 쓸모없는 부스러기와 같은 존재였다(고전 1:26-29). 그분은 본래부터 무한한 가치가 있는 상품을 찾아내서 그것들을 사들이시는 분이 아니고, 오히려 아무 가치가 없는 것을 사서 그것을 고귀하게 만드시는 분이다.

셋째, 가장 중요한 면으로서, 예수님은 이 비유들을 속죄를 설명하기 위해서가 아니라 천국의 비밀을 드러내기 위해서 말씀하셨다. 성경 해석가들은 가장 단순하고 명백한 해석이 표준적인 해석임을 인정한다. 이 비유들에 대한 가장 명백한 해석은 이 비유들이 천국을 우리의 모든 소유를 합한 것보다도 더 가치있는 보화로 묘사한다는 점이다. 그러한 해석은 예수님이 구원의 길에 대해 하신 모든 말씀과 일치한다.[4] 이 말이 잘 이해되지 않는다면 이 해석을 예수님이 마가복음 10:21에서 젊은 부자 관원에게 하셨던 말씀과 비교해 보기 바란다. "가서 네 있는 것을 다 팔아 가난한 자들에게 주라. 그리하면 하늘에서 보화가 네게 있으리라." 이 병행구는 충격적이다. 보화를 얻기 위해 모든 것을 버리는 사람만이 천국에 들어간다.

감추인 보화

팔레스타인 지역에서는 값진 것들을 은밀한 곳에 묻어 두는 일이 흔했다. 이스라엘은 전쟁이 끊이지 않는 곳이다. 유대 역사는 전투, 공성(攻城) 그리고 훔치고 노략하려고 오는 도적 떼를 무찌르는 일로 점철되어 있다. 1세기의 유대 사가(史家)인 요세푸스(Josephus)는, "유대인들이 앞으로 있을지도 모를 전쟁의 위험에 대비하여 땅 속에 묻어 둔 금, 은, 그리고 기타 가장 값진 살림살이들"[5]에 대해서 썼다.

마태복음 13:44의 비유에는 어떻게 그 사람이 이 감추인 보화를 발견했는지는 나와 있지 않다. 추측컨대 그는 그 밭을 갈기 위해 고용된 사람이거나 혹은 우연히 그 밭을 지나가다가 땅 위로 조금 솟아 있는 이 보화의 일부를 발견하게 되었는지도 모른다. 그는 곧 이 보화를 발견한 곳에 숨겨 두고서 자기가 가진 모든 것을 팔아 그 밭을 산다. 그래서 그 보화는 그의 소유가 된다.

이것은 비윤리적인 행동이 아닐까? 그 보화는 법적으로 밭의 주인에게 속해야 하지 않을까? 그렇지 않다. 랍비의 법에 따르면, 사람이 땅에 흩어져 있는 과일이나 돈을 발견하게 되면, 그것은 그의 것이다. 분명히 이 돈은 땅 임자의 것이 아니다. 만일 그의 것이었다면, 그는 밭을 팔기 전에 그 돈을 미리 파서 꺼냈을 것이다. 그 돈은 틀림없이 이미 죽고 없는 이전 땅 주인의 것이었을 것이다. 그것은 발견되기 전까지 여러 세대 동안 거기에 그냥 묻혀 있었을 것이다. 그러므로 그것을 발견한 사람이 그것에 대해 정당한 권리를 갖는 것이다.

사실 이 남자의 행동은 그가 얼마나 공정하고 정직한 사람이었는가를 잘 보여 준다. 그는 그 보화를 그냥 가지고 갈 수도 있었으며, 그렇게 했다면 그것이 가장 영리한 행동이었을 것이다. 혹은 그 보화 중에서 그 밭을 살 수 있을 만큼만 몰래 꺼내 갈 수도 있었을 것이다. 그러나 그는 그렇게 하지 않고 자기가 가진 모든 것을 팔아 그 밭 전체를 샀다. 그래서 아무도 그가 그 보화를 차지한 사실에 대해서 비도덕적인 처사라고 비난할 수 없게 되었다.

값진 진주

진귀한 진주의 비유는 앞의 비유와는 조금 다르다(마 13:44-46 참조). 여기에는 전문적으로 진주를 취급하는 도매 상인이 나온다. 첫 번째 비유에 나오는 사람과는 달리, 그는 우연한 기회에 귀중품을 발견한 것이 아니다.[6] 그는 평생토록 최고의 진주들을 찾아다녔고, 그것들을 다시 소매 상인들에게 넘겨 왔다. 그러던 어느 날 그는 이 세상 어느 것보다 더 갖고 싶은 진주 하나를 발견하게 된 것이다.

진주는 보석들 가운데서도 가장 값진 것으로서 부자들은 치부의 수단으로 그것들을 사들였다. 탈무드에는 진주가 값을 매길 수 없을 만큼 귀중한 것이라고 기록되어 있다. 이집트인들은 실제로 진주를 숭배하기까지 했다. 디모데전서 2:9에는 머리에 진주를 장식하여 자신들의 부를 과시하는 여인들을 언급하고 있다. 그리고 예수님이 돼지 앞에 진주를 던지지 말라고 경고 하셨을 때(마 7:6), 그분은 가장 낮고 불결한 동물과 가장 값진 보석으로 취급받던 것을 대비하신 것이다. 심지어 예언 속에도 진주의 가치가 강조되어서, 천국 도성을 본 요한은 큰 진주로 된 문들을 묘사하고 있다.(계 21:21)

그 상인은 진주 전문가였다. 그는 생활을 영위하기 위해 진주를 사고 팔았다. 그러나 그가 이제까지 본 것 가운데 가장 좋은, 값으로 따질 수 없는 한 진주를 발견했을 때, 그의 마음 속에는 그것을 갖기 위해 가진 모든 것을 기꺼이 포기하고자 하는 열망이 일어났던 것이다.

천국을 얻음

이 비유들과 관련해서 주님은 유대인 청중이 마음 속에 소중히 간직하고 있던 몇 가지 전제들의 정체를 폭로하셨다. 그들은 자신들이 그들 민족의 일원 혹은 자기 국가의 국민이 된 것과 똑같은 방식으로 혈통에 따라 하나님 나라에 들어가도록 예정되어 있다고 믿고 있었다. 이 비유들은 그들에게 천국은 당연히 주어지는 것이 아님을 경고해 주었다. 아무도 자동적으로 천국을 얻을 수 없다. 두 비유의 핵심적인 교훈은 하나님 나라는 그것의 헤아릴 수 없는 귀한 가치를 알고 있고 그래서 그것을 얻기 위해서 다른 모든 것을 기꺼이 희생하는 사람들에게만 허락된다는 사실이다. 천국의 분점 같은 곳에 잠시 머무르거나 혹은 천국의 영향을 받는 정도로는 충분치 않다.[7] 사람은 전심으로, 모든 것을 기꺼이 포기할 수 있을 만한 열정으로 천국을 받아들여야만 한다.

천국은 비교할 수 없을 만큼 부요하며, 영생과 끝없는 은혜가 있는 곳이다. 천국은 부패할 수 없고, 더럽혀지지 않으며, 쇠하지 않고, 한이 없다. 천국의 가치는 세상에서 가장 값진 보화들이나 혹은 가장 진귀한 진주들이 지닌 가치를 훨씬 능가한다. 그러나 천국의 부요로움은 대부분의 사람들에게는 감추어져 있다. 밭에 숨은 보화처럼, 그것이 거기에 있는 사실을 모르는 무수한 사람들은 그냥 그 곁을 지나친다. 고린도전서 2:14의 말씀도 그 사실을 말하고 있다. "육에 속한 사람은 하나님의 성령의 일을 받지 아니하나니 저희에게는 미련하게 보임이요 또 깨닫지도 못하나니, 이런 일은 영적으로라야 분변함이니라." 이 구절의 앞에는 이사야서를 인용한 부분이 나온다. "하나님이 자기를 사랑하는 자들을 위하여 예비하신 모든 것은 눈으로 보지 못하고 귀로도 듣지 못하고 사람의 마음으로도 생각지 못하였다."(고전 2:9)

만약 이런 것들이 인간의 지혜로는 미련하게 보이고, 인간의 눈으로 보지 못하며, 귀로 듣지 못하고, 마음으로 생각지 못한다면, 사람이 어떻게 천국의 실재를 알 수 있겠는가? "오직 하나님이 성령으로 이것을 우리에게 보이셨으니"(2:10). 하나님께서는 마음을 열어 하나님 나라의 상상할 수 없는 부요로움과 축복을 깨닫게 하신다.

하나님 나라의 가치를 잠깐이라도 본 사람들은 그것을 얻기 위해 자신들이 가지고 있는 모든 것을 기쁜 마음으로 드릴 것이다. 그 보물을 발견한 사람이 자기의 모든 소유를 기쁜 마음으로 팔았다는 사실을 주목해 보라(마 13:44). 그가 새로 발견한 귀중품을 생각해 볼 때, 훨씬 더 대단한 것을 위해 자신의 소유를 처분한다는 것은 아무 것도 아니었다. 그처럼 거대한 부를 얻기 위해 자신의 다른 모든 소유를 포기하는 것은 신바람나는 값이었다.

그것은 구원에 있어서도 똑같다. 거듭나지 않은 사람의 마음으로는 그리스도에게 모든 것을 내어 준다는 생각이 어리석게 보일 것이다. 그러나 신자는 큰 기쁨으로 주님께 복종한다. 죄로부터의 영광스러운 자유와 끝없는 영생의 축복이 하나님의 권위에 복종하는 데 드는 것보다 훨씬 더 값이 나간다.

바울은 다른 것을 얻기 위해 모든 것을 포기하는 기쁨이 무엇인지 알았던 사람 가운데 대표적인 예이다. 빌립보서 3:7-8에서 그는 이렇게 썼다. "무엇이든지 내게 유익하던 것을 내가 그리스도를 위하여 다 해로 여길 뿐더러 또한 모든 것을 해로 여김은 내 주 그리스도 예수를 아는 지식이 가장 고

상함을 인함이라. 내가 그를 위하여 모든 것을 잃어버리고 배설물로 여김은 그리스도를 얻고." 그리스도를 안다는 값진 보물에 비교해 볼 때, 그는 자신의 삶에 있는 모든 것을 하찮은 것으로 여겼다.

이 사람은 보물을 사는 중이다. 그는 그것을 얻기 위해 모든 값을 치를 것이다. 그의 권리, 자기 의, 돈, 교육, 그리고 가장 값진 모든 소유들은 그가 얻을 부요에 비하면 무가치한 것들이다. 그는 그 나라를 위해 기쁘게 모든 것을 포기한다. 그것이 구원에 이르는 믿음의 본질이다.

구원의 진정한 값

우리가 구원받을 수 있기에 앞서서 우리는 문자 그대로 모든 것을 다 팔고 가난의 서약을 해야 하는가? 그렇지 않다. 또한 이 비유들은 죄인들이 그리스도께 나아오기 전에 그들의 죄를 다 없애야 한다고 가르치지도 않는다. 그 비유들이 진정으로 뜻하는 것은 구원에 이르는 믿음은 어떠한 특권도 갖고 있지 않다는 것이다. 구원에 이르는 믿음은 애지중지하는 죄나 소중히 여기는 소유나 남모르는 자기 탐닉에 매달리지 않는다. 그것은 조건 없는 복종이며, 주께서 요구하시는 일이면 무슨 일이든지 기꺼이 하겠노라는 태도이다.

영생은 참으로 값없이 주시는 선물이다(롬 6:23). 구원은 선행으로 얻을 수 없으며, 돈으로 살 수도 없다. 스스로의 피로 속전을 치르신 그리스도께서 이미 그 값을 치르셨다. 그러나 구원이 죄인의 삶에 영향을 끼칠 때, 아무런 값도 치를 필요가 없다는 말은 아니다. 구원은 값없이 주어지는 것인 동시에 큰 값을 치르게 하는 것이다. 이 역설은 이해하기 어렵지만, 그럼에도 불구하고 그것은 사실이다. 영생은 자아의 즉각적인 죽음을 가져 온다. "우리가 알거니와 우리 옛 사람이 예수와 함께 십자가에 못박힌 것은 죄의 몸이 멸하여 다시는 우리가 죄에게 종 노릇하지 아니하려 함이니."(롬 6:6)

그러므로 우리의 죄된 자아가 십자가에 못박힐 때, 어떤 의미에서 우리는 구원에 대한 궁극적인 값을 치르는 것이다. 그것은 자기 의지의 전적인 포기이다. 마치 밀알이 땅에 떨어져 죽음으로써 많은 열매를 맺는 것과 같다

(요 12:24 참조). 그것은 우리의 모든 것과 그리스도의 모든 것을 맞바꾸는 것이다. 그리고 그것은 분명한 순종, 즉 그리스도의 주인되심에 대한 온전한 복종을 가리킨다. 그보다 못한 것은 구원에 이르는 믿음이라고 할 수 없다. 게할더스 보스(Geerhardus Vos)는 이 원리를 이렇게 묘사했다. "예수께서는 그의 제자들에게 그들의 삶을 지배하기를 원하시는 하나님의 절대 주권과 충돌을 일으키는 모든 세상적인 관계와 소유를 끊어 버리라고 요구하신다. 마태복음 10:39;16:25 ; 누가복음 14:25-35……그 뜻은 이렇다. 즉 가장 중요한 가치로서 그들의 마음이 집착하는 것은 원칙적으로 마땅히 제거되어야 하며, 그럼으로써 그 때까지 그것들이 주장해 왔던 자리를 하나님께서 차지하셔야 한다는 것이다."[8]

분명히 새신자가 회심하는 순간에 예수님의 주인되심과 관련된 모든 문제들을 다 이해하는 것은 아닐 것이다. 그러나 참된 신자라면 복종하려는 소원을 가지고 있다. 이것이 참된 믿음과 거짓 고백을 구분한다. 참된 믿음은 겸비하며 고분고분한 순종이다. 영적인 이해가 열림에 따라 그 순종은 더욱 깊어갈 것이며, 참된 신자는 그분의 주인되심에 모든 것을 포기함으로써 그리스도를 기쁘시게 하려는 열망을 보일 것이다. 하나님의 권위에 기꺼이 복종하려는 마음이야말로 천국의 모든 참된 자녀들의 마음 속에 있는 강력한 소원이다. 그것이 새로운 본성의 필연적인 표현이다.

값을 계산함

이 비유들은 값을 계산하지 않고 들어오려고 하는 사람들에 대한 분명한 경고이다. 예수님은 경박한 무리들에게 자신을 따라오기 전에 신중히 값을 계산해 보라고 권면하셨다(눅 14:28-31). 그분은 헌신되지 않은 군중들이 적극적인 반응을 보이는 것을 결코 환영하시지 않았으며, 오직 하나님 나라를 위해 기꺼이 자신의 모든 것을 투자하는 사람들만을 찾으셨다.

현명한 투자가라면 대개 한 곳에 자신의 전재산을 투자하지는 않을 것이다. 하지만 이 비유에 나오는 두 사람은 모두 그렇게 했다. 첫째 사람은 모든 것을 팔아서 밭 하나를 샀고, 두 번째 사람은 모든 것을 팔아 진주 하나를 샀다. 그러나 그들은 그 값을 계산했으며, 그들이 산 것이 궁극적인 투자 가치가 있다는 사실을 알고 있었다. 다시 말하지만, 이것은 구원얻는 믿음에 대한 완벽한 그림이다. 참되게 그리스도를 믿는 사람은 양 쪽에 걸치 않는다. 제자도에 따르는 값을 알면서도 참된 신자는 서명을 하고 그리스도를 위해 모든 것을 내어 준다.

모세는 값을 계산했다. 성경은 그가 "그리스도를 위하여 받는 능욕을 애굽의 모든 보화보다 더 큰 재물로 여겼으니 이는 상주심을 바라봄이라"고 했다(히 11:26). 그는 그리스도를 위해 고난을 받으려고 으리으리한 세상의 부를 포기했다. 바로의 궁전에 있는 애굽인에게는 그가 재산을 치욕과 맞바꾸는 것처럼 보였을 것이다. 하지만 모세는 자신이 실제로는 애굽을 하늘에 있는 상급과 맞바꾸고 있음을 알고 있었다. 그는 두번 다시 생각도 않고 막대한 재산을 포기했다. 왜냐하면 하늘 나라의 무한한 가치를 알고 있었기 때문이다.

그것이 바로 주 예수께서 요구하시는 전적으로 헌신된 반응이다. 어떤 값을 치르고서라도 그분을 얻겠다는 열망이다. 완전한 복종이다. 구주와 자아를 완전히 맞바꾸는 것이다. 이것이 그 나라의 문을 여는 유일한 반응이다. 이 세상의 눈으로 보면, 그것은 사람이 치를 수 있는 가장 큰 값일 것이다. 그러나 하나님 나라의 관점으로 보면, 그것은 정말이지 전혀 희생이 아니다.

◆ 주(註) ◆

1) Zane C. Hodges, *The Hungry Inherit* (Portland: Multnomah, 1980), pp. 77-91.

2) C. I. Scofield, ed., *The Scofield Reference Bible* (New York: Oxford, 1909), p. 1017.

3) 앞의 책.

4) J. C. Macaulay, 이 비유들에 대한 그의 해석은 스코필드의 해석과 비슷하지만 그럼에도 불구하고 다음과 같은 뛰어난 관찰을 보여 준다. "'하나님의 선물이 영생'이라고 하지만, 하늘 나라에 들어가는 일은 많은 값을 치르는 일이다. 왜냐하면 그리스도께서 친히 우리에게 값을 계산해 보라고 경고하시면서 덧붙이시기를, '너희 중에 누구든지 자기의 모든 소유를 버리지 아니하면 능히 내 제자가 되지 못하리라'(눅 14: 28-33)고 하셨기 때문이다. 이 감추인 보물의 비유가 우리에게 가르쳐 주는 것이 무엇이든간에, 이 비유는 분명히 우리에게 하나님 나라에 들어가는 일은 값을 치르는 일이라는 것과 하지만 그 나라는 그 값보다 더 가치가 있다는 것을 일깨워 준다." *Behold Your King* (Chicago: Moody, 1982), p. 114.

5) William Barclay, *The Gospel of Matthew*, Vol. 2 (Philadelphia: Westminster, 1958), pp. 93-94에서 인용.

6) 어떤 사람들은 보물을 발견한 그 사람과 마찬가지로 어쩌다 그렇게 된 것처럼 우연히 천국을 발견한다. 다른 사람들은 진주를 샀던 그 사람처럼 부지런히 살펴보고 나서야 천국을 발견한다. 그러나 어떤 경우이든지 간에 그들은 일단 천국의 가치를 알고 나면, 기꺼이 가지고 있는 모든 것을 희생하고자 한다.

7) 마태복음 13:31-35 참조. 이것이 겨자씨 비유와 누룩 비유의 핵심이다.

8) Geerhardus Vos, *The Kingdom of God and the Church* (Nutley, NJ: Presbyterian and Reformed, 1972), p. 94.

제 13 장
먼저 된 자와 나중 된 자

존 번연(John Bunyan)은 『천로역정』의 끝부분에서 심지어는 천국으로 들어가는 문에도 지옥으로 들어가는 입구가 있다고 쓰고 있다. 유다가 그 증거이다. 그리스도께 입맞추며 주님을 배반했던 밤, 그는 예수님과 영원히 결별함으로써 자신의 영원한 운명을 결정지었다. 진리를 배워 예수님께 대한 믿음을 고백할 만한 자리에 가까이 나아갔음에도 불구하고 자기 삶의 주도권을 주님께 넘겨드리지 않음으로 해서 천국을 완전히 잃어버리게 된 유다와 같은 사람들이 얼마나 많이 있는지 모른다. 어떤 의미에서는 지옥으로 들어가는 그들의 문은 천국문에서 비롯되었다.

반면에 위와는 정반대되는 예들도 있는데, 주 예수님의 지상 사역 중에도 그런 예가 자주 보인다. 그것은 가장 질 나쁜 죄인들이 지옥문을 바로 코앞에 두고 천국으로 인도되는 경우였다. 세리들, 창녀들, 강도들 그리고 거지들이 이 세상에서 쓸모없이 탕진해 버린 삶의 쓴 결말 대신에 풍성하고도 영원한 생명을 주시는 구주가 바로 그리스도이심을 깨닫게 되었다. 그분은 잃어버린 자를 찾아 구원하시기 위해 오셨고, 이들을 지옥 불로부터 건져내시기를 기뻐하신다. 어떤 사람이라도, 제아무리 죄로 타락했다 해도 그분이 힘이 모자라 구원하시지 못하는 경우란 없다. 그 어느 누구도 해 줄 수 없는 일을 그분은 하셨다. 그분은 귀신들린 사람에게서 많은 사악한 귀신들을 쫓아내셨고(눅 8:26-35), 문둥병자의 문드러진 몸을 어루만져 온전하게 하셨다(마 8:1-3). 그분의 마음은 늘 그와 같은 사람들에게 쏠려 있었고, 그들도 구원을 바라며 하나 둘 그분께 나아왔다. 그분은 항상 그들을 온전하게 구원하셨다(히 7:25 참조). 회개하고 믿음으로 그리스도께 복종했던 모든 죄인들은 온전한 구원을 받았다. 유력한 유대 종교 지도자였던 사람(요 3:1-16)이 간음한 사마리아 여인(요 4:7-29)보다 더 많은 사랑을 받은 것도 아니고, 주님은 나다나엘처럼 속에 간사한 것이 없는 참 이스라엘 사람(요 1:47)뿐 아니라 마태와 같이 탐욕스러운 세리(마 9:9)도 제자로 삼으셨다.

이것이 구원이 작용하는 방식이다. 구원 받은 모든 사람은 젊었든지 나이 들었든지, 존경할 만한 사람이든지 경멸할 만한 사람이든지, 바리새인이든지 세리든지 상관없이 똑같이 영생을 얻는다. 그리스도께 나아오는 사람은 그의 출신 배경이 어떠하든지 간에 남보다 더 사랑받거나 무시되는 법이 없다. 똑같은 영생이 모두에게 주어지는 것이다.

꼭 붙들어야 할 중요한 진리는 구원 얻는 믿음이란 우리의 모든 것과 예수님의 모든 것을 서로 맞바꾸는 일을 의미한다는 사실이다. 이 말은 교환의 대가로 영생을 얻을 수 있다는 의미가 아니다. 우리가 우리의 생명을 드린다고 해서 구원을 살 수 있는 것은 아니다. 영생의 선물은 우리가 드린 생명의 질이나 양에 비례하여 주어지는 것도 아니다. 자신의 모든 것을 그리스도께 바친 사람은 누구나 그 결과로 그리스도께서 주시기로 한 모든 것을 받게 된다. 예수님이 마태복음 20:1-16에서 말씀하신 비유는 이 점을 가르치신 교훈이다.

> 천국은 마치 품꾼을 얻어 포도원에 들여보내려고 이른 아침에 나간 집 주인과 같으니 저가 하루 한 데나리온씩 품꾼들과 약속하여 포도원에 여보내고 또 제삼시에 나가 보니 장터에 놀고 섰는 사람들이 또 있는지라 저희에게 이르되 너희도 포도원에 들어가라 내가 너희에게 상당하게 주리라 하니 저희가 가고 제육시와 제구시에 또 나가 그와 같이 하고 제 십일시에도 나가 보니 섰는 사람들이 또 있는지라 가로되 너희는 어찌하여 종일토록 놀고 여기 섰느뇨 가로

되 우리를 품꾼으로 쓰는 이가 없음이니이다 가로되 너희도 포도원에 들어가라 하니라 저물매 포도원 주인이 청지기에게 이르되 품꾼들을 불러 나중 온 자로부터 시작하여 먼저 온 자까지 삯을 주라 하니 제십일 시에 온 자들이 와서 한 데나리온씩을 받거늘 먼저 온 자들이 와서 더 받을 줄 알았더니 저희도 한 데나리온씩 받은지라 받은 후 집 주인을 원망하여 가로되 나중 온 이 사람들은 한 시간만 일하였거늘 저희를 종일 수고와 더위를 견딘 우리와 같게 하였나이다 주인이 그 중의 한 사람에게 대답하여 가로되 친구여 내가 네게 잘못한 것이 없노라 네가 나와 한 데나리온의 약속을 하지 아니 하였느냐 네 것이나 가지고 가라 나중 온 이 사람에게 너와 같이 주는 것이 내 뜻이니라 내 것을 가지고 내 뜻대로 할 것이 아니냐 내가 선하므로 네가 악하게 보느냐 이와같이 나중 된 자로서 먼저 되고 먼저 된 자로서 나중 되리라

그동안 살펴보았던 다른 비유들과 마찬가지로 이것 역시 하나님 나라에 대한 비유이다. 이것은 영적인 가르침이지 공정한 노동 관행에 대한 강연이 아님을 명심할 필요가 있다. 예수님은 하나님께서 은혜로 다스리시는 곳, 곧 그리스도께서 다스리시고 통치하시는 - 지금은 신비에 싸여 있는 - 천국에서 일들이 어떤 방식으로 진행되는지에 대해 설명하신 것이다. 이 비유의 배경을 알면, 이 비유의 의미를 이해하는 데 중요한 실마리를 얻을 수 있다.

마태복음 19장의 마지막 절로 돌아가 보면, 이 비유도 똑같은 관점으로 결론을 맺고 있음을 알 수 있다. "먼저 된 자로서 나중 되고 나중 된 자로서 먼저 될 자가 많으니라"(19:30). 분명히 이 비유는 그와 같은 교훈을 예증하기 위해 주어진 것이다. 이것이 의미하는 바는 무엇일까? 이것은 격언 형식을 띤 일종의 수수께끼이다. 어떻게 먼저 일을 끝낸 사람이 나중이 되고, 나중에 일을 마친 사람이 먼저 될 수가 있겠는가? 이런 경우는 먼저 된 자와 나중 된 자가 똑같을 경우에만 가능하다. 경주라면, 이를 무승부라 할 것이다. 앞선 사람도 없고 뒤진 사람도 없다. 따라서 나중 된 자가 먼저 되고,

제 13 장 먼저 된 자와 나중 된 자   205

먼저 된 자가 나중 된다. 무승부 경기에서는 모든 사람이 결승선을 통과하는 것이다.

정확히 이것이 이 비유의 요점이다. 집주인은 이른 아침 포도원에 고용할 품꾼들을 구하러 나갔다. 그는 하루 품삯으로 한 데나리온을 약속하고 몇 명을 고용했다. 그는 그 날 장터에 네 번을 더 나가서 - 오전 9시, 정오, 오후 3시, 오후 5시 - 더 많은 사람들을 고용했다. 저녁이 되어 품꾼들에게 품삯을 지불할 시간이 되자, 모든 고용인들은 일한 시간과는 상관없이 똑같은 품삯을 받았다.

공정성의 문제

하루 종일 일했던 품꾼들은 자신들이 속았다고 생각했다. 그러나 집주인은 그들을 불공정하게 대우한 것이 아니었다. 단지 더 짧은 시간 일했던 사람들에게 너그러웠을 따름이다. 하루 품삯으로 한 데나리온은 군인의 하루 급료와 같은 액수로서 상당한 임금이었다. 어떤 사람도 불평할 이유가 없었다. 모든 사람은 그들이 품삯으로 동의한 한 데나리온을 틀림없이 받았다(2절). 그들은 자기들에게 유리한 조건으로 일하러 왔으며, 그 조건은 공정 가격보다 나은 것이었다. 문제는 그들이 어떤 대우를 받았는가에 달린 것이 아니었다. 문제는 이 품꾼들이 다른 사람들이 얻게 된 행운을 참을 수 없었다는 데에 있었다. 그들은 시기심이 났던 것이다.

인간적인 관점에서 보면, 하루 종일 일했던 사람들의 심정에 쉽게 공감이 간다. 우리 모두의 마음 속에는 모든 사람이 받지 못하는 가외의 임금을 어떤 사람이 받게 되면 그런 불공평을 인정할 수 없어 하는 무엇인가가 있다. 우리는 불공평은 항상 부정의라고 생각해왔다. 그러나 때로는 차등 있는 대우가 관대함의 표현이 되기도 한다. 여기서의 경우가 바로 그러한 예이다. 집주인은 품꾼들의 시기심을 꾸짖었다. "내가 선함으로 네가 나를 악하게 보느냐."(마 20:15)

집주인의 관대함이 악한 것이 아니라 오히려 품꾼들의 시기심이 악한 것이다. 그들은 다른 사람들이 그들처럼 열심히 혹은 오래 일하지 않고도 동일한 임금을 받을 수 있다는 생각을 견딜 수 없었다. 그들은 함께 기뻐하는 대신 불평을 늘어놓았다.

평등의 문제

이 비유의 영적인 핵심은 무엇일까? 이것은 천국에 대하여 무엇을 알려 줄 수 있는가? 이것은 조금도 어렵지 않다. 하나님은 집주인이시다. 포도원은 하늘 나라, 즉 하나님의 통치요 구원의 영역이다. 품꾼들은 천국에 들어와 왕이신 하나님을 섬기는 사람들이다. 일한 날은 한 사람의 일생을 말한다. 저물었을 때는 영원한 세계로 들어가는 시점이고, 데나리온은 영생이다. 예수님이 이 이야기를 통해서 말씀하시고자 했던 것은 천국에 들어온 모든 사람은, 그가 하나님을 위해 몇 년을 봉사했든지 혹은 인생의 마지막 순간에 구원을 받았든지간에, 영원한 생명을 상속받는다는 사실이다. 섬긴 기간은 문제되지 않으며, 그가 처한 환경의 좋고 나쁨도 문제되지 않는다. 천국에 들어온 모든 사람은 다른 모든 사람들처럼 영원한 생명을 얻는다. 하늘 나라는 공덕(功德) 체제가 아니다. 영원한 생명은 이 세상에서 얼마나 충성스럽 일했는가에 따라 주어지지 않는다. 그것은 오로지 하나님의 은혜의 선물이다.

어떤 사람들은 평생토록 그리스도를 섬기며 산다. 또 어떤 사람들은 그들의 생애를 다 탕진해 버리고 나서 죽기 직전에야 주님께로 돌이킨다. 어느 경우든 영생은 마찬가지이다. 죽어가면서 회개한 사람도 사도와 똑같이 영광스러운 영생을 상속받는다. 그러나 이것은 불공정하지 않다. 우리 가운데 누구도 영생을 얻을 만한 가치는 없기 때문이다. 단지 하나님 아버지께서 기쁘신 뜻을 따라 우리에게 천국의 충만한 것을 주시기로 작정하셨을 따름이다.(눅 12:32 참조)

내 친구 중에는 유대 가문에서 자란 목사가 한 명 있다. 그는 그리스도인이 된 날부터 자신의 어머니를 위해 늘 기도하고 전도도 했다. 그러나 그녀는 끝까지 완강하게 예수님을 메시아로 인정하기를 거절했다. 그녀의 생애 마지막 주에 그는 다시 한 번 그녀에게 복음을 전했고, 그녀는 예수님을 주와 그리스도로 맞아들였다. 친구는 지금 그녀가 그와 똑같이 영생을 상속 받을 것이라고 확신하고 있다. 그들은 천국에서 영원히 함께 지낼 것이다. 이것은 형평에 맞는 일인가? 아마도 그렇지는 않을 것이다. 그러나 이것은 사랑이 무한하신 하나님의 놀라운 은혜를 보여 준다.

마태복음 19장에서 예수님이 젊은 부자 관원을 떠나보내셨을 때, 베드로가 나아와 "보소서, 우리가 모든 것을 버리고 주를 좇았사오니 그런즉 우리가 무엇을 얻으리이까?"(마 19:27) 하고 여쭈어 보았다. 다른 말로 하면 "우리는 아침 6시부터 일을 시작했습니다. 우리는 먼저 된 자들이고, 큰 값을 치르면서 평생토록 일했습니다. 우리는 그 대가로 무엇을 얻겠습니까?" 하고 여쭌 것이다. 포도원 품꾼의 비유가 이 질문의 대답이다. 제자들은 예수님을 따른 데 대한 궁극적인 보상이 무엇인지 확실히 알지 못했다. 내 생각에 그들 중 일부는 여전히 어느 시점이 되면 예수님이 악한 정권을 무너뜨리고 눈에 보이는 지상 왕국을 건설하실 것이라고 기대했던 듯하다. 아마도 그들은 주요 지역을 다스리는 특별 군주로 인정되리라고 기대했을 것이다. 심지어 그들은 예수님이 죽은 자 가운데서 부활하신 후에도 예수님께 "주께서 이스라엘 나라를 회복하심이 이 때니이까?"(행 1:6) 하고 물었다. "지금이 우리가 왕관과 왕권을 얻을 때입니까?" 하고 여쭈어 본 것이다. 예수님은 품꾼의 비유를 말씀하신 직후, 자신의 죽음을 예언하셨다(마 20:17-19). 몇 절 뒤로 가보면, 야고보와 요한의 어머니가 예수님께 나아와 주님의 나라에서 그분의 좌우편에 앉을 수 있는 특별한 지위를 자신의 아들들에게 주십사 하고 간청하는 모습이 나온다. 그들은 아직도 이 비유의 말씀을 깨닫지 못했던 것이다.

하나님 나라의 어떤 자리도 받을 자격이 있어서 받는 것이 아니다. 그것은 얼마나 오래 일했는가 혹은 얼마나 힘겨운 나날을 보냈는가 하는 것을 상관치 않으시고 하나님께서 그냥 주시는 자리이다. 하나님 나라에는 세리들, 창녀들, 거지들 그리고 눈먼 사람들이 있을 것이다. 그리고 거기에는 사도들, 순교자들 그리고 일생 동안 하나님을 섬겼던 사람들도 있을 것이다. 또한 그곳에는 박격포로 박살이 나서 날아가 버리기 직전, 참호 속에서 회개하고 돌아온 사람들도 있을 것이다. 이 모든 사람들은 그들의 노력에 의해서가 아니라 하나님의 자비하심 때문에 똑같은 영생과 축복을 상속받은 자들이다.

서신서는 봉사에 따라 서로 다른 보상이 주어진다고 쓰고 있다. 그러나 이것은 이 비유가 말하고자 하는 요점이 아니다. 여기서 말하고자 하는 바는 영생의 평등성이다. "너희는 유대인이나 헬라인이나 종이나 자주자(自主者)나 남자나 여자 없이 다 그리스도 예수 안에서 하나이니라"(갈 3:28). 나중 된 자로서 먼저 되고 먼저 된 자로서 나중 되는 것이다.

구원의 본질

이 비유에 흐르고 있는 몇 가지의 분명한 구원의 진리를 언급하지 않을 수 없다. 어떤 비유의 이차적인 세부 사항들이 그 자체로서 교리를 세우는 결정적인 기초가 되지는 않는다고 알고 있음에도 불구하고 나는 이 비유가 성경이 다른 곳에서 지지하고 있는 많은 중요한 원리들을 뒷받침하고 있다고 생각한다.

첫째, 구원 사역을 주권적으로 시작하시는 분은 바로 하나님이시다. 포도원에서 일할 품꾼들을 찾으러 나갔던 집주인처럼, 하나님도 구원을 시작하신다. 찾으시는 분도, 구원하시는 분도, 죄인들을 당신의 나라에 들이시는 분도 바로 하나님이시다. 인간으로서도 그리스도를 따르기로 결정해야 하지만, 궁극적으로 구원은 인간의 결정이 아니다. 하나님이 우리의 믿음의 주요, 온전케 하시는 분이다(히 12:2). 우리가 하나님을 사랑함은 그분이 먼저 우리를 사랑하셨기 때문이다(요일 4:19). 그러므로 우리는 우리가 가져야 할 것이 무엇인지 결정할 권리가 없다. 그분이 일찍부터 우리를 찾으셔서 우리가 평생토록 그분을 섬겼을지라도 그것은 그분의 선택이다. 그분이 우리를 마지막에 찾으시고 우리가 아주 짧은 시간 동안만 그분을 섬겼을지라도 이 또한 그분의 선택이다.

둘째, 하나님이 구원의 조건을 정하신다. 집주인은 아침에 고용한 사람들에게 한 데나리온을 주겠다고 약속했다. 그가 가격을 정했고, 그들은 동의

했다. 늦게 온 사람들은 전혀 흥정하지 않았다. 주인은 "내가 너희에게 상당하게 주리라"(마 20:4)고 말했고, 그들은 이 조건을 받아들였다. 젊은 부자 관원은 그렇게 하려 하지 않았다. 그리스도는 영생을 얻을 값을 정하셨다. 하지만 그는 그 조건을 거절했다. 가장 곤란한 사람들은 최소한 자기들의 조건으로 흥정할 여지가 있다고 생각하는 사람들이다.

셋째, 하나님은 끊임없이 사람들을 당신의 나라로 부르신다. 집주인은 몇 번이고 다시 나가서 사람들을 포도원에 불러들였다. 그와 똑같이 하나님도 천국 일꾼들을 불러모으시는 일을 멈추시지 않는다. 예수님은 요한복음 9:4에서 "때가 아직 낮이매 나를 보내신 이의 일을 우리가 하여야 하리라. 밤이 오리니 그 때는 아무도 일할 수 없느니라"고 말씀하셨다. 심판의 밤이 급속히 다가올지라도 그분은 계속해서 우리를 일꾼으로 부르신다.

넷째, 하나님이 구속하신 모든 사람들은 그분을 위해 기쁜 마음으로 일한다. 이 비유에 나오는 사람들은 일거리를 찾고 있었다. 그들이 장터에 나와 있었던 것은 그 때문이었다. 포도원에 들어간 사람은 누구나 일했다. 어떤 사람들은 단지 마지막 한 시간만 일했고, 다른 사람들은 하루 종일 일했다. 그러나 모든 사람들이 일한 것이다. 이것이 구원의 모습이다. 믿음은 행함으로 나타난다.(약 2:24)

이 비유에서 깨달을 수 있는 다섯 번째 원칙은 하나님은 자신의 곤궁함을 알고 있는 사람들을 불쌍히 여기신다는 것이다. 장터에서 기다리던 사람들은 곤궁했기 때문에 거기 서 있었던 것이다. 집주인이 왜 놀고 서 있는지 물었을 때, 그들은 "우리를 품꾼으로 쓰는 이가 없음이니이다"(마 20:7) 하고 대답했다. 그들은 일을 하고자 필사적이었던 나머지 종일토록 장터에 머물러 있었다. 이와 비슷한, 곤궁하고 극도로 필사적인 심정이 구원에 이르는 믿음의 한 특징이다(마 5:3, 6). 주님은 자기 만족이나 자만심에 차 있는 사람이 아니라 자신의 곤궁을 아는 사람들을 당신의 나라로 불러들이신다.

여섯째, 하나님은 약속을 지키신다. 집주인은 주기로 약속했던 금액을 정확히 지불했다. 어떤 사람도 약속했던 것 보다는 덜 받지는 않았다.

끝으로, 하나님은 약속하신 것을 틀림없이 주시지만, 또한 항상 우리의 자격 이상으로 넘치게 주신다. 구원은 순전히 은혜이다. 영생을 얻을 만한 자격이 있는 사람은 아무도 없다. 그러나 하나님은 영생을 믿는 사람 모두에게 똑같이 주신다. 하나님은 우리를 구원하시되 "우리의 행한 바 의로운 행위로 말미암지 아니하고 오직 그의 긍휼하심을 좇아 중생의 씻음과 성령의 새롭게 하심으로"(딛 3:5) 하신다.

천국에는 시기가 들어설 자리가 없다. 단 하나의 온당한 반응은 비천한 자의 겸손함뿐이다. 우리가 하나님으로부터 받는 모든 것은 받을 만한 자격이 없는 자에게 주시는 은혜이다. 우리가 얼마나 오래 또 얼마나 훌륭히 일했는가는 천국에서 우리가 차지할 자리와는 아무 상관이 없다. 왜냐하면 우리 모두는 하나님으로부터 우리의 자격보다 훨씬 더 많이 받을 것이기 때문이다. 우리는 다른 사람들을 위해 살진 송아지를 잡았다고 해서 불평하거나 하나님 나라가 나중에 들어온 사람들에게도 똑같이 훌륭한 곳이라고 해서 원망해서는 안된다. 하나님의 은혜는 우리 모두에게 풍성한 것이다.

은혜의 모습

구주의 죽으심을 기록할 때, 누가는 다른 복음서에는 나오지 않는 짧막한 장면 하나를 기록하고 있다. 그것은 세상 죄를 지고 십자가에 달려 심한 고통을 당하시는 예수님이 어떻게 한 명의 사형수를 영원한 저주에서 구원하시기 위해 잠시 돌이키셨는가를 설명해 주는 것이다. 그 강도는 상습범이었고, 로마법에 따라 십자가에 매달려 죽는 형벌을 선고받았다. 주권적인 은혜가 그를 구주가 계신 그 언덕에 있게 했으며, 거기에서 그는 세상 죄 때문에 죽어가시는 영광의 주님을 뵈옵게 되었다.

십자가에 달리고 나서 처음에는 예수님 양편에 있던 두 강도들이 무리들과 마찬가지로 오만하게 예수님을 조롱했다(마 27:44 ;막 15:32). 그러나 그 강도 가운데 한 명은 죽기 직전에 마음을 바꿔서, 조롱 대신에 자신의 죄와 예수님의 무죄하심을 고백했다. "우리는 우리의 행한 일에 상당한 보응을 받는 것이니 이에 당연하거니와 이 사람의 행한 것은 옳지 않은 것이 없느니라"(눅 23:41). 그리고 나서 그는 예수님께 고개를 돌려 "예수여 당신의 나라에 임하실 때에 나를 생각하소서"(눅 23:42) 하고 말씀드렸다.

그 강도가 얻은 대답은 죽어가는 죄인이 받을 수 있는 가장 영광스러운 약속이었다. "내가 진실로 네게 이르노니 오늘 네가 나와 함께 낙원에 있으리라"(눅 23:43). 우리가 아는 한, 이 말씀은 예수님이 그에게 하셨던 유일한 말씀이었다. 거기에는 말로 하는 예비 전도도 없었고, 네 가지 요점의 메시지도 없었으며, 어떤 호소도 없었다.

그러나 그 강도가 죄 없으신 구주의 죽으심을 목격했을 때, 그 마음 속이 환하게 믿음의 빛으로 비춰어졌다. 그의 회심은, 그것이 죽기 직전에 일어난 일일지라도, 사도 바울의 회심보다 덜 참된 것은 아니다. 그 강도는 세상에서의 그의 전생애를 죄와 불순종으로 허비했을지라도 똑같은 영생을 받았다. 그의 회개가 믿음을 낳은 순간, 구주께서는 그를 천국에 맞아들이셨다.[1]

천국에는 그 강도보다 더 충성스럽고, 더 열심히 일했고, 더 큰 고통 속에서도 더 오랫동안 인내한 사람들이 많을 것이다. 그럼에도 불구하고 하나님의 은혜로 그는 예수님이 영원히 거하시는 곳을 보장받았다.

천국에 들어갈 때는 도적이 바리새인보다 더 나을 것이 없고, 어부가 세리보다 더 좋거나 나쁠 것이 없을 것이다. 나중된 자로서 먼저 되고 먼저 된 자로서 나중 되므로 결국에는 모두가 영생의 풍성함을 마음껏 누리게 될 것이다.

◆ 주(註) ◆

1) 비록 그 강도가 생애의 마지막 순간에 구원을 얻었다 할지라도 그의 믿음은 진정한 믿음의 표지(標識)를 모두 갖추고 있었음에 유의해야 한다. 회개는 그의 행동에 극적인 변화를 일으켰으며, 그는 그리스도를 모욕하는 데서부터 그분을 변호하는 데로 돌이켰다. 그가 자신의 죄를 시인하고, 자기는 십자가에 달려도 마땅하다고 인정하면서도 그리스도는 죄가 없으시다는 사실을 시인했다(눅 23:41)는 것은 그가 자신을 버리고 그리스도께 복종했다는 것을 보여 주는 것이다. 그는 아마도 복음에 관한 '사실들'은 거의 몰랐겠지만, 그는 전심으로 그리스도를 주님으로 영접했던 것이다.

제 14 장
잃은 자와 찾은 자

한 영혼을 구원하는 일은 우리가 보통 생각하는 것처럼 그렇게 진부한 일이 아니다. 구속은 하나님이 장부에서 누구는 기입하고 누구는 삭제하면서 기록해 나가는 회계의 문제가 아닌 것이다. 그분은 잃은 자들 때문에 눈물을 흘리시고 그가 구원받았을 때는 잔치를 베푸신다. 인간의 잃어버려진 상태로 인한 그분의 고통은 한없이 깊고, 죄인이 회개할 때 그분의 기쁨은 가득하다.

주 예수께서 주신 바 누가복음 15장에 나오는 일련의 비유들은 길 잃은 죄인들에 대한 하늘 아버지의 연민과 그들의 구원에 대한 그분의 기쁨을 보여 준다. 이 세 비유들 가운데 두 가지는 예수님의 주인되심에 대한 복종, 회개, 믿음의 문제나 혹은 구원에 대한 인간의 반응 양상을 직접 다루고 있지는 않지만, 이 비유들을 여기에 포함시킨 이유는 그것들이 담고 있는 진리가 예수님이 가르치신 복음에서 매우 결정적인 요소가 되기 때문이다. 이 세 비유는 모두 잃어버린 영혼을 찾으시며 "오래 참으사 아무도 멸망치 않고 다 회개하기에 이르기를 원하시는"(벧후 3:9) 사랑이 풍성하신 하나님의 심정을 헤아릴 수 있게 해 준다.

누가복음 15장의 광경은 낯익은 모습이다. "모든 세리와 죄인들이 말씀을 들으러 가까이 나아오니 바리새인과 서기관들이 원망하여 가로되 '이 사람이 죄인을 영접하고 음식을 같이 먹는다' 하더라"(눅 15:1-2). 1절에 나오는 헬라어 동사(나아오니)의 시제는 계속되는 행동을 나타내는 것으로서 그 뜻은 세리와 죄인들이 습관처럼 예수님께 나아왔다는 것이다. 그분이 어디에 가시든지 달갑지 않은 무리들이 그분의 주위에 모여들었다. 이들은 유대 율법의 기준대로 살려고 전혀 노력하지 않는 세리, 죄인, 강도, 악한(惡漢), 창기 그리고 기타 어중이떠중이들이었다.

우리가 아는 대로 이런 광경은 자기 의로 가득 차 있는 바리새인들에게는 매우 거슬리는 일이었다. 그들은 율법의 세부 사항에 필사적으로 몰두해 있었기 때문에, 극심한 죄인들에게는 관심을 가질 여유가 없었다. 또한 그들은 사회로부터 버림받은 사람들에게 인기가 있는 동시에 랍비들의 전통에는 비판적이었던 메시아를 좋아할 수가 없었다.

바리새인들의 마음을 아시는 예수님은 세 비유를 통해 잃은 자들에 대한 하나님의 자비로우신 연민과 자기 의에 빠져 있는 그들의 태도를 대조시킴으로써 그들을 책망하셨다. 이 세 비유는 모두 사람들이 지옥으로 가는 동안 하나님이 가만히 앉아 계시는 것이 아니라는 사실을 지적한다. 그분은 사악한 자들의 멸망을 기뻐하시지 않는다. 오히려 그분은 그들을 사랑하시며 그들을 찾으시고 그들이 구원받을 수 있도록 오래 참으신다. 그리고 그분은 단 한 명이라도 잃어버린 죄인이 구원받았을 때는 크게 기뻐하신다.

양 백 마리

첫 번째 비유(눅 15:4-6)는 배경이 목장이다. "너희 중에 어느 사람이 양 일백 마리가 있는데 그 중에 하나를 잃으면 아흔아홉 마리를 들에 두고 그 잃은 것을 찾도록 찾아다니지 아니하느냐 또 찾은즉 즐거워 어깨에 메고 집에 와서 그 벗과 이웃을 불러모으고 말하되 '나와 함께 즐기자 나의 잃은 양을 찾았노라' 하리라."

'너희 중에 어느 사람이'(4절)라는 구절은 그분이 묘사하시는 동정어린 행동이 매우 평범한 목자에게서도 기대된다는 것을 나타낸다. 목자다운 목자라면 일백 마리 가운데 아흔아홉 마리로는 만족하지 않을 것이다. 그는 아흔아홉 마리를 우리 안에 안전하게 남겨 두고 잃은 양 한 마리를 찾으러 나갈 것이다. 많은 목자들에게 이것은 의무일 뿐만 아니라 양에 대한 사랑의 문제이기도 하다. 각각의 양들은 목자에게 이름이 알려져 있다(요 10:3 참조). 매일 밤 양들이 우리 안으로 돌아올 때, 그는 양들의 수를 세면서 점검할 것이다. 만일 한 마리를 잃었다면 그는 그 한 마리를 찾아 밤 늦도록 돌아다닐 것이다.

이 비유에서 목자가 잃은 양을 찾았을 때, 그는 양의 배를 목에 두르고 양의 다리를 가슴에 부드럽게 감싸안는 자세로 양을 어깨에 메고 온다. 그리고 나서 그는 양이 집으로 돌아온 것을 축하하기 위해 친구들과 이웃들을 부른다. 이 비유의 핵심은 양이 구원받은 것에 대한 목자의 기쁨이다. 함께 축하하기 위해 친구들을 부른 것을 보면, 그의 기쁨이 얼마나 크고 깊은가를 알 수 있다. 이 기쁨은 혼자서만 축하할 수 있는 성질의 것이 아니었다. 그는 그저 조용히 마음 속으로만 즐거워할 수가 없었다. 그의 기쁨은 너무도 풍성하고 가득하여 다른 사람들과 그것을 나눠야만 했던 것이다.

예수님의 요점은 7절에 요약되어 있다. "내가 너희에게 이르노니 이와같이 죄인 하나가 회개하면 하늘에서는 회개할 것 없는 의인 아흔아홉을 인하여 기뻐하는 것보다 더하리라." 다른 말로 하면, 죄인 하나가 회개할 때 하나님은 하늘에서 잔치를 베푸신다는 것이다. 그분은 잃어버린 양을 구하기를 바라면서 찾으시는 목자이시다. 하나님은 그저 매번 누군가 구원받을 때마다 표시를 해두려고 그 사항을 기록하시는 분이 아니다. 그분은 잃은 자들의 영혼을 애타게 기다리시는 나머지 직접 나가서 그들을 찾으신다. 그러다가 제멋대로인 그 양이 마침내 우리 안으로 돌아왔을 때 그분의 기쁨은 하늘도 다 감당할 수 없을 만큼 큰 것이다. 이 비유는 찾으시는 하나님의 심정을 보여 준다.

열 드라크마

두 번째 비유(눅 15:8-10)는 다른 은유를 가지고 똑같은 요지를 나타낸다. "어느 여자가 열 드라크마가 있는데 하나를 잃으면 등불을 켜고 집을 쓸며 찾도록 부지런히 찾지 아니하겠느냐? 또 찾은즉 벗과 이웃을 불러모으고 말하되 '나와 함께 즐기자. 잃은 드라크마를 찾았노라' 하리라." 드라크마는 데나리온과 같은 은전의 명칭이다. 한 데나리온은 상당히 쳐준 하루 품삯인데, 예를 들어, 마태복음 20장의 비유에서 집 주인은 품꾼들에게 한 데나리온씩을 지불했다. 이 여인은 열 개의 은전 가운데 하나를 잃어버렸다. 그녀는 등불을 들고 집을 쓸면서 잃은 것을 발견할 때까지 찾았다. 그녀가 그것을 찾았을 때, 그녀의 기쁨은 목자의 기쁨만큼이나 컸다. 그녀도 목자처럼 친구들과 이웃들을 불러 그 기쁨을 함께 나누었다. 그녀는 자신의 마음 속에 있는 기쁨을 감출 수 없었다.

이 비유는 앞의 비유와 똑같은 논지이다. "내가 너희에게 이르노니 이와 같이 죄인 하나가 회개하면 하나님의 사자들 앞에 기쁨이 되느니라."(10절) 하나님의 심금을 가장 깊게 울리는 것은 그분이 찾으셔서 회개로 인도하시는 사람이 구원을 받는 것이다. 10절에서 하신 말씀 곧 "사자들 앞에 기쁨이 되느니라"는 말씀에 주목해 보라. 이 구절은 실제로 천사들이 기뻐한다는 것을 말하는 것이 아니다. 이것은 누구의 기쁨인가? 이 기쁨은 거룩한 천사들 앞에 계시는 삼위 하나님의 기쁨이다. 물론 천사들도 이 축하에 참여한다. 그러나 이 두 비유의 강조점은 바로 **하나님**의 기쁨에 있다.

바리새인들이 성경을 좀더 주의해서 연구했더라면, 그들도 하나님의 속성 가운데 이런 면을 더 잘 이해했을 것이다. 구약 성경도 그분을 자비로우신 하나님으로 계시했다. 에스겔 33:11은 "주 여호와의 말씀에 나의 삶을 두고 맹세하노니 나는 악인의 죽는 것을 기뻐하지 아니하고"라고 한다. 이사야 62:5은 "신랑이 신부를 기뻐함같이 네 하나님이 너를 기뻐하시리라"고 말한다. 그것은 이들 비유의 이미지와 정확히 일치한다. 그것은 억제할 수 없는 기쁨이자 순전한 행복이며 더 할 나위 없는 축하이다. 이것은 하나님께서 한 영혼의 구원을 어떻게 보고 계신지를 보여 주는 것이다.

두 아들

누가복음 15장의 비유 가운데 가장 의미심장한 비유는 11절에서 시작해서 2절까지 이어진다. 이 탕자 이야기는 가장 친숙한 비유 가운데 하나일 것

제 14 장 잃은 자와 찾은 자

이다.

> 어떤 사람이 두 아들이 있는데 그 둘째가 아비에게 말하되 아버지여 재산 중에서 내게 돌아올 분깃을 내게 주소서 하는지라 아비가 그 살림을 각각 나눠 주었더니 그 후 며칠이 못되어 둘째 아들이 재물을 다 모아 가지고 먼 나라에 가 거기서 허랑방탕하여 그 재산을 허비하더니 다 없이한 후 그 나라에 크게 흉년이 들어 저가 비로소 궁핍한지라 가서 그 나라 백성 중 하나에게 붙어사니 그가 저를 들로 보내어 돼지를 치게 하였는데 저가 돼지 먹는 쥐엄 열매로 배를 채우고자 하되 주는 자가 없는지라 이에 스스로 돌이켜 가로되 내 아버지에게는 양식이 풍족한 품꾼이 얼마나 많은고 나는 여기서 주려 죽는구나 내가 일어나 아버지께 가서 이르기를 아버지여 내가 하늘과 아버지께 죄를 얻었사오니 지금부터는 아버지의 아들이라 일컬음을 감당치 못하겠나이다 나를 품꾼의 하나로 보소서 하리라 하고 이에 일어나서 아버지께 돌아가니라 아직도 상거(相距)가 먼데 아버지가 저를 보고 측은히 여겨 달려가 목을 안고 입을 맞추니 아들이 가로되 아버지여 내가 하늘과 아버지께 죄를 얻었사오니 지금부터는 아버지의 아들이라 일컬음을 감당치 못하겠나이다 하나 아버지는 종들에게 이르되 제일 좋은 옷을 내어다가 입히고 손에 가락지를 끼우고 발에 신을 신기라 그리고 살진 송아지를 끌어다가 잡으라 우리가 먹고 즐기자 이 내 아들은 죽었다가 다시 살아났으며 내가 잃었다가 다시 얻었노라 하니 저희가 즐거워하더라

이 비유는 앞의 두 비유보다 훨씬 더 상세하게 전개되고 있지만, 그 논지는 완전히 똑같다. 사랑이 풍부한 아버지가 한 때 잃어버렸던 아들이 집으로 돌아오는 것을 보고 기뻐한다.

이 비유의 전반부는 둘째 아들의 비열한 행동에 초점을 맞추고 있다. 유대 문화에서 아들이 아버지에게 미리 유산을 요구하는 것은 들어볼 수 없는 행위이다. 심지어 요즘의 우리 문화에서조차 이런 행위는 무례한 일로 여겨질 것이다. 왜냐하면 이 아들이 즉석에서 자기에게 돌아올 유산을 요구한 것은 자기 아버지가 죽었으면 좋겠다고 말하는 것과 같은 말이었기 때문이다. 그러나 놀랍게도 그의 아버지는, 이 요구를 거절하고서 자식에게 벌을 내리는 것이 아니라 너그럽게 두 아들 모두에게 가산 가운데 그들의 몫을 나누어 주었다(12절). 이 사람은 사랑이 많은 아버지였다. 아들의 요구 때문에 분명히 마음이 상했을 터이지만 아들의 요구를 그대로 들어 주었다. 그러나 분명히 아버지의 마음 속에는 충동적인 아들이 재산을 모두 탕진하지나 않을까 하는 염려가 있었을 것이다.

그리고 그 염려는 과연 현실로 나타났다. 아들은 먼 나라로 가서 허랑방탕한 생활로 재산을 탕진한 후 몹시 곤궁해지자 살기 위해 돼지를 치는 자가 되고 말았다. 그러나 그것은 목숨을 잇기에도 충분치 못했다. 그는 몹시 굶주린 나머지 돼지가 먹는 쥐엄 열매라도 먹으려고 했다. 아버지의 집을 멀리 떠나 굶어 죽을 지경에 이르러 돼지 먹이를 먹는 데까지 전락하자 그는 마침내 제정신이 들었다.

궁극적으로 아들이 정신차리는 계기가 된 것이 자신의 곤경에 대한 슬픔이었다는 사실은 주목할 가치가 있다. 슬픔 그 자체는 회개가 아니지만, 슬픔은 깊은 회개로 우리를 인도한다(고후 7:9-10). 그는 자신의 궁핍을 자각하기 시작했다. 그리고나서 스스로 잘못했음을 인정했다. 그는 육신적인 아버지를 거스렸다는 것을 깨닫는 데서 더 나아가 자신이 하늘에 계신 아버지의 법도까지 범했음을 깨닫고 하나님 앞에서 솔직히 자신의 죄를 시인했다(18절). 그는 용서를 구하고 뒤따르는 책임을 감수하기로 결심했다. 그는 회개할 일을 주의 깊게 생각하면서 자신이 집으로 돌아갔을 때 무어라 말해야 할지를 미리 마음에 새긴다. 그는 하나님과 아버지께 죄를 지었음을 고백하고 아버지께 자신을 품꾼의 하나로 삼아 줄 것을 부탁하리라고 결심했다. (19절)

이것은 구원에 이르는 믿음의 본질을 완벽하게 보여 주는 한 예증이다. 이 젊은이의 무조건적 순종, 절대적인 겸손, 그리고 아버지가 무엇을 요구하든지 기꺼이 따르겠다는 분명한 태도에 주목할 필요가 있다. 미리 유산을 요구하던 방탕한 자가 이제는 종의 신분이 되어 아버지를 기꺼이 섬기려고 하는 것이다. 그는 완전히 딴 사람이 되었다. 그의 태도에서 드러나는 것은 무조건적인 순종, 즉 자아에 대한 완전한 포기와 아버지에 대한 절대적인 복종이다. 이것은 바로 구원에 이르는 믿음의 본질이다.

아버지께 돌아가기로 결심하고나서 그는 자신의 결심을 실행에 옮겼다(20절). 어떤 일을 하겠다고 말만 하고 실행하지 않는 사람들(마 21:28-32)과는 달리 탕자는 일어나서 아버지께로 돌아갔다. 그의 회개는 완전하고 전적인 돌이킴이었다. 그는 심령이 가난하게 되었다. 그는 자신의 죄 때문에 애통했다. 그의 오만은 온유함과 겸손으로 바뀌었다. 그는 애초에 집을 떠났을 때와는 전혀 다른 젊은이가 되었다.

아들이 아직 집에서 멀리 떨어져 있었지만, 아버지는 그를 발견하고 달려와 그를 맞았다. 어떻게 아버지는 그렇게 빨리 그를 알아볼 수 있었을까? 아버지는 잃은 아들이 돌아오는가 보기 위해 멀리 살피면서 그를 기다리려고 나가 있었음에 틀림없다. 이것은 또한 잃은 자를 찾으시는 하늘에 계신 아버지의 모습이다. 죄인이 회개하고 하나님께로 돌아올 때 그는 하나님께서 벌써부터 그가 오기를 고대하시며 열정적으로 달려가 맞으신다는 사실을 배우게 된다. 그가 하나님께 가까이 나아가기도 전에 하나님께서 먼저 포옹하시려고 나오시는 것을 알게 된다.

이 젊은 탕자는 아버지가 그를 종으로 삼아 주기를 원한다고 말할 기회를 얻지 못했다. 그가 미리 준비했던 말을 다 마치기도 전에; 아버지는 종들을 보내 그에게 옷을 입히고 가락지를 끼우게 했다. 그릇 나간 아들을 벌하는 대신 아버지는 그의 귀환을 축하하는 연회를 명했다! 그는 벌써 아들의 어리석은 행동을 잊었다. 이제 중요한 것은 탕진해 버린 재산이나 허랑방탕한 생활로 낭비해 버린 삶이 아니라 자신의 잃었던 아들을 도로 찾은 것이었다!

이 세 비유 속에는 공통된 주제로서 찾는 자가 나온다. 그는 잃어버린 것을 찾다가 그것을 찾고서 기뻐한다. 각각의 경우에서 찾는 자는 하나님이시며, 그분은 죄인들이 구원받을 때 매우 기뻐하신다.

그러나 시기심 많은 형이 등장하면서 탕자의 이야기는 추한 방향으로 전환된다.(눅 15:25-32)

맏아들은 밭에 있다가 돌아와 집에 가까왔을 때에 풍류와 춤추는 소리를 듣고 한 종을 불러 이 무슨 일인가 물은대 대답하되 당신의 동생이 돌아왔으매 당신의 아버지가 그의 건강한 몸을 다시 맞아들이게 됨을 인하여 살진 송아지를 잡았나이다 하니 저가 노하여 들어가기를 즐겨 아니하거늘 아버지가 나와서 권한대 아버지께 대답하여 가로되 내가 여러 해 아버지를 섬겨 명을 어김이 없거늘 내게는 염소 새끼라도 주어 나와 내 벗으로 즐기게 하신 일이 없더니 아버지의 살림을 창기와 함께 먹어 버린 이 아들이 돌아오매 이를 위하여 살진 송아지를 잡으셨나이다 아버지가 이르되 애 너는 항상 나와 함께 있으니 내 것이 다 네 것이로되 이 네 동생은 죽었다가 살았으며 내가 잃었다가 얻었기로 우리가 즐거워하고 기뻐하는 것이 마땅하다 하니라

맏아들도 또한 자기 몫의 유산을 받았다는 사실을 기억하라(12절). 그는 그것을 탕진하는 대신 집에 머물면서 아버지를 모셨다. 사실 그는 탕자가 돌아왔을 때에도 밭에 나가 일하고 있었다. 그는 풍류와 웃음 소리를 듣게 되자 한 종을 불러 그 까닭을 물었다. 이 아들은 아버지가 그릇 나간 동생이 집으로 돌아온 것을 환영한다는 사실을 알고 분노했다. 시기심으로 가득한 아들은 죄인과 함께 식사하고픈 마음이 없었으므로 안으로 들어가려고도 하지 않았다. 그에게는 아버지와 같은 측은히 여기는 마음이 전혀 없었다. 그

는 바리새인처럼 행동하고 있었다.

이 아들의 행위는 아우의 방탕함보다는 사회적으로 더 인정받을 만해 보인다. 그러나 그것은 단지 잔인한 것일 뿐이다. 맏아들은 아버지를 진정으로 사랑하지 않았거나 혹은 아버지의 기쁨을 함께 나누려고 하지 않았다. 그 모든 해 동안 아버지를 모신 것은 시늉만 한 것이었다. 그는 의무감에서 모신 것이다. 그의 주된 관심사는 자기 몫으로 무엇을 얻을 수 있는가였다(29절). 그는 자기 아버지의 심정을 전혀 이해하지 못했다.

그도 또한 잃어버린 아들이었다. 그리고 아버지는 그도 역시 찾았다. (28절)

주님은 항상 잃은 자들을 구원하시기 위해 찾으시지만 그들도 자신이 잃어버린 바 된 자임을 자각해야만 한다. 종종 가장 극악무도하고 반종교적이며 반항적인 죄인들이 종교적인 업적이나 자기 의에 몰두해 있는 사람들보다 자신들의 타락상을 더 빨리 인식하곤 한다. 바리새인과 같은 사람들은 죄인들 특히 흉악한 죄인들이 용서받는 것을 참을 수 없어 한다. 그들은 회개를 이해하지 못한다. 죄인이 자신의 죄를 고백할 때, 그들은 함께 기뻐하기는 커녕 도리어 배척한다. 그들은 자신들의 눈에 보이는 의를 자랑하지만, 마음 속에는 순종하려는 뜻이 없다.

이 비유의 둘째 아들은 자신의 죄를 자각하고 아버지의 슬픔을 느꼈으며 회개하고 스스로 겸비해져서 용서를 받고 아버지의 즐거움을 함께 누렸다. 맏아들은 냉혹하고 회개하지 않았으며 자신의 마음이 냉랭하게 죽어 있다는 사실을 깨닫지 못했다. 그는 아버지와 함께 기뻐할 권리를 잃어버렸다. 그는 아우와 마찬가지로 잃어버린 바 된 자였으나 그것을 알지 못했다.

하나님은 잃은 자들을 찾고 계신다. 자기 죄를 시인하고 죄로부터 돌이킨 사람들은 두 팔을 벌리고 그들에게 달려오시는 하나님을 발견할 것이다. 그분의 은혜를 받을 만큼 충분히 선하다고 생각하는 사람들은 연회로부터 쫓겨나서 사랑이 풍성하신 아버지의 영원한 기쁨을 함께 누릴 수 없을 것이다.

제 4 부

예수님이 복음에 붙이신 단서

제 15 장
회개로의 부르심

　우리는 지금까지 예수님이 개인들을 어떻게 다루셨으며, 제자들에게 진리를 가르치기 위해 말씀하셨던 비유들이 무슨 의미인가를 살펴보았다. 이제부터는 그분의 말씀에 담겨 있는 풍부한 교리적인 내용을 살펴보려 한다. 그분은 무리를 향해 말씀을 선포하셨다. 여기에서는 그분의 설교에 드러나 있는 주요 주제들을 살펴보고, 구주의 가르침과 오늘날 유행하는 복음을 비교, 검토해 보려 한다. 그 과정에서 예수님이 즐겨 사용하셨던 용어들을 좀 더 명확하게 인식할 수 있도록 시도할 것이다. 복음과 관련된 요즘의 대부분의 논쟁은 회개, 믿음, 제자도, 주(主)를 포함한 몇몇 핵심적인 용어들에 대한 정의(定義)와 관련이 깊다. 마지막 부분에 가서는 이 용어들을 면밀히 검토해 보고 예수님은 그 용어들을 어떤 의미로 쓰셨는지를 살펴볼 것이다.
　이 장(章)을 회개라는 용어로 시작하는 이유는 구주께서 이 문제를 가지고 사역을 처음 시작하셨기 때문이다. 마태복음 4:17에는 예수님의 공생애의 시작을 다음과 같이 기록하고 있다. "이 때 [세례 요한의 투옥] 부터 예수께서 비로소 전파하여 가라사대 '회개하라. 천국이 가까왔느니라' 하시더라." 나는 4장에서 이 첫 설교의 서두가 예수님의 전(全) 지상 사역의 주제를 특징 짓고 있다고 주장한 바 있다. 한걸음 더 나아가 우리는 그분이 죄인들을 불러 회개시키는 것이 당신이 오신 목적(눅 5:31)이라고 말씀하신 것을 살펴보았다. 회개는 그분의 모든 공중 설교에서 끊임없이 되풀이되었던 주제였다. 그분은 목이 곧은 군중들 앞에서 담대하게 선언하셨다. "너희도 만일 회개치 아니하면 다 이와같이 망하리라."(눅 13:3,5)

잃어버린 내용

이러한 용어가 나오는 복음을 마지막으로 들은 때는 언제인가? 20세기에는 회개를 촉구하는 복음 설교가 별로 인기가 없다. 어떻게 해서 오늘날의 설교는 예수님이 전파하신 복음과 그토록 차이가 나게 되었을까? 일찍이 1937년 경에 아이언사이드(H.A. Ironside) 박사는 회개에 대한 성경적 교리가 그것을 복음 설교에서 배제해 버리려는 사람들에 의해서 점차 희박해져가고 있다고 기록했다. 그는 "회개의 교리는, 오늘날 다른 점에 있어서는 정통을 고수하고 있고 근본적으로 건전한 많은 단체들조차 잃어버린 내용이다" 하고 쓰고 있다.[1] 그는 "마치 옛날의 도덕률 폐기론자들처럼 회개가 은혜의 특권을 무효화하지 않을까 염려한 나머지 회개의 필요성마저 비난하고 있는 자칭 은혜의 전파자들"에 대해 언급했다.[2] 아이언 사이드 박사는 그 자신도 세대주의자였지만, 회개는 다른 시대를 위한 말씀이라고 주장하는 극단적인 세대주의자들의 가르침을 비난했다. 그는 "우리 주님이 '너희도 만일 회개치 아니하면 다 이와 같이 망하리라' 하고 엄숙하게 경고하셨던 교훈은 이 말씀이 처음 언급되었던 시대뿐 아니라 오늘날에도 똑같이 중요하다. 세대주의적인 구분이 하나님께서 인간을 다루시는 방식을 이해하고 해석하는데는 중요하지만, 이와 같은 진리를 바꿀 수는 없다"고 말했다.[3]

아이언사이드는 그 때 싹을 드러낸 안이한 신앙이 위험하다는 사실을 그 당시에 이미 깨닫고 있었다. 그는 "인간의 죄악됨이라는 심각한 사실과 맞대결하지 않으면서 '모든 곳에서 모든 사람을 회개로' 부르는 설교가 피상적인 회심자들을 낳았다. 그 결과 오늘날 거듭남의 증거가 전혀 없는 무수한 입심 좋은 신앙 고백자들이 생기게 되었다. 그들은 은혜로 구원을 받는다고 외치고 있지만, 실생활에서는 은혜를 전혀 나타내지 못한다. 그들은 오직 믿음으로만 의롭게 된다고 소리 높여 주장하지만, '행함이 없는 믿음은 죽은 믿음이라' 는 말씀을 기억하지 못하고 있다. 사람들 앞에서 행위로 의롭다 함을 인정받는 것을 하나님 앞에서 믿음으로 의롭다 함을 얻는 것과 정반대되는 것처럼 생각하여 그것을 무시해서는 안된다"고 말했다.[4]

그럼에도 불구하고 일부 세대주의자들은 구원받지 못한 사람들에게 회개를 설교하는 것은 복음 메시지의 정신과 내용에 위배된다는 견해를 계속 내놓고 있다. 체이퍼는 『조직신학』(Systematic Theology)에서 회개를 "유일한 요구 조건인 믿음 혹은 신앙에 너무 자주 잘못 덧붙여지는 인간의 의무 가운데 보편적인 것"의 하나로 꼽고 있다[5] 체이퍼는 **회개**라는 말이 요한복음에는 나오지 않으며, 로마서에서도 단지 한 번만 쓰였을 뿐이라고 주장했다. 또한 그는 사도행전 16:31에서 바울이 빌립보 간수에게 회개하라고 말하지 않았다는 사실을 지적했다. 체이퍼는 이러한 침묵을 "신약 성경이 구원받지 못한 사람들에게 구원의 조건으로 회개를 강요하지 않는다는 사실을 압도적으로 많은 사례들을 통해 분명히 보여 주고 있는 반박할 수 없는 증거"라고 보았다.[6]

버려진 회개

오늘날에도 그와 같은 관념들을 계속해서 퍼뜨리는 사람들이 있다. 『라이리 스터디 바이블』(The Ryrie Study Bible)에는 "(회개가) 믿음과 같은 말로 이해되지 않고, 구원의 조건이 될 경우에는 믿음에 붙어 있는 거짓된 군더더기"일 뿐이라고 하는 교리의 개요가 실려 있다.[7] 또 다른 영향력 있는 교사는 본질적으로 이와 똑같은 논리를 펴면서 다음과 같이 주장했다. "성경은 구원을 위해서 회개가 필요하다고 말한다. 그러나 회개는 죄로부터의 돌이킴이나 행위의 변화를 의미하지 않는다.…… 성경적인 회개는 하나님, 그리스도, 죽은 행위 또는 죄 등에 대한 마음 혹은 태도의 변화를 의미한다."[8] 심지어 신학교 교수까지도 "회개는 마음의 변화를 의미하는 것이지 삶의 변화를 의미하는 것은 아니다"라고 썼다.[9]

그리하여 이런 사람들과 저자들은 도덕적 책임을 회피하는 방식으로 회개를 재정의했다. 그들은 회개를 단순히 그리스도가 누구신가에 대해 생각을 바꾸는 정도로 간주했다.[10] 이런 회개는 죄로부터의 돌이킴이나 자아를 부인하는 것과는 아무런 상관이 없다. 여기에는 개인적인 죄에 대한 의식이나 하나님께 복종하려는 생각 또는 참된 의에 대한 열망이 전혀 없다.

그것은 예수님이 전파하셨던 회개와는 전혀 다르다. 우리가 계속해서 살펴본 대로, 예수님이 전하신 복음에는 믿음에 대한 설교만큼이나 죄를 버리라는 요구가 많다. 구주의 첫 메시지로부터 마지막 메시지에 이르기까지 그분의 주제는 죄인을 불러 회개시키는 것이었다. 그리고 이것은 그들이 예수님이 누구신가를 새롭게 인식하는 것뿐만 아니라 죄와 자아로부터 돌이켜 그분을 따르는 것도 의미하는 것이다. 그분이 우리들에게 전파하라고 명하신 말씀은 "죄사함을 얻게 하는 회개"(눅 24:47), 바로 이것이다.[11]

회개란 무엇인가?

회개는 구원에 이르는 믿음의 필수적인 요소[12]이므로 이것을 단순히 믿음을 표시하는 또다른 말로 평가 절하해서는 안된다. 헬라어로 '회개'는 *metanoia*인데, 이는 '이후'라는 뜻의 *meta*와 '이해하는 것'을 의미하는 *noeo*에서 왔다. 그것의 문자적 의미는 '다시 생각함' 혹은 '생각의 변화'를 뜻하지만, 성경의 의미는 그것으로 그치지 않는다.[13] 신약 성경에서 *metanoia*가 사용될 때는 **언제나** 목표의 변화 그리고 특히 죄로부터의 돌이킴을 의미한다.[14] 예수님이 회개라는 말을 사용하셨을 때, 그것은 구원받기 위해 옛 생활을 청산하고 하나님께로 돌이키는 것을 뜻한다.[15]

이러한 목표의 변화는 바울이 데살로니가 교인들의 회개를 묘사할 때 염두에 두었던 점이다. "너희가 우상을 버리고 하나님께로 돌아와서 사시고 참되신 하나님을 섬기며"(살전 1:9). 회개의 세 가지 요소인 '하나님께로 돌이킴', '죄로부터의 돌이킴', '하나님을 섬기려는 의지'를 주목해 보라. 마음의 변화가 이 세 가지를 모두 포함하지 않는다면 참된 회개라고 볼 수 없다. 단순하지만 너무도 자주 간과되고 있는 사실은 참된 마음의 변화는 반드시 행위의 변화로 귀결된다는 것이다.

참된 회개에는 언제나 양심의 가책이라는 요소가 포함되기 마련이지만, 회개가 단순히 죄에 대한 부끄러움이나 슬픔만을 뜻하는 것은 아니다.[16] 그것은 인간 의지의 전환, 즉 모든 불의를 버리고 그 대신 의를 추구하고자 하는 분명한 결단을 뜻한다.

회개는 또한 단지 인간의 행위만은 아니다. 그것은 구속의 모든 요소가 그러하듯이 하나님께서 주권적으로 베푸시는 선물이다. 고넬료의 회심이 참된 것임을 깨달은 초대 교회는 "그러면 하나님께서 이방인에게도 생명 얻는 회개를 주셨도다"(행 11:18 ; 행 5:31 참조)하고 결론 지었다. 바울은 디모데에게 진리를 거역하는 자들을 온유함으로 징계하라고 말하면서 "혹 하나님이 저희에게 회개함을 주사 진리를 알게 하실까" 한다고 쓰고 있다(딤후 2:25). 하나님께서 회개함을 주시는 분이라면, 회개는 인간의 행위로 간주될 수 없다.

무엇보다도 회개는 구원에 앞서 자신의 삶을 바로잡아 보려는 시도가 아님을 알아야 한다. 회개로의 부르심은 믿음으로 그리스도께 돌이키기 전에 죄를 청산하라는 명령이 아니다. 오히려 그것은 자신의 불의함을 깨닫고 그것을 미워하며, 그것에 등을 돌리고 그리스도께 달려가 전심으로 그분을 받아들이라는 명령이다. 패커(J. I. Packer)가 기록한 대로 "그리스도께서 당신의 백성들에게 요구하시는 회개는 그분이 그들의 삶에 요구하시는 것에 어떤 한계를 그으려는 것을 단호히 거부하는 것"이다.[17]

회개는 또한 단지 정신적인 활동만은 아니다. 참된 회개는 지정의를 다 포함한다.[18] 게할더스 보스(Geerhardus Vos)는 기록하기를, "우리 주님이 지니셨던 회개에 대한 개념은 의(義)에 대한 개념만큼이나 심오하고도 포괄적이다. 헬라어 복음서에서 회개의 과정을 서술하는 데 사용된 세 용어 가운데 첫 번째가 마태복음 21:29-32에 나오는 *metamelomai*인데, 이것은 지나온 생의 악한 행로를 통회하고 슬퍼하는 감정적인 요소를 강조하는 어휘이다. 두 번째는 마태복음 12:42 ; 누가복음 11:32 ; 15:7, 10에 나오는 *metanoeo*인데, 이는 정신적인 태도를 완전히 바꾸는 것을 뜻한다. 세 번째는 생의 방향을 바꾸는 것, 곧 삶의 목표를 다른 것으로 바꾸는 것인데, 마태복음 13:15과 그 병행구들 및 누가복음 17:4 ; 22:32에 나오는 *epistrephomai*이다. 회개는 마음의 어떤 한 가지 기능으로만 제한된 것이 아니다. 그것은 지정의, 즉 인격 전체를 포괄하는 개념이다. 또한 회개에 뒤이어 오는 새로운 삶에서는 하나님의 절대 주권이 지배적인 원칙이 된다. 회개한 사람은 재물과 자아를 섬기던 데에서 돌이켜 하나님을 섬기게 된다"고 했다.[19]

지적인 측면에서 보면 회개는, 죄를 인식하고, 우리가 죄인인 것과 우리 죄가 거룩하신 하나님을 욕되게 한다는 사실과 더 엄밀히 말해서 우리 각 사람은 자신이 지은 죄에 대해 개인적인 책임이 있다는 사실을 깨닫는 데에서 시작된다. 구원에 이르는 회개는 또한 그리스도는 누구신가에 대한 인식과 아울러 그리스도께서 자신의 삶을 통치하실 권리가 있다는 사실에 대한 깨달음을 포함해야만 한다.

감정적인 측면에서 보면 진정한 회개에는 종종 견딜 수 없을 정도의 비탄스러운 심정이 수반된다. 이러한 슬픔은 본래 그 자체로는 회개가 아니다. 사람은 참된 회개를 하지 않고도 슬퍼하거나 부끄러워할 수 있다. 유다가 그 한 예인데, 그는 양심의 가책을 느꼈지만(마 27:3) 회개하지는 않았다. 젊은 부자 관원은 근심하고 떠나갔으나(마 19:22) 회개하지는 않았다. 그런 예가 있긴 하지만 근심이 진정한 회개로 이어질 수도 있다. 고린도후서 7:10에는 "하나님의 뜻대로 하는 근심은 후회할 것이 없는 구원에 이르게 하는 회개를 이루는 것"이라고 말하고 있다. 통회하는 심정이 조금도 없는 참 회개를 상상하기란 어려운 일이다. 하지만 그것은 이유 없이 갑작스레 북받쳐 오르는 감정이나 되어 가는 형편 때문에 밀려오는 슬픔이 아니라 하나님을 거역한 사실로 인해 겪게 되는 고통의 심정이다. 구약 성경에서 회개는 종종 비탄의 상징인 베옷을 입고 재에 앉는 것으로 나타났다.(욥 42:6 ; 욘 3:5-6 참조)

의지적인 측면에서 보면 회개는 방향 전환, 곧 의지의 변화를 포함한다. 그것은 단지 생각의 변화만을 의미하는 것이 결코 아니며, 완고한 불순종을 버리고 기꺼이 자신의 의지를 그리스도께 복종시키겠다는 의향, 더 엄밀히 말해서 그런 결심을 내포하는 것이다. 그러므로 참된 회개는 반드시 행동의 변화로 귀결된다. 행동의 변화 그 자체가 회개는 아니다. 그러나 그것은 회개가 반드시 내어 놓는 열매이다. 행위에 있어서 주목할 만한 변화가 드러나

지 않는 경우는 회개했다고 확신할 수 없다.(마 3:8 ; 요일 2:3-6 ; 3:17 참조)

진정한 회개는 인간의 모든 특성을 바꾼다. 로이드 존즈(D. Martyn Lloyd Jones)는 다음과 같이 말했다. "회개는 여러분이 하나님 앞에서 더럽고 추악한 죄인이며, 하나님의 진노와 형벌을 받아 마땅한 자이고, 지옥에 가야 할 존재라는 것을 깨닫는 것입니다. 그것은 죄라고 이름하는 것들이 여러분 속에 도사리고 있음을 깨닫기 시작하고, 그것을 제거하기를 갈망하면서, 어떤 형태로든 그것에 등을 돌리려 하는 것을 의미합니다. 여러분은 어떤 대가를 치르더라도 세상-행습뿐 아니라 그것의 정신과 관점까지도-을 포기합니다. 여러분은 자기를 부인하고, 자기 십자가를 지고, 그리스도를 따릅니다. 여러분의 가장 가까운 사람들과 가장 사랑하는 사람들 그리고 세상 모든 사람들이 여러분을 바보라고 손가락질하거나 광신자라고 욕할지도 모릅니다. 여러분은 재정적인 어려움까지 당하게 될지 모릅니다만 그런 것은 조금도 중요하지 않습니다. 바로 이것이 회개입니다."[20]

회개는 일회적인 행위가 아니다. 회심했을 당시의 회개는 평생에 걸쳐 점진적으로 진행되는 신앙 고백의 시작일 뿐이다(요일 1:9). 활발하고 지속적인 회개의 태도는 예수님이 말씀하신 팔복(八福) 가운데서 심령의 가난함, 애통함, 온유함을 낳는다(마 5:3-6). 이것이 참 그리스도인의 표지(標識)이다.

회개의 열매

예수님이 "회개하라. 천국이 가까왔느니라"(마 4:17)고 전파하셨을 때, 그분의 말씀을 들었던 사람들은 그 메시지를 바로 이해했다. 구약 성경의 풍부한 유산과 랍비들의 가르침이 있었기 때문에, 그분의 말씀을 들었던 사람들은 회개의 의미를 혼동하지 않았을 것이다. 그들은 그분이 단순한 마음의 변화나 그분의 존재에 대한 새로운 인식보다 훨씬 뛰어 넘는 그 이상의 것을 요구하신다는 사실을 알았다. 그들에게 있어서 회개는 의지의 완전한 굴복과 필연적인 행동의 변화-단지 변화된 견해가 아닌 전혀 새로운 생활 양식을 의미했다. 그들은 그분이 그들에게 자신의 죄를 인정하고 죄로부터 돌이키며, 마음을 바꾸고 태도를 바꾸며, 죄와 이기심을 버리고 대신 그분을 따를 것을 요구하고 계심을 깨달았다.

결론적으로, 회개에 대한 유대인의 개념은 충분히 발달되어 있었다. 랍비들은 이사야 1:16-17이 회개와 관련된 아홉 가지 행위들을 묘사하고 있다고 생각했다. "너희는 스스로 씻으며 스스로 깨끗케 하여 내 목전에서 너희 악업을 버리며 악행을 그치고 선행을 배우며 공의를 구하며 학대받는 자를 도와 주며 고아를 위하여 신원(伸寃)하며 과부를 위하여 변호하라." 이것의 진행 과정을 주의 깊게 살펴보면, 우선 내면을 정결케 한 후에 태도와 행위로써 회개가 명백히 드러남을 알 수 있다.

구약 성경은 회개에 대한 진리로 가득하다. 예를 들어, 에스겔 33:18-19에는 다음과 같은 말씀이 있다. "만일 의인이 돌이켜 그 의에서 떠나 죄악을 지으면 그가 그 가운데서 죽을 것이고, 만일 악인이 돌이켜 그 악에서 떠나 법과 의대로 행하면 그가 그로 인하여 살리라." 역대하 7:14에도 회개에 대한 이와 비슷한 교훈이 있다. "내 이름으로 일컫는 내 백성이 그 악한 길에서 떠나 스스로 겸비하고 기도하여 내 얼굴을 구하면, 내가 하늘에서 듣고 그 죄를 사하고 그 땅을 고칠지라." 이사야 55:6-7은 구약 성경에서 구원으로의 초대를 기록한 구절인데, 회개가 핵심 요소이다. "너희는 여호와를 만날 만한 때에 찾으라. 가까이 계실 때에 그를 부르라. 악인은 그 길을 불의한 자는 그 생각을 버리고 여호와께로 돌아오라. 그리하면 그가 긍휼히 여기시리라 우리 하나님께로 나아오라 그리하면 그가 널리 용서하시리라." 요나서 3:10은 이렇게 기록하고 있다. "하나님이 그들의 행한 것 곧 그 악한 길에서 돌이켜 떠난 것을 감찰하시고 뜻을 돌이키사 그들에게 내리리라 말씀하신 재앙을 내리지 아니하시니라."

요나서의 구절들을 주의 깊게 살펴보자. 하나님은 무엇을 가지고 니느웨 사람들의 회개를 평가하셨는가? 그들의 **행위**였다. 그분이 그들의 생각을 아셨기 때문이거나 그들의 기도를 들으셨기 때문이 아니었다. 물론 전지(全知)하신 하나님은 틀림없이 그들의 생각을 아시고 그들의 기도를 들으시고 그들의 회개가 진실하다는 것을 아셨을 것이다. 하지만 그분은 의로운 행실을 기대하셨다.

세례 요한도 또한 회개의 증거로서 선한 행실을 보이라고 요구했다. 그는 예수님이 사역을 시작하시기 전에 이미 회개의 메시지를 전파했다(마 3:1-2 참조). 성경은 종교적 위선자들이 세례를 받으려고 요한에게 왔을 때 "요한이 그들에게 이르되 '독사의 자식들아, 누가 너희를 가르쳐 임박한 진노를 피하라' 하더냐. 그러므로 회개에 합당한 열매를 맺으라"(마 3:7-8)고 했다고 기록하고 있다. 얼마나 놀라운 인사말인가! 이것은 "신사 숙녀 여러분, 여기에 우리의 존경하는 지도자들을 소개합니다"라고 말하는 것과는 너무나 큰 차이가 있다. 우리는 그들이 왜 세례를 받으러 왔는지 알 수 없다. 그러나 분명 그들의 동기는 불순한 것이었다. 아마도 그들은 백성들에게 호감을 사거나 요한의 인기에 편승해 보려 했을 것이다. 그들의 속셈이 무엇이었든지간에 그들은 진정으로 회개하지 않았고 그래서 요한은 그들의 제의를 거절했다. 오히려 그는 그들을 종교적 위선자라고 책망했다.

왜 요한은 그토록 혹독했을까? 그 이유는 이런 위선자들이 자신들의 치명적인 속임으로 그 나라 전체를 해쳤기 때문이다. 그들의 행위 가운데 아무 것도 그들이 참으로 회개했다는 사실을 보여 주지 못했다. 여기서 얻을 수 있는 중대한 교훈은 만일 어떤 회개가 참된 것이라면, 우리는 그 회개가 눈에 보이는 결과를 내어 놓기를 기대할 수 있다는 점이다.

회개의 열매는 무엇인가? 이것은 세리들이 세례 요한에게 물었던 질문이다(눅 3:10). 그의 대답은 "정해진 세금 외에는 더 받지 말라"는 것이었다(13절, 현대인의 성경). 똑같은 질문을 던진 군병들에게 그는 이렇게 대답했다. "남의 것을 강제로 빼앗거나 이유 없이 다른 사람을 고소하지 말고 자기가 받는 봉급을 만족하게 여겨라"(14절, 현대인의 성경). 다른 말로 하면, 삶의 방식에 있어서 참된 변화가 있어야만 한다는 것이다. 참으로 회개한 사람은 악한 행실을 멈추고 의롭게 살기 시작할 것이다. 참된 회개는 마음과 태도의 변화와 함께 행위의 변화도 나타내기 시작한다.

사도 바울도 착한 행실을 회개의 증거로 여겼다. 아그립바 왕에게 자신의 사역을 설명한 부분을 살펴보라. "하늘에서 보이신 것을 내가 거스르지 아니하고……이방인에게까지 회개하고 하나님께로 돌아가서 **회개에 합당한 일을 행하라 선전하므로**"(행 26:19-20). 참된 신자는 의로운 행위를 통해 자신의 회개를 나타낼 것이라는 점이 바울의 메시지의 핵심 요소였다.[21]

복음과 회개

회개는 항상 구원에 이르는 성경적 부르심의 기초이다. 교회 역사상 첫 공식 복음 전도였던 오순절날 베드로의 복음 설교에서도 회개가 핵심이었다. "너희가 회개하여 각각 예수 그리스도의 이름으로 세례를 받고 죄 사함을 얻으라"(행 2:38). 회개의 메시지를 빠뜨린 복음 전도는 바른 의미의 복음이라고 말할 수 없다. 왜냐하면 죄인들은 마음, 정신 그리고 의지의 근본적인 변화가 없이는 예수 그리스도께 나아올 수 없기 때문이다. 그것은 완전한 변화와 마침내 전포괄적인 변화로 이어지는 영적인 전환점을 요구한다. 이것이 성경이 알고 있는 회심의 유일한 모습이다.[22]

마태복음 21:28-31에는 예수님이 회개가 없는 신앙 고백이 위선적인 것임을 가르치시려고 말씀하셨던 비유가 있다. "그러나 너희 생각에는 어떠하뇨. 한 사람이 두 아들이 있는데 맏아들에게 가서 이르되 '얘, 오늘 포도원에 가서 일하라' 하니 대답하여 가로되 '아버지여, 가겠소이다' 하더니 가지 아니하고 둘째 아들에게 가서 또 이같이 말하니 대답하여 가로되 '싫소이다' 하더니 그 후에 뉘우치고 갔으니 그 둘 중에 누가 아비의 뜻대로 하였느뇨."

사람들은 왜 이 이야기에 "제가 가겠습니다" 하고 대답하고 그 말대로 한 셋째 아들이 나오지 않는지 궁금해 할지 모른다. 아마도 그 이유는 이 이야기가 인간의 됨됨이를 그대로 나타내기 때문일 것이다. 다시 말해서, 우리는 모두 목표 지점에 이르지 못한 것이다(롬 3:23 참조). 그러므로 예수님은 단지 두 부류의 종교적 인간상 - 순종하는 체했지만 실제로는 반역한 인간과 처음에는 반항했다가 나중에 회개한 인간 - 만을 제시하실 수밖에 없었던 것이다.

예수님은 스스로를 죄인이나 불순종한 자로 여기지 않았던 바리새인들 때문에 이 비유를 드셨다. 그분이 그들에게 어느 아들이 아비의 뜻대로 했는가를 물었을 때, 그들은 "둘째 아들이니이다" 하고 바르게 대답했다(마 21:31). 이 사실을 인정한 순간, 그들은 자신들의 위선을 정죄한 꼴이 되었다. 예수님의 책망은 통렬하게 그들을 찔렀음에 틀림없다. "내가 진실로 너희에게 이르노니 세리들과 창기들이 너희보다 먼저 하나님의 나라에 들어가리라"(31절). 바리새인들은 자신들이 훌륭한 종교적 모습을 지니고 있으므로 하나님께서 인정해 주실 것이라는 착각에 사로잡혀 있었다. 문제는 그것이 단지 모양뿐이었다는 데 있었다. 그들은 순종하겠다고 말해 놓고 행치 않은 아들과 같았다. 하나님을 사랑했고 율법을 지켰다는 그들의 주장은 아무런 가치도 없었다. 오늘날 예수님을 믿는다고 하면서도 그분께 순종치 않는 많은 사람들은 바리새인과 똑같은 사람들이다. 그들의 신앙 고백은 의미가 없다. 회개하지 않는다면, 그들은 망할 것이다.

세리들과 창기들이 천국에 들어가기가 바리새인들보다 더 쉽다. 왜냐하면 그들은 자신의 죄를 깨닫고 그 죄를 회개할 가능성이 많기 때문이다. 가장 흉악한 죄인일지라도 그가 회개하기만 한다면 천국에서 내쫓기지 않을 것이다. 반대로 가장 훌륭한 바리새인일지라도 자신의 죄를 숨기고 그것을 인정하거나 회개하지 않는다면 천국에서 내쫓길 것이다. 죄를 단념하는 회개가 없이는 구원도 없다.

오늘날 많은 사람들이 그리스도의 진리를 듣고는 즉시 순종하겠다고 말해 놓고 행치 않았던 맏아들처럼 반응하고 있다. 예수님께 대한 그들의 긍정적인 반응이 그들을 구원하는 것은 아니다. 그들의 삶의 열매가 그들이 참으로 회개하지 않았음을 보여 준다. 그러나 죄와 불신앙과 불순종으로부터 등을 돌리고 순종하는 믿음으로 그리스도를 맞아들이는 사람도 있다. 그들의 회개는 참된 회개이다. 참된 회개는 그것이 내어 놓는 의로운 행실로 입증된다. 그들이 참된 의인이다(벧전 4:18). 그리고 이것이 예수님이 말씀하신 복음의 궁극적인 목표이다.

◆ 주(註) ◆

1) H. A. Ironside, *Except Ye Repent* (Grand Rapid: Zondervan, 1937), p.7.

2) 앞의 책, p.11.

3) 앞의 책, p.10.

4) 앞의 책, p.11.

5) Lewis Sperry Chafer, *Systematic Theology* (Dallas:Dallas Seminary, 1948), 3:372.

6) 앞의 책, p.376. 이것이 바로 체이퍼가 "교리적으로 하자면······ 전문 용어로 하자면 이렇게 선언할 수 있다. 즉 구원에 있어서 회개는 필수 불가결하며, 회개 없이는 아무도 구원 받을 수 없다"(p.373)고 단언하면서 시작한 대목의 정교한 결론이다. 체이퍼의 명백한 자기 모순은 그가 회개를 정의한 데서 드러나는데, 그는 회개를 단순히 생각의 전환 (p.372), 불신으로부터 믿음으로의 전환으로 보았다. 그는 구원이라는 맥락에서 볼 때, 회개는 "믿음이라는 말의 동의어"에 지나지 않는다고 주장했다. 그러므로 체이퍼의 체계로 보자면, 사람들에게 그리스도를 믿으라고 말하는 것이나 회개를 전파하는 것이나 매한가지인 것이다. 어떤 사람은 체이퍼가 복음 제시에서 회개라는 말을 삭제하고 싶어 했으며, 그렇게 함으로써 회개를 단순한 믿음 그 이상의 것으로 알고 있는 사람들의 마음 속에 "은혜의 영광"에 대해 혼란을 불러일으키는 위험을 피하고자 했다고 결론지었다. (p.378)

7) Charles C. Ryrie, *The Ryrie Study Bible* (Chicago:Moody, 1976), p.1950.

8) G. Michael Cocoris, *Lordship Salvation-Is It Biblical?* (Dallas: Redencion Viva, 1983), p.12.

9) Thomas L. Constable, "The Gospel Message" *Walvoord:A Tribute* (Chicago:Moody, 1982), p.207.

10) Charles C. Ryrie, *Balancing the Christian Life* (Chicago: Moody, 1969), p.176.

11) 우리 주님의 대위임령을 누가가 이렇게 기록한 것을 주목해야 한다. 누가는 사복음서의 기자 가운데 예수님이 제자들에게 전파하라고 위임하신 메시지의 내용에 대해 기록한 유일한 인물이다.

12) 벌코프(Berkhof)는 이렇게 썼다. "참된 회개는 결코 믿음과 관련되지 않은 채 홀로 존재하지 않으며, 다른 한 편으로, 참된 믿음이 있

제 15 장 회개로의 부르심 237

는 곳에는 또한 참된 회개가 있다……이 둘은 분리될 수 없다. 왜냐하면 이 둘은 순전히 같은 과정의 상호 보완적인 측면이기 때문이다." Louis Berkhof, *Systematic Theology* (Grand Rapids: Eerdmans, 1939), p.487.

13) "회개를 생각의 변화로 여기는, 주로 지적인 측면에서의 이해는 신약 성경을 이해하는 데 거의 역할을 하지 못한다. 오히려 돌이키고자 하는 전인(全人)의 결정이 강조된다. 우리는 겉으로만의 돌이킴이나 단순히 지적인 차원에서 생각을 바꾸는 것에는 관심이 없는 것이 분명하다." J. Goetzman, "Conversion" Colin Brown,gen.ed., *New International Dictionary of New Testament Theology* (Grand Rapids:Zondervan, 1967),1:358.

14) W.E.Vine, *Vine's Expository Dictionary of Old and New Testament Words* (Old Tappan,NJ:Revell,1981),3:280.

15) "그것은 철저한 회심, 본성의 변화, 죄로부터의 결정적인 돌이킴, 전적인 순종 가운데 하나님께로 단호히 돌이키는 것을 요구한다(막 1:15 ; 마 4:17 ; 18:3)……이 회심은 한 번으로 전부를 변화시킨다. 뒤로 돌아갈 수 없으며, 오직 이제부터 주어진 길을 따라 책임질 수 있는 행동을 하면서 앞으로 나아가는 것이다. 그것은 전인(全人)에 영향을 끼치는데, 우선적으로 그리고 근본적으로 개인 삶의 중심에 영향을 끼치며, 그 다음에는 논리적으로 모든 시간과 모든 상황에서 그의 처신에, 그의 생각에, 말과 행동에 영향을 끼친다(마 12:33 이하 병행구 ; 23:26 ; 막 7:15 병행구). 예수님의 모든 선언은……하나님께로의 무조건적 돌이킴과 하나님을 거스르는 모든 것-영락없는 악뿐만 아니라 기정 사실로서 하나님께 전적으로 돌이키는 것을 불가능하게 하는 것까지를 포함하는-으로부터의 무조건적 돌이킴에 대한 선언이었다(마 5:29 이하, 44;6:19 이하;7:17이하 병행구;10:32-39 병행구;막 3:31 이하 병행구;눅 14:33, 참조 막 10:21 병행구)." J. Behm, "*Metanoia*" Gerhard Kittel, ed., *Theological Dictionary of the New Testament*(Grand Rapids: Eerdmans, 1967), 4:1002.

16) 테이어(Thayer)의 헬라어 사전에서는 회개를 정의하기를, "자신의 실수들과 잘못된 행실들을 혐오하기 시작하고 더 나은 생활을 하기로 결심하는 사람들의 생각의 변화이며, 따라서 회개는 죄에 대한 인식과 죄에 대한 슬픔과 분명한 마음의 변화를 포함하며, 회개의 증거와 결과는 선한 행실이다." 라고 했다. Joseph Henry Thayer, trans., *Greek-English Lexicon of New Testament*(Grand Rapid: Zondervan, 1962), p.406.

17) J. I. Packer, *Evangelism and the Sovereignty of God*

(Downers Grove, IL: Inter-Varsity, 1961), p.72.

18) Berkhof, p.486. 참조.

19) Geerhardus Vos, *The Kingdom of God and the Church* (Nutley, NJ: Presbyterian and Reformed, 1972), pp.92-93.

20) D. Martyn Lloyd-Jones, *Studies in the Sermon on the Mount* (Grand Rapids: Eerdmans, 1959), 2:248.

21) 부록 I 참조.

22) "예수님이 이해하신 바에 따르면 회심은……옛사람이 깨어지는 것 그 이상이다……회심은 하나님의 주인되심에 의해 좌우되는 사람의 모든 행실을 포함한다……'회심된다'는 것은 이미 시작된 하나님 나라가 인간에게 요구하는 모든 것을 포함한다." J. Behm, 4:1003.

제 16 장

믿음의 본질

큰 죄에 빠진 날 위해
주 보혈 흘려 주시고
또 나를 오라 하시니
주께로 거저 갑니다

샬럿 엘리어트(Charlotte Elliot)가 19세기에 쓴 이 시구는 역사상 어떤 다른 찬송가보다도 더 자주 복음 전도용으로 사용되었을 것이다. 이 가사가 담고 있는 사상은 영광스러운 성경 내용이다. 오직 믿음이라는 근거 위에서 죄인들은 있는 모습 그대로 그리스도께 나아올 수 있다. 그러면 그분은 그들을 구원할 것이다. 주님은 요한복음 3:16에서 놀라운 약속을 해 주셨다. "하나님이 세상을 이처럼 사랑하사 독생자를 주셨으니 이는 저를 **믿는 자마다** 멸망치 않고 영생을 얻게 하려 하심이니라". 요한복음 6:37에서도 예수님은 이렇게 말씀하셨다. "내게 오는 자는 내가 결코 내어쫓지 아니하리라."

오늘날 복음이 부패되어감에 따라 이러한 진리는 간교한 내용으로 곡해되어 왔다. 오늘날 죄인들은 그리스도께서 그들을 있는 모습 그대로 받으실 뿐 아니라 그들이 그런 상태대로 남아 있도록 허용하실 것이라는 말을 듣고 있다. 많은 사람들은 자신들이 그리스도께 나아가 사죄와 영생을 받고 나서는 자신들이 좋아하는 생활을 계속할 수 있고, 심지어 "하나님을 무시한 채

옛 본성을 좇아 살 수도 있다"고 잘못 믿고 있다.[1]

　몇 년 전 국제적인 기독 청년 단체의 지도자들이 내게 그들이 제작한 교육 영화를 검토해 달라고 요청해 온 적이 있다. 주제는 복음 전도였다. 이 영화는 젊은 사역자들이 믿지 않는 젊은이들에게 '그리스도께 순종해야 하며, 마음을 그분께 드려야 하고, 자신들의 삶을 맡겨야 하며, 자신들의 죄를 회개해야 하고, 그분의 주권에 복종해야 하며, 그분을 따라가야 한다'고 말해서는 안된다고 가르치고 있었다. 불신자들에게 이와 같은 일들을 해야만 한다고 말하는 것은 복음 메시지를 혼란시키는 행위라는 것이 이 영화의 주장이었다. 이 영화는 단지 예수님의 죽음에 대한 객관적인 사실(부활에 대해서는 언급이 없었다)과 믿어야 할 필요성만을 말해야 한다고 주장했다. 이 영화는 구원에 이르는 믿음이란 복음에 관한 사실들을 이해하고 받아들이는 것이라고 결론지었다.

　나는 어느 성경 협의회에 참가하여 한 유명 연사(演士)가 구원에 관한 메시지를 전하는 것을 들은 적이 있었다. 그는 불신자들에게 그리스도께 복종해야만 한다고 말하는 것은 행위를 전파하는 것과 같은 것이라고 주장했다. 그는 구원이란 그리스도에 관한 사실을 믿는 사람들이 (그분께 순종하든지 하지 않든지 상관 없이) 무조건적으로 받게 되는 영생의 선물이라고 정의했다. 그의 주된 논점 가운데 하나는 구원이 사람의 행위를 변화시킬 수도 있고 그렇지 않을 수도 있다는 것이었다. 그의 말에 따르면, 행동의 변화는 바람직한 것이기는 하지만, 생활에 아무런 변화가 생기지 않더라도 그가 복음의 사실들을 믿었다면 천국을 보장받을 수 있다는 것이다.

　수많은 사람들이 이런 말들에 힘입어 그리스도께 접근한다. 그분이 자신들의 죄를 들추어 내지 않을 것이라고 생각하면서 그들은 열렬히 반응한다. 그러나 하나님 앞에서 그들의 죄가 얼마나 심각한 것인지에 대해서는 전혀 깨닫지 못하며, 또한 죄의 굴레에서 벗어나려는 바람도 없다. 그들은 거짓 복음에 속은 것이다. 그들은 오직 믿음만이 그들을 구원할 것이라고 들었지만, 그러나 그들은 참된 믿음을 이해하지도 못하며, 가지고 있지도 않다. 그들이 의지하고 있는 '믿음'은 단지 일련의 사실들에 대한 지적인 동의일 뿐이다. 그것으로는 구원에 이르지 못한다.

죽은 믿음도 영생을 줄 수 있는가?

모든 믿음이 구원을 주는 것은 아니다. 야고보서 2:14-26을 보면, 행함이 없는 믿음은 죽은 믿음이고, 구원에 이를 수 없는 믿음이다.[2] 야고보는 귀신의 믿음과 다를 바 없는 거짓 믿음을 위선, 단순한 지적(知的) 동의, 입증할 만한 행위의 결여 등으로 설명했다. 분명히 구원에 이르는 믿음은 단순히 일련의 사실들에 동의하는 것 그 이상이다. 행위가 없는 믿음은 아무 소용이 없다.

그러나 오늘날의 일부 복음 전도는 믿음과 행위와의 어떠한 관련도 부정한다. 이러한 한계 때문에 그들은 사실상 어떤 신앙 고백도 참된 것으로 받아들이지 않을 수 없게 되었다.[3] 놀랍게도 어떤 저자는 죽은 믿음으로도 구원받을 수 **있다**고 믿고 있다.[4] 또 다른 사람은 야고보서 2:14-26이 무엇을 의미하든지간에 선한 행위가 참된 신앙의 본질적인 증거가 될 수는 없다고 주장한다.[5]

또 어떤 사람들은 아무 열매가 없는, 진리에 대한 이론적인 인식 정도에 지나지 않는 믿음은 전혀 효력이 없다고 인정하면서도, 믿음을 순종이나 헌신으로 정의하는 데는 주저한다.[6] 일반적으로 믿음과 헌신은 본질상 무관한 것으로 여겨지고 있는 것이 사실이다.[7]

마음에 일어나는 순간적인 결단, 복음의 사실들을 믿겠다는 결심, "단순히 하나님의 제안에 대해 반응하는 것" 등이 믿음에 대한 전형적인 개념이다.[8]

여기에 복음 전도에 대한 오늘날의 일반적인 접근 방식이 지니고 있는 허구가 있다. 복음이 제시될 때, 믿는다는 것이 무엇인가에 대해 완전히 부적절한 설명이 덧붙여지는 것이다. 믿음에 대한 현대의 정의에서는 회개를 삭제해 버렸고, 믿음의 도덕적 요소들을 제해 버렸으며, 죄인의 마음 속에서 일어나는 하나님의 역사를 무시해 버렸고, 또한 주님에 대한 지속적인 신뢰를 선택 사항으로 만들어 놓았다. 인간의 행위가 구원에 있어서는 설

자리가 없다는 진리를 옹호하기는 커녕, 오히려 현대의 안이한 신앙주의는 믿음 자체를 완전히 인간의 행위, 곧 지속될 수도 있고 그렇지 않을 수도 있는 나약하고 일시적인 속성을 지닌 행위로 변질시켜 버렸다.[9]

그러나 사람이 구원받는 순간에 믿음을 가지면 다시는 믿음을 가질 필요가 없다는 생각은 믿음에 대한 성경적인 관점이 아니다. 구원에 이르는 믿음의 계속적인 성격은 요한복음에 두루 사용된 헬라어 동사 *pisteuo*('믿는다')가 현재 시제로 사용됨으로써 강조되고 있다(3:15-18, 36 ; 5:24 ; 6:35, 40, 47 ; 7:38 ; 11:25-26 ; 12:44, 46 ; 20:31 ; 또한 행 10:43 ; 13:39 ; 롬 1:16 ; 3:22 ; 4:5 ; 9:33 ; 10:4, 10-11 참조). 믿는 것이 단 한 번의 결단이라면, 이 동사의 헬라어 시제가 부정과거(不定過去)가 되었어야 할 것이다.

디모데후서 2:12에서 바울은 이 문제에 대해 강력하게 말한다. "참으면 또한 함께 왕 노릇할 것이요 우리가 주를 부인하면 주도 우리를 부인하실 것이라." 인내는 하나님 나라에서 그리스도와 함께 왕 노릇할 사람들의 표지(標識)이다. 분명히 이 구절이 의미하는 것은 인내가 참된 신자의 특성인 반면에 불충성과 변절은 불신의 마음을 드러내는 것이라는 것이다. 그분은 그리스도를 부인하는 자들을 부인하실 것이다.

바울은 계속해서 말한다. "우리는 미쁨이 없을지라도 주는 일향 미쁘시니 자기를 부인하실 수 없으리라."(13절) 그러므로 하나님의 미쁘심은 충성스럽고 변함없는 신자들에게는 복된 위로가 되지만, 거짓 신앙 고백자들에게는 두려운 경고가 되는 것이다. 왜냐하면 그분은 자신에 대해 미쁘시므로 그들을 분명히 정죄하실 것이기 때문이다.(요 3:17-18)

성경이 묘사하는 믿음

우리는 앞에서 회개가 참된 믿음의 결정적인 요소이며, 하나님이 주시는 것이지 인간의 행위가 아님을 살펴보았다(행 11:18 ; 딤후 2:25). 그와 마찬가지로 믿음은 하나님의 초자연적인 선물이다. 에베소서 2:8-9은 잘 알려진 구절이다. '너희가 그 은혜를 인하여 믿음으로 말미암아 구원을 얻었나니 이

제 16 장 믿음의 본질   243

것이 너희에게서 난 것이 아니요 하나님의 선물이라. 행위에서 난 것이 아니니 이는 누구든지 자랑치 못하게 함이니라." 바울이 말한 '하나님의 선물'이란 무엇인가? 웨스트코트(Westcott)는 이것을 "구원에 이르게 하는 힘으로서의 믿음"이라고 말했다.[10] 그러나 "너희에게서 난 것이 아니니" 라는 구절에서 그 '것'(that)이 무엇인지가 분명치 않다. '것'이라고 번역된 헬라어 대명사는 중성이지만, '믿음'에 해당하는 단어는 여성 명사이다. 이것으로 미루어 볼 때, 바울이 마음에 둔 것은 하나님의 선물로서의 은혜, 믿음, 그리고 구원의 전과정인 것으로 보인다. 어느 쪽이든 상관없이, 이 구절에서 배울 수 있는 것은 믿음이 인간의 의지로 만들어 낼 수 있는 것이 아니라 하나님이 주권적으로 주시는 선물이라는 점이다.(빌 1:29 참조)

　예수님은 다음과 같이 말씀하셨다. "진실로 진실로 너희에게 이르노니 믿는 자는 영생을 가졌나니"(요 6:47). 그러나 예수님은 같은 문맥에서 이렇게도 말씀하셨다. "나를 보내신 아버지께서 이끌지 아니하시면 아무라도 내게 올 수 없으니"(요 6:44). 하나님은 죄인을 그리스도께 이끄시며 또한 믿을 수 있는 힘을 주신다. 하나님께서 주시는 믿음이 아니고서는 아무도 구주를 이해하거나 그분께 가까이 갈 수 없다. 예를 들어, 베드로가 하나님의 아들이신 그리스도께 대한 믿음을 고백했을 때, 예수님은 그에게 이렇게 말씀하셨다. "바요나 시몬아, 네가 복이 있도다. 이를 네게 알게 한 이는 혈육이 아니요 하늘에 계신 내 아버지시니라"(마 16:17). 베드로의 믿음은 하나님께서 친히 그에게 주신 것이다.

　하나님의 선물인 믿음은 일시적이지도 무능력하지도 않다. 그것은 최후까지의 견인(堅忍)을 보장하는 항구적인 특성을 지니고 있다. 친숙한 말씀인 하박국 2:4에서 "의인은 그 믿음으로 말미암아 살리라"(롬 1:17 ; 갈 3:11 ; 히 10:38 참조)고 한 것은 믿겠다는 순간적인 결심이 아니라 하나님께 대한 일평생의 신뢰를 뜻하는 것이다. 히브리서 3:14의 말씀은 참된 믿음의 지속성 곧 그것의 견고성이 믿음이 있다는 주된 증거가 됨을 강조하고 있다. "우리가 시작할 때에 확실한 것을 끝까지 견고히 잡으면 그리스도와 함께 참예한 자가 되리라." 하나님이 주시는 믿음은 결코 소멸될 수 없다. 그리고 궁극적으로 볼 때 하나님께서 믿음의 선물과 함께 시작하신 구원 사역은 훼방을 받아서 중단될 수 없다. 빌립보서 1:6에서 바울은 다음과 같이 기록했다. "너희 속에 착한 일을 시작하신 이가 그리스도 예수의 날까지 이루실 줄을 우리가 확신하노라."(또한 고전 1:8 ; 골 1:22-23 참조)

하나님께서 주신 믿음 속에는 그분의 뜻에 순응하려는 자발적인 의지와 능력이 포함되어 있다(빌 2:13 참조). 다른 말로 하면, 믿음은 순종을 수반하는 것이다. 벌코프(Berkhof)는 참된 믿음의 요소로서 다음 세 가지 요소를 지적했다 : 진리를 이해하는 지적인 요소(notitia), 진리를 확신하고 인정하는 정적인 요소(assensus), 그리고 진리에 복종하기 위해 뜻을 정하는 의지적인 요소(fiducia).[11] 현대의 대중적인 신학은 notitia와 때로 assensus까지는 인정하지만 fiducia는 제외시키는 경향이 있다. 그러나 믿음에서 순종이 빠진다면, 그것은 완전하지 못한 것이다. 바인(W. E. Vine)도 똑같은 생각을 가졌는데, 그는 믿음의 중요한 요소들로 "견고한 확신……개인적인 복종……그리고 이런 복종에 바탕을 둔 행동"과 같은 것을 꼽았다.[12] 그는 동사 '순종하다(peitho)'를 풀이하면서 "peitho와 pisteuo(신뢰하다)는 어원상 긴밀한 관련이 있다. 이 둘의 의미상 차이를 말한다면, 전자는 후자로 말미암아 생기는 순종을 의미한다는 점이다. 예를 들어, 히브리서 3:18-19에서는 이스라엘 사람들의 불순종이 불신의 증거라고 말한다……어떤 사람이 하나님께 순종할 때, 그는 진심으로 하나님을 믿고 있다는 증거를 보인 것이다……신약 성경에서 peitho는 내적인 납득과 그 결과인 믿음의 실제적이고 가시적인 결과를 제시한다."[13]

참된 신자는 순종할 것이다. 우리는 모두 죄 많은 육체의 잔재를 지니고 있기 때문에 아무도 완벽하게 순종할 수는 없다(고후 7:1 ; 살전 3:10 참조). 그러나 하나님의 뜻을 따르려는 바람은 참된 신자들 속에서 언제나 지속될 것이다(롬 7:18).[14] 믿음은 언제나 순종하려는 열망을 낳는다.

순종을 빠뜨린 믿음의 개념은 구원의 메시지를 부패시킨다. 바울은 복음을 순종해야 할 것으로 표현했다(롬 10:16 ; 살후 1:8). 로마서 6:17에서 그는 심지어 회심까지도 순종으로 특징지었다. "너희가 본래 죄의 종이더니…

…마음으로 순종하여." 그가 자신의 복음 전도 사역에서 추구했던 결과는 "말과 일로 순종하는 것"(롬 15:18)이었고, 거듭거듭 "믿음의 순종"을 강조했다.(롬 1:5 ; 16:26)

성경에 나타난 믿음의 개념이 순종과 분리될 수 없음은 분명하다. 요한복음 3:36에서 '믿는 것'은 '순종하는 것'과 같은 말로 쓰였다. "아들을 믿는 자는 영생이 있고 아들을 순종치 아니하는 자는 영생을 보지 못하고." 사도행전 6:7은 초대 교회에서 구원이 어떻게 이해되었는지를 잘 보여 주고 있다. "허다한 무리도 이 도에 복종하니라" 순종이 그처럼 구원에 이르는 믿음의 빼놓을 수 없는 요소이기 때문에 히브리서 5:9에서는 이 둘을 같은 말로 다루고 있다. "온전하게 되었은즉 자기를 순종하는 모든 자에게 영원한 구원의 근원이 되시고." 믿음에 관한 위대한 논변인 히브리서 11장은 순종과 믿음을 뗄 수 없는 것으로 가르친다. "믿음으로 아브라함은……순종하여"(8절). 아브라함만이 아니라 히브리서 11장에 나오는 믿음의 영웅들은 모두 자신들의 믿음을 순종으로 나타냈다. 이 장을 주석할 때, 뛰어난 신학사전은 '믿는 것'은 '순종하는 것'이라고 풀이했다.[15]

순종은 참된 믿음의 불가피한 증거이다. 바울은 디도에게 편지할 때, 이 점을 인식했다. "더럽고 믿지 아니하는 자들……저희가 하나님을 시인하나 행위로는 부인하니"(딛 1:15-16).[16] 바울에게 있어서, 그들의 불순종은 믿지 않음을 드러내는 증거였다. 그들의 행동은 말로써 하나님을 시인하는 것보다 더 큰 소리로 그분을 부인하고 있다. 이것은 믿음이 아닌 불신의 특징이다. 왜냐하면 참된 믿음은 항상 의로운 행실로 구체화되기 때문이다. 종교개혁자들이 즐겨 말한 대로, 오직 믿음으로만 구원을 얻는다. 그러나 구원을 가져오는 믿음은 결코 믿음 단독으로 존재하지 않는다. 스펄전(Spurgeon)은 이렇게 말했다. "우리는 사람이 행위에 근거해서 구원받는 것은 아니라는 사실을 확신할지라도 또한 그것이 없다면 아무도 구원받지 못할 것이란 사실도 똑같이 확신한다."[17] 참된 믿음은 항상 순종을 통해 증명된다.

믿음(faith)과 충성(faithfulness)은 1세기 그리스도인들에게는 사실상 다른 개념이 아니었다. 실제로 영어 성경에서는 같은 단어가 이 두 가지로 번역되기도 했다.[18] 라이트푸트(Lightfoot)는 갈라디아서의 주석을 쓰면서 믿음에 대해 다음과 같이 썼다.

> 헬라어 *pistis* ……영어 faith는 다음 두 가지 의미로 사용된다. 하나는 다른 사람을 의지하는 마음을 뜻하는 신뢰함(trustfulness)이고, 다른 하나는 다른 사람이 의지할 수 있을 만한 마음을 뜻하는 신뢰받을 만함(trustworthiness)이다. 이 두 단어는 문법적으로 같은 말의 능동태와 수동태라는 점에서 또는 논리적으로 같은 행위의 주격과 목적격이라는 점에서 서로 관련될 뿐만 아니라, 그 둘 사이에는 긴밀한 도덕적 유사성이 있다. 충성, 지조, 견고함, 확신, 의뢰, 신뢰, 믿음-이 용어들은 '믿음'의 수동적 의미와 능동적 의미라는 양극을 이어 주는 고리들이다. 이렇게 서로 연결되어 있어서 이 두 단어들은 많은 경우에 서로 혼용되기 때문에 다소 자의적으로 구분할 때만 간신히 나뉠 수 있을 뿐이다……그와 같은 모든 경우에서 단어나 구절의 자유로운 폭과 심지어는 모호함을 받아들이는 것이 엄격히 구분하는 것보다 바람직한 일이다……그렇게 하면 과연 문법적인 정확성에 있어서의 손실이 종종 신학적인 깊이에 있어서의 이득으로 보상되고도 남음이 있을 것이다. 예를 들어, 충성스러운 사람들의 경우에는 마음의 그 한 가지 특성이 다른 특성들을 수반하고, 그 결과 충성스러운 사람은 또 믿을 만한 사람이 되며, 하나님을 믿는 사람은 의무를 이행함에 있어서도 확고부동한 사람이 되지 않겠는가?[19]

그러므로 신뢰하는(믿는) 사람은 또한 충성스러운(순종하는) 사람이다. "충성, 지조, 견고함, 확신, 의뢰, 신뢰, 그리고 믿음"은 나눌 수 없이 모두 믿는다는 개념 속에 들어 있다. 의로운 삶은 참된 믿음의 필연적인 결과물이다. (롬 10:10)

물론 이것은 믿음이 죄 없는 완전함으로 귀결된다는 뜻은 아니다. 모든 참된 신자들은 귀신들린 아이의 아비가 부르짖었던 간구를 이해한다. "내가 믿나이다. 나의 믿음 없는 것을 도와 주소서"(막 9:24). 비록 때때로 불완전할지라도 믿는 자들은 순종하기를 **소원할 것이다**. 하나님의 뜻에 순종하려는 이러한 열망이 없는 이른바 '믿음'이란 것은 전혀 믿음이 아니다. 순종을 거부하는 마음 상태는 완전히 불신앙일 뿐이다.

예수님이 말씀하신 믿음

마태복음 5:3-12에 기록된 팔복(八福)은 생각컨대 성경의 어떤 다른 구절보다도 참된 믿음의 특성을 잘 보여 준다.[20] 산상설교의 서두에서 우리 주님은 서기관들과 바리새인들의 표면적인 경건보다 월등히 뛰어난 의를 가르쳐 주셨다(마 5:20). 그분은 하늘 나라에 들어가려는 사람 모두에게 이 더 나은 의가 요구된다고 하신다. 그러므로 그분이 강조하신 자질들은 모든 참된 신자를 구별해 준다. 이런 점에서 그것들은 모든 참된 믿음의 특성들이라고 말할 수 있다. 팔복의 첫째 복은 주님이 어떤 사람에 대해 말씀하시는지를 의심할 여지없이 보여 준다. "심령이 가난한 자는 복이 있나니 **천국이 저희 것임이요**"(마 5:3 고딕체는 필자의 표기임). 이들은 구속받은 백성이고, 믿는 사람들이다. 그들의 믿음이 어떠한 것인가를 살펴보자.

그것의 기본적인 특성은 겸손-심령의 가난함, 곧 영적인 파산 상태를 인식하는 상한 마음이다. 참된 신자들은 자신이 죄인임과 하나님의 은혜를 얻을 만한 자격이 전혀 없음을 깨닫는다. 그래서 그들은 진정으로 회개 하고 눈물을 흘리며 애통해 한다(마 5:4). 애통하는 자는 온유하게 된다(5절). 그는 의에 주리고목마르다(6절). 주께서 주린 자를 만족케 하시므로 그는 긍휼히 여길 줄 알게 되고(6절), 마음이 청결케 되며(7절), 화평케 하는 자가 된다.(9절) 궁극적으로 신자는 의를 위하여 핍박을 받고 욕을 듣는 자가 된다.(10절)

이것이 참된 믿음에 대한 예수님의 설명이다. 그것은 겸손에서 출발하여 순종으로 결실을 맺는다. 참된 믿음이 드러내는 순종은 외면적인 것이 아니라 마음으로부터 우러나오는 것이다. 바로 이것이 참된 믿음을 서기관이나 바리새인들의 의보다 더 위대하게 만드는 점이다. 예수님은 참된 의 - 믿음으로 말이암는 의(롬 10:6 참조) - 의 성격을 율법의 문자뿐만 아니라 율법의 정신까지 순종하는 것이라고 설명하셨다(마 5:21-48). 이런 의는 단지 간음하는 행위를 피하는 것뿐만 아니라 부정한 생각을 품지 않는 데까지 나아간다. 이것은 노하는 것을 살인하는 것과 똑같은 비중으로 금한다. 예수님은 산상설교에서 이와 같은 놀라운 말씀으로 참된 의의 진수를 요약하셨다. "그러므로 하늘에 계신 너희 아버지의 온전하심과 같이 너희도 온전하라."(마 5:48)

물론 이것은 성취 불가능한 기준이다. 예수님은 젊은 부자 관원을 대하신 후 그 청년이 믿지 않고 떠나가자 제자들에게 이렇게 말씀하셨다. "부자는 천국에 들어가기가 어려우니라"(마 19:23). 그들의 반응은 어떠했는가? 깜짝 놀란 그들은 이렇게 여쭈었다. "그러면 누가 구원을 얻을 수 있으리이까?"(25절). 이에 대해 예수님은 이렇게 대답하셨다. "사람으로는 할 수 없으되 하나님으로서는 다 할 수 있느니라." 구원은 본래 불가능한 일이다. 우리가 가진 모든 것을 다 동원할지라도 스스로를 구원할 수 없다. 우리는 하나님의 주권적인 허락이 없이는 믿을 수도 없다(요 6:44, 65). 인간의 의지로 믿음을 불러일으킬 수가 없는 것이다. 그러나 은혜스럽게도 하나님은 믿음을 주시고, 그 믿음을 통해 그분께 순종하고 의롭게 사는 데 필요한 모든 은혜를 우리에게 베푸신다.(벧후 1:3)

하나님의 기준은 우리가 이룰 수 있는 것보다 훨씬 더 높다. 이런 사실을 이해할 때, 사람은 참된 믿음으로 가는 길로 접어든다. 그 길은 심령의 철저한 가난을 깨닫는 것, 즉 우리가 영적으로 가난하다는 것을 인식하는 데서 나오는 겸손에서 시작된다. 하지만 이 과정은 틀림없이 의로운 순종으로 귀결될 것이다.

예수님은 구원에 이르는 믿음의 특성을 가르쳐 주시고자 할 때, 한 어린아이를 데려다가 제자들 가운데 세우시고 다음과 같이 말씀하셨다. "진실로 너희에게 이르노니 너희가 돌이켜 어린 아이들과 같이 되지 아니하면 결단코 천국에 들어가지 못하리라"(마 18:3). 어린 아이는 순종적인 겸손의 완벽한 그림으로서,[21] 구원에 이르는 믿음에 대한 살아 있는 교훈이 된다.

예수님은 이 비유를 통해 우리가 성인의 특권을 계속 주장한다면, 즉 우리가 스스로의 주인이 되려 하고, 자신의 일을 스스로 처리하며, 자기 삶을 스스로 주장한다면, 우리는 천국에 들어갈 수 없다고 가르치신다. 그러나 우리가 어린 아이와 같은 믿음을 가지고 나아와서 어린 아이의 겸손과 그리스도의 권위에 기꺼이 순복하는 자세로 구원을 받는다면, 이것이 올바른 태도가 될 것이다.

예수님은 이렇게 말씀하셨다. "내 양은 내 음성을 들으며 나는 저희를 알며 저희는 **나를 따르느니라**. 내가 저희에게 영생을 주노니 영원히 멸망치 아니할 터이요"(요 10:27-28). 누가 진짜 양인가? 따르는 사람들이다. 누가 따르는 사람들인가? 영생을 얻은 사람들이다.

믿음은 순종한다. 불신은 거역한다. 삶의 열매는 그 사람이 신자인지 불신자인지를 드러낸다. 중간 지대는 없다.[22] 진리에 대한 순종이 없이 단지 몇가지 사실들을 알고 인정하는 것은 성경적인 의미에서 볼 때 믿는 것이 아니다. 한 때 '믿음'의 결정을 내렸다는 기억에 매달려 있을 뿐 삶 속에서 믿음이 계속적으로 작용하고 있다는 증거가 없는 사람들은 성경의 분명하고 엄중한 경고에 주의하는 것이 좋을 것이다. "아들을 순종치 아니하는 자는 영생을 보지 못하고 도리어 하나님의 진노가 그 위에 머물러 있느니라."(요 3:36)

◆ 주(註) ◆

1) Charies C. Ryrie, *Balancing the Chritian Life* (Chicago: Moody, 1969), p.35.

2) 야고보서 2:14에서 제기한 질문은, 헬라어 접속사 me로 볼 때, 문법적으로 부정적인 대답을 전제하고 있다. "그런 믿음이 그를 구원할 수 있겠는가? 물론 못한다!"는 뜻이다. A. T. Robertson, *Word Pictures in the New Testament* (Nashville:Broadman, 1933), 6: 34 참조.

3) "어떤 이는 그들이 아무런 차이를 느끼지 않고 있다는 인상을 받는다" Johnny V. Miller, review of *The Gospel Under Siege, Trinity Journal* (Deerfield, IL : Trinity, 1983), pp.93-94.

4) A. Ray Stanford, *Handbook of Personal Evangelism* (Hollywood, FL:Florida Bible College, n. d.), pp.102-103.

5) Zane C. Hodges, *The Gospel Under Siege*(Dallas:Redencion Viva, 1981), p.19. 하지즈는 주장하기를, 믿음이 죽었다고 말하기 위해서는 한 때는 살아있었다는 것을 전제해야 한다고 했다(p.20). 그는 14절에서 말한 구원은 영원한 구원이 아니라 일시적인 죄의 영향으로부터 건짐받는 것을 뜻한다는 이론을 세웠다(p.23). 그래서 그는 결론 짓기를, 야고보가 말하고 있는 사람들은 죽은 교리에 잠식된 구속받은 사람들이라고 했다. 하지즈의 말에 따르면, 그들의 믿음은 "신조(信條)의 유해(遺骸)에 불과한" 것이 되었다(p.33). 하지만 하지즈는, 그들의 믿음이 쇠퇴하긴 했어도 그들의 영원한 구원은 안전하다고 믿는다. 그러나 그것은 왜곡된 이론이다. 에베소서 2:1("너희의 허물과 죄로 죽었던 너희를 살리셨도다")이 개개인의 죄인이 한 때는 영적으로 살아 있었다는 것을 뜻하지 않는 것과 마찬가지로, "죽은 믿음"이라는 말은 믿음이 한 때는 살아 있었다는 사실을 반드시 전제하지는 않는다.

6) Livingston Blauvelt, Jr., "Does the Bible Teach Lordship Salvation?" *Bibliotheca Sacra* (January-March 1986), pp.37-45. 블라우벨트는 지적인 동의는 구원에 이르는 믿음이 아니라는 인식에서부터 그의 글을 시작한다. "많은 사람들은 자신들이 믿음이 있다고 '말하지만' (약 2:14) 참된 회심은 하지 않았다. 그리스도의 죽음에 관한 사실에 단순히 입술로만 동의하거나 지적으로만 인식하고 있을 뿐 개인적인 죄책감이 없다면, 그것은 소용 없는 것이다"(p.37). 그러나 참된 믿음의 본질에 관한 블라우벨트의 전체 논술은 겨우 네 문단밖에 안 되

제 16 장 믿음의 본질   251

는데, 그 내용은 구원에 이르는 믿음은 헌신과는 아무런 관련이 없다고 논증한 것이다. 그 다음에 그는 이렇게 썼다. "신약 성경에서 말하는 믿음이라는 말은 나사렛 예수가 하나님의 아들 그리스도이신 것과 그가 사람의 죄를 위해 죽었다가 죽은 자 가운데서 살아나셨다는 것을 믿는 것이다(요 20:31 ; 고전 15:3-4). 믿음은 영생을 위해 그리스도를 의지하는 것이다"(p.43). 어떤 헌신과도 분리된 그런 믿음을 "단순히 입술로만 동의하거나 지적으로만 인식하고 있는" 것과 어떻게 구분할 수 있는지 모를 일이다.

7) Ryrie, p.170. 여기에서 라이리 박사는, "믿음에 헌신을 더한 메시지는……복음이 될 수 없다"고 썼다.

8) Hodges, p.21. *The Gospel Under Siege*에 "믿음과 행위에 관한 연구"라는 이름이 붙어 있기는 하지만, 이 짧은 진술도 하지즈가 그 책에서 내린 믿음의 정의만큼이나 옹색하다. "우리가 구원 사역에 대한 성경의 간단하고 직접적인 진술을 살펴본 대로 믿음은 단순히 하나님의 제안에 대해 반응하는 것에 지나지 않는다. 믿음은 생명의 선물을 받는 수단이다."

9) 놀랍게도 하지즈는 이렇게 썼다. "현대 기독교계는 참된 그리스도인의 믿음은 떨어질 수가 없다고 널리 주장하고 있다. 그러나 이것은 신약 성경의 지지를 받을 수 없는 주장이다"(앞의 책, p.68). "믿음의 견인(堅忍)이 구원의 필연적인 결과라는 견해를 지지할 수 있는 것은 아무 것도 없다"(p.83). 이 말을 바울이 영감을 받아 골로새서 1:22-23에서 쓴 말과 비교해 보라. "이제는 화목케 하사……만일 너희가 믿음에 거하고 터 위에 굳게 서서 너희 들은 바 복음의 소망에서 흔들리지 아니하면 그리하리라" 또한 고린도전서 15:1-2 ; 디모데후서 2:12 ; 히브리서 2:1-3 ; 3:14 ; 4:14 ; 6:11-12 ; 12:14 ; 야고보서 1:2 ; 요한일서 2:19 참조.

10) B. F. Westcott, *St. Paul's Epistle to the Ephesians* (Minneapolis: Klock and Klock, 1906[reprint]), p.32.

11) Louis Berkhof, *Systematic Theology* (Grand Rapids: Eerdmans, 1939), pp.503-505.

12) W. E. Vine, *Vine's Expository Dictionary of Old and New Testament Words* (Old Tappan, NJ: Revell, 1981), 2:71.

13) 앞의 책, 3:124.

14) 로마서 7장은 신자가 그의 죄된 육신과 싸우는 것을 묘사한 고전적인 본문이다. 바울이 자기 자신의 불순종을 시인했다 하더라도, 선을 행하고자 하는 것이 그의 절박한 소원이라고 썼다는 사실에 주목해야 한다. "원하는 이것은 행하지 아니하고 도리어 미워하는 그것을 함이라"

(15절). "선을 행하려는 원함은 내게 있으나"(18절). "내 속사람으로는 하나님의 법을 즐거워하되"(22절). 그리고 "내 자신이 마음으로는 하나님의 법을……섬기노라"(25절). 비록 바울 사도가 자기 자신을 죄인 중에 괴수라고 묘사했다고 하더라도(딤전 1:15), 방탕을 즐기는 자들은 바울 속에서 그들과 비슷한 정신을 찾아내지는 못할 것이다.

15) Rudolph Bultmann in Gerhard Kittel, ed., *Theological Dictionary of the New Testament*(Grand Rapids: Eerdmans, 1967), 6:205. 비록 불트만의 신학이 정통적이지는 않다 해도, 헬라어의 권위자로서의 그의 탁월함은 두 말할 나위도 없다. 불트만은 계속해서 이렇게 썼다. "그러므로 *pistis* [믿음] 는 하나님께 대한 인간의 절대적인 헌신, 즉 자기 스스로는 아무 것도 결정하지 않는 헌신이라는 것이 완전히 명백해졌다……그것은 참으로 자기 자신을 양도하는, 의지의 급진적인 결단이다"(p.219). "세상에 대한 이러한 포기, 자기 자신으로부터의 이러한 등돌림이 믿음의 주요 의미이다. 그것은 곧 인간의 자기 굴복이다"(p.223)

16) 놀랍게도 하지즈는 바울이 이 말들을 디도에게 쓸 때, 그가 참된 신자들에 관해 묘사하고 있었다고 주장한다(Hodges, p.96). 그는 이렇게 썼다. "바울이 디도서 1:16에서 생각하고 있는 사람들은 분명히 그가 13절에서 "그러므로 네가 저희를 엄히 꾸짖으라. 이는 저희로하여금 믿음을 온전케 하고" 라고 언급한 사람들과 같은 사람들이다. '온전케' 라는 말에 해당하는 헬라어의 뜻은 '건강하다' 이다. 그러므로 그가 생각하고 있는 사람들은 '믿음 안에 거하는' 사람들은 결코 아니다. 그보다는 그들은 바울이 영적으로 '병들었다'고 생각하는 사람들이며, 그래서 그들의 건강을 회복시켜 줄 꾸짖음을 필요로 하는 사람들이다." 이것은 바울이 이 사람들을 다음과 같이 언급했다는 사실을 완전히 무시한 처사이다. "더럽고 믿지 아니하는 자들……오직 저희 마음과 양심이 더러운지라"(15절). 그리고 "가증한 자요 복종치 아니하는 자요 모든 선한 일을 버리는 자니라"(16절). 이것은 하나님의 자녀들에 대한 묘사일 수가 없다.

17) Charles H. Spurgeon, *The New Park Street Pulpit* (1858; reprint, Grand Rapids: Zondervan, 1963), 4:265.

18) 참고로 갈라디아서 5:22에서는 성령의 열매인 *pistis*를 '충성' (faithfulness)으로 번역하고 있다. 이것은 에베소서 2:8 "너희가 그 은혜를 인하여 믿음으로 말미암아 구원을 얻었나니"에서 '믿음'으로 번역된 말과 같은 단어이다.

19) J. B. Lightfoot, *The Epistle of St. Paul to the Galatian* (Grand Rapids: Zondervan, 1957), pp.154-155.

제 16 장 믿음의 본질

20) 산상설교에 관한 나의 상세한 주석을 보려면, John MacArthur, *The MacArthur New Testament Commentary: Matthew 1-7* (Chicago: Moody, 1985),

pp.131-233를 보시오. 같은 본문에 대한 평이한 주석을 보려면, John MacArthur, *Kingdom Living Here and Now* (Chicago: Moody, 1980)를 보시오.

21) 물론 어린애들이 **언제나** 순종하는 것은 아니다. 그러나 그들은 다른 사람의 권위 아래 있으며, 불순종할 때는 벌을 받는다.

22) 다시 말하지만, 이것은 그리스도인들도 죄에 빠질 수 있고 또 빠진다는 명백한 진리를 부인하려는 것이 아니다. 그러나 신자가 죄를 짓는다 하더라도 성령께서는 죄책감과 죄를 미워하는 마음과 순종하고자 하는 마음을 불러일으키실 것이다. 참된 신자가 회심한 순간부터 어떠한 의로운 열매도 맺지 못한 채 끊임없이 불순종할 수 있다는 생각은 성경에는 낯선 것이다.

제 17 장
구원의 길

성경 전체에서 오늘날의 안이한 신앙에 대해 마태복음 7:13-14 만큼 강력하게 비판하는 구절은 없다. 이것은 산상설교의 결론이며, 구주께서 친히 제시하신 구원의 길을 보여 준다. 이것은 현대의 복음 전도의 경향과 얼마나 다른가! 이 구절들에는 예수 그리스도에 관한 몇 가지 사실들을 즉석에서 받아들였으니 자신이 구원받을 수 있을 것이라고 생각하는 사람들을 격려하는 구석이 조금도 없다. "좁은 문으로 들어가라 멸망으로 인도하는 문은 크고 그 길이 넓어 그리로 들어가는 자가 많고 생명으로 인도하는 문은 좁고 길이 협착하여 찾는 이가 적음이니라." 여기에서 우리 주님은 산상설교를 복음 전도의 절정으로 이끌어 가신다.

이 구절은 산상설교가 복음이 아니라 율법이라고 말하는 사람들의 주장을 무색하게 만든다.[1] 사실 이것은 참된 복음이고,[2] 이제까지 제시된 것만큼이나 분명한 초대이다. 또한 이 구절은 산상설교가 우리가 뒤로 물러나서 감탄이나 하면 되는 윤리적인 가르침일 뿐이라고 주장하는 견해를 반박한다. 예수님은 분명히 당신의 윤리적인 가르침에 아첨하는 것 따위에는 관심이 없으셨다. 여기에서의 예수님의 요구는 산상설교가 어떤 예언적 미래에나 해당되는 진리일 가능성을 말하고 있는 것이 아니다. 예수님은 지금 이 곳에 있는 사람들에게 말씀하시는 것이며, 따라서 그분의 메시지는 긴박한 것이다.

제 17 장 구원의 길

각 사람은 불가피하게 성경에서 여러 가지 방법으로 제시한 두 길 중에 하나를 선택해야만 한다. 하나님께서는 모세를 통해 이스라엘 자녀들에게 다음과 같이 말씀하셨다. "내가 오늘날 천지를 불러서 너희에게 증거를 삼노라. 내가 생명과 사망과 복과 저주를 네 앞에 두었은즉 너와 네 자손이 살기 위하여 생명을 택하고"(신 30:19). 여호수아는 이스라엘 사람들이 약속한 땅으로 들어갔을 때 다음과 같이 요구했다. "만일 여호와를 섬기는 것이 너희에게 좋지 않게 보이거든 너희 열조가 강 저편에서 섬기던 신이든지 혹 너희의 거하는 땅 아모리 사람의 신이든지 너희 섬길 자를 오늘날 택하라. 오직 나와 내 집은 여호와를 섬기겠노라"(수 24:15). 엘리야는 갈멜산에서 결단을 촉구하며 이렇게 말했다. "너희가 어느 때까지 두 사이에서 머뭇머뭇 하려느냐. 여호와가 만일 하나님이면 그를 좇고 바알이 만일 하나님이면 그를 좇을지니라"(왕상 18:21). 하나님께서는 예레미야에게 이와같이 분부하셨다. "너는 또 이 백성에게 여호와께서 이같이 말씀하신다 하라 '보라, 내가 너희 앞에 생명의 길과 사망의 길을 두었노니.'"(렘 21:8)

구원은 분명 각 사람이 결정해야만 하는 선택이다. 그러나 그것은 결코 우리가 흔히 생각하는 식의 순간적인 결단만은 아니다. 그것은 지속적으로 관련되고 끊임없이 영향을 끼치는 최종적인 결정이자 궁극적인 결단이다. 예수님은 각 사람의 운명이 결정되는 지점에 서서 생명과 사망, 천국과 지옥 중 하나를 신중히 결정하도록 요구하신다. 주님은 산상설교가 절정에 달했을 때, 각 사람들에게 쉽고 잘 포장된 길 위에 있는 세상을 따라가든지 아니면 험난한 길 위에 계신 당신을 따라오든지 선택하라고 요구하신다. 성경 어느 곳에서도 예수님이 가르치신 복음을 이보다 더 분명하게 진술한 곳은 없을 것이다.

여기에 큰 문과 작은 문, 넓은 길과 좁은 길, 생명과 멸망, 그리고 적은 무리와 많은 무리가 있다. 주님은 계속해서 좋은 나무와 못된 나무, 아름다운 열매와 나쁜 열매, 지혜로운 건축자와 어리석은 건축자 그리고 반석과 모래에 대하여 묘사하신다(마 7:16-27). 선택은 분명한 사실이다. 그분은 결정을 요구하신다. 우리는 교차로에 서 있고, 각 사람은 자신이 갈 길을 선택해야만 한다.

두 가지 문

"좁은 문으로 들어가라." 예수님은 지금 행동을 취하라고 요구하시기 위해 긴급한 어감을 느끼게 하는 명령형의 동사를 사용하셨다. 문 앞에 서서 감상하는 것으로는 충분치 않다. 반드시 들어가야 한다.

올바른 문으로 들어가는 것이 또한 중요하다. 좁은 길로 통해 있는 문은 단지 하나뿐이다. 예수님은 "내가 문이니 누구든지 나로 말미암아 들어가면 구원을 얻고"(요 10:9)라고 하셨고, "문으로 들어가지 아니하고 다른 데로 넘어 가는 자는 절도며 강도요"(요 10:1)라고 말씀하셨다. 그분은 요한복음 14:6에서 다음과 같이 말씀하셨다. "내가 곧 길이요 진리요 생명이니 나로 말미암지 않고는 아버지께로 올 자가 없느니라." "다른 이로서는 구원을 얻을 수 없나니 천하 인간에 구원을 얻을 만한 다른 이름을 우리에게 주신 일이 없음이니라"(행 4:12). "하나님과 사람 사이에 중보도 한 분이시니 곧 사람이신 그리스도 예수라"(딤전 2:5). 그리스도가 바로 그분이다. 그분이 바로 그 길이다. 천국에 이르는 다른 길은 없다.

남아 있는 선택이 있다면 그것은 그릇된 선택일 뿐이다. 중간에 있는 다른 선택이나 제삼의 대안 혹은 또다른 문은 없다. 선택의 가지수는 간단하고 단순하다. 인본주의적인 문화에서 상상하곤 하는 광범한 세계 교회적(ecumenical) 포용이란 있을 수 없다. 존 스토트(John Stott)가 말했듯이 "예수님은 우리의 안이한 제설(諸說) 혼합주의를 단호히 거부하신다."[3] 진정한 종교가 여럿 있는 것이 아니. 오직 하나뿐이다. 그러므로 선택의 조건은 단지 두 가지 - 진리와 거짓, 옳은 것과 그른 것, 하나님의 길과 자신의 길 - 뿐이다.

이 세상의 모든 종교는 인간의 업적에 그 뿌리를 두고 있다. 성경적인 기독교만이 구원의 유일한 근거로서 하나님의 성취 - 인간을 위한 그리스도의 사역을 들고 있다. 그리스도께서는 십자가에서 죽으심으로써 우리의 죄값을 치루셨고(고전 15:3), 부활하심으로써 죽음을 정복하신 사실을 보이셨다(고전 15:20). 구원은 모든 사람이 하나님께 인정받을 때까지 일해야 하는 성과급제가 아니다. 어떤 사람도 하나님께서 받으실 만큼 충분한 선행을 할 수 없다(롬 3:10-18). 모세의 율법까지도 인간을 의롭게 하지는 못했다. 그것은 우리가 얼마나 죄인이고 불순종하는 존재인가를 보여 주기 위해 주어진 것이다(롬 3:20). 하나님께서 은혜로 말미암아 믿는 자들에게 그리스도의 의를 덧입혀 주심으로써 그들을 의롭다고 선언하시고 그들을 의롭게 만드시는 것이다.(롬 3:21-24)

그러므로 유일한 선택은 인간의 업적에 기초한 수많은 종교와 하나님의 성취에 근거한 한 종교 사이에 있는 것이다. 성경은 "일하는 자 [인간의 업적에 근거한 종교를 선택한 자]에게는 그 삯을 은혜로 여기지 아니하고 빚으로 여기거니와[4] 일을 아니할지라도 경건치 아니한 자를 의롭다 하시는 이를 믿는 자[하나님의 성취에 기초한 종교에 순복하는 자] 에게는 그의 믿음을 의로 여기시나니"(롬 4:4,5)라고 말한다.

좁은 문과 넓은 문은 종교와 무종교를 대조시킨 것이 아니다. 예수님은 하등 종교에 대항하여 고등 종교를 창건하시는 것도 아니고, 심지어는 만연해 있는 부도덕함을 뿌리뽑으시려고 기독교를 세우시는 것도 아니다. 두 가지 길은 모두 하나님께 이르는 길이라고 주장한다. 넓은 문이라고 해서 '지옥행'이라는 푯말이 붙어 있지는 않다. 거기에는 좁은 문과 마찬가지로 '천국행'이라고 쓰여 있다. 그러나 그 문은 거기로 인도하지 못한다.

사단은 종교적 속임수의 대가(大家)이고, 자기를 광명의 천사로 가장하기까지 한다(고후 11:14). 그는 자기의 문을 천국으로 향하는 문처럼 보이도록 꾸며 놓기 때문에 "그리로 들어가는 자가 많다"(마 7:13). 그러나 우리 주님은 의로운 문은 좁다고 말씀하신다. 실제로, 많은 주석가들이 좁은 문의 가장 현대적인 표현은 회전식 십자문일 것이라고 한다.[5] 한번에 한 사람씩만 통과할 수 있다. 그리스도의 나라에는 어떤 사람도 단체의 일부로서 들어갈 수 없다. 많은 유대인들은 천국의 소망의 근거를 그들의 민족적 연대에 두었다. 마찬가지로 많은 현대의 교인들은 영생의 소망을 교파에 가입한 것, 가족적 연대, 혹은 교회의 일원이라는 데 둔다. 여기서 예수님은 이러한 생각들을 반박하신다. 이 문은 한 번에 단지 한 사람만을 허용한다. 구원은 매우 개인적이다. 그리스도인 가정에서 태어난 사실이나 믿는 배우자의 소매에 매달리는 것으로는 충분치 않다. 믿음은 개인적인 행위이다.

좁은 문으로 들어가는 것은 쉽지 않다. 누가복음 13장에는 예수님께서 여러 고을에서 말씀을 가르치시는 사이에 어떤 이가 예수님께 여쭌 질문이 기록되어 있다. "주여, 구원을 얻는 자가 적으니이까?"(23절). 그분의 대답은 현대의 안이한 신앙주의를 쓸어버린다. "좁은 문으로 들어가기를 **힘쓰라**. 내가 너희에게 이르노니 들어가기를 구하여도 못하는 자가 많으리라." 헬라어로 '힘쓰라' 하는 말은 *agonizomai*인데, 이는 힘들고, 강렬하고, 목적이 뚜렷한 분투 노력을 의미한다. 이 말은 이기기를 다투는 운동 선수의 비유가 나오는 고린도전서 9:25에서 사용된 용어와 똑같다. 이 말은 또한 에바브라 디도가 애써 노력하는 것을 기록한 골로새서 4:12에도 쓰였고, "믿음의 선한 싸움을 싸우라"고 그리스도인을 격려한 디모데전서 6:12에도 쓰였다. 이 말은 투쟁, 전투 그리고 최대한의 노력을 뜻한다. 여기에는 거의 격투에 가까울 정도의 의미가 들어 있다. 이런 비유가 어울리는 것은 천국에 들어가는 것이 전쟁터에 가는 것과 같기 때문이다. 마태복음 11:12에서 예수님은 이렇게 말씀하셨다. "천국은 침노를 당하나니 침노하는 자는 빼앗느니라." 누가복음 16:16은 다음과 같이 말하고 있다. "하나님의 나라의 복음이 전파되어 사람마다 그리로 침입하느니라"(행 14:22 참조). 베드로는 "또 의인이 겨우 구원을 얻으면 경건치 아니한 자와 죄인이 어디 서리요" 하고 기록했다.(벧전 4:18)

어떻게 이런 말씀들이 구원은 쉬운 일이라는 오늘날의 개념과 어울릴 수 있겠는가? 이 교훈은, 그리스도인이 되는 것은 단지 몇 가지 사실을 믿고, 교회 입회원서에 서명을 하고, 예배당 통로를 걸어나가고, 한 손을 들거나 정연한 기도를 드리는 일에 불과하다는 대중적인 가르침을 무엇이라고 평가하겠는가? 많은 우리의 '회심자들'은 그릇된 문을 통해 쉬운 길로 들어섰기 때문에 그릇된 길에 있는 것은 아닐까?

구원은 쉬운 일이 아니다. "문은 좁고……찾는 이가 적음이니라"(마 7:

14). 이 구절은 만일 어떤 사람이 부지런히 문을 찾지 않으면, 문이 어디에 있는지 알 수 없을 것이라는 의미를 담고 있다. 예레미야 29:13에서 하나님은 "너희가 전심으로 나를 찾고 찾으면 나를 만나리라"고 말씀하셨다. 예수님의 메시지는 값싼 은혜나 안이한 신앙주의같은 것들과는 어울릴 수 없다. 천국은 아무런 삶의 변화도 없이 예수님을 원하는 사람들을 위한 곳이 아니다. 그곳은 오직 전심으로 찾고, 들어가려고 필사적으로 애쓰는 사람들을 위한 곳이다. 그 문에 접근한 많은 사람들이 치러야 할 값을 알고는 되돌아 간다. 어느 누가 이것이 인간의 노력에 의한 구원이라고 하여 반대하지 않도록 하기 위해, 그 문을 통과할 수 있도록 힘을 주는 것은 오직 하나님의 은혜의 능력임을 기억해야 한다. 하나님께서 허여(許與)하시는 회개의 상한 심령이 있는 곳에, 하나님께서 이루시는 겸비한 심령의 가난함이 있는 곳에, 하나님의 능력이 자원이 된다.

　진실로 모든 것을 버린 사람만이 이 좁은 문을 통과할 수 있다. 누구도 한 아름의 짐가방을 들고 회전 십자문을 통과할 수는 없다. 예수님이 말씀하신 좁은 문은 자신의 모든 귀중품을 가지고 들어가기를 바라는 대단한 인물을 받아들일 정도로 넓지 않다. 젊은 부자 관원은 그 문을 발견하기까지 찾아다녔다. 그러나 들어간다는 것은 곧 모든 것을 뒤에 남겨 두어야 함을 뜻한다는 사실을 깨닫게 되자 되돌아가 버렸다. 우리 중 누구라도, 우리가 보배로 여기는 것이 무엇이든지 일단 좁은 문 앞에 서면, 모든 것을 내려 놓아야만 한다. 그렇지 않으면 우리는 그 문을 통과할 수 없다. 복된 소식이라는 뜻은 그 문이 아무리 좁다 해도 죄인의 괴수까지 포용할 수 있을 만큼은 충분히 넓다는 뜻이다.(딤전 1:15 참조)

　짐을 가지고 가기를 고집하는 사람들에게는 넓은 문이 더 매혹적일 것이다. 거기에는 '천국행'이라는 푯말이 붙어 있고, 심지어는 '예수님'이라는 명패가 쓰여 있을 수도 있다. 그러나 그 문은 천국으로 통해 있지 않고, 예수님과는 아무 상관도 없다. 그것은 큰 무리를 위한 종교의 문이고, 자기 의나 교만, 물질적인 소유, 심지어는 죄까지도 버리지 않고 누구나 통과할 수 있는 넓고 개방적인 문이다. 그러나 이 문을 선택한 사람들에게 구원은 없다.

그리스도를 받아들인다는 의미는 단순히 우리가 지금까지 쌓아온 찌끼 위에 예수님을 더한다는 뜻이 아니다. 구원은 전적인 변화를 요구한다. "그런즉 누구든지 그리스도 안에 있으면 새로운 피조물이라. 이전 것은 지나갔으니 보라 새 것이 되었도다"(고후 5:17). 이보다 더 분명한 진술이 있을까? 이전 것은 지나갔다. 죄와 자아와 세상 즐거움은 새로운 것으로 대체되었다. 이것이 구원의 전체 요지이다. 구원은 변화된 삶을 낳는다.

두 가지 길

두 가지 길은 두 가지 문과 거의 같다. 하나는 넓고 크며, 다른 하나는 좁고 협착하다(마 7:14). 시편 1편에서도 이 두 가지 길에 대해 말하고 있다. "대저 의인의 길은 여호와께서 인정하시나 악인의 길은 망하리로다." 늘 그랬던 것처럼 선택은 불경건한 자의 넓고, 많은 사람이 다니는 길과 경건한 자의 좁은 길 가운데 이루어진다. 넓은 길은 틀림없이 더 쉽다. 절벽도 없다. 여기에는 이미 이 길에 들어선 무리가 제공한, 도덕에 관한 잡동사니들을 한 번 맛보고 싶어 하는 자들을 위해 허용된 것이 참으로 많다. 어떤 제한도, 어떤 속박도, 그리고 어떤 한계도 없다. 여기서는 단지 예수님을 사랑한다고 말하기만 하면, 생각할 수 있는 모든 죄악들이 그대로 용인된다. 또는 그저 종교적인 사람이나 아니면 아무렇게나 되고 싶은 사람이 되어 있기만 하면 된다.

이 길은 특별한 성질을 요구하지 않는다. 사람들은 유동적으로 움직이는 물결을 따라 표류하는 물고기와 같다. 이것은 에베소서 2:2의 말로 하면 "이 세상 풍속"이다. 이 길은 "사람의 보기에 바르나 필경은 사망의 길"(잠 16:25)이다. 하나님의 길은 제한이 있는 길이고, 생명으로 인도하는 좁은 길이다. 여기에는 어떤 탈선의 여지도 없다.

예수님은 군중을 찾지 않으신다. 그분은 자신들이 길 잃었음을 깨달은 개개인을 찾아 구원하신다. 이미 살펴본 대로, 우리 주님은 사람들이 값을 계산해 보지도 않고 그분을 따르도록 갑작스런 결심을 재촉하시는 분이 아니다. 또한 그분은 인기 있고 우세한 편에 붙으라고 열렬한 탐문자를 초청하시는 분도 아니다. 사실, 그분은 종종 따를 가능성이 있는 사람들에게 떠나가도록 재촉하시는 것처럼 보인다.

예를 들어, 요한복음 6:64에서 예수님은 제자라고 자처하는 사람들의 믿음에 이의를 제기하셨다. "너희 중에 믿지 아니하는 자들이 있느니라." 66절에서는, "이러므로 제자 중에 많이 물러가고 다시 그와 함께 다니지 아니하더라"고 했다. 예수님은 열두 제자에게 이렇게 말씀하셨다. "너희도 가려느냐?"(67절). 이것은 마치 예수님이 그들을 부추겨서 그들도 무리와 함께 떠나도록 설득하는 것처럼 보인다. 그분은 즉석에서 따라나서는 사람을 원치 않으셨고, 다만 그분을 위해 자신들의 삶을 기꺼이 내어줄 수 있는 사람들만을 원하셨다.

누가복음 14장은 가는 곳마다 자신을 따르는 아첨하는 군중들을 예수님이 어떻게 다루셨는지를 묘사하고 있다. "무리가 함께 갈쌔 예수께서 돌이키사 이르시되 '무릇 내게 오는 자가 자기 부모와 처자와 형제와 자매와 및 자기 목숨까지 미워하지 아니하면 능히 나의 제자가 되지 못하고 누구든지 자기 십자가를 지고 나를 좇지 않는 자도 능히 나의 제자가 되지 못하리라 ······이와같이 너희 중에 누구든지 자기의 모든 소유를 버리지 아니하면 능히 내 제자가 되지 못하리라'"(25-27,33). 주님은 그분을 참으로 따르고자 하는 사람들에게 무리에서 나와서 고문과 죽음의 도구인 십자가를 지라고 요구하심으로써 좁은 길을 가능한 한 어렵게 만드신다.

'전도 집회' 시간에 한번 그런 설교를 하고서 얼마나 많은 사람이 교회 통로로 걸어 나오는가 보라! 그러나 오고자 하는 사람들 가운데 더 많은 사람이, 요구되는 헌신이 무엇인지를 깨닫게 될 것이다.

좁은 길로 가는 사람은 또한 핍박도 예상해야 한다. "때가 이르면 무릇 너희를 죽이는 자가 생각하기를 이것이 하나님을 섬기는 예(例)라 하리라"(요 16:2). 그리스도인들은 이 좁은 길을 맨발로 걷는 것이 아니다. 그 길은 험하다. 예수님은 결코 무릎이 약한 연약한 영혼들에게 손쉬운 선택 사항으로 기독교를 제시하시지 않았다. 어떤 사람이 그리스도인이 되면, 그는 지옥에 전쟁을 선포하는 것이다. 그러면 지옥은 반격을 해 온다. 그리스도를 따르는 일은 바로 자신의 생명을 값으로 치르는 것일 수도 있다. 그리고 영적인 의미로는 틀림없이 자신의 생명을 값으로 치른다. 내키지 않아 하는 사람이나 타협하는 사람들은 지원할 필요가 없다.

그렇게 말하면, 이 길이 가기에 두려운 길처럼 들리는가? 그렇지 않다. 그리스도께서 친히 그 길을 인도하시며, 힘을 공급하신다(빌 4:12-13 참조). 그 멍에는 쉽고, 그 짐은 가볍다.(마 11:30)

두 가지 운명

두 가지 문과 두 가지 길 가운데 하게 되는 선택은 영원을 위한 선택이다. 처음에는 아주 쉽게 시작되는 넓은 길은 이상하게도 마지막에 가서는 어려워진다. 그 길은 지옥에 들어가는 것으로 끝난다. 이 쪽 끝에서 볼 때는 그토록 매력있게 보였던 길이 결국은 멸망으로 인도할 뿐이다.

제한된 길 위에 있는 좁은 문은 썩 매력적으로 보이지는 않지만, 그 길이 생명에 이르는 길이다. 처음에는 힘들게 시작하는 그 길은 하늘의 영원한 복으로 통해 있다.

두 군중들

마지막으로, 서로 다른 길을 가는 두 부류의 사람들이 있다. 마태복음 7:13은 넓은 문으로 들어가는 많은 사람들에 대해 말한다. "그리로 들어가는 자가 많고." 좁은 문은 "찾는 이가 적다"(14절). 종교적인 사람들 대부분이 천국이 아니라 지옥으로 향해 간다는 사실은 슬픈 일이다. 심지어 구약 시대에도 참된 신자는 다수가 아니라 오직 남은 자였다. 마태복음 22:14에서 예수님은 이렇게 말씀하셨다. "청함을 받은 자는 많되 택함을 입은 자는 적으니라." 누가복음 12:32에서 예수님은 제자들을 보시고 이렇게 말씀하셨다. "적은 무리여 무서워말라." 그 구절에서 '적은'이라고 번역된 말은 *mi-*

cron인데, 아주 적은 것이라는 뜻으로서, 여기에서 micro라는 전치사가 나왔다. 가장 작은 씨들 가운데 하나인 겨자씨를 가리켜 말한 마태복음 13:32에도 이 단어가 쓰였다. 믿는 남은 자는 언제나 적은 무리이며, 얼마 안 되는 영혼들이다. 그들은 하나님의 능력 안에서 수고하며, 자기들 자신의 인간적인 무능을 알고 있지만, 기꺼이 값을 치르려 한다. 인류의 다수는 넓은 길을 택한다. 그러나 절대 다수가 옳은 경우는 드물다.

인간적인 관점에서 보면, 넓은 길이 자연스런 선택이다. 우리는 의보다 죄를 더 좋아한다. 예수님은 이렇게 말씀하셨다. "사람들이 자기 행위가 악하므로 빛보다 어두움을 더 사랑한 것이니라"(요 3:19). 무리와 함께 걸음을 내딛기가 쉽다. 심지어 자기가 애지중지하는 모든 죄들과 소유를 그대로 가진 채 거기에다가 그리스도만을 더해 놓고서도 종교적이라고 느낄 수 있다. 교회에 갈 수도 있고, 자기가 원하는 대로 적극적이든지 소극적이든지 할 수가 있다. 자신을 부인할 필요도 없고, 십자가를 질 필요도 없다. 단 하나의 문제는 이 자연스러운 길이 재앙으로 끝난다는 사실이다.

어떤 사람이 호주 멜버른의 어느 일간 신문에 실린 기사를 오려서 보내 주었다. 그 글은 빌리 그래함 집회(Billy Graham Crusade)가 끝난 직후에 그 신문의 편집자에게 보낸 것이었다. "TV로 빌리 그래함 박사의 설교를 듣고, 또 그분과 그분의 사역에 관한 글들을 읽고 나서 나는 내가(나뿐만 아니라 모든 사람이) 구원을 받아야 한다고 주장하는 그런 식의 종교 때문에 참으로 가슴이 아팠습니다. 거기서 말하는 구원이 무엇을 뜻하든지간에 말입니다. 나는 내가 잃어버린 바 되었다고 느껴 본 적이 결코 없습니다. 그리고 내가 매일 죄의 수렁에서 뒹굴고 있다고 느끼지도 않습니다. 비록 그 설교에서는 내가 그렇다고 거듭거듭 주장하고 있지만 말입니다. 내게 이런 실제적인 종교를 소개해 주십시오. 온화함과 관대함을 가르치고, 아무런 색채나 신조의 장벽이 없으며, 나이 든 사람을 기억하고, 어린이들에게 죄가 아니라 선을 가르치는 실제적인 종교를 말입니다. 만약 내 영혼을 구원하기 위해 내가 최근에 들었던 설교와 같은 그런 사상을 받아들여야만 한다면, 나는 차라리 영원히 저주를 받는 편을 택하겠습니다." 슬픈 편지이다. 그러나 분명한 사실은 그 사람은 선택을 해야 한다는 사실을 깨닫고 있었다는 것이다. 그는 나쁜 쪽을 선택했을 뿐이다. 커다란 비극은 그와 함께 같은 길을 가는 사람이 많이 있으면서도 그들 중 대부분은 자기들이 하늘을 향해 가고 있는 것으로 생각한다는 사실이다. 사실은 그 반대로 그들은 사단의 속임수의 희생자가 되어 멸망과 파멸로 끝을 맺을 것이다.

나는 우리 시대의 대중적인 복음 전도 메시지가 실제로는 사람들을 유인하여 이런 속임수에 빠뜨리고 있다고 확신한다. 그 메시지는 인생에 대한 놀랍고 안락한 계획을 약속한다. 그 메시지는 십자가의 거치는 것을 없앤다(고전 1:23 ; 갈 5:11 참조). 그 메시지는 그리스도를 길이요, 진리요, 생명이라고 제시하지만, 좁은 문이나 좁은 길에 대해서는 아무 말도 하지 않는다. 그 메시지의 주제는 하나님의 사랑이지만, 하나님의 진노에 대한 언급은 없다. 그것은 사람을 빼앗긴(deprived) 존재로 보지, 부패한(depraved) 존재로 보지 않는다. 그것은 사랑과 이해로 가득 차 있지만, 죄를 미워하시는 거룩하신 하나님에 대한 언급이 없고, 회개하라는 요구도 없으며, 심판의 경고도 없고, 통회하라는 요구도 없으며, 마음으로 회개할 것에 대한 기대도 없고, 따라서 죄에 대해 깊이 슬퍼해야 할 이유도 없다. 그것은 안이한 구원의 메시지이며, 종종 건강과 행복과 물질적인 축복을 함께 거짓되이 약속하면서 경솔한 결단을 요구한다. 이것은 주님께서 말씀하신 복음이 아니다.

"생명으로 인도하는 문은 좁고 길이 협착하여 찾는 이가 적음이니라." 예수님이 어떻게 이보다 더 분명히 말씀하실 수 있겠는가? 이것이 그분의 복음이 말하는 유일한 길이다. 그 길은 쉬운 길도 아니며, 인기 있는 길도 아니다. 그러나 그 길은 영원한 영광으로 이르는 유일한 길이다.

◆ 주(註) ◆

1) Charles C. Ryrie, *Dispensationlism Today*(Chicago, Moody, 1965), p.108. 라이리 박사는 이렇게 말한다. "그 설교 어디에서 복음에 대한 언급을 찾을 수 있단 말인가?……산상설교에서 복음에 대한 명백한 언급은 한 마디도 찾을 수 없다."

2) R.C.H.Lenski: *The Interpretation of Mattew's Gospel* (Columbus,OH:Wartburg,1943), p.180 참조.

3) John R. W. Stott, *Christian Counter-Culture*(Downer's Grove, IL:Inter-Varsity,1978), p.193

4) 그 값은 죽음이다.(롬 6:23)

5) D.Martyn Lloyd-Jones, *Studies in the Sermon on the Mount*(Grand Rapid:Eerdmans,1959), 2:221

제 18 장
심판의 확실성

　라디오를 통해 내 말을 들은 어떤 사람이 이런 편지를 보내 왔다. "로마서에 대한 선생님의 방송을 듣고 저는 실망했습니다. 선생님의 말씀은 이신칭의(以信稱義)가 오직 (의롭다고) 인정되는 것을 뜻하기보다는 신자를 의롭게 만드는 것을 뜻하는 것처럼 들립니다." 그는 또 내가 순전히 법정적인 개념인 **칭의**(믿는 죄인을 의롭다고 선언하시는 하나님의 행위)와 실천적인 개념인 **성화**(신자를 거룩하게 하시는 하나님의 사역)를 혼동함으로써 심각한 교리상의 오류를 범한 것으로 생각한다고 덧붙였다. 그가 이해한 바에 따르면, 칭의는 구원받을 때 일어나고, 성화는 순종하고자 하는 인간의 자발성에 따라 그 후에 발생하거나 혹은 전혀 나타나지 않을 수도 있다는 것이다. 그는 모든 신자가 의롭다 함을 받는다는 사실을 깨닫고 있었으나, 신자가 거룩하게 되지 않을 수도 있다는 여지를 남겨 두고 싶어 했다.
　그는 핵심을 오해하고 있었다. 칭의와 성화가 신학적으로는 분리된 개념일지 몰라도, 구원에 있어서는 둘 다 필수적인 요소이다. 하나님은 사람을 의롭게 만드시는 일을 아울러 하시지 않고는 그를 의롭다고 선언하시지 않을 것이다. 구원은 창세 전에 우리를 미리 아셨던 때부터 영원한 미래에 우리가 궁극적으로 영화롭게 될 때까지 우리를 위하여 베푸시는 하나님의 모든 사역을 포함한다(롬 8:29, 30). 어느 누구도 거룩함과 순종을 거부한 채 영생을 받을 수는 없다. 하나님께서 어떤 개인을 의롭다고 하실 때는 또한

제 18 장 심판의 확실성

그를 거룩하게 하신다.[1] 마틴 로이드 죤즈(D. Martyn Lloyd-Jones)는 이렇게 썼다. "우리가 진정으로 이신칭의의 교리를 이해하고 있다면, 우리는 벌써 거룩함과 성화에 대한 신약 성경의 가르침의 본질과 핵심을 파악한 것임을 알고 계십니까? 믿음으로 의롭다함을 받는다는 것은 우리의 성화를 보증하는 것이고, 따라서 **성화를 분리되고 뒤따라오는 경험으로 생각해서는 안 된다**는 사실을 깨닫고 있습니까?"[2]

성경은 구원을 실천적인 결과가 없는, 순전히 법정적인 행위로만 정의하는 사람들을 반박한다. 로마서 10:10은 믿음과 의로움이 서로 분리될 수 없음을 보여 준다. "사람이 마음으로 믿어 의에 이르고." 히브리서 12:14에서는 "이것이 없이는 아무도 주를 보지 못하는 성화"에 대해 말하고 있다. (흠정역 성경에서는 히브리서 12:14을 다음과 같이 번역하고 있다. "거룩함을……따르라 이것이 없이는 아무도 주를 보지 못하리라.")

히브리서 12:14의 말씀은 거룩함이 구원의 전제 조건이라고 말하고 있지는 않다. 그러나 이 구절은 거룩함을 필연적인 결과로 인식하고 있다. 다시 말해서, 성화는 구원받는 데 필요한 **조건**은 아닐지라도, 구속함을 받은 사람들 모두의 **특성**인 것이다. 참으로 믿는 사람들은 틀림없이 거룩하게 되며, 믿지 않는 사람들은 결코 거룩하게 될 수가 없다. 그들은 심판날에 하나님 앞에 서는 것을 제외하고는 하나님을 뵐 가망이 없다.

자신들이 구원받았다고 생각하면서도 불경건한 삶을 살아온 많은 사람들은 심판날에 천국이 자기들의 영원한 처소가 아님을 알고 충격을 받을 것이다. 마태복음 7:21-23에서 예수님이 묘사하신 것보다 더 두려운 광경은 찾아보기 힘들다. "그 날에 많은 사람이 나더러 이르되 '주여, 주여, 우리가 주의 이름으로 선지자 노릇하며 주의 이름으로 귀신을 쫓아 내며 주의 이름으로 많은 권능을 행치 아니하였나이까' 하리니 그때에 내가 저희에게 밝히 말하되 '내가 너희를 도무지 알지 못하니 불법을 행하는 자들아, 내게서 떠나가라' 하리라."

구원을 실천적인 의로움과는 동떨어진 단순한 법적 처리나 한번의 인정(認定)쯤으로 생각하는 사람들은 예수님의 이 경고 때문에 어려움을 겪게 되는 때가 있을 것이다. 그 구절은 구원을 매우 실천적인 용어로써 묘사했다. 이런 말씀은 산상설교의 핵심적인 진술에서도 되풀이된다. "내가 너희에게 이르노니 너희 의가 서기관과 바리새인보다 더 낫지 못하면 결단코 천국에 들어가지 못하리라"(마 5:20). 마태복음 7장에서, 주님은 우리에게 다가올 심판과 함께 큰 기대를 가지기는 했지만 입술만의 고백과 지적인 지식만을 지닌 채 보좌 앞에 섰던 사람들의 비극을 잠깐 보여 주신다. 그들은 자기들이 주님을 위해 했던 여러 가지 일들을 늘어 놓으며 이의를 제기할 것이다. 그러나 그들의 말과 심정은 공허하다. 비참하게도 그리스도는 그들을 천국으로부터 영원히 쫓아내실 것이다.

천국을 물려받는 사람들을 정의한 핵심 구절인 마태복음 7:21에 주의하기 바란다. 그는 "내 아버지의 뜻대로 행하는 자"이다. 그는 예수님을 안다고 말하는 사람이나 그분에 대한 분명한 사실들을 믿는다고 말하는 사람이 아니다. 그는 아버지의 뜻을 행하는 사람이다. 불법을 **행하는** 자는 내쫓김을 당할 것이다(23절). 여기에서의 교훈은 어떤 사람이 불순종하는 불의한 삶을 산다면, 그가 무슨 말을 하고, 무슨 선한 일을 하든지 간에 문제가 되지 않는다는 것이다. 그는 영원한 저주를 받을 위험에 처한 불신자이다.

이것은 매우 강력한 경고이다. 그러나 이것은 예수님이 가르치신 복음에서 없어서는 안될 부분이다. 이 짧은 구절들과 곧 이어 나오는 구절들은 그리스도에 대한 그릇된 반응 두 가지를 책망한다. 첫째는 믿는다고 고백은 했지만 믿음이 요구하는 것을 행치 않는 경우이며(마 7:22, 23), 둘째는 듣고도 행치 않는 경우이다.(24-27절)

행함이 없는 입 : 공허한 말을 하는 죄

심판날에 내쫓김을 당할 '많은 사람들'이 이교도가 아님에 주의할 필요가 있다. 그들은 인간적인 성취의 길을 택했던 종교인이다. 그들은 넓은 문과 넓은 길을 택한 사람들이다. 그들은 자신들이 행한 종교적인 행위들을 변명거리로 삼을 것이다. 바울은 이런 사람들을 가리켜 "경건의 모양은 있으나 경건의 능력은 부인하는 자"(딤후 3:5)라고 했다. 그들은 종교적인 행위에 사로잡혔던 바리새인과 닮은 점이 많다. 그들이 반드시 배교자나, 이교도, 하나님을 대적하는 자, 무신론자 혹은 불가지론자(不可知論者)인 것은 아니다. 다만 믿음에 근거한 의를 생활 가운데 나타내지 않고, 겉으로 드러나는 활동을 통해 하나님의 인정을 받으려는 사람들일 뿐이다.(롬 10:5-10 참조)

그들이 행하는 일은 **오직** 겉으로 드러나는 것들뿐이다. 그들은 의로운 일을 말하지만 그것을 진심으로 행하지는 않는 위선자들이다. 사실 그들이 행했다고 주장하는 모든 선행에도 불구하고, 그들이 내쫓김을 당하는 이유는 그들이 하늘에 계신 아버지의 뜻을 행치 않았기 때문이다(마 7:21). 그들은 불법한 삶을 살았다(23절). 그들은 의로운 말씀들을 알고 있었을 것이고 밖으로는 선하게 보였을 것이지만, 그들의 인격은 그에 미치지 못했다. 오늘날 건전한 교리를 확신하고는 있으나 구원받지는 못한 교회 안의 많은 사람들도 이들과 다를 바 없다.

이런 사람들은 자신들의 기본적인 정통 신학을 드러내려고 "주여, 주여" 한다. 그들은 예수님의 주인되심에 대해서 **알고 있고**, 입술로 그것에 동의하기도 한다. 그러나 그들은 주님되신 그분께 **순종하지** 않는다. 그들은 예수님이 누가복음 6:46에서 말씀하신 사람들과 같다. "너희는 나를 불러 '주여, 주여, 하면서도 어찌하여 나의 말하는 것을 행치 아니하느냐." 그들은 열심이 있고, 독실하며, 품위가 있다. 그들은 세 번이나 "주의 이름으로……주의 이름으로……주의 이름으로"라는 말을 썼다. 그들은 자신들이 열심을 다해 주님을 섬기고 있다고 생각했던 동안 기적적인 일들까지 포함하여 주의 이름으로 여러 가지 일들을 해내느라 내내 바빴다. 그러나 그들의 말은 공허하다. "주여, 주여" 하고 부르고 나서 순종치 않는 것은, 유다가 배반의 입맞춤을 한 것과 도덕적으로 다를 바 없는 행위이다. 참된 믿음은 참된 교리의 내용들을 확신하는 것만큼이나 하나님의 뜻을 **행하는** 것과도 관련이 있다.

예수님이 마태복음 7:21-23을 말씀하신 것은, 자신들은 구원받았다고 생각하면서도 하나님께 순종하며 살아가지 않는 사람들을 엄중히 경고하시기 위함이었다. 오늘날의 설교자들이 사람들이 가지고 있는 확신을 뒤흔드는 일을 피하는 것과는 달리, 우리 주님은 자신들이 구속함을 받았다고 잘못 생각하고 있는 사람들의 기대를 단호하게 꺾어 버리셨다. 그분은 종종 그런 사람들에게 이의를 제기하셨다. 그분은 구원을 확신하지 못하는 사람들에게 의심을 무시해 버리라고 격려하는 일을 결코 하시지 않았다. 그분의 메시지는 마치 그릇된 확신을 조장하기 위해 특별히 고안된 듯한 오늘날의 복음과 날카롭게 대조된다. 현대 복음 전도의 공식은 먼저 전도지를 통해 사람들을 모으고, 주어진 기도를 따라가게 하며, 가입 원서에 서명하게 하고, 혹은 이런저런 일들을 하게 한 뒤, 그들에게 그들이 구원받았으며 이것을 결코 의심해서는 안 된다고 말해 주는 것이다. 사실 이런 전도 방식은 구원받은 사람들에게 확신을 주고(롬 8:16), 구원받지 못한 사람들에게는 정죄를 선언하시는(요 16:8, 9) 성령의 사역을 거스르는 것이다. 우리는 잘 모를지라도 하나님은 그 차이를 알고 계신다.

자신의 구원에 대해 의심해 보는 것은 과민하게 되어 강박 관념이 되지 않을 정도인 한 나쁜 일이 아니다. 성경은 스스로를 잘 점검해 보라고 권하고 있다. 우리는 정직하게 그리고 성경적으로 의심을 직시하고 해결해 나가야 한다. 고린도후서 13:5에서 바울은 이렇게 썼다. "너희가 믿음에 있는가 너희 자신을 시험하고 너희 자신을 확증하라. 예수 그리스도께서 너희 안에 계신 줄을 너희가 스스로 알지 못하느냐? 그렇지 않으면 너희가 버리운 자니라." 이 충고는 현대 교회에서는 대부분 무시되고 있거나, 종종 교묘한 설명 때문에 무의미해지고 있다.[3]

그리스도인들은 어떤 도덕 규범에도 구애받지 않는다는 가르침이 오늘날 복음주의 사회에 만연해 있다. 우리는 스스로의 삶을 검토해야 할 이유가 없다는 소리도 듣는다.[4] "하나님이 은혜로우시고 자비로우시다면 그리고 구원이 단지 몇 가지 복음 내용을 믿는 사람들에게 주어지는 것이라면, 외식, 불순종과 죄가 무슨 상관인가? 우리는 이런 것들에 대해서는 신경쓸 필요가

제 18 장 심판의 확실성

없다"고 한다. 그러나 성경은 우리에게 적어도 성찬식에 참여할 때마다 스스로를 살피라고권하고 있다.(고전 11:28)

스스로를 살피는 일은 오늘날에도 역시 중요하다. 통계적으로 전세계에서 10억 이상의 인구가 그리스도인이라는 이때에 우리는 누가 그 기준을 정한 것인지 의심해 보아야 한다. 이러한 수치는 많은 사람들이 넓은 길로 가고 소수만이 좁은 길로 간다고 말씀하신 예수님의 가르침과는 분명히 다르다. 설문조사에서 자신이 거듭난 그리스도인이라고 표시하는 것이 영원한 운명의 보장이 될 수는 없다. 심지어 올바른 교회에 속해 있는 사람들 중에도 속임을 당해서 그리스도로 말미암은 하나님의 의를 전혀 가지지 못할 수도 있다.

교회 안에 있는 속임을 당한 사람들 중에도 여러 부류가 있다. 뚜렷한 경우는 다만 종교적으로 보이기만을 애쓰는 위선자들이다. 또다른 사람들은 어려서부터 주일학교에 다녔기 때문에, 혹은 믿음을 드러내며 사는 데는 지속적인 관심이 없었어도 그리스도를 위해 '결정을 내린' 경험이 있기 때문에 스스로 그리스도인이라고 믿고 있는, 명목뿐이고 피상적인 사람들이다. 또한 복음의 내용은 알고 있지만, 하나님의 말씀에는 순종치 않으면서도 교회나 종교적인 활동에 푹 빠져 있는 사람들도 있다. 아마도 이런 사람들은 좋은 느낌이나 축복, 체험, 치유, 기적, 혹은 황홀경과 같은 은사를 바라고 교회에 다닐 것이다. 그들은 교파나 교회나 어떤 조직에는 헌신적일지 모르지만, 하나님의 말씀에는 그렇지 않다. 그들은 순전히 학문적인 흥미를 따라 신학에 애착을 가질 수도 있을 것이다. 이유가 무엇이든지 간에, 스스로 그리스도와 기독교에 속해 있다고 생각하는 **많은 사람들**(마 7:22)이 심판날에 내쫓김을 당할 것이다.

설교하는 것, 예언하는 것, 귀신을 쫓아내는 것, 그리고 기적을 행하는 것 등이-제아무리 정통의 옷을 입고 행해지더라도- 참된 구원의 증거가 되지 못한다는 사실에 주의할 필요가 있다. 하나님은 구원받지 못한 사람들을 통해서 역사하실 수 있고, 또 종종 그렇게 하신다. 그분은 거듭나지 않은 발람을 사용하셨고(민 23:5), 심지어는 발람의 짐승까지 사용하셨다! 사악한 대제사장이었던 가야바도 온 백성을 위한 그리스도의 죽음을 예언했다 (요 11:51, 52). 기적은 사단의 능력으로도 일어날 수 있고, 혹은 거짓으로 지어낸 것일 수도 있다. 애굽의 술객들은 실제로 모세가 행한 모든 기적을 똑같이 행할 수 있었다. 사도행전 19장을 보면, 스게와의 악한 아들들도 귀신을 쫓아냈다. 마태복음 24:24에서는 거짓 그리스도들과 거짓 선지자들이 일어나 표적과 기사를 행할 것을 예언하고 있다. 사단은 놀라운 일들을 행할 수 있으며, 어떤 개인을 속여서 그가 구원받았다고 생각하게끔 하기 위해서는 무슨 짓이라도 할 것이다.

기적과 예언과 기사(奇事)는 거룩한 삶과 견줄 만한 것이 못된다. 참된 거룩함이 없이는 아무도 하나님을 보지 못할 것이다(히 12:14). 하나님은 우리가 그분의 인격을 닮기 원하신다. "오직 너희를 부르신 거룩한 자처럼 너희도 모든 행실에 거룩한 자가 되라. 기록하였으되 '내가 거룩하니 너희도 거룩할지어다'하셨느니라"(벧전 1:15, 16). "하늘에 계신 너희 아버지의 온전하심과 같이 너희도 온전하라"(마 5:48). 하나님은 거룩하신 분이기 때문에 그분이 속에서 역사하시는 사람들도 점점 더 거룩함에 진보를 보일 것이다. 하나님은 온전하신 분이기 때문에 그분이 속에 거하고 계신 사람들도 그분의 온전한 목표를 향해 나아가는 것이다. 만일 여러분이 멈춰 있다면 혹은 반대 방향으로 나아가고 있다면, 스스로를 점검하는 것이 옳다.

온전함을 목표로 하여 추구해 나간다는 것은 우리가 결코 실패할 수 없다는 것을 뜻하지 않는다. 그것은 우리가 실패했을 때 잘 대처한다는 사실을 뜻한다. 참된 믿음을 지닌 사람들도 실패할 것이다. 그리고 어떤 경우에는 자주 실패할 것이다. 그러나 참된 신자라면, 삶의 한 양식(樣式)으로서 자신의 죄를 자백하고, 용서를 구하며, 하나님 아버지께 나아올 것이다(요일 1:9). **온전함**은 목표이고, **방향**은 그 평가 기준이다. 어떤 사람의 삶 가운데 은혜와 의로움과 거룩함이 자라나는 증거가 드러나지 않는다면, 아무리 그 사람이 그리스도의 이름으로 큰 일들을 했다고 생각하고 있더라도 그의 믿음의 실체를 검토해 보는 것이 순서이다.

제 18 장 심판의 확실성

순종이 없는 귀 : 공허한 마음을 가진 죄

우리 주님은 지금 간단한 예화를 들어 다가오는 심판의 위험을 부연 설명하신다. 이것은 산상설교의 결론이다. 이 예화는 그분이 믿음, 의 그리고 하나님의 표준에 따라 살아야 할 필요성에 대하여 말씀해 오셨던 모든 것을 보여 준다. 이것은 심판의 위험을 사람들에게 마지막으로 경고하신 것이다. "그러므로 누구든지 나의 이 말을 듣고 행하는 자는 그 집을 반석 위에 지은 지혜로운 사람 같으리니 비가 내리고 창수(漲水)가 나고 바람이 불어 그 집에 부딪히되 무너지지 아니하나니 이는 주초를 반석 위에 놓은 연고요, 나의 이 말을 듣고 행치 아니하는 자는 그 집을 모래 위에 지은 어리석은 사람 같으리니 비가 내리고 창수가 나고 바람이 불어 그 집에 부딪히매 무너져 그 무너짐이 심하니라."(마 7:24-27)

얼핏 보기에 매우 단순해 보이는 이 이야기는 사실상 머리는 지식으로 가득하지만 마음에는 믿음이 없는 사람들을 강력한 어조로 논평한 것이다. 이 말씀은 순종하는 사람과 그렇지 않은 사람을 대조하고 있다. 어떤 사람들은 듣고 그 말씀대로 행하지만, 어떤 사람들은 듣고도 행치 않는다. 우리 주님의 분명한 교훈은 이 둘의 차이가 영원한 영향을 끼치는 문제라는 것이다.

이 말씀은 산상설교의 중심 주제 곧 참된 의를 드러내지 않는 사람들은 천국에 들어가지 못할 것이라는 사실(마 5:20 참조)을 마지막으로 반복한 것이다. 이것은 하나님을 안다고 고백하고 스스로를 천국의 일원으로 생각하지만, 그 왕에게 속한 사람의 특성은 드러내지 못하는 사람들을 가리키고 있다.

마태복음 7:24-27에는 두 부류의 사람들이 묘사되어 있는데, 이것은 서로 다른 부류의 청중을 가리킨다. 둘 다 집을 지었다. 똑같은 폭우와 창수가 그들에게 밀어닥친 것을 보면, 그들은 분명히 같은 지역에 집을 지은 것이다. 심지어 집의 외형도 거의 똑같아 보였을 것이다. 예수님이 언급하신 유일한 차이는 집을 지탱하고 있는 기초 부분이다. 하나는 바위 위에 있고, 다른 하나는 모래 위에 있다. 이 이야기는 바리새인들의 종교 생활을 강력히 꾸짖은 또 하나의 예이다. 그들은 마음의 신령함, 심령의 정결함이나 행위의 온전함 등에는 관심이 없었다. 그들은 겉모습에만 관심을 기울일 뿐, 하나님께 순종하는 데는 관심이 없는 위선자들이었다. 그들의 전반적인 종교 생활은 마치 모래 위에 지어진 건물과 같았다. 그것은 얼핏 보기에는 훌륭해 보였을지 모르나, 끝에 가서는 반드시 무너지고야 말 헛수고에 지나지 않았다.

바리새인들은 기도하고, 금식하고, 구제했지만, 이는 단지 자신들의 경건함을 과시하고, 자기들의 명성을 높이기 위함이었다. 산상설교 가운데 많은 부분은 그들과 그들의 가르침으로 오염된 백성들을 향한 것이었다. 예수님은 심령의 가난함, 애통함, 온유함, 의에 주림, 긍휼히 여김, 그리고 청결함을 요구하시면서 당신의 메시지를 시작하셨다(마 5:1-8). 바리새인들은 이러한 특성들을 멸시해 왔을 따름이었다. 그들은 자랑, 영적 오만, 자기의, 그리고 눈에 보이는 종교 행위를 좋아했다. 예수님은 바리새인들의 의를 능가하는 의, 다시 말하면 그들의 종교에는 없는 의를 요구했다. 그분은 세세한 일을 따지고 들면서 율법의 진정한 목적은 무시한 채 율법을 문자적으로만 지키게 하는 그들의 종교 관행을 폭로하셨다(마 5:21-47). 이어서 그분은 그들의 외식하는 태도를 책망하시고(6:1-18), 판단하는 자세를 꾸짖으셨으며(7:1-5), 그들의 가르침에 이의를 제기하셨다.(7:15-20)

지금 예수님은 그들에게 당신의 말씀대로 **행하라고** 요구하신다(7:24). 말씀대로 행하는지 행하지 않는지가 그들이 현명한지 어리석은지를 드러내는 시금석이 될 것이다. 결과적으로 그들의 결정은 다음과 같은 두려운 말씀을 듣게 될 것인지 그렇지 않은지를 판가름할 것이다. "불법을 행하는 자들아 내게서 떠나가라."(7:23)

주석가들은 반석 위에 집을 짓는다는 것이 무엇을 뜻하는가에 대해서 다양한 해석들을 제시해 왔다. 어떤 이들은 구약 성경에서 하나님을 반석이라고 불렀다는 점에 주목했다(시 18:2). 또다른 사람들은 바울이 예수님을 유일한 반석으로 언급했다는 사실을 기억했다(고전 3:11). 그러나 이 본문 자체를 가지고 한번 살펴보자. "누구든지 나의 이 말을 듣고 행하는 자는 그 집을 반석 위에 지은 지혜로운 사람 같으리니"(24절). 그리스도의 말씀에 복종하는 것은 견고한 바위에 집을 짓는 것과 **같다**.

골로새서 1:21-23에는 다음과 같이 기록되어 있다. "전에 악한 행실로 멀리 떠나 마음으로 원수가 되었던 너희를 이제는……화목케 하사……너희가 믿음에 거하고 터 위에 굳게 서서." 잘 알려진 구절인 야고보서 1:22에서도 이렇게 말한다. "너희는 도를 행하는 자가 되고 듣기만 하여 자신을 속이는 자가 되지 말라." 요한1서 2:3, 4에는 다음과 같은 말씀이 있다. "우리가 그의 계명을 지키면 이로써 우리가 저를 아는 줄로 알 것이요." 디도서 1:15, 16은 이렇게 말한다. "더럽고 믿지 아니하는 자들……저희가 하나님을 시인하나 행위로는 부인하니 가증한 자요 복종치 아니하는 자요 모든 선한 일을 버리는 자니라."

이 모든 구절이 가르쳐 주는 것은 참된 신자라면 그리스도를 영접해 놓고 그분 안에 계속 거하지 않는 일이 없다는 사실이다. 그들은 그분의 말씀을 들으면서도 거기에 귀기울이지 않는 일이 없다. 그들은 하나님의 계명을 알면서도 지키지 못하는 일이 없다. 그리고 그들은 하나님을 안다고 말하면서도 행위로는 부인하는 일이 없다. 구원의 유일한 실증은 순종하는 삶이다. 이것만이 어떤 사람이 참으로 예수 그리스도를 알고 있는지를 보여 주는 유일한 증거이다. 만일 어떤 사람이 삶의 일관된 태도로써 그리스도께 순종치 않는다면, 그가 그분을 안다고 고백하는 것은 공허한 입놀림에 지나지 않는다.

잠깐 생각해 보자. 한 사람은 빠르고 쉬운 방법으로 자기 집을 지었고, 다른 사람은 힘든 방법으로 집을 지었다. 모래 위에 집을 지을 때는 준비가 필요없다. 땅을 팔 필요도 없다. 준비하지 않아도 된다. 단지 재빨리 세우기만 하면 된다. 그것은 지름길이라서 신속한 결과를 가져오지만, 오래 견디지는 못한다. 현대의 복음 전도가 대부분 모래 위에 집을 짓고 있다. 현대의 복음 전도는 죄를 자각할 시간이나 깊이 회개할 기회나 성령이 일하실 기회를 주지 않는다. 아더 핑크(Arthur Pink)는 이렇게 말했다. "자기가 잃어버린 바 되었다는 것을 느끼기도 전에 스스로 구원받았다고 말하는 사람들이 있다."⁵⁾ 예수님의 이름을 부르는 많은 사람들이 어리석게도 듣고도 행치 않음으로써 얕고 흔들리는 모래 위에 집을 짓고 있다(마 7:26 참조). 깊이 파서 올바른 기초를 놓지 않는 사람들을 허용하는 피상성이 현대 기독교의 표지(標識)가 되어 간다.

예수님은 현명한 사람이라면 비용을 계산하지 않고 망대를 세우지는 않는다고 말씀하셨다(눅 14:28). 그는 기꺼이 깊이 파고, 책임을 생각하며, 자기가 위임해야 하는 것이 무엇인지를 알고 있고, 그 일을 올바로 해나가기를 원한다. 이 사람이 듣고 행하는 사람이다.(마 7:24)

심판의 날이 다가오고 있다. 마태복음 7:25, 27에 기록된 바람, 비, 창수는 이 날을 가리킨다. 하나님은 심판의 폭풍우를 보내실 것이다. 어떤 사람은 서 있고, 어떤 사람은 넘어질 것이다. 서 있는 사람들은 참된 신자들이며, 넘어지는 사람들은 참되게 믿은 적이 결코 없는 사람들이다. 이 차이는 복음을 듣고 순종했는지 그리고 신앙고백을 한 뒤에 의로운 삶이 뒤따라 왔는지에 따라 판가름날 것이다. 이 비유의 말씀은 놀랍게도 앞에 있는 구절들의 경고와 일맥 상통한다. 이 모든 말씀들은, 참된 믿음의 시금석은 그것이 순종을 가져오는지의 여부에 달려 있다는 사실을 가르치고 있다.

예수님의 산상설교는 두려운 심판의 경고로 끝을 맺는다. "그 무너짐이 심하니라." 이것은 심판의 경고이며, 예수님의 설교의 특징으로서 현대 복음 전도의 경향과는 명백한 차이가 있다. 예수님이 가르치신 복음은 결정을 요구하며, 단순히 새로운 견해가 아니라 실제적인 순종의 반응을 요구한다.

이 설교의 결과는 무엇이었는가? 거대한 부흥 운동이었는가? 수천 명의 회심자들이었는가? 그렇지 않다. 누군가 회개했는지도 모르겠지만, 그 사실은 언급되어 있지 않다. 마태복음 7: 28, 29은 이렇게 말한다. "예수께서 이 말씀을 마치시매 무리들이 그 가르침에 놀라니 이는 그 가르치시는 것이 권세 있는 자와 같고 저희 서기관들과 같지 아니함일러라." 그분의 설교 방식을 분석한 것이 그들이 한 일의 전부였다! 바로 그것이 그분이 그렇게 하지 말라고 그들에게 권고하신 일이었다. 그들은 '놀랬다'. 헬라어에서 이 말의 문자적인 뜻은 '마음에 충격을 받았다'는 것이다. 오늘날의 말로 하면, 설교가 그들의 마음을 때렸다고 할 수 있을 것이다. 이것은 부정적인 반응은 아니었다. 실제로 오늘날 많은 사람들은 이것을 구원에 이르는 반응이라고 해석할는지도 모른다. 결국 이 사람들은 이와 같은 지혜를 들어 본 적이 없고, 그런 깊이를 알지 못했으며, 그런 부요한 진리를 이해한 적이 없음을 시인한 것이다. 이제까지 아무도 지옥에 관한 그런 두려운 경고를 한 적이 없었다. 그리고 분명히 이제까지 아무도 그처럼 종교 지도자들과 대결하지 않았다! 예수님은 그처럼 대담하게 말씀하신 것이다! 그분은 다른 랍비들을 인용하여 말씀하시지 않았으며, 스스로의 권위로 말씀하셨다. 그분은 놀라울 만큼 짧은 말씀으로 인간 삶의 모든 면을 다루셨다. 이런 깊은 통찰력이 단 한 번의 능력 있는 메시지로 나타난 적은 그때까지 한 번도 없었다. 무리는 그분이 기이한 분이라고 생각했다.

그러나 그것은 구원에 이르는 반응이 아니었다. 그들은 벌써 모래 위에 집을 짓기 시작한 것이다. 회개도 없었고, 순종하겠다는 표시도 없었다. 단지 분석만 했다. 그리고 거기에서 멈춰 버렸다.

참된 신자라면 거기서 멈출 수가 없다. 참된 신앙을 가진 사람이라면 주님의 말씀을 듣고 그대로 행하지 않을 수가 없다. 믿음이 있는 사람은 충격을 받고, 놀라고, 감탄하는 것에서 더 나아가 순종할 것이다. 그들은 견고한 바위 위에 집을 짓는다.

◆ 주(註) ◆

1) 예를 들면, 고린도전서 1:2과 6:11에서는 모든 신자들이 거룩해진다고 말하고 있다.

2) D. Martyn Lloyd-Jones, *Romans:The New Man* (Grand Rapid : Zondervan, 1974), p.190.

3) Zane C. Hodges, *The Gospel Under Siege*(Dallas:Redencion Viva, 1981), p.95 참조. 하지즈는 이렇게 썼다. "종종 바울의 말들은 일차원적으로 다루어진다. 그가 쓴 모든 서신이 이미 구원에 이르는 믿음을 가진 사람들 앞으로 보내진 것임에도 불구하고, 그의 말들은 너무나 종종 그가 끊임없이 자기 독자들의 영원한 운명에 대해 염려하고 있는 것처럼 받아들여지고 있다. 그러나 그가 그래야 할 이유는 없

다……바울 서신 가운데 그가 자기의 청중이 참된 그리스도인들로 이루어졌는지에 대해 의심을 나타낸 부분은 한 군데도 없다……혹시 그들이 거듭나지 않았을 수도 있다는 생각이야말로 사도의 마음과는 가장 먼 생각이다." 하지즈는 고린도후서 13:5을 언급하지 않거나 그 구절이 지니고 있을지도 모르는 제2의 가능성을 설명하려 하지 않는다. 목사로서 나는 바울이 그가 목회하는 무리의 운명에 대해 염려하지 않았다는 하지즈의 주장에 대해 이의를 제기한다. 나는 자기 교회 교인들 모두가 구원받았음을 확신한다고 말하는 목사를 알지 못한다. 바울은 이들 교회의 교인들에게-특히 고린도에 있는 교인들에게-그들의 신앙 고백의 실질을 점검해 보라고 장려할 이유가 얼마든지 있었다.

4) 앞의 책, p.121. 하지즈의 모든 저작의 주요 주제는 이것이다. "신자의 확신은 분명히 그 안에서 이런 확신이 주어지는, 직접적인 약속들에 달려 있는 것이지 다른 어떤 것에 달린 것이 아니다. 여기에서 **신자는 모름지기 자신의 행위 안에서 확신을 찾아야 한다는 주장은 중대하고도 근본적인 신학적 오류**라는 결론이 나온다."

5) Arthur Pink, *An Exposition of the Sermon on the Mount* (Grand Rapids : Baker, 1953), p.424.

제 19 장
제자가 치러야 할 값

앞에서 우리는 제자도에 대한 예수님의 요구에 대해 살펴보았다. 이 장에서는 이것을 더 자세하게 살펴보려고 한다. 자기를 부인하고 당신을 따르라는 예수님의 설교가 구원으로의 초대이지 '수준 높은 삶'에 대한 제안이거나 혹은 구원 이후에 따라오는 믿음의 제2단계를 의미하는 것이 아님은 두말할 나위 없다. 제자도와 구원을 서로 분리하는 오늘날의 가르침은 성경의 가르침과는 다른 것이다.[1]

모든 그리스도인은 제자이다.[2] 주님의 대위임령은 세상 모든 이에게 가서 "제자를 삼아……내가 너희에게 분부한 모든 것을 가르쳐 지키게 하라"(마 28:19-20)는 것이었다. 이 말씀은 교회의 사명이 - 따라서 복음 전도의 목표가 - 제자를 삼는 것이라는 말이다. 제자들은 믿는 사람들이고, 믿음으로 말미암아 예수님이 명하신 모든 것에 순종하는 사람들이다. 제자란 말은 사도행전을 통틀어서 줄곧 신자라는 말과 같은 말이었다(6:1, 2, 7 ; 11:26 ; 14:20, 22 ; 15:10). 이 두 용어를 서로 나누는 것은 매우 부자연스러운 일이다. 아무리 진지하고 선한 뜻으로 그렇게 했다고 해도, 그것은 예수님의 엄중한 요구를 무시하는 안이한 신앙을 낳을 뿐이다.

예수님은 제자들을 부르실 때 당신을 따를 경우에 치러야 할 대가에 대해 주의 깊게 가르치셨다. 기꺼이 헌신하기를 원치 않았던 두 마음을 품은 자들은 반응을 보이지 않았다. 그리하여 그분도 젊은 부자 관원처럼 값을 치르기를 주저하는 사람들에게서 돌아서셨다. 그분은 제자가 되기로 결심한 모든 사람들에게 치러야 할 값을 주의 깊게 계산해 보라고 경고하셨다. 누가복음 14:28-30에서 그분은 다음과 같이 말씀하셨다. "너희 중에 누가 망대를 세우고자 할진대 자기의 가진 것이 준공하기까지에 족할는지 먼저 앉아 그 비용을 예산하지 아니하겠느냐? 그렇게 아니하여 그 기초만 쌓고 능히 이루지 못하면 보는 자가 다 비웃어 가로되 '이 사람이 역사를 시작하고 능히 이루지 못하였다' 하리라."

이 구절에 대해서 존 스토트(John Stott)는 예리한 통찰력으로 다음과 같이 썼다. "그리스도인의 모습은 반쯤 짓다가 버려진 망루의 파편 - 곧 짓기는 시작했지만 완성할 수는 없었던 사람들이 남긴 잔해 - 이 널려 있는 모습이다. 이렇게 된 이유는 수많은 사람들이 아직도 그리스도의 경고를 무시하여, 우선 멈춰 서서 그분을 따르기 위해서 치러야 할 대가가 어떠한지를 생각해 보지도 않은 채 무작정 첫발을 내디뎠기 때문이다. 그 결과, 오늘날 기독교계의 커다란 문제거리인 이른바 '형식적인 기독교'가 생겨났다. 기독교 문화가 퍼져 있는 나라에서는 많은 사람들이 점잖은 듯하면서도 사실은 얄팍하기 그지 없는 기독교라는 허울을 쓰고 있다. 그들은 품위 있게 보일 정도로는 종교에 참여하지만, 불편할 정도로는 참여하지 않는다. 그들의 종교는 크고 편안한 안락 의자와 같다. 그들의 종교는 인생의 극심한 지루함으로부터 그들을 지켜 주는 한편 그들의 편리에 맞추어 입장과 형태를 바꾸어 준다. 그러므로 냉소가들이 교회 안에 있는 위선자들을 욕하고, 종교를 현실도피주의로 치부하는 것에 대해 전혀 놀랄 까닭이 없는 것이다."[3]

그리스도인은 단지 내세에 받을 불행을 피하기 위해 '화재 보험'에 가입한 사람이 아니다. 그동안 살펴본 바와 같이, 그리스도인은 순종과 복종 속에서 자신의 믿음을 드러내는 사람이다. 그리스도인은 그리스도를 따르는 사람이며, 주와 구주이신 그리스도께 무조건적으로 헌신하는 사람이고, 하나님을 기쁘시게 하기를 소원하는 사람이다. 그의 근본적인 목표는 모든 면에서 예수 그리스도의 제자가 되고자 하는 것이다. 그는 실패했을 때 용서를 구하고 앞으로 더 나아가기를 원한다. 이것이 그의 정신이며, 경향이다.

제 19 장 제자가 치러야 할 값

그리스도의 제자로의 부르심은 분명히 그와 같은 전적인 헌신만을 요구한다. 그것은 고의로 혹은 일부러 망설이는 일이 없는 완전한 헌신이다. 그 누구도 다른 조건으로는 그리스도께 나아올 수 없다. 단지 복음에 관한 일련의 사실들만을 인정하고서 자기가 좋아하는 대로 계속해서 살아갈 수 있다고 생각하는 사람들은 정말로 자신이 믿음에 있는가 시험해 보고 자신을 확증해 보는 일이 필요하다.(고후 13:5).

마태복음 10:32-39에서 예수님은 제자들에게 이렇게 말씀하셨다. "누구든지 사람 앞에서 나를 시인하면 나도 하늘에 계신 내 아버지 앞에서 저를 시인할 것이요 누구든지 사람 앞에서 나를 부인하면 나도 하늘에 계신 내 아버지 앞에서 저를 부인하리라……아비나 어미를 나보다 더 사랑하는 자는 내게 합당치 아니하고 아들이나 딸을 나보다 더 사랑하는 자도 내게 합당치 아니하고 또 자기 십자가를 지고 나를 좇지 않는 자도 내게 합당치 아니하니라. 자기 목숨을 얻는 자는 잃을 것이요 나를 위하여 자기 목숨을 잃는 자는 얻으리라."

우리 주님의 말씀 가운데 이보다 더 분명하게 제자됨에 관하여 말씀하신 구절은 없다. 그분은 가능한 한 가장 명료한 말로써 제자가 되기 위해 치러야 할 대가를 말씀하셨다. 이 말씀은 특별히 열두 제자들을 향해 가르치신 것이다.(마 10: 5) 그러나 이 말씀은 우리 모두에게 적용될 수 있는 제자도의 원칙이기도 하다. 마태복음 10:24에는 "제자가 그 선생보다 높지 못하니니"라는 말씀이 있다. 여기시 '제자(a disciple)'는 '어떤 제자(any disciple)라도'의 뜻이며, 그 다음 10장 마지막에 나오는 제자라는 용어는, 보편적인 제자를 가리키는 말로 쓰였다.

제자들을 좀더 헌신된 신자들이라는 별도의 집단으로 생각하는 사람들은 열 두 제자들 - 혹은 적어도 그들 중의 열한 명 - 이 이미 그리스도를 믿는 신자들임을 지적할 것이다. 따라서 그들은 구원에 이르는 믿음으로 그리스도께 나아온다는 것이 무엇을 뜻하는지 새롭게 배울 필요가 없었다. 대부분의 제자들은 의심할 바 없이 참된 신자들이었다. 그러나 그렇다고 해서 이 말씀이 그들에게도 해당된다는 사실이 없어지는 것은 아니다. 실상인즉,

그들은 이미 **제자**라고 불리고 있었던 것이다(10:1). 그러므로 이 말씀은 더 수준 높은 관계로 나아오도록 권유하는 것이 아니라, 그들이 처음 믿었을 때에 이미 갖추고 있었던 것을 상기시키는 말씀이다. 우리 주님은 계속해서 그들에게 그들의 믿음과 구원이 함축하고 있는 의미를 가르치시면서, 그들이 처음 그리스도를 따르기로 결심했을 때 했던 헌신을 계속 상기시키신다.

이 말씀은 우리에게도 그대로 적용된다. 누가복음 14:25-35에는 이와 비슷한 말씀이 더욱더 강경한 어조로 기록되어 있는데, 예수님은 이것을 열두 제자들만 아니라 그분의 말씀을 들으러 온 무리에게도 말씀하셨다.

마태복음 10:2은 열두 제자들을 '사도들'이라고 부른다. 그것은 '보냄 받은 자들'이라는 뜻이다. 기본적인 훈련을 마친 후에 예수님은 복음을 전파하기 위해 그들을 보내셨다. 그러나 임무를 위해 그들을 떠나 보내는 자리에서도 그분은 **사도**라고 하지 않으시고 **제자**라고 부르셨다. 그분의 말씀은 모든 제자에게 적용되는 것이며, 앞으로 예수님의 제자가 될 모든 사람들에게도 지표가 된다.

사람 앞에서 그리스도를 시인함

32-33절의 말씀은 마태복음 7:21-23에 나오는 두려운 심판 광경을 상기시킨다. "누구든지 사람 앞에서 나를 시인하면 나도 하늘에 계신 내 아버지 앞에서 저를 시인할 것이요, 누구든지 사람 앞에서 나를 부인하면 나도 하늘에 계신 내 아버지 앞에서 저를 부인하리라." 이 말씀은 사람 앞에서 시인하는 행위가 참된 그리스도인이 되는 조건이라는 뜻일까? 그렇지 않다. 그러나 그 말씀은 모든 참된 신자의 한 가지 특성이 사람들 앞에서 **결연히** 그리스도를 시인하는 것임을 뜻한다. 바울은 이렇게 썼다. "내가 복음을 부끄러워 하지 아니하노니 이 복음은 모든 믿는 자에게 구원을 주시는 하나님의 능력이 됨이라."(롬 1:16)

참된 제자도의 핵심은 예수 그리스도를 닮으려는 헌신된 마음이다. 이 말은 그분이 행하신 대로 행하고 기꺼이 그분과 똑같은 대우를 받고자 한다는 뜻이다. 이것은 적대적인 세상에 맞서서 두려움 없이 그렇게 행동한다는 뜻이다. 이것은 다른 사람들 앞에서 예수님을 주로 고백하고 예수님도 또한 하나님 아버지 앞에서 우리를 위하여 말씀하실 것을 확신한다는 뜻이다.

'시인'은 지지하는 것이고, 인정하는 것이며, 동의하는 것이다. 이 말은 동일시, 믿음, 확신, 그리고 신뢰를 뜻하는 말이다. 사람은 로마서 10:9의 말씀대로 입으로 그리스도를 시인할 수 있고, 디도서 1:6처럼 의로운 행위로 그분을 시인할 수도 있다. 우리는 '사람 앞에서' 그리스도를 시인해야 한다는 교훈을 받았다. 이 말은 시인의 공적인 성격을 강조한 것으로서 이런 의미는 회피할 수 없는 것이다. 로마서 10:10은 "사람이 마음으로 믿어 의에 이르고 입으로 시인하여 구원에 이르느니라"고 기록하고 있다. 마음으로 참되게 믿었다면, 입으로 시인하고자 하는 열망이 생길 것이다. 시인은 단지 인간의 행위만은 아니다. 그것은 하나님께서 하게 하시는 행위로서 믿는 행위에 뒤따르는 것이지만, 결코 믿는 행위와 분리되지 않는다. 다시 말하거니와 그것은 참된 믿음의 특징이지 구원의 추가 조건이 아니다.

요한 일서 4:15은 다음과 같이 말하고 있다. "누구든지 예수를 하나님의 아들이라 시인하면 하나님이 저 안에 거하시고 저도 하나님 안에거하느니라." 참된 그리스도인의 표지는 무엇인가? 그것은 바로 예수님을 하나님의 아들이라고 시인하는 것이다.

이 말은 제자가 항상 주님을 옹호하리라는 의미는 아니다. 베드로는 주님을 배반하던 날 밤에 그분을 세 번이나 부인했다. 디모데는 에베소 교회의 목사로서 생각컨대 바울의 제자들 가운데 가장 뛰어난 인물이었다. 그런 탁월한 목사로서의 은사를 구비한 이 헌신적인 젊은이는 매우 모범적인 제자였다. 그러나 그는 잠시 영적 침체를 겪었거나 혹은 쉽게 두려움을 느꼈던 듯하다. 바울은 그에게 이렇게 편지했다. "우리 주의 증거를 부끄러워 말고"(딤후 1:8). 실패의 순간이 있다고 해서 제자의 자격이 취소되는 것은 아니다. 우리는 모두 기꺼이 그리스도를 인정하기보다는 종종 사람들 앞에서 그리스도를 시인하는 데 실패한다. 그러나 우리가 참된 제자라면 고의로 혹은 계획적인 방법으로 모든 사람 앞에서 매번 우리의 신앙을 숨기지는 않을 것이다.

그리스도는 하늘에 계신 아버지 앞에서 우리를 시인하실 것이라고 말씀하셨다(마 10:32). 이것은 무슨 뜻인가? 그리스도는 심판날에 "이 사람은 내 사람"이라고 말씀하실 것이다. 그분은 당신께 충성을 다한 사람들에게 당신의 신실함을 보여 주실 것이다. 또 한편으로는 다음과 같은 말씀도 있다. "누구든지 사람 앞에서 나를 부인하면 나도 하늘에 계신 내 아버지 앞에서 저를 부인하리라"(10:33). 이 말씀은 애초부터 공개적으로 반대했던 사람들, 즉 지독스레 그리스도를 부인하고, 그분을 경멸하거나 미워하며, 그분을 거슬려 말하고, 그분의 이름을 모독하는 사람들에 대한 말씀이 아니다. 물론 이 진리는 그와 같은 사람들에게도 그대로 적용된다. 그러나 여기서 우리 주님은 특별히 거짓 제자들, 즉 그리스도인이 되겠다고 했으나 실제로는 그렇게 하지 않은 사람들을 말씀하고 계신다.

시련을 당하게 되면 그들은 침묵으로, 행위로, 또는 말로써 계속해서 주님을 부인한다. 사실, 여기에 나타난 의미는 이 모든 것을 포함한다. 그 구절은 삶 전체가 그리스도를 부인하는 사람에 대해 말하고 있다. 자신은 믿는다고 주장할지 모르지만, 그의 삶의 모든 면은 그것이 거짓임을 증거하고 있다(딛 1:16 참조). 교회는 제자인 체하면서도 매우 불온한 방식으로 주님을 부인하는 사람들로 가득 차 있다. 그리스도께서는 하나님 앞에서 그들을 부인할 것이다.

마태복음 25:31-46에는 심판날에 일어날 일이 자세하게 기록되어 있다. 여기서는 특별히 마지막 환난날에 양과 염소를 가르는 것, 즉 민족들에 대한 심판을 묘사하고 있다. 하지만 이 원칙은 하나님의 심판의 모든 국면에서 개개인들에게도 적용된다. 여기서 주님은 양들-그분을 시인한 자들-은 그 오른편에, 염소들-그분을 부인한 자들-은 그 왼편에 놓으시고, 양들을 천국으로 인도하신다. 이들은 그분을 시인했던 의로운 사람들이다. 그 이유를 예수님은 이렇게 말씀하신다. "내가 주릴 때에 너희가 먹을 것을 주었고, 목마를 때에 마시게 하였고, 나그네 되었을 때에 영접하였고, 벗었을 때에 옷을 입혔고, 병들었을 때에 돌아보았고, 옥에 갇혔을 때에 와서 보았느니라"

(25:35-36). 다시 한 번 우리는 그들의 삶의 방식에서 그리스도를 알고 있다는 그들의 주장이 진실임을 보게 된다. 그리스도 안에 있는 믿음을 가지고 일관된 자세로 살지 못한 사람들은 영벌에 들어가게 된다.(25:46)

최고의 우선권을 드림

참된 제자의 두 번째 증거는 그가 심지어 자신의 가족보다도 더 그리스도를 사랑한다는 것이다(마 10:34-37). 특별히 37절의 말씀은 매우 강경하다. "아비나 어미를 나보다 더 사랑하는 자는 내게 합당치 아니하고, 아들이나 딸을 나보다 더 사랑하는 자도 내게 합당치 아니하고" 병행구인 누가복음 14:26-27은 이보다도 더 강경하다. "무릇 내게 오는 자가 자기 부모와 처자와 형제와 자매와 및 자기 목숨까지 미워하지 아니하면 능히 나의 제자가 되지 못하고". 그렇다면 제자가 되기 위해서는 문자 그대로 자기 가족을 미워해야만 하는 것일까? 분명히 이 말씀은 "네 부모를 공경하라"(출 20:12), "남편들아 네 아내를 사랑하라"(엡 5:25)는 하나님의 명령을 거스르는 것이 아니고 증오를 부추기기 위해 하신 것도 아니다. 이 구절의 핵심은 "자기 목숨까지 미워하지 아니하면"(눅 14:26)이라는 말씀이다. 주님은 우리가 가족에 대한 것 이상으로-특히 자기 자신보다-더욱더 그분께 충성해야만 한다고 말씀하시는 것이다. 성경은 우리에게 자기를 부인하고(마 16:24), 자신을 죽은 자로 여기며(롬 6:11), 옛 사람을 벗어 버리고(엡 4:22), 어떤 의미로든 우리 자신의 이기적인 면을 최대 한도로 멸시하라고(고전 9:27 참조) 가르치고 있다. 우리는 자신의 재산이나 가족에 대해서까지도 이와 같은 태도를 지녀야만 한다.

이 말씀은 왜 그토록 엄중한가? 그리스도께서는 왜 그런 공격적인 단어를 쓰셨을까? 그 이유는 주님께서 헌신되지 않은 자들은 쫓아내고, 참된 제자들을 곁에 두기를 바라셨기 때문이다. 그분은 마음이 반쪽으로 나누인 사람들이 자신이 천국에 들어와 있다고 생각하면서 스스로 속는 것을 원치 않으신다. 그분은 우선 순위에서 최고가 되시지 않는다면, 적절한 자리를 받으신 것이 아니다.

십자가를 짐

그리스도를 받아들이고 기꺼이 자신의 생명을 잃어버리고자 하지 않는 사람은 그분께 합당치 않다(마 10:38). 그런 사람은 제자가 될 수 없다(눅 14:27). 이와 같은 말씀들은 우리 세대에 유행처럼 퍼져 있는, 즉석에서 회심시키려는 시도와는 어울릴 수가 없다. 예수님은 사람들의 주변 환경 가운데 하나가 되기를 원치 않으신다. 그분은 제자들이 기꺼이 모든 것을 포기하기를 원하신다. 이것은 그분을 위해 자기 목숨까지 기꺼이 바칠 수 있을 만큼 철저히 자신을 부인할 것을 요구한다.

"자기 십자가를 지고 나를 좇지 않는 자도 내게 합당치 아니하니라"고 하신 마태복음 10:38의 말씀은 괴로운 상황이나 만성적인 질병 혹은 신경질적인 배우자 등과 같은 '십자가'를 견디라는 뜻이 아니다. 우리 모두는 이 본문을 영적으로 해석하여, 마음씨 고약한 계모로부터 지붕이 새는 1957년형 시보레 자동차까지 온갖 잡다한 것으로 해석하는 설교를 들어 왔다. 그러나 이것은 예수님 당시의 1세기 사람들이 이해했던 **십자가**의 의미가 아니다. 그들은 그 말을 듣고 오랜 고통이나 괴로운 짐같은 것을 마음에 떠올리지 않았다. 심지어 그 말은 갈보리의 광경을 떠올리게 하지도 않았다. 왜냐하면 아직 주님이 십자가를 지시지 않았을 뿐만 아니라 그들은 그분이 그러리라고 상상도 할 수 없었기 때문이다. "자기 십자가를 지라"고 말씀하셨을 때, 그들은 고문과 죽음의 잔인한 기구를 생각했다. 그들은 인간이 알고 있는 가장 고통스런 방법으로 죽는 것을 생각했다. 그들은 길가에서 십자가에 매달려 있는 처참하고 저주 받은 범죄자들을 생각했다. 의심할 바 없이 그들은 당시 풍습에 따라 그렇게 처형된 사람들을 본 일이 있었다. 그들은 그분이 당신을 위해 목숨을 내놓으라고 요구하신다는 사실을 알았다. 그들은 그분이 자기 자신들에게 최고의 희생을 요구하시며, 모든 면에서 그분을 주님으로 알아 복종하기를 원하신다는 것을 깨달았다.

제 19 장 제자가 치러야 할 값

　예수님은 끝으로 제자도의 의미에 가장 역설적인 사상을 덧붙이셨다. "자기 목숨을 얻는 자는 잃을 것이요 나를 위하여 자기 목숨을 잃는 자는 얻으리라"(마 10:39). '자기 목숨을 얻는 자'는 압박을 받았을 때 그리스도를 부인함으로써 자기의 육신적 안전을 꾀하는 사람이나 혹은 십자가를 지기보다는 살기 위해 집요하게 애쓰는 사람을 말한다. 그의 첫째 관심사는 자신의 육신적인 생명을 보호하는 것이기 때문에, 이런 사람은 자신의 영원한 생명을 잃게 된다. 반대로 그리스도를 위해 자기 생명을 기꺼이 버리는 사람은 영생을 얻을 것이다.

　성경은 순교라는 말로써 구원을 가르치지는 않는다. 주님은 제자들에게 당신을 위해 죽기를 **힘쓰라고** 충고하시는 것이 아니다. 그분은 또다시 하나의 삶의 방식, 혹은 경향을 가르치고 계신다. 그분은 참된 그리스도인이라면 죽음 앞에서도 뒤로 물러나서는 안된다고 말씀하시는 것뿐이다. 다른 말로 표현하면, 참된 제자는 자기 자신을 바쳐서라도 주님을 따르는 방향으로 나아간다는 것이다.

　다시 말하거니와, 이 말은 베드로와 같은 일시적인 실패까지도 허용하지 않을 정도로 절대적이지는 않다. 그러나 결국 베드로는 스스로 참된 제자임을 입증했다. 예수님을 위해 자신의 목숨을 기꺼이 바칠 때가 왔던 것이다.

　누가복음 9:23에는 이와 비슷한 예수님의 말씀이 기록되어 있다. "아무든지 나를 따라오려거든 자기를 부인하고 날마다 제 십자가를 지고 나를 좇을 것이니라." 여기서 '날마다'라는 말이 한마디 덧붙여진 것에 주의할 필요가 있다. 제자들의 삶에는 박해가 따르기 마련이다. 그러므로 날마다 자기를 부인하는 삶이어야만 한다. 바울은 고린도 교인들에게 이렇게 썼다. "형제들아, 내가 그리스도 예수 우리 주 안에서 가진 바 너희에게 대한 나의 자랑을 두고 단언하노니, 나는 날마다 죽노라."(고전 15:31)

　날마다 자기를 부인한다는 것은 예수님을 믿는 것을 순간적인 결심으로 보는 요즘의 개념과는 어울리지 않는다. 자동차의 범퍼 스티커에 쓰여 있는 "일단 한번 믿어보십시오"라는 문구는 참된 제자도와는 동떨어진 생각이다. 믿음은 한번의 시도가 아니라, 평생에 걸친 헌신이다. 믿음은 날마다 십자가를 지는 것이며, 유보나 불확실함이나 주저함이 없이 그날그날 그리스도를 위해 모든 것을 바치는 것이다. 믿음은 알면서도 망설이거나 고의적으로 예수님의 주권을 막거나 혹은 완고하게 그분의 다스리심을 거부하는 일이 없는 것을 뜻한다. 믿음은 고통스럽더라도 세상과의 유대를 끊어버리고, 빠져나갈 통로를 막아 버리며, 실패할 경우 뒤로 물러가 의지할 수 있는 안전 보장책 같은 것을 걷어 치우기를 요구한다. 참된 신자는 자신이 죽을 때까지 그리스도와 함께 앞으로 나아갈 것을 **알고 있다**. 그는 손에 쟁기를 들고 뒤를 돌아보지 않을 것이다.(눅 9:62)[41]

이것이 바로 당신이 예수 그리스도를 따르겠다고 서명할 때 있어야 할 모습이다. 이것이 바로 참된 제자도의 본질이다.

♦ 주(註) ♦

1) Zane C. Hodges, *The Hungry Inherit* (Portland:Multnomah, 1980), pp.83-84. 참조. 하지즈는 말하기를 "어떤 사람이 하나님 나라에 들어가는 것이 그의 제자됨에 달려 있지 않다는 것은 얼마나 다행한 일인지 모른다. 만약 그렇다면 그 나라에 들어가는 사람이 거의 없지 않겠는가!"라고 했다. 하지만 바로 그것이야말로 예수님께서 문은 좁고 길이 협착하다고 말씀하시면서 친히 가르쳐 주신 것이 아니겠는가? "찾는 이가 적음이니라."(마 7:14)

2) 모든 제자가 반드시 참된 그리스도인은 아니라는 사실은 분명하다(요 6:66 참조). **제자**라는 말은 때로 성경에서 일반적인 의미로 사용되어 유다처럼 겉으로만 그리스도를 따라다닌 사람들을 묘사하는 데 쓰이기도 했다. 그러나 그 말은 분명히 수준 높은 신자를 가리키는 말로 제한되어 쓰이지는 않았다. 예를 들어, 마태복음 8:21-22에 나오는 제자는 헌신된 구석이 조금도 없다.

3) John R. W. Stott, *Basic Christianity* (London:Inter-Varsity, 1958), p.108.

4) 우리 주님은 같은 이 구절에서, 뒤를 돌아보는 자는 하나님의 나라에 합당치 아니하다고 말씀하신 사실에 주목해야 한다.

제 20 장
그리스도의 주인되심

최근에 나는 주님되심을 인정하는 구원을 통렬히 비난하는 잡지 기사를 읽었다. 이 기사는 다음과 같은 질문으로 시작된다. "사람은 구원의 조건으로서 반드시 그리스도를 주로 삼아야만(make) 하는가?" 저자는 두 면밖에 안 되는 짧은 글에서 10번이나 그리스도를 자기 생의 '주로 삼는다'는 표현을 썼다.[1] 이런 용어는 우리 세대에서는 너무도 친숙한 것이어서 어떤 그리스도인들은 이 용어를 성경적이라고까지 여기고 있을 정도이다. 사실은 그렇지 않다.

성경은 누가 그리스도를 주로 '삼을' 수 있다고 결코 말하지 않는다. 오직 "예수를 주와 그리스도가 되게 하시는"(행 2:36) 분은 한 분뿐이다. 그분은 모든 이의 주님**이시다**(롬 14:9 ; 빌 2:11). 그리고 성경이 죄인들과 성도들에게 명하는 것은 그리스도를 주로 '삼으라'는 것이 아니라, 그분의 주님 되심에 복종하라는 것이다. 그분의 주님되심을 거부하거나 단지 입술로만 그분의 통치에 복종하는 사람들은 구원받지 못한다(고전 12:3 ; 눅 6:46-49 참조). 우리는 말이나 머리로 그리스도의 주님되심을 인정한 많은 사람들이 하늘에 계신 아버지의 뜻대로 행치 않았기 때문에 결국에는 천국으로부터 내쫓기게 될 것이라는 사실을 마태복음 7:22의 예수님의 말씀을 통해 배웠다. 하나님의 말씀을 믿는 모든 사람들은 예수님이 주님이라는 사실을 인정할 것이다. 그분은 사람들이 그분의 주님되심을 인정하고 그분의 주권에 복종하든지 혹 그렇지 않든지 간에 언제나 그리고 영원히 주님이 되신다.

그럼에도 불구하고 몇몇 현대 복음 전도 저술가들은 그리스도의 주님되심이 복음 메시지에 포함되어야만 한다는 사실에 의문을 제기한다. 그리스도가 주님이 되신다는 사실은 부인하지 않지만, 그들은 그것이 불신자들에게 전하는 복음에서는 빼는 것이 제일 좋은 진리라고 주장한다. 내가 앞에서 말한 그 기사는 이렇게 말한다. "그리스도를 개인의 구주로 믿고 거듭나는 것은 긴요한 일이다. 그러나 이것은 단지 첫 결심에 지나지 않는다. 예수님을 주님으로 인정하는 일은 신자가 할 일이다[원문대로]…… 그리스도를 구주로 믿기로 결심하는 것과 그리고 나서 그분을 주님으로 삼기로 결심하는 것은 서로 분리된 별개의 결심이다[원문대로]. 첫 번째의 경우는 불신자들이 하는 것이고, 두 번째는 신자들만이 하는 것이다. 이 두 결심은 시간적으로 가까울 수도 있고 멀 수도 있다. 그러나 구원은 언제든지 주님되심보다 먼저 일어난다. 그리스도를 자기 삶의 주인으로 삼은 적이 없더라도 구원받는 일은 가능하다. 비록 좀 빈약하겠지만 말이다."[2]

이런 주장은 예수님이 전하신 복음과 같은 것일까? 결코 그렇지 않다. 우리는 예수님이 불신자들과의 논쟁에서 자주 자신의 주님되심이라는 문제를 중요한 쟁점으로 부각시키셨다는 사실을 알고 있다. 예를 들어, 마태복음 19장에서 젊은 부자 관원에게 요구하셨던 것은 바로 그분의 주권을 깨달으라는 것이었다. 마태복음 7:21-22과 누가복음 6:46-49에서, 그분은 당신을 주라고 부르면서도 실제로는 그분을 참되게 알지 못했던 사람들의 허망한 고백을 책망하셨다. 그리고 신적인 권위에 대한 순종이 천국에 들어가는 전제 조건이 됨을 분명히 하셨다. 분명히 그분의 주님되심이야말로 구원의 메시지에서 없어서는 안될 부분이다.

성경은 '주님'이라는 이름 안에 들어 있는 수많은 영원한 속성에 대해 가르쳐 준다. 이런 것들은 모두 구원을 위해서 믿어야 하는 진리의 일부분을 차지한다.

예수님은 하나님이심

예수님을 주님이라고 부르기 위해서는 먼저 그분이 전능하신 하나님, 곧 창조주시요 만물을 유지하시는 분이라는 사실을 깨달아야 한다(골 1:16-17). 이것은 진리에 대한 심오한 고백이다. 성경이 예수님을 하나님으로 가르친다는 사실에는 의심할 여지가 전혀 없다. 단지 이단들과 불신자들만이 이러한 진리를 무시할 뿐이다. 성경은 그분을 하나님으로 선언한다(요 1:1, 14참조). 하나님 아버지도 그분을 하나님으로 말씀하신다(히 1:8). 그분은 하나님의 속성을 드러내신다. 즉 그분은 편재(遍在)하시고(마 18:20), 전능하시며(빌 3:21), 불변하시고(히 13:8), 죄를 용서하시며(마 9:2-7), 경배를 받으시고(마 28:17), 또한 만물에 대해서 절대적인 주권을 행사하신다(18절). 그리스도 안에는 신성의 모든 충만이 육체로 거하신다(골 2:9). 그분은 하나님 아버지와 하나이시다. 요한복음 10:30에서 그분은 명백하게 "나와 아버지는 하나이니라"고 말씀하셨다.

우리는 그리스도의 행적을 읽을 때 일하고 계시는 하나님을 본다. 신약 성경에 기록된 그분의 말씀을 들을 때, 우리는 하나님의 말씀을 듣는다. 그리스도께서 감정을 나타내실 때, 우리는 하나님의 심정을 헤아릴 수 있다. 그리고 그분이 무엇을 지시하시면 그것은 하나님의 명령이 된다. 그분이 알지 못하는 것과 그분이 할 수 없는 것은 아무 것도 없으며, 그분이 실패할 일이란 도무지 없다. 그분은 모든 면에서 완전히 하나님이시다.

예수님은 주권자이심

주 하나님과 마찬가지로, 예수 그리스도도 주권자이시다. 예를 들어, 그분은 안식일의 주인이라고 말씀하셨는데(마 12:8), 이는 입법자로서의 그분의 권위가 법의 권위까지도 능가함을 뜻하는 것이다. 요한복음 5:17에서 예수님은 바리새인들이 자의로 만든 안식일 규례를 거부하시고 당신의 권한을 변호하셨다. "내 아버지께서 이제까지 일하시니 나도 일한다." 이와같이 그분은 하나님과 동등한 권위를 주장하셨고, 그에 대해 크게 격분한 유대 지도자들은 그분을 죽이려고까지 했다(5:18). 예수님은 이러한 반대에 부딪히셨을 때, 완고한 불신자들과 논쟁을 벌이지 않으셨다. 그분은 번거롭게 이론 싸움에 나서지 않으셨다. 그분은 단지 하나님과 동등한 당신의 고유 권위를 다시금 말씀하셨을 따름이었다. (19-47절, 요 10:22-42 참조)

그분의 때가 이르기 전에는 유대인들이 그분을 죽일 수 없었다는 사실은 그분의 주권을 더 분명하게 보여 주는 증거였다. "내가 다시 목숨을 얻기 위하여 목숨을 버림이라. 이를 내게서 빼앗는 자가 있는 것이 아니라 내가 스스로 버리노라. 나는 버릴 권세도 있고 다시 얻을 권세도 있으니"(요 10:17-18). 그분의 권세는 모든 사람에게 미친다. 사실상 모든 심판은 그분께 위임되었다. "아버지께서 아무도 심판하지 아니 하시고 심판을 다 아들에게 맡기셨으니"(요 5:22). "**모든** 사람으로 아버지를 공경하는 것같이 아들을 공경하게"(5:23) 하시려고 모든 심판권이 예수님께 주어졌다. 이와 마찬가지로 아들을 공경하지 않는 사람은 또한 아버지를 공경하지 않는 것이다.

마지막 심판날에는 모든 무릎이 꿇게 되고, 모든 입이 그리스도를 주라 시인하여 하나님 아버지께 영광을 돌리게 될 것이다(빌 2:11-12). 물론 이 말씀은 모든 사람이 구원받게 될 것이라는 뜻은 아니다. 다만 불신 가운데 죽은 사람들까지도 예수님의 주권을 고백해야만 할 것이라는 뜻이다. 그분의 통치권에는 제한이 없다. 마스터즈 신학교(The Master's Seminary)의 마크 뮬러 박사(Dr. Marc Mueller)는 예수님의 주권이 미치는 범위를 다음과 같이 표현한다. "그분은 전능하신 하나님이시며, 비할 데 없는 우주적 통치자이시다. 그분은 창조주이시며 또한 구주로서(요 1:9-13), 당신의 장엄하고 진실된 권위에 순종과 복종을 요구하실 권한과 능력을 지니고 계신다."[3]

예수님은 구주이심

예수님은 주권자이신 하나님이심에도 불구하고, 스스로 인간의 육체라는 한계를 입으시고 사람들 가운데 사람으로 사셨다. 땅에 계시는 동안, 그분은 인간의 모든 슬픔과 고통을 겪으셨다 ─ 그러나 결코 죄는 범하지 않으셨다(히 4:15). 그분은 땅에 계시면서 사랑을 나타내셨고, 능력을 드러내셨으며, 행동으로 하나님의 의를 나타내셨다. 그러나 그분은 종의 태도를 취하셨다. 성경은 그분을 다음과 같이 묘사한다. "오히려 자기를 비어 종의 형체를 가져 사람들과 같이 되었고 사람의 모양으로 나타나셨으매 자기를 낮추시고 죽기까지 복종하셨으니 곧 십자가에 죽으심이라."(빌 2:7-8)

다른 말로 하면, 그분은 우리 모두를 통치하시는 주님이심에도 불구하고 인간이 알고 있는 가장 고통스럽고 굴욕적인 죽음을 기꺼이 받으시기까지 모든 것을 내어 주셨다. 그분은 우리를 위해서 그렇게 하셨다. 그분은 죄가 없으셨으므로 죽으실 이유가 없지만(롬 6:23 참조), **우리의** 죄 때문에 고초를 겪으셨다. "친히 나무에 달려 그 몸으로 우리 죄를 담당하셨으니 이는 우리로 죄에 대하여 죽고 의에 대하여 살게 하려 하심이라."(벧전 2:24)

우리를 위한 그리스도의 죽음은 마지막 제사였다. 이로 인해 우리의 죄값은 완전히 치루어졌고, 하나님과 화목할 수 있는 길이 열렸다. 로마서 5:8-9은 이렇게 말한다. "우리가 아직 죄인되었을 때에 그리스도께서 우리를 위하여 죽으심으로……이제 우리가 그 피를 인하여 의롭다 하심을 얻었은즉 더욱 그로 말미암아 진노하심에서 구원을 얻을 것이니."

심지어는 죽음에 대해서도 그리스도는 주가 되신다. 그분의 부활이 그 증거이다. 바울은 그리스도께서 "죽은 가운데서 부활하여 능력으로 하나님의 아들로 인정되셨다"(롬 1:4)하고 썼다. 빌립보서 2:9-11에는 그리스도의 낮아지심과 죽음에 대한 하나님 아버지의 응답이 묘사되어 있다. "이러므로 하나님이 그를 지극히 높여 모든 이름 위에 뛰어난 이름을 주사 하늘에 있는 자들과 땅에 있는 자들과 땅 아래 있는 자들로 모든 무릎을 예수의 이름에 꿇게 하시고 모든 입으로 예수 그리스도를 주라 시인하여 하나님 아버지께 영광을 돌리게 하셨느니라."

그러므로 사람들에게 그리스도를 구주로 영접하라고 권할 때, 그분이 주님이시라는 사실과 하나님 아버지께서 그렇게 선언하셨으며 또한 그분의 주권에 모두 무릎을 꿇도록 요구하신다는 사실을 받아들이도록 요구해야 할 것이다. 구원은 그분을 영접한 사람들에게 주어진다(요 1:12). 그러나 그들은 그분이 "복되시고 홀로 한 분이신 능하신 자이며 만왕의 왕이시며 만주의 주"(딤전 6:15)시라는 사실을 깨닫고 그분을 영접해야만 한다.

예수님은 주님이심

예수님은 주님이시다. 성경은 모든 면에서 그리스도의 주님되심을 증거한다. 그분은 심판에 있어서 주가 되신다. 그분은 안식일의 주인이시다. 그분은 만유의 주이시다(행 10:36). 그분은 신약 성경에서만도 무려 747번이나 주(kurios)로 불리우셨다.[4] 사도행전만 보더라도 무려 92번이나 그분을 주라고 했다. 반면에 그분을 구주라 부른 것은 단지 두 번뿐이다. 초대 교회의 설교에서는 분명히 그리스도의 주님되심이 그리스도에 대한 메시지의 핵심이었다.

복음 메시지에서 예수님의 주님되심이 핵심을 이루고 있다는 사실은 성경이 구원이라는 말을 제시하는 방식을 살펴볼 때 분명히 알 수 있다.

그리스도를 구주로 믿는 것과 그분을 주로 알고 복종하는 것을 구분하는 사람들은 성경에서 믿음을 권유하는 다음과 같은 사례들을 볼 때 어려움에 빠진다. "누구든지 주의 이름을 부르는 자는 구원을 얻으리라"(행 2:21), "그런즉 이스라엘 온 집이 정녕 알지니 너희가 십자가에 못박은 이 예수를 하나님이 **주와 그리스도**가 되게 하셨느니라"(행 2:36). "**주** 예수를 믿으라 그리하면 너와 네 집이 구원을 얻으리라(행 16:31). 그리고 특히 로마서 10:9-10은 명백하게 선언하고 있다. "네가 만일 네 입으로 **예수를 주로** 시인하며 또 하나님께서 그를 죽은 자 가운데서 살리신 것을 네 마음에 믿으면 구원을 얻으리니."

이 구절들은 모두 두말할 나위 없이 그리스도의 주님되심을 구원을 위해 믿어야만 될 복음의 일부로 넣고 있다. 예수님의 주님되심 속에는 통치, 권위, 주권, 그리고 지배권의 개념이 들어 있다. 이러한 개념들이 "예수를 주로 시인하며"(롬 10:9)라는 구절 속에 들어 있다면, 구원받기 위해 그리스도께 나아온 자들이 그분을 주로 알아 기꺼이 복종해야 하는 것은 당연한 일이다.

주님되심을 인정하는 구원을 반대하는 사람들이, 로마서 10장에 공격의 초점을 맞추고 있다는 사실은 놀라운 일이 아니다. 최근 몇 년 동안 사람이 어떻게 해야 예수님을 주로 시인할 수 있겠는가 하는 문제를 설명하고자 하면서도 그분의 권위는 계속 부인하는 책들이 많이 나왔다. 어떤 사람들은 성경에서 복음과 관련해 사용한 **주**라는 용어는 '절대적인 지배자'의 뜻이라기보다는 '신성(神性)'의 뜻이라고 주장한다. 찰즈 라이리(Charles Ryrie)는 이렇게 주장하고 있는 사람들 가운데 가장 두드러진 인물이다. 그는 이렇게 썼다.

> 주(Lord)가 〔종종〕 지배자(Master)를 뜻하고 있음은 분명하다. 그러나 신약 성경에서 그 말은 하나님(행 3:22), 임자(눅 19:33), (존칭의) 주(sir, 요 4:11), 사람이 만든 우상(고전 8:5)을 뜻하기도 하고, 심지어는 한 여인의 남편(벧전 3:6)을

제 20 장 그리스도의 주님되심

뜻하기도 한다……

고린도 전서 12:3에서 바울은 "성령으로 아니하고는 누구든지 예수를 주[문자적으로는, 주 예수]시라 할 수 없느니라"고 말했다. 여기서 주는 분명히 여호와 하나님을 뜻하는 것이다. 왜냐하면 구원받지 않은 사람도, 하나님의 영이 그 속에 있기 전부터 존칭으로 그리스도를 주라 말할 수 있고 또 실제로 그렇게 말하기 때문이다……

왜 주 예수[신인(神人, God-Man)을 뜻하는]라는 말은 사람을 인도하시는 하나님의 영에 의하지 않고는 부를 수 없을 정도로 중요한 호칭인가? 왜냐하면 그것은 구주의 독특성에 초점을 맞추고 있다는 뜻에서 우리의 구원의 본질이 되기 때문이다. 대체로 세속의 모든 '구원자들'은 추종자들의 삶을 지배하고자 한다……그러나 기독교 이외의 어느 종교가 한 인격 안에 하나님이면서 동시에 사람이기도 한 구원자를 가지고 있겠는가? **고린도전서 12:3의 주가 지배자를 뜻한다면, 그런 독특성을 주장할 수 없게 된다.** 그러나 이 구절에서 주가 여호와 하나님을 뜻한다면, 예수님은 독특하신 분이 되고, 따라서 이것이야말로 기독교에서 전파하는 구원 메시지의 핵심이 되는 것이다.

이와 똑같은 강조가 로마서 10:9에도 보인다. "네가 만일 네 입으로 예수를 주로 시인하면……구원을 얻으리니." 이것은 예수님을 하나님으로 시인하는 것이며, 결국 죄로부터 구원하여 주실 신인(神人, God-Man)으로 믿는 것이다.[5]

다른 말로 하면, 라이리의 주장은 '주(Lord)'가 '절대적인 지배자'를 뜻한다고 주장하는 사람들이 믿음에서 그리스도의 신성이 차지하는 중요성을 무시해 버렸다는 것이다. 그러나 그것은 터무니없는 주장이다. 주를 '지배자'로 이해한다고 해서 반드시 그 말 속에 있는 신성이라는 개념을 없애는 것은 아니다. 라이리 박사가 "성경에서 예수님을 '주'라고 말할 때, 그 말은 '그분은 하나님이시다' 하는 말과 같다"고 지적한 것은 옳다. 그러나 그렇게 말하면 도리어 절대적인 통치권이라는 뜻이 이미 그 말 속에 들어 있다는 견해를 강화시킬 뿐이다. '하나님'은 절대적인 지배자이시기 때문이다. 절대적인 권한을 지니고 있지 않다면, 그분은 도대체 어떤 신(god)이시겠는가?

도마가 예수님께 "나의 주시며 나의 하나님이시니이다"(요 20:28)하고 고백했을 때, 그는 틀림없이 신성을 나타내는 것과는 다른 의미에서 '주'라고 한 것이다. 그는 "나의 하나님이시며 나의 하나님이시니이다" 하고 말하지 않았다. 대신 그는 예수님이 하나님이시자 주님이시라고 고백한 것이다.

예를 들어, 로마서 10:9의 문맥을 한번 살펴보자. 12절에 보면 구주를 묘사하면서 '모든 사람의 주'라는 표현을 쓰고 있다. 그 말은 그분이 유대인이건 이방인이건 혹은 신자이거나 불신자이거나 할 것 없이 모든 사람의 주님이시라는 뜻이다. 이 구절에서 절대적 통치권의 의미를 없애 버린다면 그런 해석은 완전히 무의미한 해석이 될 것이다. 그와 같은 진리를 9절 속에 넣어서 읽으면 한결 강력한 진술이 된다. "네가 만일 네 입으로 예수를 [모든 사람의] 주로 시인하면……구원을 얻으리니."[6]

성경에서 복음의 메시지와 관련하여 예수님을 '주'라고 부를 때는 언제든지 그 말 속에는 '신성하시다'는 뜻이 담겨 있다. 그리스도가 하나님이라는 사실은 복음 메시지의 기본 요소이다. 그리스도의 신성을 부인하는 사람은 구원을 받지 못할 것이다(요일 4:2-3 참조). 그러나 신성의 개념 속에 들어 있는 것은 권위, 통치, 그리고 명령권이다.[7] 그리스도의 통치를 거스르고 사는 사람은 어떤 의미로든 그분을 주로 알지 못한다. (딛 1:16 참조)

제 20 장 그리스도의 주님되심

구원에 이르는 믿음의 표시는 예수 그리스도의 주님되심에 복종하는 것이다. 사람이 그리스도께 속해 있는가 그렇지 않은가를 명확히 판가름 하려면 그가 그분의 통치에 기쁜 마음으로 순종하는가를 살펴보면 알 수 있다. 고린도전서 12:3에서 바울은 이렇게 썼다. "그러므로 내가 너희에게 알게 하노니 하나님의 영으로 말하는 자는 누구든지 예수를 저주할 자라 하지 않고 또 성령으로 아니하고는 누구든지 예수를 주시라 할 수 없느니라."

이 말씀은 구원에 이르지 못한 사람들이 입으로 "예수님은 주시다"고 말하는 것이 불가능하다는 의미가 아니다. 왜냐하면 그들은 분명히 그렇게 할 수 있고 또 실제로 그렇게 하고 있기 때문이다. 예수님은 당신을 주라고 부르면서도 실제로는 그것을 믿지 않는 사람들의 모순을 지적하셨다(눅 6:46). 귀신들까지도 그분이 누구이신가를 알고 인정한다(약 2:19). 마가복음 1:24에는 예수님이 회당에서 가르치실 때 한 귀신들린 사람이 다음과 같이 부르짖은 사실이 기록되어 있다. "나사렛 예수여, 우리가 당신과 무슨 상관이 있나이까? 우리를 멸하러 왔나이까? 나는 당신이 누구인 줄 아노니 하나님의 거룩한 자니이다." 마가복음 3:11은 다음과 같이 말한다. '더러운 귀신들도 어느 때든지 예수를 보면 그 앞에 엎드려 부르짖어 가로되 '당신은 하나님의 아들이니이다' 하니." 군대라 이름하는 더러운 귀신들에 사로잡힌 사람이 예수님을 보자 그 속에 있는 한 귀신이 탄식하며 다음과 같이 부르짖는다. "지극히 높으신 하나님의 아들 예수여, 나와 당신과 무슨 상관이 있나이까."(막 5:7)

고린도전서 12:3의 말씀은 단지 '예수님은 주님이시다' 라는 말을 소리내어 할 수 없다는 뜻이 아니다. 이 말씀은 그 이상을 뜻한다. 그것은 그분께 복종함으로써 그분이 주님이심을 인정하고, 그분의 주님되심에 자신의 의지를 굴복시키며, 입으로만이 아니라 행실로도 그분을 인정하는 것이다.(딛 1:16 참조)

이것은 인간의 행위에 근거한 복음을 주장하는 것이 결코 아니다.[8] 사람이 예수님을 주로 시인할 수 있게 하시는 분은 오직 성령이시라는 사실을 주목해야 한다. "성령으로 아니하고는 누구든지 예수를 주시라 할 수 없느니라." 예수님을 주로 알아 복종하는 것은, 그분을 구주로 믿는 것과 마찬가지로, 가치있는 인간의 행위가 아니다. 어떠한 행위든간에 하나님께서 인정하실 만한 선한 행위는 없다. 앞의 두 가지는 모두 하나님께서 믿는 모든 사람의 마음 속에서 주권적으로 역사하심으로써만 가능한 일이다. 그리고 그 둘은 서로 분리되어 따로따로 존재할 수 없다. 만일 예수님이 주님이 아니시라면, 구주도 되실 수 없을 것이다. 더 나아가서 만일 그분이 주님이 아니시라면, 그분은 왕도, 메시아도, 우리의 위대한 대제사장도 되실 수 없을 것이다. 그분이 주권을 가지고 있지 않다면, 그분의 모든 구원 사역도 불가능한 것이다.

우리가 구원을 위해 예수님께 나아갈 때, 우리는 만유의 주이신 이 앞으로 나아가는 것이다. 이러한 진리를 등한시 하는 메시지는 예수님이 전하신 복음이 될 수 없다. 그것은 주님이 되지 못하는 구주, 죄를 다스리지 못하는 구속자, 그리고 자신이 구원한 사람들을 통치할 수 없는 나약하고 힘없는 메시아를 전하는 반쪽 짜리 메시지일 뿐이다.

예수님이 전하신 복음은 전혀 그렇지 않다. 그것은 예수 그리스도를 주와 구주로 드러내며, 그분을 영접하려는 사람에게 그분을 있는 그대로 받아들일 것을 요구한다. 17세기 영국의 청교도였던 죤 플라블(John Flavel)은 이렇게 말했다. "그리스도께서 전하신 복음에는 그분의 모든 직임이 포함되며, 그러한 복음 신앙에 기초해야만 그분을 받아들일 수 있다. 이러한 신앙은 그분의 공로로 속죄받을 뿐만 아니라 그분께 순종하고, 그분의 죽으심의 효력을 받을 뿐 아니라 그분의 거룩함을 닮아가는 것이다."[9]

토져(A. W. Tozer)도 이와 일맥상통하는 말을 썼다. "사람들에게 예수님의 한쪽 면만 믿으라고 권면하는 것은 그릇된 가르침이다. 왜냐하면 사람들이 그리스도의 절반 혹은 그리스도의 삼분의 일 혹은 그리스도의 인격 가운데 사분의 일만 받아들일 수는 없기 때문이다! 우리는 그분의 한 가지 지위나 한 가지 사역만 믿어서 구원받은 것은 아니다."[10] 모든 사람의 주님이 아닌 구주를 제시하는 메시지는 그 어느 것도 예수님이 전하신 복음이라고 주장할 수 없다.

그분은 주님이시다. 그리고 그분을 주님으로 받아들이지 않는 사람은 그분을 구주로 모실 수 없다. 그분을 영접한 모든 사람은 반드시 그분의 권위에 복종해야 한다. 왜냐하면 우리를 다스리실 그리스도의 권한은 사실상 거부하면서도 그리스도를 영접했다고 말하는 것은 완전히 모순이기 때문이다. 그것은 한 손으로는 죄를 움켜쥐고, 다른 한 손으로는 예수님을 붙들려는 헛된 시도이다. 우리가 죄의 굴레 안에 계속 머물러 있다면, 그것이 어떻게 구원이 될 수 있겠는가?

그러므로 우리가 선언해야 하는 복음은 다음과 같은 것이다. 성육하신 하나님이신 예수 그리스도는 우리를 위해 죽기까지 자신을 낮추셨다. 그리하여 그분은 우리의 죄값을 치르실 죄없는 희생 제물이 되셨다. 그분은 죽은 자 가운데서 살아나셔서 당신이 만유의 주가 되심을 능력있게 선포하셨다. 그리고 그분은 겸비함과 회개하는 믿음을 가지고 그분께 순종하는 죄인들에게 값없이 영생을 주신다. 이 복음은 오만하게 거역하는 자들에게는 아무 것도 약속하지 않지만, 그러나 상하고 회개하는 마음을 가진 죄인들에게는 생명과 경건에 속한 모든 것을 은혜로 주신다.(벧후 1:3)

◆ 주(註) ◆

1) Rich Wager, "This So-called 'Lordship Salvation'" *Confident Living* (July-August 1987), pp.54-55.

2) 앞의 책, p. 55.

3) Marc Mueller, "Jesus Is Lord," *Grace Today* 81 (August 1981): 6.

4) Kenneth L. Gentry, "The Great Option: A Study of the Lordship Controversy," *Baptist Reformation Review* 5 (Spring, 1976): 63-69. 이 책은 신약 성경의 주(*kurios*)의 용례를 사전적으로 탁월하게 분석하였다.

5) Charles C. Ryrie, *Balancing the Christian Life* (Chicago:Moody, 1969), pp. 173-175.

6) 이것은 Darrell Bock의 진술, 즉 로마서 10장이 "'주(Lord)'라는 용어에 대한 바울의 견해를 분명하게 밝히고 있지 않다"는 주장을 반박하는 것이다. Darrell L. Bock, "Jesus as Lord in Acts and in the Gospel Message," *Bibliotheca Sacra*, 143(April-June 1986): 147. 그러나 로마서 10:12에서 바울이 그리스도의 주권에 어떤 한계를 정하지 않았다는 것은 분명한 사실이다. Bock는 계속해서 '주'라는 용어를 복음과 연관시킬 때 그것은 '신성한 구원의 수혜자'(앞의 책, p.151)를 뜻한다고 주장했다. 바꿔 말하면, '주'라는 용어는 신성(神性)의 개념을 내포하고 있다는 사실을 제외하고는 '구주'와 다를 바 없다는 것이다. 그러므로 Bock의 견해는 Ryrie와 매우 유사하다.

7) p.29의 각주 22를 보라.

8) Wager, p.54: "그러나 그리스도의 주님되심을 구원의 전제 조건으로 놓는 것은 은혜보다 오히려 행위를 더 강조하는 일이다. 하나님은 인간의 것은 아무 것도 필요치 않으시다. 그분의 구원은 무조건적인 선물이다. 그러므로 인간이 할 수 있는 일이란 그 선물이 자신의 죄에 대한 대가로 충분하다는 사실을 받아들이는 수혜자의 역할에 지나지 않는 것이다."

9) John Flavel, *The Works of John Flavel* (London: Banner of Truth, reprint), 2:111.

10) A. W. Tozer, *I Call It Heresy!* (Harrisburg, PA: Christian Publications, 1974), pp.10-11.

제 5 부

부 록

부록 1
사도들이 전한 복음

몇 년 전에 어느 유명한 총회의 의장이 편지로 내게 합당한 복음 제시에 대한 내 생각을 문의해 온 일이 있었다. 내 생각에 그는 구원에 이르는 믿음이란 단지 복음에 대한 사실들을 믿기만 하면 되는 것이라고 생각하는데, 내가 그 생각을 지지해 주기를 기대한 것 같았다. 하지만 나는 그렇게 하는 대신, 이 책에서 제시한 내용을 요약해서 보내 주었다. 그는 답장에서 말하기를, 자신은 내가 보낸 자료들을 읽어 보았지만 복음에 대한 내 견해는 예수님의 메시지에 근거한 것이지 사도들의 가르침에 근거한 것이 아니기 때문에 썩 좋은 주장 같지는 않다고 했다. 그는 이렇게 썼다. "저는 로마서 3장과 4장에 관한 박사님의 가르침을 담은 카세트 테이프를 들어 보았다면 좋았겠다고 생각합니다. 확실히 우리로서는 이 은혜의 시대에 걸맞는 구원의 도리에 대해 가르치는 것이 가장 현명할 것입니다. 왜냐하면 바울이 **바로** 이 타협의 여지가 없는 주제에 대해 기록한 로마서 3장과 4장이 그에 대한 분명한 이유가 되기 때문입니다." 그는 다음과 같은 논평을 덧붙였는데, 그것이 내 호기심을 자극했다. "그러므로 우리는 '십자가 이전에는 그 어떤 말도 제대로 복음이라고 불릴 수 없다'고 말한 메이천 — 아마도 금세기의 가장 훌륭한 인물일 — 의 지혜를 보게 됩니다." 그레샴 메이천(J. Gresham Machen)은 개혁주의의 전통에서 자란 장로교도이자 학자이며, 가장 분명하게는 신앙의 수호자였다. 그가 한 말이 무슨 뜻이었든지 간에 그것은 오늘날을 위한 복음 제시의 기초로서 그리스도의 가르침을 인정하지 않는 것은 아닐 것이라고 나는 생각했다. 그 인용문의 내원(來源)과 문맥을 살펴보다가 나는 다음과 같은 메이천의 말을 발견했다.

나는 어떤 이들이 다음과 같이 주장하는 것을 알고 있는데, 내게는 그것이 완전히 어리석은 일로 보인다. 즉 예수님의 말씀은 그분의 죽음과 부활에 의해 종말을 맞게 된 율법 시대에 속해 있으며 따라서 예를 들자면, 산상설교와 같은 가르침은 우리가 지금 살고 있는 은혜 시대를 위한 것이 아니라는 것이다. 그렇다면 우리가 율법 아래 있지 않고 은혜 아래 있다고 말한 사도 바울에게로 가 보자. 사도는 그 문제에 대해 무엇이라고 말하는가? 그는 하나님의 율법이 이 은혜 시대에는 쓸모없는 것이라고 말하는가? 결코 그렇지 않다. 로마서 2장뿐만 아니라 (함축적으로는) 그의 다른 서신들 어디에서든지 그는 하나님의 율법의 보편성을 주장한다. 심지어는 이방인들까지도, 비록 그들이 구약 성경에 나타나 있는 것과 같은 분명한 하나님의 율법은 모른다고 해도, 그들의 마음에 쓰여 있는 하나님의 율법을 가지고 있으며, 따라서 그들이 불순종할 때는 변명의 여지가 없는 것이다. 바울이 주장하기로는, 특히 그리스도인들이 하나님의 계명들을 순종할 의무에서 자유로운 것은 결코 아니다. 사도는 그와 같은 사상을 그릇된 것이라고 생각한다. 바울은 이렇게 말한다. "육체의 일은 현저하니 곧 음행과 더러운 것과 호색과 우상 숭배와 술수와 원수를 맺는 것과 분쟁과 시기와 분냄과 당 짓는 것과 분리함과 이단과 투기와 술취함과 방탕함과 또 그와 같은 것들이라. 전에 너희에게 경계한 것같이 경계하노니, 이런 일을 하는 자들은 하나님의 나라를 유업으로 받지 못할 것이요." [1]

바울과 사도들의 가르침을 우리 주님의 말씀과 대립적인 것으로 놓고, 그 둘이 서로 모순되거나 다른 시대에 해당되는 말씀이라고 생각하는 것은 가장 질 나쁜 오류이다. 복음서는 서신서의 기초이다. 예를 들어, 야고보서는 산상설교에 대한 주석으로서 읽힌다. 산상설교를 다른 시대에 해당되는 것으로 보는 사람들은 산상설교의 거의 모든 원리들이 그 뒤에 나온 신약성경의 저자들에 의해 반복되고 확장되었다는 사실을 설명할 수 있어야만 한다.

'주님되심을 인정하는 구원'을 인정하지 않고자 하는 사람들이 서신서에 나타난 복음 메시지의 논의를 축소시키려고 해 보아야 아무런 소득도 없을 것이다. 예수님의 복음은 그분의 죽음과 부활 전까지는 충분히 완성되지는 않았지만, 그래도 복음의 요소들은 그분의 가르침 속에 모두 분명히 드러나 있다. 영감으로 기록된 모든 사도들의 글들은 예수님이 전하신 복음의 진리를 강조하고 확장한 것이다.

바울

사도 바울은 특히 믿음으로 의롭다 하심을 얻는다는 위대한 교리의 대변자였다. 그러나 그는 그리스도의 주님되심(롬 10:9-10)과 신자의 생활에서 선행이 차지하는 위치(엡 2:10)를 인식하고 있었다. 그에게 믿음은 의로운 열매를 내지 못하고 마는 미완성품이 아니었다. 그는 참된 믿음의 필수적이고 필연적인 결과가 실제적인 의로움이라고 보았다. 사람들은 종종 칭의에 대한 바울의 견해가 야고보의 견해와 다르다고 생각한다. 왜냐하면 바울은 "그러므로 사람이 의롭다 하심을 얻는 것은 율법의 행위에 있지 않고 믿음으로 되는 줄 우리가 인정하노라"(롬 3:28)고 한 반면에, 야고보는 "이로 보건대 사람이 행함으로 의롭다 하심을 받고 믿음으로만 아니니라"(약 2:24)고 했기 때문이다. 여기에는 모순이 없다. 바울이 말한 것은 인간의 행위는 하나님께 인정을 받을 수 없다는 것이고, 야고보가 말한 것은 참된 믿음은 언제나 착한 행실로 귀결된다는 것이다. 바울은 거듭나지 않은 사람이 행위를 통해서 하나님 앞에 공적을 쌓을 수 있다는 생각을 반박한 것이고, 야고보는 참된 신자라도 선한 행위를 내어놓지 못할 수도 있다는 생각을 책망한 것이다. 바울도 다음과 같이 썼다는 사실을 기억해야 한다. "하나님 앞에서는 율법을 듣는 자가 의인이 아니요 오직 율법을 행하는 자라야 의롭다 하심을 얻으리니"(롬 2:13). 그리고 바울은 심판날에 "하나님께서 각 사람에게 그 행한 대로 보응하신다"(6절)고 경고했다 이것은 야고보의 생각과 정확히 일치하는 것이다.(약 1:22-23 참조)

사도 바울이 묘사한 구원에 이르는 믿음은 실제적인 의로움을 내어놓는 역동적인 힘이다. 그는 선한 행실을 배제하는 활기 없고 생명이 없는 '믿음'을 믿음이라고 인정하지 않았다. 그는 로마서 3~4장에서[2] 믿음으로 의롭다 하심을 얻는다고 강론한 후에 이렇게 썼다. "그런즉 우리가 무슨 말 하리요? 은혜를 더하게 하려고 죄에 거하겠느뇨? 그럴 수 없느니라. 죄에 대하여 죽은 우리가 어찌 그 가운데 더 살리요?"(롬 6:1-2). 바울은 신자를 죄에 대하여는 죽은 자요, 하나님을 대하여는 산 자로 여겼다. 그는 그리스도인이 죄의 지배에 굴복하는 것을 자기 모순으로 보았다. "너희 자신을 종으로 드려 누구에게 순종하든지 그 순종함을 받는 자의 종이 되는 줄을 너희가 알지 못하느냐?"(롬 6:16). 그는 모든 신자들이 죄로부터 완전히 해방되었다든지 무죄하기 때문이 아니라 죄의 지배로부터 해방되어서 의의 종이 되었기 때문에 반드시 순종해야 한다고 보았다. 그는 이렇게 썼다. "하나님께 감사하리로다. 너희가 본래 죄의 종이더니 너희에게 전하여 준 바 교훈의 본을 마음으로 순종하여 죄에게서 해방되어 의에게 종이 되었느니라."(6:17-18)

바울은 하나님의 은혜를 하나님께서 수동적으로 죄인들을 받으시는 정적(靜的)인 성질로 보지 않았다. 그는 그것을 생각과 행동을 변화시키는 역동적인 힘으로 묘사했다. "모든 사람에게 구원을 주시는 하나님의 은혜가 나타나 우리를 양육하시되, 경건치 않은 것과 이 세상 정욕을 다 버리고 근신함과 의로움과 경건함으로 이 세상에 살고."(딛 2:11-12)

믿음으로 의롭다 하심을 받는다는 바울의 교리를 올바로 알면, 사람이 죄를 버리지 않고도 그리스도께 붙어 있을 수 있다는 생각을 할 수 없게 된다. 다음 구절들을 살펴볼 필요가 있다.

불의한 자가 하나님의 나라를 유업으로 받지 못할 줄을 알지 못하느냐 미혹을 받지 말라 음란하는 자나 우상 숭배하는 자나 간음하는 자나 탐색하는 자나 남색하는 자나 도적이나 탐람하는 자나 술 취하는 자나 후욕하는 자나 토색하는 자들은 하나님의 나라를 유업으로 받지 못하리라(고전 6:9-11) [3]

육체의 일은 현저하니 곧 음행과 더러운 것과 호색과 우상 숭배와 술수와 원수를 맺는 것과 분쟁과 시기와 분냄과 당 짓는 것과 분리함과 이단과 투기와 술 취함과 방탕함과 또 그와 같은 것들이라 전에 너희에게 경계한 것같이 경계하노니 이런 일을 하는 자들은 하나님의 나라를 유업으로 받지 못할 것이요(갈 5:19-21)

너희도 이것을 정녕히 알거니와 음행하는 자나 더러운 자나 탐하는자 곧 우상 숭배자는 다 그리스도와 하나님 나라에서 기업을 얻지 못하리니(엡 5:5)

형제들아 너희는 함께 나를 본받으라 또 우리로 본을 삼은 것같이 그대로 행하는 자들을 보이라 내가 여러 번 너희에게 말하였거니와 이제도 눈물을 흘리며 말하노니 여러 사람들이 그리스도 십자가의 원수로 행하느니라 저희의 마침은 멸망이요 저희의 신은 배요 그 영광은 저희의 부끄러움에 있고 땅의 일을 생각하는 자라(빌 3:17-19)

하나님이 우리를 부르심은 부정케 하심이 아니요 거룩케 하심이니 그러므로 저버리는 자는 사람을 저버림이 아니요 너희에게 그의 성 령을 주신 하나님을 저버림이니라(살전 4:7-8)

바울에게는 믿음의 견인(堅忍)이 참된 믿음의 필수적인 증거이다. 왜냐하면 어떤 사람이 궁극적으로 그리고 최종적으로 믿음에서 멀어진다면, 그것은 그 사람이 사실은 처음부터 구속함을 받지 못했다는 것을 증명하는 것이기 때문이다.

> 이제는 그의 육체의 죽음으로 말미암아 화목케 하사 너희를 거룩하고 흠 없고 책망할 것이 없는 자로 그 앞에 세우고자 하셨으니 **만일 너희가 믿음에 거하고** 터 위에 굳게 서서 너희 들은 바 복음의 소망에서 흔들리지 아니하면 그리하리라 이 복음은 천하 만민에게 전파된 바요, 나 바울은 이 복음의 일꾼이 되었노라(골 1:22-23)

바울은 떠난 사람들 - 예를 들면, 후메내오, 알렉산더, 빌레도와 같은 사람들 - 을 불신자로 간주한다(딤전 1:20; 딤후 2:16-19 참조). 이것은 구원은 영원히 안전하다는 그의 가르침과 모순되는 것이 아니다. 왜냐하면 이 사람들은 결코 구원받은 적이 없기 때문이다. 그들의 믿음은 가짜였다. 그들은 처음부터 동기가 의심스러운 거짓 선지자들이었다.(딤전 6:3-5). 비록 그들이 한 때 진리를 알고 있다고 고백했다 해도, 그들은 "진리의 사랑을 받지 아니하여 구원함을 얻지 못했다."(살후 2:10)

바울은 예수님이 전하신 복음을 전파했다. 사실 자신의 사도권에 대한 그의 변호는 그가 자신의 복음을 예수님에게서 직접 받았다는 주장을 근거로 한 것이었다(갈 1:11-12). 그는 그의 전체 사역을 이런 말로 요약했다. "하늘에서 보이신 것을 내가 거스르지 아니하고 먼저 다메섹에와 또 예루살렘에 있는 사람과 유대 온 땅과 이방인에게까지 회개하고 하나님께로 돌아가서 회개에 합당한 일을 행하라 선전하므로."(행 26:19-20, 참고 20:20-27)

유다

유다도 바울과 마찬가지로 배교의 위험에 대해 경고했다. 구원이라는 주제로 편지를 쓰려고 생각했을 때, 그는 경고하지 않을 수 없었던 것이다(유 3-4). 그는 배교자들을 은혜 언약에 대해 말은 하지만 경건치 못하게 살고, 그리스도의 주님되심을 거부하는 자들로 묘사했다. "경건치 아니하여 우리 하나님의 은혜를 도리어 색욕거리로 바꾸고 홀로 하나이신 주재 곧 우리 주 예수 그리스도를 부인하는 자니라"(4절). 그들의 종말은 영원한 불의 형벌로 멸망하는 것이라고 유다는 말했다(7절). 그리스도의 주님되심을 부인하는 자들은 저주를 받는다.

베드로

교회 시대에 처음으로 행한 설교에서 사도 베드로는 이렇게 결론을 맺었다. "그런즉 이스라엘 온 집이 정녕 알지니 너희가 십자가에 못박은 이 예수를 하나님이 **주와 그리스도**가 되게 하셨느니라"(행 2:36, 고딕체는 필자의 표기임). 베드로가 전했던 그리스도는 두 팔을 벌리고 있는 구주이실 뿐만 아니라 또한 순종을 요구하시는 주님이시기도 했다. "만유의 주 되신 예수 그리스도"이신 것이다(행 10:36). "이스라엘로 회개케 하사 죄사함을 얻게 하시려고 그를 오른손으로 높이사 임금과 구주를 삼으셨느니라"(행 5:31). 그래서 사도 베드로는 용서를 약속하기 전에 회개를 요구했다. 잃어버린 바 된 사람들에 대한 그의 초대는 회개로 시작한다(행 2:38 ; 3:19 참조). 그러나 그는 회개를 포함한 구원의 모든 과정을 인간의 노력이 아니라 하나님께서 하시는 일로 보았다(행 11:17-18). 그는 중생도 하나님께서 하시는 일로 보았다(벧전 1:3). 하나님은 주권적으로 구원하실 사람을 택하신다.(벧전 1:1-2 ; 벧후 1:10)

다음 구절은 베드로가 하나님의 구원하시는 사역을 어떻게 묘사했는가를 잘 보여 준다. "그의 신기한 능력으로 **생명과 경건에 속한 모든 것**을 우리에게 주셨으니, 이는 자기의 영광과 덕으로써 우리를 부르신 자를 앎으로 말미암음이라"(벧후 1:3). 그리고 그는 믿음이 실제로 있는가를 증명하는 것은 믿음이 신자의 삶 속에서 내어놓는 덕목이라고 가르쳤다(벧후 1:5-9). 그는 이렇게 썼다. "그러므로 형제들아 더욱 힘써 너희 부르심과 택하심을 굳게 하라. 너희가 이것을 행한즉 언제든지 실족지 아니하리라. 이같이 하면 우리 주, 곧 구주 예수 그리스도의 영원한 나라에 들어감을 넉넉히 너희에게 주시리라."(벧후 1:10-11)

베드로가 제시한 의의 표준은 그가 예수님께 들었던 말씀과 같은 것이었다. "오직 너희를 부르신 거룩한 자처럼 너희도 모든 행실에 거룩한 자가 되라. 기록하였으되 '내가 거룩하니 너희도 거룩할지어다' 하셨느니라"(벧전 1:15-16 ; 참고 마 5:48)

야고보

우리는 이미 야고보가 행함이 없는 믿음은 죽은 것이요, 헛것이라고 경고한 것을 살펴보았다(약 2:17, 20). 그의 편지 전체는 참된 믿음에 대한 시금석들로 이루어져 있다. 참된 믿음에 대한 시금석들은 하나같이 신자의 생활에서 나오는 '의'라는 실제적인 열매들이다. 예를 들면, 시련 속에서의 인내(1:1-12), 말씀에 대한 순종(13-25절), 정결하고 더러움이 없는 경건(26-27절), 편견 없음(2:1-13), 의로운 행위(14-26절), 혀를 제어함(3:1-12), 참된 지혜(13-18절), 교만과 세상적인 것을 미워함(4:1-6), 겸손과 하나님께 대한 순복(7-17절), 그리고 지체된 신자들 속에서의 올바른 행동(5:1-20) 등이다.

아마도 이 편지에서 가장 포괄적인 구원으로의 초대를 꼽는다면, 야고보서 4:7-10일 것이다. 야고보는 그의 편지 대부분을 참된 신자들에게 초점을 맞추고 있지만, 이 부분은 그가 참된 신자가 아닌 사람들에게도 관심을 가지고 있다는 증거가 된다. 참된 구원에 관해서 아무도 속임을 당하지 않기를 바라기 때문에 그는 2장의 죽은 믿음과 구별되는 참되고, 살아 있으며, 구원에 이르는 믿음을 요구하는 것이다. 그는 5:20에서 자신의 목적을 이야기하고 있다. 그것은 "죄인을 미혹한 길에서 돌아서게 하는 자가 그 영혼을 사망에서 구원하며 허다한 죄를 덮을 것"을 보고자 하는 것이다. 4:7-10에 있는 초대는 구원받지 못한 사람들에게 초점을 맞추고 있다. 그들은 말씀을 듣고도 행하지는 않고(1:21-22 참조), 아직도 죽은 믿음에 사로잡혀 있으며(2:

14-20 참조), 그들은 독하고 이기적이고 자만심에 차 있는 거짓말쟁이들로서 그들의 "지혜는 위로부터 내려온 것이 아니요 세상적이요, 정욕적이요, 마귀적"이고(3:15), 세상을 사랑하여 하나님과 원수되었으며(4:4), 그들의 심령이 여전히 정욕의 지배를 받고 있고(4:5 참조), 교만하고 자기 만족적인(4:6 참조), 죄 많고 사악한 청중들이다. 그들은 필사적으로 하나님의 은혜를 필요로 한다. 그러나 하나님은 오직 "겸손한 자에게 은혜를 주시기"(6절) 때문에 야고보는 이 '죄인들'(성경에서 거듭나지 않은 사람들을 가리킬 때만 쓰인 용어임)에게 그들의 교만을 버리고 자신을 낮추라고 요구한다. 열 개의 명령문이 야고보가 죄인들에게 한 명령들을 명확하게 나타내고 있다. 하나님께 순복할지어다(구원). 마귀를 대적하라(달라진 충성). 하나님을 가까이 하라(친밀한 관계). 손을 깨끗이 하라(회개). 마음을 성결케 하라(자백). 슬퍼하며, 애통하며, 울지어다. 너희 웃음을 애통으로, 너희 즐거움을 근심으로 바꿀지어다(애통함). 마지막 명령문은 회심한 사람의 마음 상태를 요약해 준다. "주 앞에서 낮추라." 이 모든 것은 하나님께서 하시는 일로서 그분은 더욱 큰 은혜를 주시는 분이다.(6절)

요한

사도 요한도 한 서신 전체를 할애하여 참된 신자의 표지(標識)에 대해 썼다(요일 5:13 참조).[4] 확신을 얻으려고 애쓰는 그들에게 그는 그들의 소망을 과거의 사건이나 믿었던 순간에 고정시키라고 조언하지 않았다. 그는 그 대신 교리적인 검증과 도덕적인 검증을 제시했으며, 요한일서 전체에 걸쳐 그것들을 반복했다. 도덕적인 검증은 순종을 요구한다. "만일 우리가 하나님과 사귐이 있다 하고 어두운 가운데 행하면 거짓말을 하고 진리를 행치 아니함이거니와"(요일 1:6) "우리가 그의 계명을 지키면 이로써 우리가 저를 아는 줄로 알 것이요, '저를 아노라' 하고 그의 계명을 지키지 아니하는 자는 거짓말하는 자요 진리가 그 속에 있지 아니하되"(2:3-4), "누구든지 세상을 사랑하면 아버지의 사랑이 그 속에 있지 아니하니"(2:15), "너희가 그의 의로우신 줄을 알면 의를 행하는 자마다 그에게서 난 줄을 알리라"(2:

29). "주를 향하여 이 소망을 가진 자마다 그의 깨끗하심과 같이 자기를 깨끗하게 하느니라"(3:3). 요한일서 전체에 걸쳐 수많은 다른 구절들이 같은 진리를 확증한다. 즉 참으로 구원 받은 사람은 계속적으로 죄의 행습에 젖어 있을 수 없다는 것이다.(3:6-10)

요한이 제시한 교리적인 검증은 예수님의 신성 및 주님되심과 관련된다. "거짓말하는 자가 누구뇨? 예수께서 그리스도이심을 부인하는 자가 아니뇨? 아버지와 아들을 부인하는 그가 적그리스도니 아들을 부인하는 자에게는 또한 아버지가 없으되 아들을 시인하는 자에게는 아버지도 있느니라"(요일 2: 22-23). "하나님의 영은 이것으로 알지니, 곧 예수 그리스도께서 육체로 오신 것을 시인하는 영마다 하나님께 속한 것이요"(4:2). "예수께서 그리스도이심을 믿는 자마다 하나님께로서 난 자니, 또한 내신 이를 사랑하는 자마다 그에게서 난 자를 사랑하느니라."(5:1)

요한은 죄에 대한 믿음의 궁극적인 승리를 아주 확신했기 때문에, 그는 신자들에게 '세상을 이기는 자' (5:5 ; 참고 계 2:7, 11, 26 ; 3:5, 12, 21 ; 21:7)라는 특별한 이름을 주었다.[5] 그는 이렇게 썼다. "예수께서 하나님의 아들이심을 믿는 자가 아니면 세상을 이기는 자가 누구뇨?"(요일 5:5). 요한의 생각으로는 참된 신자라면 결코 궁극적으로 이기지 못할 수가 없다.

히브리서의 저자

나는 다른 책[6]에서 히브리서에 나오는 경고의 구절들을 살펴본 적이 있다. 그 구절들은 자신을 그리스도인이라고 생각하고 머리로는 그리스도를 받아들였으면서도 아직 믿음으로 그분을 붙들지는 않는 사람들을 향한 것이다. 이 서신에 나오는 그 경고의 구절들을 누가 어떻게 해석하든지 간에 히브리서 12:10-14의 분명하고 명백한 뜻을 피할 수는 없을 것이다. "오직 하나님은 우리의 유익을 위하여 그의 거룩하심에 참예케 하시느니라……거룩함을 좇으라. 이것이 없이는 아무도 주를 보지 못하리라."

결국 거룩함이 전혀 없는 사람들은 하나님의 면전에서 쫓겨나 영원한 멸망에 들어가게 될 것이다(마 25:41 참조). 히브리서 12장의 전후 문맥은 이것이 모호하고 조건에 따라 달라지는 거룩함이 아니라 실제적인 거룩함을 뜻한다는 사실을 확증한다. 그러므로 히브리서의 저자는 요한, 야고보, 베드로, 유다 및 바울과 마찬가지로 참된 믿음을 입증해 줄 의로운 행실의 필요성을 강조한 것이다.

내가 여기에서 인용한 짤막한 몇 구절들은 구원의 도리에 대해 사도행전과 서신서들이 가르친 풍부한 진리 가운데 눈에 띄는 일부만을 모은 것이다. 모든 구절들을 완전히 살펴보려면 적어도 이 책 부피만한 또다른 책을 써야 할 것이다. 그리고 앞으로 기회가 닿는 대로 그런 책을 쓸 계획이다.

하지만 그동안 신약 성경을 전체적으로 연구하면서 나는 그 어느 때보다도 더 분명하게 신약 성경의 통일성을 보게 되었다. 예수님이 전하신 복음은 그분의 사도들이 전한 복음이다. 그것은 좁은 문이며, 좁은 길이다. 그것은 거저 주어지지만 모든 것을 값으로 요구한다. 그리고 그것은 믿음으로 얻지만 신자의 삶과 행동에서 참된 의로움의 열매를 내는 데 실패할 리가 없다.

◆ 주(註) ◆

1) J.Gresham Machen, *The Christian View of Man* (Edinburgh: Banner of Truth, 1937), pp.186-187.

2) 로마서 3:20~4:25에 대한 주석을 보려면, John MacArthur, *Justified by Faith* (Panorama City, California: Word of Grace, 1984)를 보시오.

3) 나는 '하나님의 나라를 유업으로 받는 것'은 천국에 들어가는 것과 약간 다르다고 생각한 하지즈의 견해를 알고 있다. 그러나 요한계시록 21:7-8은 이 구절들의 뜻을 명백히 밝혀 주고 있다. "이기는 자는 이것들을 유업으로 얻으리라. 나는 저의 하나님이 되고, 그는 내 아들이 되리라. 그러나 두려워하는 자들과 믿지 아니하는 자들과 흉악한 자들과 살인자들과 행음자들과 술객들과 우상 숭배자들과 모든 거짓말하는 자들은 불과 유황으로 타는 못에 참예하리니 이것이 둘째 사망이라."

4) 요한1서에 대한 상세한 주석을 보려면 John F. MacArthur, *Confession of Sin:1 John 1:1-2:21*(Chicago : Moody, 1986); *Love Not the World:1 John 2:3-~7* (Chicago : Moody, 1986);

Marks of a True Believer:1 John 2:18~4:21(Chicago : Moody, 1987);그리고 *Assurance of Victory:1 John 5* (Chicago : Moody, 1986)를 읽으시오.

5) James E. Rosscup, "The Overcomer of the Apocalypse", *Grace Theological Journal*, 3 (Fall 1982), 261-286을 보시오. 이것은 '이기는 자' 라는 말의 뜻에 대한 뛰어난 연구이다. 로스컵 박사는 결론적으로 왜 이 말이 '신자' 라는 말과 같은지를 보여 주고 있다.

6) John F. MacArthur, *The MacArthur New Testament Commentary: Hebrews* (Chicago : Moody, 1983)

부록 Ⅱ

부록 Ⅱ
역대 기독교가 전한 복음

복음 메시지에서 예수님의 주님되심을 없애기를 바라는 사람들은 죄인들에게 자신의 죄를 버리고, 그리스도께 자신을 드리며, 그분의 계명에 순종하고, 그분께 복종하라고 요구하는 것은 갈라디아서의 율법주의와 같은 이단이라고 빗대어 말한다.[1] 이것은 답답하고 분별 없으며 근거없는 주장인데, 만약 그 주장이 옳다면, 거의 2천 년에 걸친 참된 교회의 가장 훌륭한 지도자들을 비난하는 것이 된다.

'주님되심을 인정하는 구원'은 새로운 것이 아니다.[2] 어떤 이들은 그것을 최근의 교리라고 꾸며 말한다. 그 한 예가 제인 하지즈(Zane Hodges)인데, 그는 이렇게 쓰고 있다.

〔1세기의 율법주의〕와 마찬가지로, 복음의 완전성에 가해지는 가장 뚜렷한 현대의 공격들은 그리스도를 믿는 믿음의 중요성을 부인하지는 않는다. 그와는 반대로 그들은 믿음의 중요성을 주장한다. 그러나 믿음에 다른 조건이나 단서를 덧붙이면, 그로 말미암아 복음의 알맹이가 순식간에 변질되어 버린다. 실제로 종종 구원에 이르는 믿음과 그렇지 못한 믿음이 구분된다. 그리고 이른바 구원에 이르는 믿음이란 언제나 공공연한 순종의 형식으로 귀결되는 그러한 믿음으로 나타난다. 이렇게 되면, 순종 그

자체가 적어도 사람과 하나님 사이의 관계에서 절대적인 부분이 되어 버린다. 그리하여 '구원에 이르는' 믿음은 그 열매라는 말로 교묘하게 재정의된다. 그 과정에서 무조건적으로 값없이 주어지는 복음의 성격이 치명적으로 혹은 심각하게 손상된다.[3]

하지즈의 판단에 따르면, 믿음은 반드시 순종을 낳는다는 개념은 최근에 나온 것으로서, 복음의 완전성에 대한 심각한 위협이 된다. 그는 그것이 유대주의자들 때문에 1세기 교회가 맞았던 위험과 같은 것이라고 한다. 그것은 심각한 비난이다.

그것은 교회사에 의해 입증되는가? 나는 그렇지 않다고 생각한다. 사실인즉 하지즈가 현대의 이단이라고 했던 그 믿음의 개념은 참된 교회가 언제나 믿어 왔던 바로 그 개념인 것이다. 몇 세기 동안 교회사에서 가장 위대했던 성도들은 구원이 신자의 성격, 행동, 그리고 생활 방식의 전적인 변화를 낳지 못한다는 개념을 거부해 왔다.

예를 들면, 1세기 말엽 정도에 쓰여진, 가장 초기의 외경에 속하는 *Didache*에는 이런 말이 있다. "진리를 가르치지만 자신이 전파하는 대로 행하지 못하는 모든 선지자는 거짓 선지자이라."[4]

안디옥의 감독인 이그나티우스(Ignatius)가 2세기 초에 쓴 글에는 이런 말이 있다. "육적인 사람이 신령하게 행할 수 없고, 신령한 사람이 육적으로 행할 수 없는 것은 믿음이 불신처럼 행할 수 없고, 불신이 믿음처럼 행할 수 없는 것과 마찬가지입니다."[5] "믿음을 고백한 사람은 죄에 빠지지 않으며, 사랑을 배운 사람은 미움에 빠지지 않습니다. '그 열매로 나무를 압니다.' 이와같이 그리스도의 것이라고 고백한 사람들은 그들의 행위로 알려지게 될 것입니다. **왜냐하면 중요한 것은 순간적인 고백의 행위가 아니라 믿음에 의해 끊임없이 동기가 부여되는 것이기 때문입니다.**"[6]

주후 100년 경에 쓰여진, 고린도인에게 보내는 클레멘트의 제2서신 (*the Second Epistle of Clement to the Corinthians*)으로 알려진 초대 교회의 다른 편지에는 이런 말이 있다.

단지 그분을 주님이라고만 부르지 맙시다. 왜냐하면 그것은 우리를 구원하지 못하기 때문입니다. 그분은 "나더러 '주여, 주여' 하는 자마다 구원받을 것이 아니요, 다만 옳은 일을 행하는 자라야 들어가리라"고 말씀하십니다. 그러므로 형제들이여, 우리의 행실로 그분을 인정합시다……이 세상과 오는 세상은 서로 원수입니다. 이 세상은 간음과 부정과 탐욕과 속임을 꾀하지만, 오는 세상은 그것들을 버립니다. 그러므로 우리는 양쪽에 친구가 될 수 없습니다. 이것을 얻으려면, 저것을 단념해야 합니다.[7]

어거스틴(Augustine)은 주후 412년에 쓴 편지에서 의로운 행실이야말로 성령께서 그 사람의 삶 속에서 역사하시는 필연적인 증거라고 말했다. 그는 이렇게 썼다.

우리로서는 인간의 의지가 하나님의 도움을 받아 의를 행하게 되는 것이라고 주장합니다……사람이 어떻게 살아야 하는가를 가르쳐 주는 교훈뿐만 아니라 또한 성령님도 받으며, 그로 말미암아 그의 마음 속에서는 하나님께 대한 기쁨과 지극히 높고 변함이 없는 선(善)이신 하나님의 사랑이 일어나게 됩니다. 그리고 이것은 지금 그가 믿음으로 행하고, 보는 것으로 하지 않는 동안에 일어납니다. 이를테면 거저 주시는 은사인 이런 보증으로 말미암아 그는 자신을 지으신 이에게 붙어 있으려는 마음이 불타게 되며, 그 참된 빛에 참여하는 데로 나아가려는 마음이 불붙게 됩니다……그러나 끝까지 우리는 우리들 자신에게서 나오는 자유로운 선택으로 말미암아서가 아니라 우리에게 주신 성령님으로 말미암아 "하나님의 사랑이 우리 마음 속에 퍼진다"는 이러한 느낌을 느끼게 될 것입니다. (롬 4:5)[8]

어거스틴이 죽은 이후의 시대에는 내주하시는 성령님에 대한 그의 강조가 가톨릭의 성사(聖事)에 자리를 내어 주게 되었다. 서서히 악화되던 수도원 제도, 사제주의, 그리고 가톨릭교가 마침내는 기존 교회의 구원에 대한 이해를 좀먹어 들어갔다. 사람이 하나님께 인정을 얻으려면 마땅히 가치 있는 행적을 쌓아야 한다는 비성경적인 개념이 구속에 대한 지배적인 견해가 되고 말았다. 독신 생활, 독거(獨居), 그리고 고행이 그분을 진정시키는 수단으로 인식되었다. 암흑기가 세상을 엄습하여 참된 복음의 빛을 거의 알 수 없는 지경으로 만들어 놓은 것이었다.

종교 개혁가들이 믿음으로 의롭다 하심을 얻는다는 진리를 '재발견' 했을 때, 이 어둠은 마침내 걷혔다. 종교 개혁의 가르침의 핵심은 구원의 근거가 행위가 아니라 믿음이라는 것이다. 그 진리는 가톨릭이 중세 시대에 굴레 씌운 종교적인 노예 상태로부터 수많은 사람들을 해방시켰다. 하지만 종교개혁이 실제적인 의로움을 내어놓지 않는 믿음을 허용한 것인가? 결코 그렇지 않다. 모든 주도적인 종교 개혁가들의 분명한 확신은 참된 믿음은 반드시 선한 행실 속에서 스스로를 드러낸다는 것이었다.

종교 개혁의 시작을 알리는 상징적인 사건은 마틴 루터(Martin Luther)가 1517년에 비텐베르그 성 교회(Wittenberg Castle Church) 문에 '95개조 논제'(Ninety-five Theses)를 붙인 일이었다. 처음 네 개의 논제는 루터가 선한 행실의 필요성에 대해 어떻게 생각했는지를 분명히 보여 준다.

1 우리의 주님이시요 주인이신 예수 그리스도께서 "회개하라"고 말씀하신 뜻은 신자의 전(全) 생애가 하나의 회개의 행위라는 것이다.
2 이 말은 사제단에 의해 집행되는 고해 성사(예를 들면, 고백과 사죄 선언)로 이해될 수 없다.
3 하지만 그분은 내적인 회개만을 뜻하신 것이 아니다. 사실은 내적인 회개는 다른 종류의 육체의 고행을 내어놓지 않는다면 공

허한 것이다.

4 그리하여 자기를 미워하는 일(다시 말해서, 참된 내적인 회개)이 남아 있는 한 속죄 행위도 남아 있을 것이다. 말하자면, 바로 천국에 들어갈 때까지 그리할 것이다.

루터는 또 이렇게 썼다. "그러므로 우리는 그리스도를 믿는 믿음을 가르쳤으며 그리고 나서 또한 선한 행실도 가르칩니다. 왜냐하면 당신이 믿음으로 그리스도를 붙들면 그분으로 말미암아 의롭게 되어서 이제부터는 올바르게 행하기 시작하기 때문입니다. 하나님과 당신의 이웃을 사랑하고, 하나님께 구하며, 그분께 감사하고, 찬양하며, 고백하십시오. 당신의 이웃에게 선을 행하고 그분을 섬기면서 이러한 당신의 직무를 다하십시오. 이러한 것들은 참으로 선한 행실이며, **이 믿음에서 흘러나오는 것입니다.**"[9]

루터는 믿음이 모든 의로운 행위들을 수반한다고 믿었다. 그는 그것을 행하는 사람들에게 축복을 가져올 것을 기대하는, 오직 율법적인 선행들을 정죄한 반면에, 믿음에서 솟아나오는 선행들은 옹호했다. 그에 따르면, 선한 행실은 믿음의 마지막이자 목표이다."[10] "루터에게는 선한 행실이 하나님과의 관계를 규정하는 결정 요인은 아니다. 마치 밤이 지나면 낮이 오고, 좋은 나무에서 좋은 열매가 나듯이, 선한 행실은 믿음에서 나오는 것이다. 선한 행실이 없으면, 믿음도 없다."[11] 루터는 이렇게 썼다. "만약 (선한) 행위와 사랑이 꽃피지 않는다면, 그것은 참된 믿음이 아니며, 복음이 아직 설 땅을 얻지 못한 것이고, 따라서 그리스도께서 아직 올바로 알려지신 것이 아니다."[12]

비록 루터가 선행으로가 아니라 믿음으로 구원받는다는 진리를 위해 강렬하게 싸웠다 해도, 그는 또한 믿음을 실증하기 위해서는 행위가 필요하다는 사실을 주장하는 데 결코 머뭇거리지 않았다. 그의 유명한 로마서 주석 서문에서 그는 이렇게 썼다.

믿음은 꿈꾸는 어떤 것이 아니며, 인간의 환상도 아니다. 비록 많은 사람들이 이런 말로 믿음을 이해하고 있지만 말이다. 도덕적인 향상이나 선한 행실이 뒤따르지 않은 채 믿음에 대해 그저 말만 많이 한다면, 그것은 믿음으로는 충분치 않으니 바르게 구원을 얻으려면 '행위'를 해야 한다고 주장하는 잘못에 빠지는 것이다. 그 까닭은 이러하다. 즉 복음을 들었을 때 핵심을 놓치고서, 자기들 마음 속에서 그리고 자기들의 재주로 이른바 '믿음'이라고 하는 하나의 개념을 불러내어 그것을 참된 믿음이라고 생각하는 것이다. 그렇지만 그것은 인간의 조작물이며, 마음 깊은 곳에서 그에 부응하는 경험이 없는 하나의 개념일 뿐이다. 그러므로 그것은 효력이 없으며, 더 나은 삶이 뒤따르지도 않는다.

하지만 믿음은 하나님께서 우리 안에서 이루시는 어떤 것이다. 그것은 우리를 변화시키며 그래서 우리는 요한복음 1장대로 하나님께로 거듭나게 된다. 믿음은 옛 아담을 죽음에 이르게 하며 마음, 생각, 그리고 모든 능력 면에서 우리를 전혀 다른 사람으로 만든다. 그리고 그것은 성령님에 의해 이루어진다. 오, 믿음이 생기면, 그것은 얼마나 생기있고, 창조적이며, 활동적이고, 힘있는 것인지 모른다. 믿음은 언제나 선(善)이 아닌 것은 행할 수 없다. 믿음은 할 만한 어떤 선행이 있는가를 묻지 않는다. 차라리 믿음은 그런 질문이 나오기도 전에 그런 행위를 하며, 계속 그런 행위를 한다. 이런 식으로 활동적이지 않은 사람은 믿음이 없는 사람이다. 그는 믿음을 더듬어 찾고, 선행을 탐색하고 있지만 믿음이 무엇인지도, 선행이 무엇인지도 모른다. 그럼에도 불구하고 그는 믿음과 선행에 대해 계속 무의미한 말을 하고 있다.

참으로 믿음과 행위를 구분하는 것은 불가능하다. 그것은 불에서 열과 빛을 구분하는 것이 불가능한 것과 마찬가지이다.[13]

루터의 친구이자 또다른 주도적인 종교 개혁가인 필립 멜랑히톤(Philip

Melanchthon)은 이렇게 썼다. "만약 하나님께 회개하는 일이 없고, 그 마음이 양심을 거스려 계속해서 죄에 거한다면, 죄의 용서를 바라거나 용서를 받을 참된 믿음이 없는 것이 분명할 것이다. 하나님께 대한 두려움이 없고 그 대신 계속적인 반항이 있는 마음 속에는 성령님이 계시지 않는다. 고린도전서 6:9 하반절에 명백히 표현된 것과 같다. '우상 숭배하는 자나 간음하는 자 등은 하나님 나라를 유업으로 받지 못하리라.'"[14]

실제로 종교 개혁에서 나온 모든 중요한 진술들은 선한 행실을 구원에 이르는 믿음의 필수적인 표현으로 보았다.

1530년의 아우그스부르크 신앙고백서(the Augsburg Confession)에서는 이렇게 말했다.

> 더욱이 우리는 선행을 하는 것이 필수라고 가르친다. 그것은 우리가 그것에 의해 은혜를 받을 만하게 된다고 믿기 때문이 아니라 우리가 선행을 하는 것이 하나님의 뜻이기 때문이다. 오직 믿음에 의해서만 사죄와 은혜가 깨달아진다. 그리고 믿음에 의해서 성령님을 받게 되기 때문에 우리의 마음은 이제 새로와지게 되었고, 그와같이 새로운 감정을 입게 되었으며, 그리하여 그들은 선행을 낳을 수 있게 되었 다. 그래서 암브로시우스(Ambrose)는 "믿음은 선한 의지와 선한 행위의 아버지"라고 말하는 것이다.[15]

1561년의 벨직 신앙고백서(the Belgic Confession)에는 이렇게 쓰여 있다.

> 우리는 하나님의 말씀을 들음과 성령님의 역사로 인해 사람 속에 만들어진 이 참된 믿음이 사람을 거듭나게 하여, 그로 하여금 새로운 삶을 살게 하며 죄의 굴레에서 해방시켜 새로운 사람이 되게 한다고 믿는다. 그러므로 이 의롭다 하심을 주는 믿음이 사

람을 경건하고 거룩한 삶에서 게으르게 만든다는 말은 결코 참이 아니며, 그와 반대로 그것이 없다면 그들은 하나님께 대한 사랑으로 말미암는 어떤 일도 하지 않고, 오직 자기애(自己愛)와 지옥에 떨어질 두려움 때문에 할 것이다. 그러므로 이 거룩한 믿음은 사람 안에서 열매를 맺지 않을 수가 없는 것이다.[16]

하이델베르그 요리 문답(the Heidelberg Catechism, 1953)은 "하지만 이 교리 [믿음으로 의롭다 하심을 얻는다]는 사람들을 부주의하고 세속적으로 만듭니까?" 하고 묻고, 이렇게 대답한다. "아니오. 왜냐하면 참된 믿음으로 그리스도께 접붙임을 받은 사람들은 감사의 열매를 맺지 않을 수 없기 때문입니다."[17]

도르트 교회 회의의 교회법(the Canons of the Synod of Dort. 1619)은 거듭남에 있어서 성령님의 역할을 이렇게 묘사한다.

> 그분은 인간의 마음 깊은 곳에 들어가신다. 그분은 닫힌 마음을 여시고, 굳어진 마음을 부드럽게 하시며, 할례받지 못한 마음에 할례를 행하신다. 전에는 의지가 죽어 있었으나 그분은 되살아나게 하셔서 의지에 새로운 자질을 불어넣으신다. 그분은 악하고 불순종하며 고집 세던 마음을 선하고 순종적이며 유순한 마음으로 만드시며, 그 마음을 움직이시고 힘을 주신다. 그래서 그 마음은 좋은 나무가 좋은 열매를 맺듯이 선행의 열매를 맺게 된다.[18]

웨스트민스터 신앙고백서(the Westminster Confession of Faith, 1647)는 성화의 교리를 이렇게 요약했다.

> 효과적으로 부르심을 받고 거듭나서 그들 안에 새 마음과 새 영을 창조함 받은 자들은 그리스도의 죽으심과 부활의 공로로 말미

암아 그분의 말씀과 그들 안에 내주하시는 성령으로 인해 참으로 인격적으로 성화되며, 온 몸을 주관하는 죄의 권세가 파괴되고, 그리고 그 죄의 몸에서 나오는 여러 정욕들이 더욱더 약해져서 극복되고, 그들은 더욱더 모든 구원에 이르는 은혜 안에서 활기를 되찾아 힘있게 되어, 참된 거룩한 생활을 하게 됩니다. 이러한 거룩한 생활이 없이는 아무도 주님을 보지 못할 것입니다……비록 그 남아 있는 부패한 부분이 당분간은 상당히 우세할 수도 있지만, 그리스도의 성결케 하는 영으로부터 계속 힘을 공급받음으로써 거듭난 부분이 이기게 되며, 그리하여 성도들은 은혜 안에서 자라나고, 하나님을 경외하는 가운데서 거룩함을 온전히 이룹니다.[19]

웨스트민스터소요리문답(the Westminster Shorter Catechism, 1674)에도 이러한 교훈들이 있는데, 그것을 읽어 보면 마치 그 교훈들이 특별히 우리 시대에 유행하는 복음을 반박하기 위해 쓰여진 것 같은 생각이 든다.

〔아래의 문 7, 8, 9와 그 답들은 제86문에 딸린 것임……역자 주〕

문 7. 어떻게 예수 그리스도를 믿음으로 받아들입니까?
〔답〕예수 그리스도께서 복음 안에서 우리에게 주어지신 대로 우리는 예수 그리스도를 믿음으로 받아들입니다.

문 8. 예수 그리스도는 복음 안에서 우리에게 어떻게 주어지십니까?
〔답〕예수 그리스도는 복음 안에서 우리에게 선지자, 제사장, 왕으로서 주어지십니다. 그러므로 우리가 그로 말미암아 구원받기를 원한다면 그를 받아들여야 합니다.

문 9. 영혼이 구원 얻기 위해 그를 의지하는 때는 언제입니까?
〔답〕 영혼이 구원 얻기 위해 그를 의지하는 때는 자신이 죄 때문에 잃어버린 바 된 상태인 것과 자신의 무능과 이러한 상태에서 회복하기 위해서는 어떠한 피조물도 충분치 못하다는 것을 깨닫고, 그리스도의 능력과 구원하시고자 하는 열의를 발견하고 확신하며, 피조물을 의지하는 마음을 다 버리고 그 자체의 의를 거부하고 구원을 얻기 위해 그리스도를 붙잡고 그를 의지하고 그에게만 신뢰를 두는 때입니다.

제 87 문 생명에 이르는 회개란 무엇입니까?
〔답〕 생명에 이르는 회개란 구원의 은혜인데, 이로써 죄인이 자기 죄를 바로 알고, 그리스도 안에 있는 하나님의 자비를 깨달아 자기 죄에 대하여 슬퍼하고 미워하고, 그 죄에서 떠나 하나님께로 돌아가서 굳은 결심과 노력으로 새롭게 순종하는 것입니다.

문 3. 생명에 이르는 회개는 무엇으로 이루어져 있습니까?
〔답〕 생명에 이르는 회개는 주로 두 가지로 이루어져 있습니다. **(1) 죄에서 돌이키고 죄를 떨쳐 버리는 일.** "너희는 돌이켜 회개하고 모든 죄에서 떠날지어다. 그리한즉 죄악이 너희를 패망케 아니하리라"(겔 18:30). "자기의 죄를 숨기는 자는 형통하지 못하나 죄를 자복하고 버리는 자는 불쌍히 여김을 받으리라."(잠 28:13) **(2) 하나님께로 향하는 일.** "악인은 그 길을, 불의한 자는 그 생각을 버리고 여호와께로 돌아오라. 그리하면 그가 긍휼히 여기시리라. 우리 하나님께로 나아오라. 그가 널리 용서하시리라."(사 55:7)

문 15. 참된 회개의 요소인 죄에서 돌이킴이란 무엇입니까? 〔답〕 참된 회개의 요소인 죄에서 돌이킴은 두 가지로 이루어져 있습니다. (1) 우리의 행위 및 대화와 관련된 모든 죄악에서 돌이키는 일. (2) 우리의 마음 및 감정과 관련된 다른 모든 죄악에서 돌이키는 일.

문 16. 죄를 참으로 회개한 사람들은 결코 그들이 전에 회개했던 죄와 똑같은 죄를 짓는 데로 다시금 돌아가지 않습니까?
〔답〕(1) 죄를 참으로 회개한 사람들은 결코 그들이 전에 그러했던 것처럼 죄된 행습 가운데 살 정도로 죄를 짓는 데로 돌아가지 않습니다. 어떤 사람이 회개한 뒤 죄의 길로 돌아간다면, 그것은 그 회개가 올바른 것이 아님을 나타내는 분명한 표시입니다. (2) 어떤 사람들이 자기 죄를 참으로 회개했다면, 비록 시험이 그들을 따라와 습격하여 그들이 전에 회개했던 죄와 똑같은 죄를 범하는 데 빠질 수도 있지만, 그러나 그들은 그 죄 가운데 머물러 있는 것이 아니라 다시 일어서서 크게 슬퍼하며 그 죄를 한탄하고 주님께로 돌이킵니다.[20]

역사적인 개신교의 신학은 실제적인 의가 구원에 이르는 믿음의 필수적이고 필연적인 결과라고 보았으며, 또 그렇게 강조한다. 종교 개혁가인 울리히 쯔빙글리(Ulrich Zwingli)는 믿음을 신자 안에서 일하시는 성령님의 계속적인 사역으로 보았다. 그래서 그는 참된 믿음은 게으르거나 소극적일 수가 없고 신자 안에서 선한 행실을 내어놓는다고 믿었다. 쯔빙글리는 이러한 행실은 신자가 택함받았다는 증거이며 믿음의 필수적인 증거라고 가르쳤다.[21] 죤 칼빈(John Calvin)은 "우리는 선한 행실이 없는 믿음이나 선한 행실이 없는 칭의를 꿈꾸는 것이 아니다 ……그리스도 안에서 의롭다 하심을 얻기를 원하는가? 그렇다면 우선 그리스도를 소유해야 한다. 그러나 그리스도를 소유하면서 그의 거룩하심에 참여하지 않을 수는 없다. 왜냐하면 그리스도는 나뉠 수 없기 때문이다……그러므로 우리가 의롭다 하심을 받는 것은 행위에 의한 것이 아니면서도 행위 없이 받는 것이 아님이 분명하다."[22]

고 말했다.

칼빈은 가톨릭 추기경인 쟈코포 사돌레토(Jacopo Sadoleto)와의 지상(紙上) 논쟁에서 이렇게 썼다.

> 우리는 선행이 칭의에 기여한다는 데는 반대하지만 그러나 의로운 자들의 삶 속에서는 선행이 충분히 근거를 가진다고 주장합니다……거저 얻은 [은혜로 이룩된] 의로움이 틀림없이 중생과 관련된다는 사실은 명백합니다. 그러므로 만일 당신이 믿음과 행위가 어떻게 뗄 수 없이 연결되었는가를 충분히 이해하고자 한다면, 사도가 가르친 것과 같이(고전 1:30), 의로움과 거룩함을 위해 우리에게 주어지신 그리스도를 보십시오. 그러므로 우리가 거저 얻는 것이라고 주장하는, 믿음으로 인한 의로움이 있는 곳에는 그리스도께서도 계시며, 그리스도께서 계신 곳에는 사람을 거듭나게 하셔서 새로운 삶을 살게 하시는 성령님도 계십니다. 그와 반대로 온전함과 거룩함을 향한 열심이 강렬하지 않은 곳에는 그리스도의 영도 계시지 않고 그리스도께서도 계시지 않습니다. 그리고 그리스도께서 계시지 않는 곳에는 의로움도 없고, 사실상 믿음도 없습니다. 왜냐하면 믿음은 거룩케 하시는 영이 계시지 않으면 의로움에 관한 한 그리스도를 깨달을 수 없기 때문입니다.[23]

청교도들은 특별히 구원하는 믿음의 본질에 대해서 또 의로운 행실이 신자의 삶에서 차지하는 역할에 대해 많이 썼다. 1658년에 윌리엄 거스리(William Guthrie)는 '주님되심을 인정하는 구원'에 대해 이제까지 글로 쓰인 어느 것에 못지 않은 분명한 진술을 했다.

> 그러므로 경건한 사람이라면 누구든지 그리스도를 영접하는 사람은 정당하게 하나님의 자녀로 간주된다고 주장할 것이다. "영

접하는자……들에게는 하나님의 자녀가 되는 권세를 주셨으니"(요 1:12). 그러나 나는 그 영접한다는 말이 함축할 수 있는 모든 면에서 그리스도를 영접했다. 왜냐하면 나는 그리스도에 의한 구원의 방식을 기뻐하며, 그 조건에 동의하고, 모든 직임을 가진 - 나를 다스리시는 왕이시요, 나를 위해 제사를 드리고 탄원하시는 제사장이시며, 나를 가르치시는 선지자이신 - 그리스도를 주신 것을 환영하기 때문이다. 나는 그분을 위해 그리고 그분을 향해 내 마음을 준비하며, 내가 할 수 있는 대로 그분을 의지한다. 이런 것 이외에 **영접한다**는 말이 무엇을 뜻할 수 있단 말인가?……

은혜받은 상태의 표시이자 예수 그리스도에 대한, 구원에 이르는 참된 관심의 두 번째 큰 표시는 새로운 피조물이다. "누구든지 그리스도 안에 있으면 새로운 피조물이라"(고후 5:17)……그리스도인이라고 주장하는 모든 사람들 속에는 이 새로운 피조물이 반드시 있어야 한다……이 새로운 피조물은 '새 사람'(골 3:10)이라고 불리는데, 이는 그것의 범위를 지적하는 말이다. 즉 그것은 단순히 새로운 혀나 새로운 손이 아니라 **새 사람**인 것이다. 그 사람 속에는 새로운 삶과 행동의 원리, 즉 새 마음이 있다. 새로운 삶의 원리는 생활의 행동, 즉 "자기를 창조하신 자의 형상을 좇는" 행동을 가져 온다. 그리하여 그 사람은 모든 면에서 새로워지는 것이다.(골 3:10) [24]

1672년에 조셉 얼라인(Joseph Alleine)의 유저(遺著)가 발간되었는데, 거기에서 그는 이렇게 썼다.

회심이란 간단히 말해서 마음과 생활 양면에 걸쳐 일어나는 철저한 변화입니다……구원에 이르는 회심을 하려면 스스로의 힘으로 하려는 생각을 버려야 합니다. 회심이란 죽은 자 가운데서 부활하는 것이며(엡 2:1), 새로운 피조물이 되는 것으로서(갈 6:15 ; 엡 2:10), 완전히 전능한 능력으로 이루어지는 일입니다(엡 1:19). 이런 일들은 인간의 능력을 넘어서는 것이 아니겠습니까? 만일 우리가 자연인이 가지고 있는 것들, 이를테면 착한 성품, 온유하고 순수한 기질 이상의 것을 가지고 있지 않다면 참된 회심이라 할 수 없습니다. 회심은 초자연적인 역사입니다.[25]

토마스 왓슨(Thomas Watson)은 1692년에 이렇게 썼다.

우리는 영광 가운데 그분과 교통을 누릴 수 있기에 앞서서 반드시 은혜 가운데 그분을 닮아야 합니다. 은혜와 영광은 서로 연결되어 있고 서로 묶여 있습니다. 마치 새벽별이 태양의 도래를 알리듯이, 은혜가 영광보다 먼저 나옵니다. 하나님께서는 우리를 구비시키셔서 축복받은 위치에 걸맞게 하실 것입니다. 술주정꾼과 욕설가는 영광 가운데 하나님을 즐기는 일에 어울리지 않습니다. 주님께서는 그처럼 악한 자들을 당신의 품 안에 두지 않으실 것입니다. 오직 "마음이 청결한 자가 하나님을 볼 것입니다."[26]

토마스 맨톤(Thomas Manton)의 요한복음 주석은 1693년에 초판이 나왔는데, 거기에 보면 이런 말이 있다.

디모데후서 2:7에 어떤 어리석은 여자들에 대한 슬픈 묘사가 있다. 그들은 "항상 배우나 마침내 진리의 지식에 이를 수 없다." 많이 듣는 것은 우리의 심판만 가중시킬 것이다. 만일 우리 마음에 활발하게 영향을 끼치는 것이 없다면 그럴 것이다. 인간의 마음이란 참으로 미련해서 겨우 정례적인 의식에 어김없이 참석하는 것으로 만족 해한다……그 능력은 느끼지 못하면서도 말이다.

행위는 참된 믿음의 증거이다. 덕성은 죽어서 쓸모없는 기질이 아니다. 미약하고 초기 단계에 있을 때는 덕성이 상당한 효과를 내며 작용을 한다……이것은 우리가 그것에 의해서 판단해야 할 증거이며, 또한 이것은 그리스도께서 그것에 의해서 심판하실 증거인 것이다……행위는 확신의 근거는 아니지만 하나의 증거이며, 믿음의 근거는 아니지만 확신을 고무하는 것이다. 비록 위로가 선행 위에 세워지지는 않는다 해도 선한 행실을 봄으로써 더욱 많아질 수는 있다. 행위는 확신의 지주(支柱)는 아니지만, 희망의 씨앗이다. 간단히 말해서, 행위는 관계를 만들어 내지는 못하지만 그것을 증명할 수는 있다.[27]

맨톤은 하나님께서 선택하신 자들의 견인(堅忍)을 강력히 주장했지만, 한편 거룩함이 하나님의 백성의 두드러진 주요 표지(標識)가 된다는 사실과 '결코 멸망하지 않으리라'고 말하면서도 고의적인 죄에 계속 거하는 자는 위선자요 자신를 속이는 자라는 사실도 아울러 가르쳤다.[28]

주석가 매튜 헨리(Matthew Henry)는 1700년대 초에 저술을 시작했는데, 그는 이렇게 썼다.

우리는 단지 믿음을 고백한 것만으로 이것이 우리를 구원할 것이라고 생각하기 쉽다. "우리는 기독교 신앙의 조문(條文)들을 믿습니다" 하고 말하는 것은 값싸고 안이한 종교이다. 더욱이 이것이 우리를 충분히 천국에 들어가게 해 줄 것이라고 생각하는 것은 크나큰 환상이다. 그렇게 주장하는 자들은 하나님을 모독하는 것이며, 자신의 영혼을 속이는 것이다. 거짓 믿음은 거짓 사랑만큼이나 혐오스러우며, 그 둘은 모두 모든 참된 경건에 무감각해진 마음을 보여 주는 것이다. 만약 당신이 영혼도, 감각도, 움직임도 없는 죽은 몸에서 즐거움을 찾을 수 있다면, 하나님께서도 행위가 없는 죽은 믿음에서 즐거움을 찾으실 수 있을 것이다……참된 믿음을 입증하는 행위는 자기를 부인하는 행위이며, 그것은 하나님께서 친히 명령하신 것이다……행위가 없다면 아무리 그럴듯한 신앙의 고백도 죽은 것이다……우리는 행위가 없는 믿음이 우리를 의롭다고 하거나 구원하리라고 생각하지 말아야 한다. 이것이 우리가 그 안에서 있는 하나님의 은혜이며, 우리는 그것을 고수해야 한다.[29]

영국과 식민지 시대의 미국에서 위대한 설교자요 신앙 변증가로 활약한 죠지 휫필드(George Whitefield)는 자신이 발간하는 1789년 8월 6일자 간행물에서 이렇게 썼다.

설교 후에 어떤 사람과 면담을 했다. 그는 내가 두려워하는 반율법적 원리들을 주장하는 사람이었다. 그후로 반율법적인 원리에 정통한 자들은 모두 내쫓았다. 왜냐하면 비록 (우리의 교회 규정의 용어를 빌리자면) 선행은, 그것은 믿음의 열매인데 우리의 죄를 없애거나 하나님의 엄중한 심판을 견디지는 못하지만 (즉 우리를 의롭게 할 수는 없지만), 그러나 의롭다 하심 다음에는 선행이 뒤따르며, 참되고 생명력 있는 믿음에서는 반드시 선행이 나오기 때문이다. 그리하여 열매에 의해서 나무를 판단하는 것처럼 생명력 있는 믿음도 선행을 보아 분명히 알 수 있다.[30]

아마도 1700년대의 가장 훌륭한 설교자이자 가장 명석한 신학 사상가였 죠나단 에드워즈(Jonathan Edwards)는 이렇게 썼다.

하나님께서 요구하시고 받으시는 신앙은 겨우 무관심의 상태보다 좀더 나은 정도로 우리를 끌어올리는, 약하고 둔하고 생기 없는 소망이 아니다. 하나님은 우리의 정신이 진지하고 열심일것과 우리의 마음이 왕성하게 종교에 관여할 것을 당신의 말씀 속에서

명하고 계신다……

　그러므로 믿음으로 산다고 주장하면서도 아무런 경험도 없고 마음 상태가 나쁘다면, 그들이 말하는 **믿음**의 개념은 전혀 **이치에 맞지 않는 것**이다. 그들이 '믿음으로'라고 할 때의 의미는 그들이 **좋은 상태에 있다**고 믿는다는 것이다. 그래서 그들은 자신이 어떤 마음 상태에 있든지, 그리고 자신이 어떤 사악한 일을 하든지 간에 그들의 상태를 의심하는 것을 두려운 죄로 여긴다. 이유인즉 그것이 불신이라는 중대하고 혐오스런 죄라는 것이다. 그래서 자신에게 빛이나 체험이 전무할지라도, 다시 말해서 가장 나쁜 마음 상태 가운데 있고 가장 나쁜 길 가운데 있더라도, 자신이 **좋은 상태**에 있다고 아주확신 있게 그리고 흔들림 없이 주장하는 사람이야말로 가장 훌륭한 사람이며, 하나님께 영광을 돌리는 사람이라는 것이다. 왜냐하면 정말로 그렇게 하는 것은 그가 믿음이 강하여 하나님께 영광을 돌리며, 바랄 수 없는 중에 바란다는 표시가 된다는 것이다. 그러나 그들은 어느 성경에서 이런 믿음의 개념, 즉 자신이 좋은 상태에 있다고 여기는 것이 확실한 믿음이라는 개념을 배웠는가? 만일 이런 것이 믿음이라면, 바리새인들은 놀라운 믿음을 지닌 자들일 것이다. 그런데 그리스도께서는 가르치시기를, 그들 가운데 어떤 자들은 성령을 훼방하는 용서받을 수 없는 죄를 범했다고 하신다.…….

　그것은 아마도 불신에서 나온 것일 것이다. 아니면 그들은 믿음이 거의 없기 때문에 그들에게는 자신들이 좋은 상태에 있다는 증거가 거의 없는 것이다. 만약 그들에게 믿음의 행위를 한 경험이 더 많고 그와같이 덕행을 실천한 경험이 더 많다면, 그들은 아마도 그들의 상태가 좋다는 것을 입증할 만한 더 분명한 증거를 갖게 될 것이며, 그래서 그들의 의심도 없어지게 될 것이다……

사람이 부패한 행위를 억누르고, 덕행을 늘리며, 더욱더 활발하게 덕행을 실천하는 것이 아닌 다른 방법으로 확신을 얻는 것은 하나님의 방법이 아니다. 그리고 비록 자기 검증이 아주 필요하고 중요한 의무요 결코 무시될 수 없는 것임에도 불구하고, 그것은 주 된 방법이 아니며, 그로써 성도들이 자신의 좋은 상태에 대해 만족 을 얻는 것도 아니다. 확신은 자기 검증보다는 실천을 통해서 얻어지는 것이다. 사도 바울은 주로 이런 방법으로 확신을 구했다. 어찌하든지 죽은 자 가운데서 부활에 이르려고, 심지어 그는 뒤에 있는 것은 잊어버리고 앞에 있는 것을 잡으려고 푯대를 향하여 그리스도 예수 안에서 하나님이 위에서 부르신 부름의 상을 위하여 좇아갔다. 그리고 이것이 그가 확신을 얻은 주된 방법이었 다. 고린도전서 9:26에서 "그러므로 내가 달음질하기를 향방 없는 것같이 아니하고"라고 했다. 그는 생각보다는 달음질을 통해서 상(賞) 얻을 확신을 얻은 것이다……우리의 부르심과 택하심을 굳게 하고 그리스도의 영원한 나라에 들어감을 넉넉히 얻기 위해, 믿음에 과 그 밖의 것들을 더하여 더욱 힘써 은혜 가운데서 자라가라는 것이 사도 베드로가 우리에게 지시하는 방향이다. 이런 것이 없으면, 베드로후서 1:5-11에서 말한 바와 같이, 우리 눈이 흐려져 어둠 속에 있는 사람처럼 되어, 우리의 옛 죄를 용서받은 사실과 장차 그리고 영원히 하늘에 있는 기업을 분명히 볼 수가 없다.[31]

영국의 침례교 목사인 존 질(John Gill)은 1767년에 이렇게 썼다.

성화의 기초는 **중생**에 있다. 성화는 거룩한 법칙이므로 그것은 중생 속에서 처음으로 이루어진다. 새로운 피조물, 즉 새 사람은 의로움과 거룩함으로 창조된다. 그리고 그것은 **효력 있는 부르**

심, 즉 **거룩한 부르심** 가운데 나타나며 회심, 즉 사람이 **자신의 악함에서** 돌이키는 것에서 드러난다. 그리고 중생에서 시작되고, 효력 있는 부르심과 회심에서 분명해지는 이 거룩함은 점차적이고 점진적인 역사인 성화 가운데 계속 이루어지며, 영화로 나타나고 영화로 끝난다.[32]

참된 신자들을 묘사하면서 질은 이렇게 썼다.

> 성도들의 왕이신 그분께 복종하면서, 그들은 그분을 자신들을 가르치고 교훈할 선지자로 영접하여 그분의 가르침을 잘 받으며, 또한 희생 제사를 드려 자신들의 죄를 사해 줄 제사장으로 영접할 뿐만 아니라 기꺼이 그 법과 규례를 순종해야 할 왕으로 영접하여, 만사에 대한 그분의 교훈을 옳게 여기며, 그분의 계명을 하나도 괴롭게 여기지 않고, 다만 그분을 향한 사랑의 원리에 따라 그 계명들을 지키고 준수한다.[33]

또다른 영국 청교도인 토마스 굳윈(Thomas Goodwin)은 이렇게 썼다.

> 하나님을 거스르는 데 대한 애통함이 없고, 마음 속에 하나님께 대한 선한 의지가 생겼다는 아무런 표시도 없고, 하나님을 사랑한다는 표시도 없으면, 하나님께서는 그런 사람을 결코 받아들이지 않으실 것이다
>
> 또한 개전(改悛)의 희망이 없으면, 하나님께서는 그가 개전의 희망을 보일 때까지 용서하지 않으실 것이다. 그래서 사람이 자신의 죄를 자백하지 않는다면, 비통한 심정으로 그렇게 하지 않는다면, 욥기 20:12-14과 같이, 그것은 그가 죄를 사랑한다는 표시이다. 그가 그것을 숨기고 아끼며 버리지 않는 동안에는 그것이 자기 입에 달다. 그러므로 그가 죄를 고백하고 죄를 슬퍼하기

전에는 죄가 그에게 쓰지 않으므로 그가 죄를 버리지 않겠다는 표시인 것이다. 사람은 죄가 쓰다는 것을 알기 전에는 결코 죄를 버리지 않을 것이다. 죄가 쓰다는 것을 알게 되면, 그때서야 그는 스가랴 12:10과 같이 죄 때문에 비통에 잠길 것이다. 고린도후서 7:10과 같이 "하나님의 뜻대로 하는 근심은 회개를 이루는 것이다."[34]

분명히 1800년대의 모든 설교자들 가운데 가장 유명한 이는 찰즈 해던 스펄전(Charles Haddon Spurgeon)일 것이다. 그는 한 개인 전도 책자에서 이렇게 썼다.

그리스도를 위해 한 영혼을 사로잡은 또다른 증거는 **삶의 참된 변화**이다. 만일 그 사람이 집안에서뿐 아니라 밖에서도 예전에 그가 살았던 것과 다르게 살지 않는다면, 그의 회개는 유감스러운 것이며, 그의 회심은 허구이다. 행동과 말뿐만 아니라 정신과 기질도 변해야 한다……어떤 현저한 죄의 세력 아래 사는 것은 죄의 종이라는 표시이다. 왜냐하면 "자신을 종으로 드려 누구에게 순종하든지 그 순종함을 받는 자의 종이 되기 때문이다." 마음 속에 죄에 대한 사랑을 품은 자의 자랑은 무의미한 것이다. 그는 자기가 좋아하는 대로 느끼고, 자기가 좋아하는 대로 믿을 수는 있겠지만, 하나의 죄가 그의 마음과 생활을 다스리는 동안에는 여전히 극도의 고통을 겪고 있는 것이며, 죄의 속박 아래 있는 것이다. 참된 중생은 모든 죄에 대한 미움을 불어넣는다. 그래서 한 가지 죄라도 기뻐하게 될 때는 그 사실이 든든한 소망에 치명적인 위험이 되는 것이다

생활과 고백 사이에는 조화가 있어야 한다. 죄를 버리겠다고 고백해 놓고 그렇게 하지 않는다면, 그런 사람의 이름은 사기꾼인

것이다.[35]

복음주의적인 성공회 주교인 라일(J. C. Ryle) 주교는 약 1 세기 전에 이런 통렬한 말을 했다.

> 과연 사람이 하나님께 헌신되지 않고서도 **회심**할 수 있다고 말할 충분한 근거가 있는지 의심스럽다……그가 회심하여 거듭나는 바로 그날 하나님께 헌신되지 않았다면, 도대체 회심이란 것이 무엇을 뜻하는지 나는 모르겠다. 사람들이 회심이라는 크나큰 축복을 경시하고 과소 평가하는 위험에 빠져 있는 것이나 아닌지 모르겠다. 그들은 신자들에게 '수준 높은 삶'이 두 번째 회심이라고 강조하는데, 그럴 때 그들은 성경이 신생(新生), 새로운 피조물, 영적인 부활이라고 부르는 위대한 가장 중요한 사건의 길이와 넓이와 깊이와 높이를 과소 평가하고 있는 것은 아닐까? 내가 틀렸을 수도 있다. 하지만 나는 최근 몇 년 동안 많은 사람들이 '헌신'에 대해서 쓴 강경한 말을 읽으면서 그 말을 사용하는 사람들은 그 이전에 '회심'에 대해 매우 천박하고 부적절한 관점을 가졌을 것이라고 때로 생각한다. 간단히 말해서 나는 그 사람들이 헌신되었다고 말할 때, 애초에 그들이 실제로 회심한 적이 있는가 하고 거의 미심쩍어하는 것이다.[36]

프린스톤의 신학 교수인 벤자민 워필드(Benjamin B. Warfield) 박사는 금세기 초에 믿음에 관한 수필에서 이렇게 썼다.

> 믿는 대상에 대한 인식이 없거나 믿을 만한 가치가 있다는 데 동의하지 않거나 참되고 신실하게 자신을 그 대상에 헌신하지 않으면, 참된 믿음이 없는 것이다……그것이 못 미더워 우리 자신을 거기에 헌신하지 못하면서 그것을 믿는다고 말할 수가 없는

것이다.³⁷⁾

당시 무디 성경 학교(Moody Bible Institute)의 교장이던 토레이(R. A. Torrey)는 개인 전도에 관한 자신의 교재에서 학생들에게 말하기를, 그리스도의 주님되심을 죄인을 향한 복음 초대의 핵심으로 삼으라고 했다. "여러분들이 할 수 있는 한 곧바로 그를 인도하여 예수 그리스도를 개인의 구주로 영접하게 하고, 그분을 그의 주님이자 주인으로 알아 그분께 순종하게 하시오."³⁸⁾

초기 세대주의자이자 달라스 신학교(Dallas Theological Seminary)의 설립자인 그리피스 토마스(W. H. Griffith Thomas)는 칭의와 성화의 불가분리성을 인식했을 뿐만 아니라 ³⁹⁾ 믿음의 분명한 결과로서 선한 행실의 필요성을 인식했다.⁴⁰⁾ 그는 이렇게 썼다. "성 바울은 창세기 15장을 들어서 믿음의 필요성을 입증한다. 성 야고보는 창세기 22장을 들어서 행위의 필요성을 입증한다. 성 바울은 행위가 믿음에서 나온다는 사실을 가르치고, 성 야고보는 믿음이 반드시 행위로 입증되어야 한다는 사실을 가르친다."⁴¹⁾ 로마서 14장에 대한 주석에서 그는 이렇게 썼다.

그리스도에 대한 우리의 관계는 그분의 죽음과 부활에 근거하고 있으며, 이것은 그분의 주님되심을 뜻하는 것이다. 실제로 당신의 백성들의 삶을 다스리시는 그리스도의 주님되심이야말로 그분이 죽으시고 부활하신 바로 그 목적이었다. 우리는 그리스도를 우리의 주님으로 알아야 한다. 죄는 반역이며, **우리가 그분을 주님으로 알아 그분께 순종할 때라야 우리는 우리의 구주이신 그분으로부터 용서를 받을 수가 있다**. 우리는 그분이 마음의 왕좌에서 다스리실 수 있도록 해드려야 하며, **오직 그분이 우리 마음 속에서 왕으로서 영광을 받으실 때라야 성령님께서 들어와 거하시는 것이다**.⁴²⁾

25년 전 쯤에 오스왈드 앨리스(Oswald T. Allis)는 두 언약에 대해서 썼다.

> 은혜 언약에 의해 그리스도인에게 의로운 행실을 대신할 손쉬운 대 체물로서 믿음이 주어지는 것은 아니다. 그것은 그에게 아무런 대가 없이 거저 의를 준다. 그러나 믿음으로 받는 그리스도의 의는 그에게 그분의 높은 부르심에 합당하게 살 것을 권유하고 요구한다. 그리하여 그는 "그리스도의 사랑이 나를 강권하시는 도다"하고 바울이 말했던 대로 말하는 법을 배우게 된다. 행위 구원의 근거로서의 율법 아래에 있지 않다는 사실이 그리스도인에게 모세의 율법보다 더 낮은 표준을 제시하는 것은 아니다. 오히려 훨씬 더 높은 표준을 제시한다. 예수님이 제자들에게 "내가 너희를 사랑한 것같이 너희 도 서로 사랑하라"는 새 계명을 주셨을 때, 그분은 "네 이웃을 네 몸과 같이 사랑하라."는 율법의 명령을 능가하는 순종의 표준을 그 들에게 제시하신 것이었다. 그러므로 "은혜를 더하게 하려고 죄에 거하겠느뇨?"라는 질문을 하고 바울이 단호하게 "그럴 수 없느니라. 도리어 율법을 굳게 세우느니라"고 대답한 것은 놀라운 일이 아니다.[43]

반율법주의(antinomianism)에 대한 글에서 그는 이렇게 덧붙였다.

> 신약 성경의 모든 가르침은 칭의의 목적은 성화, 즉 모든 불법으로부터의 구속이라고 말한다. 의로움에 이르는 열매를 맺지 못하는 믿음은 살아 있는 믿음이 아니다. 강도가 단지 양심을 진정시켜서 강도짓과 폭력을 일삼는 자신의 생활로 되돌아갈 목적으로 몰래 사제에게 나아와 죄를 고백하고 사죄 선언을 받는 것은 마치 옛날에 유대인들이 성전을 자신들의 악행을 계속할 도피처로 삼아 "강도의 굴혈(窟穴)"을 만든 것과 같은 것이다.[44]

그밖에도 최근의 저술가들은 20세기 교회에 반율법주의가 퍼지고 있는 것을 보고 놀라움을 표시했다. 예를 들어, 핑크(A. W. Pink)는 일찍이 1937년에 현대 복음 전도의 결핍이 무엇인지를 인식했다. 그는 이렇게 썼다.

> 오늘날의 복음 전도자들은 그리스도의 구원이라는 말을 잘못 쓰고 있다. 거의 예외없이 그들은 청중들에게 구원이란 은혜로 얻는 것이며, 거저 주시는 선물로 받는 것이고, 그리스도께서 죄인을 위해 모든 일을 하셨으므로 죄인은 그분의 피의 무한한 공로를 의지하는 것, 즉 '믿는 것' 말고는 할 일이 없다고 말한다. 그리고 이런 개념은 오늘날 '정통' 권 내에도 너무나 널리 퍼져 있고, 귀에 못이 박히도록 되풀이되어 왔으며, 마음 속에 너무나 깊이 뿌리박혀 있어서, 이제와서 누가 문제를 제기하고 '그것은 남을 속이는 그릇된 개념과 다를 바 없는 부적절하고 한쪽으로 치우친 개념이라고 규탄하기라도 하면, 즉시 이단이라는 오명을 뒤집어 쓰게 되고, 행위에 의한 구원을 가르침으로써 완성된 그리스도의 사역을 모독한다는 비난을 받게 된다……구원은 은혜로 얻는 것이며, 오직 은혜로만 얻는다……그럼에도 불구하고 하나님의 은혜는 거룩함을 희생시키는 대가로 주어지는 것이 아니다. 왜냐하면 그것은 죄와는 결코 타협할 수 없기 때문이다. 또한 구원이 거저 주시는 선물인 것도 사실이다. 그러나 빈손이라야 그것을 받을 수 있는 것이지, 이 세상을 여전히 꼭 쥐고 있는 손으로 받을 수 있는 것이 아니다. …… 반역으로 굳어진 마음은 구원을 얻으려고 믿을 수 없다. 먼저 그 마음이 깨어져야 한다……구원은 행위에 의해서 얻는 것이며, 하늘 나라는 우리 자신의 노력으로 얻어야 하는 것이라고 주장하는 사람들이 그릇되었고 위험한 것처럼, 죄인들에게 우상을 버리지 않고, 회개하지 않고,

그리스도의 주님되심에 복종하지 않고도 구원받을 수 있다 고 말하는 설교자들도 그릇되고 위험한 것이다.[45]

핑크는 또 이렇게 썼다.

> 하나님의 은혜는 사람을 의무에서 자유롭게 할 목적으로 주어지는 것이 아니라 강력한 동기를 주어서 더욱 자발적이고 감사하는 마음으로 그러한 의무들을 이행하게 할 목적으로 주어지는 것이다. 하나님의 은혜를 의무 수행을 면제해 주는 발판으로 만드는 것은 그분의 은혜를 색욕거리로 바꾸는 데로 위험스레 다가가는 것이다.[46]

핑크와 마찬가지로 토져(A. W. Tozer)도 이단의 책임을 안이한 신앙주의의 메시지를 전하는 사람들에게 돌렸다. 그의 설교와 저술은 거의 대부분 우리 시대에 인기있는 복음에 의문을 제기한다. 베드로전서에 대한 그의 메시지들은 나중에 〔『나는 그것을 이단이라고 부른다!』(I Call It Heresy!)〕는 적절한 제목으로 편집되어 출판되었다. 그는 거기서 이렇게 말했다.

> 〔몇 년 전만 해도〕 자신의 전 존재를 하나님께 복종시키고, 예수 그리스도를 구주일 뿐만 아니라 주님으로 알며, 주님의 뜻에 순종하지 않고서는 아무도 감히 공개석상에서 일어나서 "저는 그리스도인입니다."라고 말할 수 없었다. 그렇게 했을 때라야 "저는 구원받았습니다" 라고 말할 수 있었다.
>
> 오늘날 우리들은 사람들에게 주님께 순종하는 일들이 아무리 불완전하고 불충분하다 해도, 자신이 구원받았다고 말하라고 시키고 있다. 앞으로 어느 땐가는 더 깊이 있는 그리스도인의 삶을 살 수 있을거라는 단서를 덧붙여서 그렇게 하는 것이다.

과연 우리가 예수 그리스도께 순종할 의무가 없다고 생각할 수 있을까?

우리는 구원해 주십사고 그분께 소리치던 바로 그 시각부터 그분께 순종해야 할 의무가 있다. 그러므로 우리가 그분께 순종하지 않는다면, 과연 우리가 거듭난 것인지 의문을 던져 볼 필요가 있는 것이다.

그리스도인이라는 사람들이 하고 있는 일을 보거나 듣고, 그들이 기독교 신앙을 고백하면서 하고 있는 일들을 살펴보노라면, 그들이 참으로 회심한 것인지 의문을 던지게 된다.

형제들이여, 나는 그것이 애초부터 잘못된 가르침의 결과라고 믿는다. 그들은 주님을 병원으로 생각하며, 예수님을 병든 죄인들을 치료하는 탁월한 의사 정도로 생각한다!

"나를 고쳐 주십시오, 주님." 그들은 이렇게 요구한다. "그래서 내 갈 길을 갈 수 있게 해주십시오."
형제들이여, 그런 것은 그릇된 가르침이다.[47]

　　그리스도의 주님되심에 순종하는 것을 선택 사항으로 만드는 어떠한 교리도 그릇된 교훈이다. 확실히 그것은 그리스도인들이 언제라도 '그렇다'고 단언해야 할 출발점이다.
　　이와같이 '주님되심을 인정하는 구원'은 현대적인 것도 아니고 이단적인 것도 아니며 바로 역대 기독교 구원론의 핵심이다. 그것을 거짓 가르침으로 치부하는 것은 가장 무모하고 경솔한 일이다. 그밖의 다른 것을 가르치는 것은 대대로 내려오는 교회의 가르침의 주류에서 벗어나는 일이다.

◆ 주(註) ◆

1) Charles C. Ryrie, *Balancing the Christian Life* (Chicago: Moody, 1969), p.170. 참조. 라이리는 "오직 믿음으로만이라는 메시지와 믿음에 생명의 헌신을 더해야 한다는 메시지가 둘 다 복음이 될 수는 없다. 그러므로 둘 중에 하나는 거짓 복음이며, 따라서 복음을 변질시키거나 다른 복음을 전한 죄로 저주를 받게 될 것이다(갈 1:6-9)"라고 쓰고 있다.

2) 나는 이 용어를 블라우벨트가 정의한 뜻으로 쓰고 있다. "주님되심을 인정하는 구원이란……구원을 위해 예수 그리스도를 죄로부터 건져 줄 자신의 구주로 믿어야 하며, 또한 자기 생애의 주님으로 알아 그리스도께 자신을 드려야 하고, 그분의 절대적인 권위에 순종하는 것이다." Livingston Blauvelt, Jr., "Does the Bible Teach Lordship Salvation?" *Bibliotheca Sacra* (January-March 1986), p.37.

3) Zane C. Hodges, *The Gospel Under Siege* (Dallas: Redencion Viva, 1981), p.4.

4) Cyril C. Richardson, ed., *Early Christian Fathers* (New York: Macmillan, 1970), p.177.

5) 앞의 책, p.90.

6) 앞의 책, p.92. (고딕체는 필자의 표기임)

7) 앞의 책, pp.194-195.

8) Henry Bettenson, ed., *Documents of the Christian Church* (New York: Oxford, 1963), p.54.

9) John Dillenberger, ed., *Martin Luther* (New York: Doubleday, 1961), pp.111-112. (고딕체는 필자의 표기임)

10) Karl Theime, "Good Works," *The New Schaff-Herzog Religious Encyclopedia* (Grand Rapids: Baker, 1977), 5:19-22.

11) John Dillenberger, p.xxix.

12) 앞의 책, p.18.

13) 앞의 책, pp.23-24.

14) Clyde L. Manschreck, ed. and trans., *Melanchthon on Christian Doctrine* (Grand Rapids: Baker, 1965), 182.

15) Phillip Schaff, ed., *Creeds of Christendom*, 3 vols. (Grand Rapids: Baker, 1977), 3:24-25.

16) Schaff, ed., *Creeds of Christendom*, 3:410-413.

17) *Heidelberg Catechism* (Freeman, South Dakta: Pine

Hill, 1979), p.75.

18) Schaff, ed., *Creeds of Christendom*, 3:590-591.

19) 앞의 책, pp.629-630.

20) Thomas Vincent, *The Shorter Catechism of Westminster Assembly Explained and Proved from Scripture* (Edinburgh: Banner of Truth, 1980), pp.226-231. 〔『성경소요리문답해설』 여수룬, 홍병창 옮김〕

21) Basil Hall, "Ulrich Zwingli," Hubert Cunliffe-Jones, ed., *A History of Christian Doctrine* (Philadelphia: Fortress, 1978), p.362.

22) John Calvin, *Institutes of the Christian Religion*, 2 vols. (Grand Rapids: Zondervan, 1972), 2:98-99.

23) John C. Olin, ed., *A Reformation Debate* (Grand Rapids: Baker, 1966), p.68.

24) William Guthrie, *The Christian's Great Interest* (Edinburgh: Banner of Truth, 1982), pp.24-25, 76.

25) Joseph Alleine, *An Alarm to the Unconverted*(Marshallton, Delaware: National Foundation for Christian Education, n.d.), pp.26-27. 〔『회개의 참된 의미』(목회자료사, 이길상 옮김〕

26) Thomas Watson, *Body of Divinity* (Grand Rapids : Baker,1979), p.16.

27) Thomas Manton., *A Commentary on James* (Edinburgh: Banner of Truth, 1963), pp.153, 239.

28) J. C. Ryrie, *Estimate of Manton*. A. W. Pink, *Gleanings from the Scriptures: Man's Total Depravity* (Chicago: Moody, 1969), p.289.

29) Matthew Henry, *Commentary on the Bible* (Old Tappan: New Jersey, Revell, n.d.), pp.981-983.

30) George Whitefield, *Journals* (Edinburgh: Banner of Truth, 1960), pp.323-324.

31) Edward Hickman, ed., *The Works of Jonathan Edwards* (Edinburgh: Banner of Truth, 1979), pp.237, 259, 263.

32) John Gill, *A Body of Divinity* (Grand Rapids : Sovereign Grace,1971), p.552.

33) 앞의 책, p.555.

34) Thomas Goodwin, *The Work of the Holy Spirit in Our*

Salvation (Edinburgh: Banner of Truth, 1979), p.129.

35) Charles H. Spurgeon, *The Soul Winner* (Pasadena, Texas: Pilgrim, 1978), pp.32-33.

36) John Charles Ryrie, *Holiness* (Grand Rapids : Baker, 1979), p.57.

37) Benjamin B. Warfield, *Biblical and Theological Studies* (Grand Rapids : Baker,1968), pp.402-403.

38) R. A. Torrey, *How to Work for Christ* (Old Tappan, New Jersey: Revell, n.d.), p.32.

39) W. H. Griffith Thomas, *The Principles of Theology* (Grand Rapids : Baker, 1979), pp.186-187.

40) 앞의 책, pp.200-205.

41) 앞의 책, pp.205.

42) W. H. Griffith Thomas, *St. Paul's Epistle to the Romans* (Grand Rapids: Eerdmans, n.d.), p.371.(고딕체는 필자의 표기임)

43) Oswald T. Allis, "The Covenant of Works," in Carl F. H. Henry, ed., *Basic Christian Doctrines* (Grand Rapids : Baker, 1962), p.98.

44) 앞의 책, p.99.

45) Arthur W. Pink, "Signs of the Times," *Studies in Scriptures*, 16:373-375.

46) A. W. Pink, *Gleanings from the Scriptures: Man's Total Depravity*, (Chicago: Moody, 1969), p.291.

47) A. W. Tozer, *I Call It Heresy!* (Harrisburg, PA: Christian Publications, 1974), pp. 18-19.

인명 색인

Arn, Win ················ 163
Augustine ··········· 319-320

Behm, J. ············ 237-238
Berkhof, Louis
    구원에 이르는 믿음 ········· 250
    회개 ······················ 237
Blauvelt, Livingston
    구원에 이르는 믿음 ········· 250
    구원/제자도 이분법
    주님되심을 인정하는 구원"의 정의(定義)
    ···················· 44, 344
Bock, Darrel ············· 302
Boice, James Montgomery
    주님되심 논쟁 ············ 9-12
    구원/제자도 이분법 ········· 30
Bultmann, Rudolph,
    구원에 이르는 믿음 ········· 252
Bunyan, John ·············· 202

Calvin, John ········ 328-329
Chafer, Lewis Sperry
    그 나라의 복음과 은혜의 복음
················138, 227, 236-237
    그리스도께 대한 헌신을 뒤로 미룸 ··· 23
    그의 고의적인 아닌 반율법주의 ··36
    그의 논쟁적인 관점 ······· 42-43
    믿음과 신실함 ················ 23
    "육에 속한 그리스도인" ···30-31
    율법/은혜 세대주의 ······· 31-41
    회개 ························227
Cocoris, G. Michael
    받아드림과 헌신 ········· 64, 81
    "주님"(Lord)이라는 의미 ····46
    회개와 metanoia ······· 46, 237
Constable, Thomas L. ·108

Edwards, Jonathan 333-334

Flavel, John ············· 302

Gallup, George ·········· 23
Gentry, Kenneth L. ·207, 208
Graham, Billy ····· 263-264

Hodges, Zane

그 나라에 들어감과 그 나라를 유
업으로 받음···················· 21,23
　그의 저작에 대한 반응········ 16
　그의 제자도/구원 이분법·········
　···················· 36, 46, 201
　도덕적 요구와 복음········ 80-81
　디도서 1:15-16·············· 245
　믿음·········· 30, 150, 241-242
　씨 뿌리는 자의 비유·········· 179
　영적인 헌신················ 41, 81
　요한복음 2장의 "드러나지 않은"
신자들······················· 64
　자기 검증···················· 278
　"주님되심을 인정하는 구원"······
　················ 317, 318, 344

Ironside, H. A. ····· 226-227

Josephus ················· 195

Larkin, Clarence
　그 나라의 복음과 은혜의 복음138
　산상 설교의 적용 가능성 ······44
Lenski, R. C. H. ········265
Lightfoot, J. B. 246-247,,253
Lloyd-Jones, Martyn
　좁은 길 ····················265
　칭의와 성화············267, 277
　회개 ·················231, 238
Luther, Martin ··44, 320-323

Macaulay, J. C. ··········201

Machen, J. Gresham········
···················305-305
Melanchthon, Philip·····323
Miller, Johnny V. ········250
Mueller, Marc············301
Packer, J. I. ·········7-8,229
Pink, A. W. 151,278,340-342

Rosscup, James E. ·······316
Ryrie, Charles C
　갈라디아교회의 이단··········344
　그리스도께 순종함····41,251,344
　그의 저작에 대한 반응··········17
　그의 제자도/구원 이분법 ······36
　산상 설교··················46,265
　세대주의 ······················43
　옛 본성대로 사는 삶··········250
　"육에 속한" 그리스도인을 위한 여
지를 남김 ···················150
　"주님"(Lord)의 의미 296-297,301
　회개와 metanoia에 대해 46, 237

Standford, A. Ray ··170-171
Scofield, C. I.
　그 나라의 복음과 은혜의 복음138
　보화의 비유·············193-194
　은혜의 시대에서의 율법의 중요성 ····· 43

Spurgeon, Charles H.
　그가 전한 복음 ············· 337
　행위와 믿음의 관계·········· 246
Stott, John

인명 색인

값을 계산함··················280
좁은 길 ······················256

Thieme, R. B. ·········· 151
Thomas, W. H. Griffith 339
Torrey, R. A. ········338-339
Tozer, A. W. ·46, 300, 342-343

Vine, W. E.
   회개·······················228
   구원에 이르는 믿음··········244

Vos. Geerhardus ·····229-230

Wager, Rich··········301, 302
Warfield, Benjamin
   ··············42-43, 31, 338
Watson, Thomas ·····330-331
Wiersbe, Warren ········179

주제별 색인

가룟 유다(Judas Iscariot) 39-151
거룩(Holiness) ⇒ ········ '성화'
결단(Decisions) ⇒ ······· '구원'
겸손(Humility) → '구원'(겸손과 구원)
고난(Suffering),
　고난의 가치 ················ 175
교회(Church)
　교회 지도자의 자격 ········ 182
　교회의 참된 규모 ············ 263
　교회의 풍기문란 ········· 21, 182
구속(Redemption) ⇒ ······ '구원'
구원(Salvation)
　겸손과 구원 ······· 155-157,
　　········ 174-176, 247-250
　구원과 자기 검증 10-11, 28 30,
　　············· 270-271, 281
　구원에 대한 신구약 성경 가르침의 통일성 ··········· 55-58
　구원에 수반되는 성화 ⇒ '성화'
　구원에 수반되는 행위 ⇒ '성화'
　구원에 이르는 믿음 ·· 0, 37 41, 139,
　　203, 219, 228, 242, 239, 250, 312-315

구원은 평등하게 주어지는가?
　·························· 202-212
구원을 위해 치러야 할 값 152-163,
198-201, 254-265, 279-289,
　구원을 찾음 ···· 132-133, 194-196
　구원의 목적 ············ 137-138
　구원의 방도 ············ 254-265
　구원의 안전성 ··········· 140, 242
　구원의 열매 ⇒ '성화' 구원의 적기(適機)
　····· 32-33, 127 128, 254, 305-306
　구원의 증거 ⇒ '성화'
　구원의 확신 ····················· 30
　구원 이전의 행위에 대한 논쟁 ·· 9-12,
94-95, 125-126, 203, 229, 267-268
　"그리스도를 받아들임"과 구원 ·· 27, 152
　그리스도를 영접함 ············ 152
　"그리스도를 위한 결단" ·· 21, 27,
　························· 152, 255
　그리스도의 주님되심과 구원 ⇒
　············ 그리스도의 주님되심
　순교와 구원 ⇒ ············ 순교

주제별 색인

신생 ⇒ .... 중생(거듭남)
예정과 구원 94-95, 125-126,
.................203, 229, 267
제자도와 구원 ⇒............제자도
중생(거듭남) 49-64
칭의 266-267
판에 박은 듯이 구원을 제시함
.................67-68, 135, 211
하나님의 심정 ·189-190, 127-138,
하나님의 주권과 구원 ⇒..........
...................예정과 구원
행위가 아니라 은혜로 구원을 얻음
.............................9-12,
32, 37-41, 56-58, 125, 243, 246, 257
회개와 구원 ⇒ ....회개
그 나라(the Kingdom)
  그 나라에 대한 유대인의 개념
 167-168
  그 나라의 도래가 지연됨 168
  하나님 나라와 천국 168
그리스도 ⇒ ......예수 그리스도
그리스도를 받아들임 ⇒.....구원
그리스도의 주님되심
  그것에 관한 논쟁 ....11-=18,
  19-41, 94-95, 112, 139, 140, 82-183,
  239-240, 254-265, 290-301, 305
  315, 317-318, 342-343
  그것에 대해 완전히 알아야 구원받
  는 것은 아님 9-12,
  ....94-95, 125-126,

그것을 입증하는 사실 33-36,
..........................295-301
"그리스도를 주로 삼음" 34,
..........................290- 291
순종의 기쁨...............162-163
순종의 중요성 17, 86-88,
161-162, 191-192, 269-270, 290-
301
"주님되심을 인정하는 구원"의 정의
28-29, 221
그리스도인의 실패 →성화(때로의
  실패)
"내 모습 이대로" 115, 239-240
니고데모(Nicodemus)
  그가 구원받았는지의 여부......55
  사마리아 여인과의 대조.........66
  예수님이 그에게 복음을 제시하심
 49-64

마태(Matthew) 82-93
Metanoia ⇒회개
믿음(Faith), 구원에 이르는 믿음
  ⇒......................'구원'

바울(Paul).............307-310
배교(Apostasy), 그리스도인과
  배교.................. 141-142
베드로(Peter)......... 217-218

복음 전도(Evangelism) ⇒ 복음
부자 청년 관원(Rich young relur)
.... 109-126
무지와 불신 58-59, 99-103
불신하는 죄 43

사람들 앞에 서서 (Confession before men) 282-285
사마리아여인(Samaritan Woman)
　니고데모와의 대조 66
　예수님이 그녀에게 복음을
　제시하심 65-68

사마리아인(Samaritan)
　사마리아인들의 그릇된 믿음 75
　사마리아인에 대한 편견 68-71
　사마리아인의 겸손............79
삭개오(Zaccheus)
　삭개오의 구원 ...124-125, 135-136
　예수님이 그에게 복음을 제시하심
　.........................89-96
산상설교
(Sermon on the Mount),
　산상 설교의 적용 가능성 ..32-33,
　..................254, 305-306
성도의 견인 ⇒구원(구원의 안전성)
성화(Sanctification)
　때로의 실패와 성화........149-150

272-273, 283-284, 287-288, 327
성화에 관한 논쟁 ⇒ 그리스도의 주님되심
성화와 구원과의 관계 37-41,
　...........................178-180,
　........225-236, 266-268, 273-278
성화의 불가피성 9,
　......29-30, 40-41, 104, 178-180,
　................243-244, 266-267
세대주의(Dispensationalism)
　그 나라의 복음과 은혜의 복음 ....
　...........305-306, 127, 226-227,
　산상설교와 세대주의 32-33
　세대주의의 기본적인 타당성 .. 31
　세대주의의 약점 ..31-41, 127, 226-
　............................. 227,
　세대주의의 특징 31
"수준 높은 삶"(Higher Life)....
　...................... 30-31, 279
순교(Martyrdom),
　순교로 구원받는 것은 아님 ... 287
순종(Obedience) ⇒ ...... '성화'
심판(Judgement),
　심판의 확실성 266-278
십자가(Cross) ⇒'십자가를 짊
　십자가를 견딤⇒... '십자가를 짊'
　십자가를 짊 286-288
　십자가 위의 강도.........211-212
야고보(James)　.......312-313
영원한 안전(Eternal security)
　⇒........구원(구원의 안전성)
예배(Worship) 65-80

주제별 색인

예수 그리스도(Jesus Christ)
  예수 그리스도의 비유 ⇒
    ……'그리스도의 비유들'을 보라.
  예수 그리스도의 신성 ·158, 290-
    ………………………………301
  예수 그리스도의 주님되심 ⇒
    ………… 그리스도의 주님되심'
예수님의 비유
  값진 진주 …………… 191-201
  먼저 된 자와 나중 된 자 202-212
  밭에 감추인 보화 …… 202-212
  씨 뿌리는 자 ………… 167-180
  알곡과 가라지 ………… 182-190
  잃은 동전 …………… 215-216
  잃은 양……………… 214-215
  탕자 ………………… 217-222
예정(Predestnation)⇒…구원'
요한(John) …………313-314
요한복음 9장의 소경 ……94-107
유다(Jude) ………………311
육에 속한 그리스도인
  ………………30-31, 139-140
은혜(Grace) ⇒··세대주의, 구원
의심(Doubt) ⇒ 구원(구원의 확
  신, 구원의 안전성, 구원과 자
  기 검증)

자기 검증 ⇒ ………… 구원
자신을 살핌 ⇒ ………… 구원
제자도

거짓 제자도……………148-149
제자도와 구원의 관계………36-37
제자도의 대가…200-201 279-288
제자도의 특징 …………282-288
제자도의 표상 …………160-163
"제자"의 의미 ………………279
죄(Sin)⇒ …………심판, 회개
중생(거듭남) ⇒…………구원
칭의(Justificaion) ⇒ ……구원
탕자(Prodigal son) ⇒·예수님의
  ………………………………비유
핍박(Persecution)
  종교적인 핍박의 본질 … 187-188
  ………………………… 261-262
  핍박에 대한 반응……… 279-288
  핍박의 가치 …………… 174-175

헌신(Commitment) ……… 28,
  ……………… 71-72, 76-77
확신(Assurance) ⇒
  ……………… 구원. 318-320
회개(Repentance)
  metanoia의 의미 … 39, 228-231
  회개를 무시함 ………… 225-228
  회개에 대한 유대인의 견해
  ……………………… 232-234
  회개의 열매…………… 232-234
  회개의 예 …… 135-138, 217-223
  회개의 정의(定義) ……39, 228-

················232
회개의 필요성·······65-80, 82-93,
109-126, 129-130, 159-160,
················225- 236, 242-243
회심(Conversion) ⇒ ·······구원
히브리서의 기자 ········314-315

성구 색인

창세기
15:6 ·····················57

출애굽기
20:12 ··················285

민수기
5:7 ······················136
21:7 ·····················61
21:8 ·····················60
23:5 ····················272

신명기
30:19 ··················255

여호수아
24:15 ··················255

열왕기상
18:21 ··················255

열왕기하
17:23-25 ···············69

역대기하
7:14 ·····················69

욥
1:1 ······················84
1:8 ······················84
42:6 ················84, 231

시편
7:11 ····················121
18:2 ····················275
32:1-2 ··················57
41:9 ····················142
51:5 ····················118
51:16-17 ················91
55:12-14 ···············142
68:2 ····················187

106:21 ·················· 128
110:2 ····················· 45
138:6 ·················· 156

잠언
13:7 ···················· 125
16:25 ·················· 261

이사야
1:16-18 ············ 56, 232
6:5 ······················· 84
43:11 ·················· 128
53:4-9 ·················· 57
565:1 ···················· 74
55:6-7 ········ 75, 132, 232-233
57:15 ·················· 157
62:5 ···················· 216

예레미야
6:16 ···················· 163
21:8 ···················· 255
29:13 ·················· 259

에스겔
33:11 ·················· 216
33:18-19 ············· 232
34:16 ·················· 128
36:25-27 ········· 54, 137
다니엘

7:13 ···················· 185

호세아
13:4 ···················· 128

아모스
5:4 ····················· 132

요나
3:5-6 ·················· 231
3:10 ···················· 233

하박국
2:4 ····················· 233

마태복음
1:21 ·············· 73, 129
3:1-2 ············· 92, 233
3:7-8 ··········· 231, 233
4:17 ········ 92, 225, 232
4:23 ···················· 127
5:3 ··········· 39, 210, 247
5:3-6 ·················· 232
5:3-12 ··········· 247, 274
5:4 ····················· 248
5:5 ····················· 248
5:6 ············ 210, 232, 248
5:7 ····················· 248
5:9 ····················· 248

성구 색인

5:10 ·················· 248	9:1-8 ·················· 85, 292
5:17 ·················· 56	9:9 ·················· 86
5:20 ·················· 247, 268, 273	9:9-13 ·················· 84
5:21-47 ·················· 122, 248, 274	9:10 ·················· 89
5:48 ·················· 248, 272312	9:11 ·················· 89
6:1-18 ·················· 274	9:12-13 ·················· 90
6:24 ·················· 177	9:13 ·················· 33, 36, 79, 184,
6:33 ·················· 113, 132	·················· 90-91
7:1-5 ·················· 274	9:18 ·················· 113
7:6 ·················· 188, 196	9:18-26 ·················· 85
7:7 ·················· 132	9:27-31 ·················· 85
7:13, 14 ·················· 254-256, 289	9:32-34 ·················· 85
7:15 ·················· 21	10:2 ·················· 282
7:15-20 ·················· 274	10:5 ·················· 281
7:16 ·················· 179	10:24 ·················· 281
7:17 ·················· 41	10:32 ·················· 284
7:17-20 ·················· 178	10:32-39 ·················· 281-282
7:18 ······ 189, 7:21-23, 29, 129,	10:33 ·················· 284
·················· 267, 282-283, 291	10:34-37 ·················· 285
7:24-27 ·················· 263, 273-278	10:38 ·················· 286
7:28-29 ·················· 277	10:39 ·················· 199, 287
8:1-3 ·················· 203	11:12 ·················· 258
8:1-17 ·················· 85	11:19 ·················· 129
8:18-22 ·················· 88	11:20-24 ·················· 160
8:20 ·················· 141	11:25 ·················· 155
8:21-22 ·················· 289	11:25-30 ·················· 153
8:23-27 ·················· 85	11:27 ·················· 158
8:28-34 ·················· 85	11:28 ·················· 157, 159

11:28 ·············38-39, 39, 167, ·····················262	15:7-9 ·····················35
11:29 ·····················161	16:15-17 ·············105, 243
12:1 ·····················169	16:24 ·····················286
12:8 ·····················293	16:25 ·····················199
12:24 ·····················167	18:3 ·················156, 249
13:1 ·····················167	18:20 ·····················292
13:3-9 ·····················169	19:16 ·····················113
13:4 ·····················169	19:16-22 ·····················110
13:5 ·····················170	19:17 ·····················118
13:7 ·····················170	19:18-19 ·····················121
13:8 ·····················171	19:16-22 ·····················110
13:9 ·················171-172	19:18-19 ·····················121
13:11 ·····················168	19:20 ·················113, 121
13:11-15 ·····················168	19:21 ·····················123
13:17-18 ·····················172	19:22 ·················113, 124
13:19 ·················172-173	19:23 ·················128, 248
13:20-21 ·············149, 174	19:24 ·····················128
13:22 ·····················177	19:25 ·················128, 248
13:23 ·····················178	19:27 ·····················207
13:24-30 ·············183-184	19:30 ·····················204
13:28 ·····················187	20:1-6 ·····················203
13:31-35 ·····················201	20:2 ·····················205
13:36 ·····················185	20:4 ·····················209
13:38 ·····················193	20:7 ·····················210
13:38-39 ·····················185	20:15 ·····················206
13:39 ·····················189	20:17-19 ·····················207
13:40-43 ·····················189	20:22 ·····················71
	21:28-32 ·············219, 235

22:1-14	91, 263
22:15-22	87
22:15-22	87
24:24	272
25:31-46	285
25:41	315
26:22	144
26:24	142
26:25	144
26:31	148
26:50	147
26:56	148
27:3	230
27:5	148
27:44	212
28:17	292
28:18	158, 292
28:18-20	27, 189, 279

마가복음

1:24	299
3:11	299
4:7	181
4:10	171-172
4:11	168, 180
4:34	168
5:7	299
8:34-37	191-192
9:24	247
10:17	114
10:21	123, 194
12:30	96
14:45	147
15:32	212

누가복음

2:11	33
3:8	137
3:10	234
3:12	131
3:13-14	234
5:8	84
5:27	131
5:28	86
5:29	89
5:31	91-92, 128
6:44	29
6:46-49	269, 290-291, 298
7:29	131
8:10	180
8:11	172
8:12	173
8:26-35	202
9:23	288
9:54	187
9:57-62	191, 288

12:32 …………………… 207, 263	24:47 …………………… 228
13:3 ………………………… 226	71:1 …………………… 50. 292
13:5 ………………………… 226	1:11-12 ………………… 163, 295
13:23 ……………………… 258	1:14 …………………………… 292
14:25-35 …………………… 199	1:17 …………………………… 120
14:26-27 ……… 36, 261, 285-286	1:33 ……………………………… 54
14:28-33 …… 200, 201, 276, 280	1:47 …………………………… 203
14:33 ………… 36, 110, 124, 261	2:23-25 ………………………… 51
15:1-2 ………… 79, 130, 131, 213	3:1 ……………………………… 52
15:4-7 …………………… 214-215	3:1-16 ………………………… 203
15:8-10 ………………… 216-217	3:2 …………………………… 51, 59
15:11-32 ……………… 217-222	3:3 ……………………………… 52
16:16 ……………………… 258	3:4 ……………………………… 55
18:9 …………………… 91. 129	3:5 ……………………………… 55
18:10-14 ………………… 129	3:7 …………………………… 55, 59
18:13-14 ………………… 39	3:9 …………………………… 52, 55
18:18 ……………………… 113	3:10 ……………………………… 55
19:2 ……………………… 132	3:11-12 ………………………… 58
19:4 ……………………… 133	3:13 ……………………………… 58
19:5 ……………………… 134	3:14-17 …………………… 51, 60-63
19:6 ……………………… 134	3:16 …………… 62-63, 111, 239
19:7 …………………… 131, 134	3:17-18 ……………… 33, 63, 242
19:8 ……………………… 135	3:19 …………………………… 63, 263
19:9 …………………… 135, 136	3:20-21 ………………………… 62
19:10　　33, 54, 69, 103, 125, 127, 137	3:36 …………… 40, 62, 72, 245
22:48 …………………… 147	4:2 ……………………………… 54
23:41-48 ………………… 212	4:3 ……………………………… 68
	4:6 ……………………………… 69

성구 색인

4:7	70	6:29	40, 47, 118
4:7-19	81	6:35	160
4:7-29	203	6:37	159, 239
4:9	69-70	6:44-45	243, 248
4:10	71	6:47	243
4:11-12	72	6:54	71
4:13-14	71-72	6:64	261
4:15	72	6:65	248
4:16	74	6:66	191, 261
4:17-18	74	8:44	22, 185
4:19	74	8:58	97
4:20	75	9:1	97
4:21	75	9:2	97
4:22	75	9:3-4	98
4:26	77	9:4	209
4:27	78	9:6	98
4:28-30	78	9:7	99
4:23-24	7, 81	9:8	97
4:25	77	9:8-10	99
4:26	77	9:11	99
4:27	78	9:15	99
4:28-30	78	9:16	100
4:29	81	9:17	100
4:39-42	79	9:19	100
5:17-47	293	9:21	101
5:39	58	9:22	54, 101
6:26	184	9:24	101
6:28	118	9:25	96, 101

9:26 ·········· 102	17:3 ·········· 114
9:27 ·········· 102	18:11 ·········· 71
9:28-29 ·········· 102	18:33~19:22 ·········· 46
9:30-33 ·········· 102	19:38-39 ·········· 55
9:34 ·········· 102	20:28 ·········· 298
9:35 ·········· 104	20:30-31 ·········· 50
9:36 ·········· 104	
9:37-38 ·········· 105	**사도행전**
9:38 ·········· 96	1:6 ·········· 207
9:39-41 ·········· 106	2:23 ·········· 46
10:1 ·········· 256	2:34-35 ·········· 45
10:3 ·········· 215	2:36 ·········· 35-46, 203
10:9 ·········· 256	·········· 296, 311
10:17-18 ·········· 293	2:38 ·········· 46, 234, 34
10:27-28 ·········· 249	3:19 ·········· 93, 311
10:30 ·········· 292	4:12 ·········· 117, 256
11:51-52 ·········· 272	4:20 ·········· 193
12:24-25 ·········· 192, 198	5:20 ·········· 22
13:10-11 ·········· 141, 143	5:31 ·········· 229, 311
13:18 ·········· 142	6:7 ·········· 245
13:21 ·········· 143	10:34 ·········· 71
13:24-26 ·········· 145	10:36 ·········· 35, 295, 311
13:27 ·········· 141, 145, 146	11:17-18 ·········· 229, 246, 311
13:28-30 ·········· 146	14:22 ·········· 258
14:6 ·········· 256	15:10 ·········· 160
15:3 ·········· 55	16:31 ·········· 35, 227, 296
15:16 ·········· 103	20:20-27 ·········· 310
16:8-9 ·········· 270	20:21 ·········· 93

26:19-20 ·············· 92, 167, 310

로마서

1:4 ························ 295
1:5 ················ 40, 47, 245
1:16 ··················· 96, 283
1:17 ························ 213
2:6 ························ 308
2:13 ······················ 308
2:19-20 ···················· 57
2:28 ······················ 136
3:10 ··················· 92, 257
3:11 ················· 103, 131
3:20 ················ 122, 257
3:21-24 ··················· 257
3:23 ······················ 235
3:28 ······················ 307
4:3 ·························· 32
4:4-5 ···················· 257
4:6-8 ······················ 22
4:11 ······················ 136
4:16 ························ 32
5:8-9 ················ 294, 295
6:1-2 ···················· 308
6:6 ························ 199
6:11 ······················ 286
6:16-18 ··················· 308
6:17 ······················ 245

6:23 ··················· 62, 199
·························· 265, 294
7:15 ······················ 253
7:18 ······················ 245
7:22 ······················ 252
7:25 ······················ 252
8:16 ······················ 270
8:29-30 ················ 30, 267
10:5-10 ··················· 269
10:9-10 ········· 35, 247, 267
················ 283, 296-298, 307
10:12-13 ················ 45, 298
10:16 ···················· 245
13:11 ······················ 30
14:9 ··················· 96, 290
15:18 ···················· 245
16:26 ················· 40, 245

고린도전서

1:2 ························ 278
1:7-8 ··············· 150, 244
1:13 ························ 33
1:23 ······················ 264
1:26-29 ··············· 157, 194
2:9-10 ················ 107, 197
2:14 ··················· 58, 197
2:15-3:3 ··················· 30
3:3 ························ 150

3:4-5 ·················· 150
3:11 ···················· 275
5:1-2 ··················· 182
5:2 ······················ 186
5:7 ······················ 186
5:11 ················ 150, 190
5:13 ···················· 190
6:2 ······················· 76
6:9-11 ········· 23, 278, 309
7:19 ················· 32, 38
9:21 ····················· 32
9:25 ···················· 258
11:28 ··················· 271
12:3 ······· 95, 135-136, 290, 299
12:13 ···················· 55
15:1-2 ·················· 251
15:3-4 ·········· 95, 251, 257
15:20 ··················· 257
15:31 ··················· 288

고린도후서

5:17 ················ 137, 260
6:2 ······················· 76
6:14-16 ················· 187
7:1 ····················· 245
7:9-10 ·················· 218
7:10 ···················· 164
11:3 ····················· 57
11:14 ··················· 257
11:14-15 ················ 183
13:5 ············· 29, 270, 281

갈라디아서

1:6-8 ················· 22, 33
1:11-12 ················· 310
2:16 ····················· 32
3:7 ····················· 136
3:11 ···················· 243
3:24 ···················· 120
3:28 ···················· 208
5:11 ···················· 264
5:19-21 ·············· 23, 309
5:22 ···················· 252
6:2 ······················ 32
6:10 ····················· 22

에베소서

2:1 ················ 131, 250
2:2-3 ················ 188, 260
2:8-9 ··············· 34, 38, 40
         ············ 125, 243, 252
2:8-10 ·················· 137
2:10 ··············· 40, 41, 303
2:19 ···················· 188
3:17 ···················· 153
4:22 ···················· 286

성구 색인 365

5:5 ·······································309
5:25 ·····································285
5:26 ······································55

빌립보서

1:6 ·····························41, 104, 244
1:29 ·····································243
2:7-8 ···································294
2:9-11 ··································295
2:11-12 ···························290, 293
2:13 ······························41, 244
3:3 ··76
3:7-8 ···································198
3:17-19 ·································309
3:21 ·····································292
4:12-13 ···························162, 262

골로새서

1:13 ·····································153
1:16-17 ·································292
1:22-23 ···························244, 245
································275, 310
2:6 ······································163
2:9 ······································292
4:12 ····································258

데살로니가전서

1:9 ································40, 229
3:10 ····································245

4:7-8 ···································309
5:23-24 ·································41

데살로니가후서

1:8 ·································40, 245
2:10 ····································310

디모데전서

1:15 ···························84, 129, 259
1:19-20 ···························151, 309
2:5 ······································257
2:9 ······································196
3:2 ······································191
3:7 ······································191
3:10 ····································191
6:3-5 ···································310
6:12 ····································258
6:15 ····································295

디모데후서

1:8 ······································284
2:12-13 ··················140, 242, 251
2:15 ······································33
2:16-19 ·································310
2:17-18 ·································151
2:19 ····································151
2:25 ······························229, 243
3:5 ································52, 269
3:15 ······································56

디도서

1:6 ·················191, 283
1:15-16 ·················
 ···245, 252, 275, 284, 298-299
2:11-12 ·················38, 308
3:5 ·················55, 211
3:5-7 ·················41

히브리서

1:1-2 ·················59
1:8 ·················292
2:1-3 ·················251
3:14 ·················244, 251
3:18-19 ·················72
4:14 ·················251
4:15 ·················70, 294
5:9 ·················46, 245
6:8 ·················179
6:11-12 ·················251
7:25 ·················203
9:22 ·················62
10:38 ·················243
11:8 ·················40, 245
11:26 ·················200
12:2 ·················209
12:10-14 ·················314-315
13:8 ·················292

야고보서

1:1-12 ·················312
1:2 ·················251
1:13-25 ·················312
1:21-22 ·················313
1:22-23 ·················275, 308
1:26-27 ·················312
2:1-13 ·················312
2:14-26 ········ ····30, 41-42,
 ·················138, 241, 312
2:17 ·················312
2:20 ·················312
2:19 ·················42, 107, 299
2:20 ·················42
2:24 ·················209, 307
2:26 ·················42
3:1-12 ·················312
3:13-18 ·················312
3:15 ·················312
4:1-6 ·················312
4:4 ·················312
4:5 ·················313
4:6 ·················313
4:7-17 ·················312
5:1-20 ·················312

베드로전서

1:1-3 ·················311
1:15-16 ·················272, 312
1:18 ·················193

1:23	172
2:24	294
4:18	236, 258
5:10	180

베드로후서

1:3	249, 301, 311
1:5-9	311
1:10-11	29, 311-312
2:22	150
3:9	213

요한일서

1:6	313
1:9	231
2:1	41
2:3-4	275, 313-314
2:3-6	231
2:4	30
2:15	177, 314
2:19	140, 175, 251
2:22-23	314
2:29	314
3:3	314
3:6-10	314
3:10	30, 186
3:17	231
4:2-3	298, 314
4:15	283
4:19	132, 153, 209
5:1	314
5:4	41
5:5	314
5:11	116
5:13	313
5:20	116

요한이서

9-11	186

유다서

3-4	311
7	311

요한계시록

2:7	314
2:11	314
2:26	314
3:5	314
3:12	314
3:19-20	164
3:21	314
5:5	314
21:7-8	314, 315-6
21:21	196
22:17	80

참고문헌

Arndt, William F. and F. W. Gingrich. *A Greek Lexicon of the New Testament and Other Early Christian Literature*. 2d. ed. Chicago: University of Chicago, 1979.

Barrow, Clifton. "An Exegetical Consideration of the Doctrine of Lordship Salvation from Three Passages." Th.M. thesis, Dallas Theological Seminary, 1977.

Becker, O. "Peithomai." In *The New International Dictionary of New Testament Theology*. Edited by Colin Brown. Grand Rapids: Zondervan, 1975. 1:588-93.

Behm, J. and E. Wurthwein. "Metanoeo, metanoia." In *Theological Dictionary of the New Testament*. Edited by G. Kittel and translated by G. Bromiley. Grand Rapids: Eerdmans, 1967. 4:975-1008.

Beisner, Calvin E. "The Idol of Mammon." *Discipleship Journal* 40 (1987): 8-11.

Berkhof, Louis. *Systematic Theology*. Grand Rapids: Eerdmans, 1975.

Berkouwer, G.C. *Faith and Sanctification*. Grand Rapids: Eerdmans, 1952.

Bietenhard, H. "Kurios." In *The New International Dictionary of New Testament Theology*. Edited by Colin Brown. Grand Rapids: Zondervan, 1976. 2:510-19.

Bjork, William G. Review of *The Gospel Under Siege* by Zane C. Hodges. *Journal of the Evangelical Theological Society* 30.4 (Dec. 1987): 457-67.

Blauvelt, Livingston, Jr. "Does the Bible Teach Lordship Salvation?" *Bibliotheca Sacra* 143 (Jan.-Mar. 1986): 37-45.

Bock, Darrell L. "Jesus as Lord in Acts and in the Gospel Message," *Bibliotheca Sacra* 143 (Apr.-June 1986): 146-54.

Boice, James Montgomery. *Christ's Call to Discipleship*. Chicago: Moody, 1986.

Brinsmead, Robert D. "Sanctification," *Present Truth* 4 (Feb. 1975): 3-63.

참고 문헌   369

Brown, Francis, S.R. Driver, and C.A. Briggs, eds. *A Hebrew and English Lexicon of the Old Testament.* Oxford: Clarendon, 1980.
Bruce, F.F. *The Hard Sayings of Jesus.* Downers Grove, Ill.: InterVarsity, 1983.
Bryant, Lynn R. "The Secret Believer in the Gospel of John." Th.M. thesis, Dallas Theological Seminary, 1975.
Bultmann, R. "Pisteuo." In *Theological Dictionary of the New Testament.* Edited by G. Friedrich and translated by G. Bromiley. Grand Rapids: Eerdmans, 1968. 6:174–228.
Buswell, J. Oliver. *A Systematic Theology of the Christian Religion.* Grand Rapids: Zondervan, 1979.
Calvin, John. *Institutes of the Christian Religion.* Translated by Henry Beveridge. Grand Rapids: Eerdmans, 1979.
Campbell, Donald K. "Interpretation and Exposition of the Sermon on the Mount." Th.D. dissertation, Dallas Theological Seminary, 1953.
Chafer, Lewis Sperry. *Grace: The Glorious Theme.* Grand Rapids: Zondervan, 1972.
_____. *Major Bible Themes.* Grand Rapids: Zondervan, 1974.
_____. "Saving Work of God: The Terms of Salvation." *Bibliotheca Sacra* 107 (1950): 389–419.
_____. *Systematic Theology.* 8 vols. Dallas: Dallas Theological Seminary, 1947.
_____. *True Evangelism.* Grand Rapids: Zondervan, 1976.
Chantry, Walter. *Today's Gospel: Authentic or Synthetic?* Carlisle, Penn.: The Banner of Truth Trust, 1970.
Chay, Frederic William. "An Analysis of Lordship Salvation as Taught by John MacArthur, Jr." Th.M. thesis, Dallas Theological Seminary, 1983.
Chrisope, T. Alan. *Jesus Is Lord.* Welwyn, England: Evangelical, 1982.
Cocoris, G. Michael. *Evangelism: A Biblical Approach.* Chicago: Moody, 1984.
_____. *Lordship Salvation—Is It Biblical?* Dallas: Redención Viva, 1983.
Collins, Gary R. *Beyond Easy Believism.* Waco: Word, 1982.
Constable, Thomas L. "The Gospel Message." In *Walvoord: A Tribute.* Edited by Donald K. Campbell. Chicago: Moody, 1982.
Constant, Stephen. "Easy Believism: Today's Trap." *Christian Life* (May 1978): 29.
Crenshaw, Curtis I. and Grover E. Gunn, III. *Dispensationalism Today, Yesterday and Tomorrow.* Memphis: Footstool, 1985.

Dodson, Kenneth F. *The Prize of the Up-Calling*. Grand Rapids: Baker, 1969.
Foerster, W. and G. Quell. "Kurios." In *Theological Dictionary of the New Testament*. Edited by G. Kittel and translated by G. Bromiley. Grand Rapids: Eerdmans, 1965. 3:1039–98.
Gasque, W.W. and W.S. LaSor, eds. *Scripture, Tradition, and Interpretation*. Grand Rapids: Eerdmans, 1978.
Gentry, Kenneth L. "The Great Option: A Study of the Lordship Controversy," *Baptist Reformation Review* 5.1 (Spring 1976): 49–79.
Gill, John. *A Body of Divinity*. Grand Rapids: Sovereign Grace, 1971.
Goetzmann, J. "Metanoia." In *The New International Dictionary of New Testament Theology*. Edited by Colin Brown. Grand Rapids: Zondervan, 1975. 1:357–59.
Govett, Robert. *Entrance into the Kingdom*. Miami Springs, Fla.: Conley and Schoettle, 1978.
_____. *Govett on Hebrews*. Miami Springs, Fla.: Conley and Schoettle, 1981.
_____. *Govett on the Kingdom*. Miami Springs, Fla.: Conley and Schoettle, 1978.
Harris, R. Laird; Gleason Archer; and Bruce Waltke, eds. *Theological Wordbook of the Old Testament*, 2 vols. Chicago: Moody, 1980.
Harrison, Everett F. "Must Christ Be Lord to Be Savior?—No," *Eternity* 10 (Sept. 1959): 14, 16, 48.
Helm, Paul. *The Beginnings*. Carlisle, Penn.: The Banner of Truth Trust, 1986.
Hodge, Charles. *The Way of Life*. Grand Rapids: Baker, 1977.
Hodges, Zane C. *The Gospel Under Siege*. Dallas: Redención Viva, 1981.
_____. *Grace in Eclipse*. Dallas: Redención Viva, 1985.
_____. *The Hungry Inherit*. Chicago: Moody, 1972.
_____. "I John." In *The Bible Knowledge Commentary*. Edited by John Walvoord and Roy Zuck. Wheaton: Victor Books, 1983. 2:881–904.
_____. "Untrustworthy Believers." *Bibliotheca Sacra* 135 (April–June 1978): 139–52.
Hogan, William LeGrange. "The Relation of the Lordship of Christ to Salvation." Th.M. thesis, Dallas Theological Seminary, 1959.
Hooker, Delbert. "The Echo of Faith." *Discipleship Journal* 40 (1987): 33–34.
Horne, Charles M. *Salvation*. Chicago: Moody, 1971.
Howard, W.W. "Is Faith Enough to Save?" *Bibliotheca Sacra* 98 (1941): 360–71 and 99 (1942): 88–107.

Ironside, H.A. *Except Ye Repent.* New York: American Tract Society, 1937.
Jernigan, Jeff. "Changes of the Heart," *Discipleship Journal* 40 (1987): 12-14.
Johnson, Samuel. "An Oath of Fidelity: Reflections on the Lord's Supper," *Discipleship Journal* 32 (1986): 32-35.
Johnson, Thomas C. "Saving Faith Is Not Salvation," *Evangelical Quarterly* 3 (1931): 257-58.
Lang, G.H. *The Parabolic Teaching of Scripture.* Grand Rapids: Eerdmans, 1955.
Larkin, Clarence. *Rightly Dividing the Word.* Philadelphia: Erwin W. Moyer, 1920.
Lawrence, William D. "The New Testament Doctrine of the Lordship of Christ." Th.D. dissertation, Dallas Theological Seminary, 1968.
Lloyd-Jones, D. Martyn. *The Puritans.* Edinburgh: Banner of Truth, 1987.
_____.*Romans: The New Man.* Grand Rapids: Zondervan, 1974.
_____. *Studies in the Sermon on the Mount.* Grand Rapids: Eerdmans, 1960.
Long, James. "Beyond the Shadow of Doubt," *Discipleship Journal.* 40 (1987): 17-20.
Lovelace, Richard F. *Dynamics of Spiritual Life.* Downers Grove, Ill.: InterVarsity, 1980.
McCormick, Scott, Jr. "Faith as Surrender." *Interpretation* 17 (1963): 302-7.
McDonald, H.D. *Salvation.* Westchester, Ill.: Crossway, 1982.
MacDonald, William. "Evangelical Dilemma," *Presbyterian Journal* 32 (Dec. 12, 1973): 11-12, 22.
_____. *What's the Difference?* Kansas City, Kans.: Walterick, 1975.
Marshall, I. Howard. *Kept by the Power of God.* Minneapolis: Bethany, 1969.
Martin, Ralph. "Salvation and Discipleship in Luke," *Interpretation* 30 (Oct. 1976): 366-80.
Metzger, Will. *Tell the Truth.* Downers Grove, Ill.: InterVarsity, 1984.
Michel, O. "Pistis." In *The New International Dictionary of New Testament Theology.* Edited by Colin Brown. Grand Rapids: Zondervan, 1975. 1:593-605.
Miller, Craig L. "The Theological Necessity of Christ's Lordship in Salvation." Th.M thesis, Talbot School of Theology, 1987.

Miller, Johnny V., William Larkin, and Paul D. Wright. Review of *The Gospel Under Siege* by Zane C. Hodges. *Trinity Journal* 4 (Spring 1983): 92-97.
Morris, Leon. *The Apostolic Preaching of the Cross*. Grand Rapids: Eerdmans, 1955.
Mueller, Marc, "Lordship/Salvation Syllabus." Panorama City, Calif.: Grace Community Church, 1981, 1985.
Murray, John. *The Epistle to the Romans*. The New International Commentary on the New Testament. Edited by F.F. Bruce. Grand Rapids: Eerdmans, 1955.
_____. "Repentance." In *The New Bible Dictionary*. Edited by J.D. Douglas. Grand Rapids: Eerdmans, 1979. Pp. 1083-84.
Needham, David. *Birthright*. Portland: Multnomah, 1979.
Nicoll, W. Robertson, ed. *The Expositor's Greek Testament*. 5 vols. Grand Rapids: Eerdmans, 1979.
Niquette, David. "Repentance in the New Testament." M. Div. thesis, Talbot Theological Seminary, 1972.
Packer, J.I. *Evangelism and the Sovereignty of God*. London: InterVarsity, 1961.
_____. *"Fundamentalism" and the Word of God*. Grand Rapids: Eerdmans, 1958.
Paxton, C.J. "False Gospel of the New Birth," *Present Truth* (June 1978): 17-22.
Pentecost, J.D. *Design for Living*. Chicago: Moody, 1975.
Pink, A.W. *The Doctrine of Santification*. Swengel, Penn.: Reiner, 1975.
_____. *Eternal Security*. Grand Rapids: Guardian, 1974.
_____. *Gleanings from the Scriptures: Man's Total Depravity*. Chicago: Moody, 1969.
_____. *Studies in Saving Faith*. Swengel, Penn.: Reiner, 1974.
Piper, John. *Desiring God*. Portland: Multnomah, 1986.
Reisinger, Ernest C. *Today's Evangelism*. Phillipsburg, N.J.: Craig, 1982.
Ridderbos, Herman. *Paul: An Outline of His Theology*. Translated by J.R. De Witt. Grand Rapids: Eerdmans, 1975.
Robertson, A.T. *Word Pictures in the New Testament*. 6 vols. Nashville: Broadman, n.d.
Rosscup, James E. *Abiding in Christ: Studies in John 15*. Grand Rapids: Zondervan, 1973.
_____. "The Overcomer of the Apocalypse," *Grace Theological Journal* 3.2 (Fall 1982): 261-86.
Rowell, J.B. "Exposition of Hebrews Six," *Bibliotheca Sacra* 94 (July-Sept. 1937): 324.

Ryle, J.C. *Holiness.* Grand Rapids: Baker, 1979.
Ryrie, Charles C. *Balancing the Christian Life.* Chicago: Moody, 1969.
_____. *Dispensationalism Today.* Chicago: Moody, 1965.
_____. *A Survey of Bible Doctrine.* Chicago: Moody, 1972.
_____, ed. *The Ryrie Study Bible.* Chicago, Moody, 1978.
Schaff, Philip. *Creeds of Christendom.* Grand Rapids: Baker, 1977.
Scofield, C.I., ed. *The Scofield Reference Bible.* New York: Oxford, 1909, 1917.
Shank, Robert. *Life in the Son.* Springfield, Mo.: Westcott, 1961.
Spurgeon, Charles Haddon. *12 Sermons on Repentance.* Grand Rapids: Baker, 1974.
_____. *All of Grace.* Chicago: The Bible Institute Colportage Assoc., n.d.
Stanford, A. Ray. *Handbook of Personal Evangelism.* Florida Bible College, n.d.
Stedman, Ray C. *Authentic Christianity.* Waco, Tex.: Word, 1975.
Stott, John R.W. *Basic Christianity.* London: InterVarsity, 1958.
_____. "Jesus Is Lord," *Tenth Presbyterian Church Publication* (July 1975): 2-12.
_____. "Must Christ Be Lord to Be Savior?—Yes," *Eternity* 10 (Sept. 1959): 15, 17-18, 36-38.
Sumner, Robert L. "The Doctrinal Teaching of Lordship Salvation," *The Biblical Evangelist* 19 (Jan. 1, 1986): 1-6.
ten Pas, Arend J. *The Lordship of Christ.* n.p.: Ross House Books, 1978.
Thayer, J.H. *A Greek-English Lexicon of the New Testament.* Grand Rapids: Zondervan, 1962.
Thieme, Karl. "Good Works," *The New Schaff-Herzog Religious Encyclopedia.* Grand Rapids: Baker, 1977. V:19-22.
Thieme, R.B. *Apes and Peacocks or the Pursuit of Happiness.* Houston, Tex.: Berachah Church, 1973.
Thiessen, Henry. *Introductory Lectures in Systematic Theology.* Grand Rapids: Eerdmans, 1949.
Torrey, R.A. *How to Work for Christ.* Westwood, N.J.: Revell, n.d.
Tozer, A.W. *I Call It Heresy.* Harrisburg. Penn.: Christian Publications, 1974.
Trumbull, Charles Gallaudet. *What Is the Gospel?* Minneapolis: The Harrison Service, 1944.
Turner, David L. "Are Only Overcomers Saved?" *Spire.* Grace Theological Seminary. 14.2 (Winter 1986): 7-8.
Vincent, M.R. *Word Studies in the New Testament.* 2 vols. McLean, Va.: MacDonald, n.d.

Vine, W.E. *An Expository Dictionary of New Testament Words.* Old Tappan, N.J.: Revell, 1966.

Wager, Rich. "This So-Called Lordship Salvation,'" *Confident Living* (July–Aug. 1987): 54–55.

Walther, C.F.W. *The Proper Distinction Between Law and Gospel.* St. Louis: Concordia, 1929.

Walvoord, John F. Review of *The MacArthur New Testament Commentary: Matthew 1–7* by John MacArthur, Jr. *Bibliotheca Sacra* 144 (April–June 1987): 236–37.

Warfield, B.B. *Biblical and Theological Studies.* Edited by Samuel Craig. Philadelphia: Presbyterian and Reformed, 1952.

―――――. *The Lord of Glory.* New York: American Tract Society, 1907.

―――――. Review of *He That Is Spiritual* by Lewis Sperry Chafer. *Princeton Theological Review* 17 (April 1919): 322–27.

Webster, William A. *Must Jesus Be Lord to Be Savior?* Memphis: Riverside, 1986.

Westcott, B.F. *The Epistles of John.* Grand Rapids: Eerdmans, 1966.

Wigram, George V., ed. *The Englishman's Greek Concordance of the New Testament.* 9th ed. Grand Rapids: Zondervan, 1977.

Wilkins, Michael. "The Use of *Mathete* in the New Testament." M. Div. thesis, Talbot Theological Seminary, 1977.

Witmer, J.A. Review of *The Gospel Under Siege* by Zane C. Hodges. *Bibliotheca Sacra* 140 (Jan.–Mar. 1983): 81–82.

구원 얻는 믿음이란 무엇인가

존 맥아더 지음
박 성 호 옮김

초판인쇄 1998. 4. 10
8쇄 인쇄 2006.11. 30

발 행 처 여 수 룬
등록번호 제 1-131호
등록일자 1978.11.16

인   쇄 남 양 인 쇄

발 행 인 이 형 수

값 15,000 원

134-031
서울 강동구 성내동 594, 한솔 801호
E-mail solgae84@unitel.co.kr

총판 / (주)기독교출판유통
(031) 906-9191

여수룬은 '그리스도와 그의 나라를 위하여'라는 모토 아래 기독교 서적을 전문으로 취급하는 복음적인 출판사로서, 그리스도인의 올바른 성경적 사고와 그리스도인의 성경적 신앙인격 형성을 위한 신앙도서 출판에 정성을 다하고 있습니다.

그리스도와 그의 나라를 위하여